日本政治史講義

通史と対話

御厨 貴・牧原 出

有斐閣

我々の「日本政治史」の政治的意味——はしがきにかえて

我々二人の文字通りの共同編集・共同著作である『日本政治史講義——通史と対話』を、満を持して世に送る。近代一五〇年の日本の政治をトータルに理解する試みは、実は難しい。我々もそれぞれに研鑽(けんさん)を積みながら、ようやく披露できる段階にまで来たとの思いが強い。

そもそも二人の狭義の伝統的専攻分野は、御厨貴が「日本政治史」、牧原出が「行政学」であり、一昔前なら相互乗り入れの教科書の作成など想像だにできなかったであろう。それがなぜ可能になったのか。それは、この三十年間の学問の発展史を眺めれば、容易に理解できる。

今を去ること三十年余り前、平成が始まった頃に、一つの学問横断的な方法が御厨によって提唱された。名づけて「オーラル・ヒストリー」。その発展ぶりは同じく御厨が編者を務め牧原も参加している『オーラル・ヒストリーに何ができるか——作り方から使い方まで』（岩波書店、二〇一九年）を手にとってもらえば、すぐにわかる。その中で執筆者の一人である日本政治史研究者・村井良太氏は次のように評する（村井良太「摂取世代の見たオーラル・ヒストリー　東京学派四半世紀のヒストリー——デモクラシーと現代史の好循環を目指して」御厨貴編『オーラル・ヒストリーに何ができるか』岩波書店、二〇一九年、九六〜九七頁）。

東京学派〔著者は「公人の、専門家による、万人のための口述記録」という御厨の定義を出発点としている、とする〕の取り組みは日本の政治文化、社会文化を確かに変えてきた。

東京学派は政治学と歴史学を架橋し、政治研究と現代史、ジャーナリズムとアカデミズムを聞き取りで結ぶ学術運動であると同時に、ひとつの文化運動でもあった。

実は御厨がオーラル・ヒストリーを始めた頃から、牧原は参加して共通の体験をしてきた。前編著の中で、同じく執筆者の一人である行政学者・金井利之氏は「同時に参加することになった牧原出氏」が「助手論文の執筆途上の時期からオーラルに接していたことは、同氏の研究者キャリアにとって、大きな意味をもたらした」と書いている（金井利之「オーラル・ヒストリーからの／への逃走」同右、三〇頁）。まさにオーラル・ヒストリーが、御厨と牧原の歴史解釈や政治分析のベースをなしているのだ。だからこそ、お互いに狭い専門領域を越境して、「日本政治史」の教科書作成における共同作業が可能になったのである。

さて御厨は、五大学遍歴の経験を有するが、最初の早すぎる最終講義を東京都立大学で行った際（一九九九年一月）、「政治学におけるメディアの効用」を指摘し、オーディオ・ビジュアル（AV）と書き言葉が半々の形になる「日本政治史」のテキストを作ることを予言している（御厨貴「日本政治史よ、何処へ行く――東京都立大学最終講義・補遺」『政治へのまなざし』千倉書房、二〇一二年、七一頁）。二十年近くに及ぶ都立大での講義は、学生に「すぐ脇にそれる」と評されたように、毎年「通史よどこへ行ったか」と言わんばかりの七転八倒の連続で、年度末には敗退の気分であった。だが、退職前の五年間、AV教室で自らが作った、日本の近現代史を映像でたどるAV教材（「我々の創った社会資本・都市・制度」〈「現代日本の形成過程」二七～三九巻〉丸善、一九九四年）を用いることによって、愁眉（しゅうび）を開きつつあった。

都立大での予言が、その後現実のものとなったのは、二〇〇二年、放送大学の天川晃氏から、放送大学のテレビ科目で初めて「日本政治史」の授業を作るので、いっしょに担当しないかという誘いを受けてのことであった（天川晃・御厨貴『日本政治史——20世紀の日本政治』放送大学教育振興会、二〇〇三年）。テレビで流す放送教材を先に作ってから印刷教材を作るという習慣は、ここで身についた。放送大学では、印刷教材が先で放送教材は後というやり方を常としていた。これは印刷教材が主で、放送教材は従という伝統的な考え方によるものである。御厨は、これでは教材相互がうまくマッチングしないと考え、各章ごとで異なる思わぬ味わいを引き出すために、あくまでも放送教材を先に作るという自らのやり方を貫き、それが成功したと思っている。さて、それから四年経った後、御厨は二度目の教科書作成にあたって、牧原を誘った。天川・御厨・牧原の三人でチームを組んで作成した教科書は、六年間使われた（天川晃・御厨貴・牧原出『日本政治外交史——転換期の政治指導』放送大学教育振興会、二〇〇七年）。その六年が過ぎようとする頃、二〇一一年に天川氏が放送大学を定年退職し、一二年には御厨が東京大学先端科学技術研究センター（東大先端研）を同じく定年退職して放送大学へ、さらに一三年には牧原が東北大学から東大先端研へと異動した。こうした三人の玉突き人事が契機となって、天川氏を顧問格としながら、御厨・牧原による「日本政治史」への三度目の挑戦がなった。この三度目の教科書も、二〇一三年から六年間使われた（御厨貴・牧原出『日本政治外交史〔改訂版〕』放送大学教育振興会、二〇一三年）。さすがに三度目の正直とはよく言ったもので、印刷教材、放送教材ともに満足のいくレベルに到達したように思う。

有斐閣が「日本政治史」の教科書を依頼してきたのは、まさにこの時期だったので、放送大学での授業が閉講するまで六年間待ってもらった。従来、放送大学の教材を一般書籍化する場合、対象となるのは印刷教材に限られ、折角の放送教材はそれっきりお目見えしないのが普通であった。我々二人は、オーラル・ヒストリーの経験から映像がなくても放送教材は十分に話し言葉で通ずると考え、最初の数回を、オーラルのテープ起こしのプロ集団に依頼し、話し言葉での実験版を作ってみた。結果は、これはいけるという判断になった。印刷教材ではどうしても伝えきれない歴史の「気分」や「時代感覚」については、放送教材の二人の対話の「味」から理解が及ぶことになるからだ。そこで、二〇一八年度で放送大学の授業が閉講となるや、有斐閣の編集者の岩田拓也氏に放送教材の話し言葉での文字起こしを頼み、一年をかけて、それが完成した。ここまできて、いよいよ本格的な編集作業に入るに至った。まさにコロナ禍の二〇二〇年に、三者のテキストづくりは最終段階を迎えたのであった。

次に本書の構成のあり方と読み方についてふれておこう。本書の扱う範囲は、まさに近代一五〇年、明治維新からコロナ禍の二〇二一年までである。「日本政治史」の領域は時間も空間もどんどん広がるばかりだ。今から半世紀前、御厨が東京大学法学部で聴いた「日本政治外交史」の講義では、幕末・維新期から始まり日露戦争後までで止まっていた。この五十年で、少しずつその範囲を今の時代に近いところまで進めてきた。本書では、戦前期に六章分、戦後・昭和期に六章分、平成期に四章分があてられている。最後の第16章は、本書の基となった放送大学教材にはなく、今回の編集過程で追加した。その章の対話編は、まさにコロナ禍の社会のあり方を象徴するかのように、御厨と牧原がオンラインで対話するかたちで収録された（二〇二〇年十二月二十一日収録）。

本書は結構なページ数があるし、どう読み進めればよいのだろうか。各章いずれも書き言葉の通史編と、話し言葉の対話編とから成っている。筋だけをとにかく手っ取り早くつかみたいという場合は、通史編の通読だけで十分だろう。歴史の「多様性」とか「匂い」とか「手ざわり感覚」とか、その余白の部分を十分に味わいたい向きには、対話編の味読がおすすめである。さらに内容の理解を深めたい人は、各章の「参考文献」、それからこの十年の新刊書に手を伸ばしたい人には、巻末の「読書案内」にあたってみてもらいたい。

では、令和の時代から先はどうすればよいのだろうか。御厨も牧原も、さまざまなメディアで今の政治を評し論ずる機会が多いので、それを見てもらうと、この先の一手がわかるかもしれない。「日本政治史」と言いながら、なぜ「今」をわかりたいと求めるのか。なぜ「未来」を確認したいと欲するのか。それは平成三十年間に起きた日本のあらゆる側面での構造的変動の行く末が未だに見えないからに他ならない。戦前期は「富国強兵」と「脱亜入欧」、戦後・昭和期は「戦後復興」と「高度成長」のように、時代を画する言葉がはっきりとしていた。だが、平成の三十年はどうだ。一つには「自然災害」多発の時代であった。だがそれも実は、二〇一一年に起こった東日本大震災からの「災後」の時代の前後でわけられるのか否か。さらに、御厨が同時代を「『戦後』が終わり『災後』が始まる」と規定した通りだったのか否か。

しかも平成の天皇は、二〇一一年の東日本大震災を機に国民、被災者に寄り添うビデオメッセージを発し、その成功体験の上に一六年、「天皇退位」のビデオメッセージを発し、自らの判断通り、退位による平成の幕引きを決行してしまった。強制的に遮断された平成の後に、令和が元号となる時代が幕を明けた。しかし自然災害は収まることなく、しかも令和の時代の幕開けとともに、コロナ禍が日本を、そして世界を襲うようになった。政治的には平成の政治改革、行政改革は思うような果実をもたらさず、再び自民党長期政権の時代に戻ってしまった。しかもそれは、以前よりももっと分断と対立を明確にし、言葉による政治を喪失させてしまった。

そこはかとない不安に陥りながら、日本国民は先の見えぬ構造的変革の進む中、ただただ佇(たたず)んでいる現状にある。ともすれば不安で居ても立ってもいられないあなたに、我らの「日本政治史」は、そっとささやくであろう。

落ち着いてこの国の近代の歴史を繙(ひもと)いてみようではありませんか。この国の政治社会をリードしたプロフェッショナルの生き方にふれてみようではありませんか。そして、この国が変動と安定の周期を繰り返す中にあって、常に変わるものと、変わらざるものが何であったのかを探り当ててみましょう。

今をわかること、未来への展望を見出すこと。それには歴史的思考を強靱なものにしていくしか方法はありません。

さあ、我々二人の案内する「日本政治史」の航海に、常に批判的精神を失うことなく、思い切って乗り出してみようではありませんか。

二〇二一年一月

コロナ禍の最中にあって

御厨　貴

牧原　出

著者紹介

御厨　貴（みくりや　たかし）

一九五一年、東京都に生まれる。

一九七五年、東京大学法学部卒業。

東京都立大学法学部教授、政策研究大学院大学教授、東京大学先端科学技術研究センター教授、放送大学教養学部教授、青山学院大学国際政治経済学部特任教授を経て、現職。紫綬褒章受章（二〇一八年）。

現在、東京大学名誉教授、東京大学先端科学技術研究センターフェロー。

専門は、政治史学。

主な著作に、『政策の総合と権力――日本政治の戦前と戦後』（東京大学出版会、一九九六年、サントリー学芸賞）、『明治国家をつくる――地方経営と首都計画』（藤原書店、二〇〇七年）、『オーラル・ヒストリー――現代史のための口述記録』（中公新書、二〇〇二年、2版〈改訂版〉）、『明治国家の完成 1890~1905』（日本の近代3）（中公文庫、二〇一二年）、『馬場恒吾の面目――危機の時代のリベラリスト』（中公文庫、二〇一三年、吉野作造賞）、『権力の館を歩く――建築空間の政治学』（ちくま文庫、二〇一三年）、『戦後をつくる――追憶から希望への透視図』（吉田書店、二〇一六年）、『戦前史のダイナミズム』（放送大学叢書34）（左右社、二〇一六年）、『明治史論集――書くことと読むこと』（吉田書店、二〇一七年）、など。

牧原　出（まきはら　いづる）

一九六七年、愛知県に生まれる。

一九九〇年、東京大学法学部卒業。

　東北大学大学院法学研究科教授を経て、現職。

現在、東京大学先端科学技術研究センター教授。

専門は、政治学、行政学。

主な著作に、『内閣政治と「大蔵省支配」――政治主導の条件』（中公叢書、二〇〇三年、サントリー学芸賞）、『行政改革と調整のシステム』（行政学叢書⑧）（東京大学出版会、二〇〇九年）、『権力移行――何が政治を安定させるのか』（ＮＨＫブックス、二〇一三年）、『「安倍一強」の謎』（朝日新書、二〇一六年）、『崩れる政治を立て直す――21世紀の日本行政改革論』（講談社現代新書、二〇一八年）、など。

目次

第7章　占領と復興　197

第8章　日米安全保障条約の改定　225

＊　年代、月日については、基本的に西暦で統一した。
＊　史料の引用については、原則として、送り仮名はそのままとし、旧字体は新字体に改めた。
＊　本文中の図表は、各図表の下に出典を明記したもの以外は、すべて筆者が作成したものである。

第1章　日本政治と政治史学

目標＆ポイント
明治維新から現代までの日本の政治外交を、さまざまな視点からとらえなおし、戦前と戦後を比較しながら俯瞰（ふかん）する。そのうえで現代における政治史学の可能性を再考する。

キーワード
戦争　経済　リーダーシップ　権力

一　日本における近代国家の形成

今、日本の政治は大きくうねっている。それはまた、近代の出発点であった幕末・明治維新以降うねり続けてきた。

ペリーの来航に象徴される西洋の衝撃によって幕が開いた近代日本は、万国公法を受け入れ近代憲法を備えた国家として形を整え、帝国主義とファシズムの時代には、国際協調から大陸への侵略へと転じて太平洋戦争に突入した。太平洋戦争の劇的な敗戦後、新しく日本国憲法の下で出発した平和国家・文化国家としての日本は、高度経済成長と石油危機、そしてバブル経済破綻後の長期デフレの時代を経て、二一世紀の現在ではグローバル化の大波を受けている。

このように二つの憲法を抱えた近代以降の日本では、徐々に国民としての一体感が強化され、国際関係の中で変容しながらも「日本人」の国民意識が持続してきた。また、この間六人の天皇が在位した。憲法の変更は国家の激変であり、その中で天皇は憲法の主権者から国の象徴へと役割を大きく変化させた。しかし、昭和天皇はこの二つの憲法をともに一身に生きた。ここに、憲法の変更にもかかわらず、近代から現在へと国家と国民意識とが連続した面を読み取ることができるであろう。

近代の政治史学は、一九世紀以降、ヨーロッパで国民国家が成立する過程を扱う歴史学として成立し、発展した。本書では、日本政治をこの政治史学としてとらえなおし、もろもろの政治主体の政治権力をめぐる対立の歴史として描いていく。対立が最も激しい形をとる場合、国内では内戦、国家間ともなれば対外戦争となるであろう。いずれも政治の延長としての戦争である。近代日本の出発時、江戸幕府の下の政治体制は、戦闘集団としての武士による統治の体制であり、幕末から明治維新にかけて、長く泰平の世を生きた武士たちが、本格的な戦争ないしは戦闘行為を繰り広げた。幕府と長州の戦争、薩摩とイギリス、長州と四カ国艦隊との戦争は、王政復古の大号令後、本格的な内戦へと形を変え、鳥羽・伏見の戦いを経て戊辰戦争に至る。そして、明治維新から九年の後に、最後にして最大の内戦であった西南戦争が勃発し、西郷隆盛率いる薩摩の武士集団と明治政府軍との死闘が展開された。さらに日清戦争、日露戦争、第一次世界大戦という帝国主義戦争に日本は突入する。こうした戦争を通じて、政治と社会は大きく変化していく。これらを見渡して、政治史学者の三谷太一郎は、こう指摘している（三谷太一郎『近代日本の戦争と政治』岩波書店、一九九七年、二一五頁）。

戦争がそれ自身の展開過程において、戦前体制と戦後体制とを切断する役割を果たすことは決して例外的ではない。戦争はある面では戦前体制の固定化要因として働くが、多くの面では戦時体制の構築を通して、戦前体制とは異なる新しい戦後体制を準備する。それは戦争の体制変革的作用ともいうべきものであり、それは交戦国が掲げる戦争目的とはほとんど無関係である。

言うまでもなく、近代以降の日本において、最も大きな衝撃を与えた戦争は太平洋戦争であった。敗戦以降、日本は憲法上戦争放棄を宣言し、本格的な戦争に巻き込まれなかった。そのため、終わりなき「戦後」が今なお持続している。第二次世界大戦後の世界秩序を建設するために設立された国際連合と国連憲章、さらに冷戦下で日本が独立に際してアメリカと締結した日米安全保障条約、国内的には憲法が規定する象徴天皇制、国民主権、基本的人権の保障、戦争放棄、議院内閣制、司法権の独立、地方自治の保障といった原則に見られるように、長大な「戦後」を規定する基本的な枠組みが、持続しているのである。

二　太平洋戦争の前と後

本書では、太平洋戦争前を五回、太平洋戦争後を十一回かけて扱い、時期も幕末・明治維新から二〇〇九年の総選挙による民主党政権の成立、二〇一一年の東日本大震災そして安倍晋三政権から菅義偉(すがよしひで)政権へと続く現在までの時期を扱う。

五回でコンパクトに明治維新から太平洋戦争までを概観するが、いずれも、戦争を境とする政治の変化に焦点を当てる。幕末の開国によって西洋化に着手した日本は、戊辰戦争から西南戦争までの大久保利通(おおくぼとしみち)の言う「兵馬騒擾」の十年を経て、殖産興業と憲法制定・議会開設へと向かう。また帝国議会の開設による藩閥政府と政党との激突は、日清戦争を境に提携の時代に入り、立憲政友会の成立へと至る。日露戦争後は、藩閥を代表する桂太郎と、政友会の西園寺公望との間で円滑に政権を授受する桂園時代に入る。第一次世界大戦後、世界的に民主制が正統性を持ち始める時代に、日本では本格的な政党内閣制が実現する。だが、満州事変を機に、陸軍の政治への介入、元老の退場による宮中の制度再編、国策統合機関の設置構想と革新官僚の出現、大政翼賛会の結成により、国家制度は激変し、悪化する日米関係を好転できないまま、太平洋戦争に突入し、敗戦を迎える。この起伏の激しい時代について、憲法、議会、政党、軍部、宮中、官僚制など、明治国家を形づくる制度の変化に注意しながら、社会の実情にも目配りしつつ見ていくことにしたい。

次に、太平洋戦争後に多くを割くのは、すでに七十年以上が経過し、歴史の対象となっているためである。また、この時代の日本を特徴づけるのは、一九六〇年代の高度経済成長であり、一九九〇年代以降世界に先駆けて進行したバブル経済の破綻に伴う長期デフレ経済であり、さらには急速な少子高齢化である。社会の激変に特徴づけられる時代の政治とは何か――それがこの時代の政治史の課題である。そして少なくとも、「戦後」を安定化させた統治の仕組みとして、自由民主党（自民党）が長期にわたって優越政党として政権を担った。一九五五年に結党した自民党は、一九九三年から九四年にかけていったん政権から離れた時期を除けば、二〇〇九年まで与党であり優越政党であり続けた。したがって、自民党長期政権が終焉した後の時点で、自民党の成立と成熟そして衰退と再生の過程を歴史の対象として見渡すことが、中心的な主題となる。

だが、政治史学が実証史学である以上、叙述にあたって史料とそれへの周到な解釈が不可欠である。太平洋戦争前を対象とするオーソドックスな政治史学では、公文書、日記、書簡などの一次史料を中心に、回顧録や新聞・雑誌などの二次史料が用いられる。これに対して太平洋戦争後については、いまだ一次史料の蓄積が少ないために、客観的な歴史叙述が難しいとかつては考えられてきた。もちろん、時代が近ければ近いほど関係者が存命であり、公開される史料はおのずから限定されてしまう。そのため、これまでの「戦後政治」と銘打った研究や歴史書の多くは、新聞報道を史料として利用し、付随的に政治家の限られた公開文書を用いてきたと言える。

しかし、冷戦終結後、徐々に多様な史料の公開が進んでいる。また、公文書の公開についても手続きが整備され、それをもとにした研究が進んでいる。そこで、ここでは次の諸点に気をつけながら叙述を進めていきたい。

第一に、本書では、まず自民党長期政権のパートナーであった省庁官僚制の研究を堅固な前提とする。そもそも公文書とは行政機関で作成される文書であり、公開された公文書を用いた研究を基礎とする以上、官僚制のダイナミズムがわかっていることが最低条件である。だが従来の戦後政治研究では、あまりに官僚制がないがしろにされてきた。そもそも首相を補佐する内閣官房はどのような組織であり、そこでの決定の仕組みや担い手の人事はどうなっていたのか、また官僚中の官僚を輩出したと長らく言われ続けてきた大蔵省・財務省はどのような組織であり、どのように変化してきたのか、といった分析なしに、政治指導も予算編成も分析できない。近年進んだ公開資料をもとにした官僚制の分析については、十分目配りしていきたい。

第二に、政治家の日記の精読をめざす。戦前の『原敬日記』などと比べると、戦後の政治家である重光(しげみつ)葵(まもる)、芦田(あしだ)均(ひとし)、佐藤栄作の日記や、吉田茂の書簡など公開された史料でさえ、十分に精読されたうえで利用されたとはいまだ言えないであろう。また首相引退後の岸信介の日記により自民党政治における首相経験者の影響力を読み取ることができる。これらを通じて、政治家の人物像について丁寧に接近していくことを心がける。

そして第三に、オーラル・ヒストリーの活用である。筆者らは、これまで後藤田正晴、石原信雄、宮沢喜一、武村正義、野中広務（のなかひろむ）らの政治家・官僚に対し、それぞれ長時間をかけて聞き取りを行い歴史記録を作成するオーラル・ヒストリーを手がけてきた。こうした経験をもとに、さまざまな記録——もちろんそこには戦前の政治家・官僚等に行われた聞き取りの記録も含まれる——を読み込み、史料として活用するのである。もっとも、人は話すほうが書くときよりも注意力を欠き、話した記録は信用できないと考える向きもある。だが、私たちのオーラル・ヒストリーの経験では、公人にその経験を語ってもらうという場を設定した場合、記憶違いがないとは言えないにしても、でたらめを語り続けるということはまずない。語り手は、公的に記録を作ろうと真剣に語っているのは疑いがない。もし事実と異なることを意図的に語っているとしたら、書くときにも同様であり、話す・書くいずれの場合でも十分な検討を経たうえで史料として解釈を加えていくことになるであろう。

ただし、語りの場には、記憶をよみがえらせる際の語り手独特の「文脈」があり、それは語りの現場に居合わせてもすべてがわかるわけではなく、記録を精読したり、そのときどきの政治状況を後から考えあわせたりすると理解できることが多い。つまり、書かれた史料とは性格は異なるが、信用度は同等と言ってもよいのである。オーラル・ヒストリーについては本章後半の対話編でもくわしく解説しているので、ぜひあわせて考えてほしい。

最後に、新聞・雑誌といった資料についてである。これまでとりわけ戦後の自民党などの諸政党については、新聞各紙の政治部記者が、主要派閥やグループの政治家に夜討ち朝駆けを続けて政界情報を仕入れ、それをデスクが読み取って紙面をつくるという取材が行われてきた。そこでは、総裁すなわち首相の選定を焦点とする政局の向かう先の筋を読み、それに最もふさわしい情報が紙面に掲載されている。牧原は、かつて主要な全国紙の主筆を務めた著名なジャーナリストに聞き取りをしたときに、おおむね次のように言われたことがある――「われわれジャーナリストは屠った動物の一番活きのいい肉を食べたら後は捨てる。うまみのない死肉を学者は食べている」。記者は、同時代に向けて報道するために新鮮な情報を選別していると言えるであろう。だが、歴史において必要な情報とは、より長期にわたる政治のダイナミズムを見分けるためのものである。ジャーナリストが記事にするとは限らない情報にこそ歴史的価値があるとも言えるし、記事の中から歴史上重要な情報を読み取ることも必要になる。その際に、日記やオーラル・ヒストリーを精読することが重要である。特に政治家の発言の意味を考える際には、オーラル・ヒストリーは、歴史の観点で新聞を読み解く目を養うであろう。

これらの史料については、各章の対話編で丁寧に紹介することを心がけている。ぜひ、対話編もよく読んで、各自で史料をひもといてほしい。

なお、二〇〇九年の自民党長期政権の終焉を経て、二〇一一年には東日本大震災が発生した。第15章では、この時期に歴史を振り返る論調が増える中、御厨が提唱した「『戦後』の終焉と『災後』の始まり」という同時代論を紹介している。もちろん「戦後」は国連憲章や日本国憲法が簡単には変更されないように、時代としての性格をすぐに失うとは限らない。また「災後」が実際に現象として明らかになるとしても、しばらく先のことであろう。だが、ここでは、「今」を歴史の中でとらえなければならなくなった点で、大きな転換期にさしかかっていることを示そうとしている。そして第16章では第二次以降の安倍政権の下での政治について考えていく。過ぎたばかりの今として直近の時代を論じてみたい。政治史学は歴史的過去を学として研究する分野であるが、転換期には同時代の歴史像と直にふれあう。こうした論調の意味について考えてもらうことで、日本政治史を学びながら現代を考えるきっかけになるのではないかと、ささやかながら期待している。

三　通史・評伝とリーダーシップ・外交

日本政治史を学ぶにあたって、古典的な著作は、岡義武によるものであろう。岡は一九〇二年に生まれ、第一高等学校（一高）、東京帝国大学法学部政治学科を卒業後、吉野作造の指導を受けて東京帝大法学部助教授・教授となり、ヨーロッパ政治史、次いで日本政治史・日本政治外交史の講義を担当した。その主要著作は、一九九〇年の岡の死後、遺稿を整理したうえで岩波書店から八冊の著作集となって出版され、今では岩波文庫でも手にとることができる。近代以降の日本政治史を学問として確立した岡の次世代の研究者が、著作集の解説を執筆し、岩波文庫版では、その次々世代すなわち第四世代にあたる若手研究者が解説を書き綴っている。この第四世代の著作は、日々発展しつつある研究水準そのものである。したがって、現存する岡の著作こそが日本政治史学の到達点を全体として見渡すうえで、最良の作品群となるであろう。なお、岡の著作集・岩波文庫各巻に寄せられている解説は、岡への最良のオマージュであり要約である。岡の論文を読み通すのが難しい向きには、この解説を読むことを勧めたい。

さて、岡の著作集のうち、ヨーロッパ政治史・国際政治史に関する論稿を別にして、通常、日本政治史の分野とされている論説を見渡すと、次の三つに分かれるであろう。

第一には、幕末・明治維新から大正末の第二次憲政擁護運動と加藤高明内閣までを扱う通史である

(『近代日本政治史Ⅰ』『近代日本政治史Ⅱ』『転換期の大正』)。内政の展開と国際的環境の変転との視点を交差させ、抑制された執筆と、バランスのとれた史料の引用とをぎりぎりまでめざした作品と言えるであろう。

第二には、政治家の評伝である。伊藤博文、大隈重信、原敬（はらたかし）、犬養毅（いぬかいつよし）、西園寺公望についての「伝記的エッセイ」集である『近代日本の政治家』、『山県有朋』、『近衛文麿』である。岡は、政治におけるリーダーシップの問題に関心を抱いていたことを『近代日本の政治家』の「新版への序」で述べている。その意味では、「近代政治家のストラテジー」(『近代ヨーロッパ政治史』〈岡義武著作集　第八巻〉岩波書店、一九九三年所収)もこれに含めることができるだろう。

第三には、外交史である。『国民的独立と国家理性』(岡義武著作集　第六巻)には、本格的な外交史の研究論文が収められている。岡は師の吉野作造からヨーロッパ政治史研究を十分蓄積したのちに日本政治史研究に踏み込むよう勧められており、日本政治史研究においては外交史分野で専門論文を書き上げている。

この三つの柱はそれぞれ史料の発掘とともに深められて次世代以降の研究に引き継がれている。つまり、日本政治史の基本的なカテゴリーだということができるであろう。本書では、特に第一と第二の柱を重視し、適宜外交についての説明を加えながら解説していく。そしてさらに重視する視点は、御厨が主著である『明治国家をつくる』序で強調する次の三つである(御厨貴『明治国家をつくる——地方経営と首都計画』藤原書店、二〇〇七年。なお、同書所収の牧原執筆の「解説　御厨史学の誕生」も参照してほしい)。

一つには、政治指導における「トリックスター」、「異端の敗者」など、首相に代表される「正統」な政治指導者以外の人物への目配りである。対話編では、その時代を代表する「正統」な政治指導者の解説に力点を置いているが、各章の前半に置かれる通史編では可能な限り、それとは異なる人物の視点を取り込もうとした。それは、星亨（ほしとおる）や江木翼（えぎたすく）のような政治家だけでない。新聞人であり自由主義者であった馬場（ばば）

恒吾、哲学者・批評家であり昭和研究会の一員として近衛文麿のブレーンとなった三木清、昭和戦中期に喜劇作者として活躍した古川ロッパ、一九八〇年代以降パトロンとして政治を観察した経営者・堤清二のような人物の視点を組み込んでいる。オーラル・ヒストリーを活用するのは、こうした多様な人物へ近づくためにも、きわめて有効な手段なのである。

二つには、こうしたさまざまな政治に関係する人物を取り込むことで、権力をめぐる相克にいくつもの層・レベルを腑分けする。議会などメジャーレベル、党内・行政内部での検討といったマイナーレベル、さらには両者を包み込んでマスメディア、社会集団などが加わるらせん状のレベルである。全体としては前二者の解説を中心としているが、第三のらせん状のレベルについても可能な限り目配りしていきたい。

そして三つには、史料を丁寧に読み解く「精密実証」の研究をふまえたうえでの「物語」の要素である。「読んで楽しい物語」としての本文、さらには「見聞きして楽しい物語」としての対話編をめざしている。ぜひ本文だけではなく、対話編とともに各章を理解してほしい。その際に用意した仕掛けの一つが、政治家の邸宅など「権力の館」である（御厨貴『権力の館を歩く――建築空間の政治学』ちくま文庫、二〇一三年）。

もちろん、「楽しさ」の好みは人によって分かれるだろうが、正確さにどう「楽しさ」をブレンドするかは、歴史を語る際には決定的に重要である。それは岡の古典的作品の中でも『山県有朋』に見ることができる（岡義武『山県有朋』岩波文庫、二〇一九年、六～七頁）。

> 烈しい権力意志に貫かれた彼の八五年の生涯は、われわれに「政治的人間」(Homo politicus) の一つの型を示している。それであるからこそ、われわれの生きる今日と彼の生きた時代とでは条件、状況をいろいろと異にしているにもかかわらず、ひとり政界といわず世上で山県のようなタイプ、山県的な行動様式についてわれわれが見聞しても、それは不思議なことではない。山県の一生は、こうして、「政治的人

間」というものを理解する上からも、現在のわれわれにとって無縁なものではないように思われる。

そして、岡の筆は、山県有朋が明治国家と山県系軍人・官僚集団を網の目のように張りめぐらせる過程と、山県が邸宅と庭園を造り上げる過程とを重ね合わせる。特に晩年に過ごした小田原の古稀庵についての記述を読むと、周到に用意された岡の筆致が読み取れるだろう（同書、二〇四〜二〇五、二四四〜二四五頁）。

> 宮中御歌所寄人（よりうど）井上通泰は後年回顧して、ある日井上が古稀庵の庭に出ると、杖をついて山県はひとりで出て来た。井上が樹がよく茂ったことを賞めると、山県は「こうなると、未練のようだが一年でも長く生きていたい」と洩らした。その言葉をきいて、井上の耳には俄（にわ）かに水の音が淋しく聞こえて来たと述懐している。山県は、古稀庵をこのようにこの上なく愛好したのである。

こうした叙述が伏線となり、岡は末尾をこう結ぶ。

> 彼〔山県を指す――引用者注〕の死んだ日、夜に入ると風は凪いで、遠い波の音が古稀庵へ忍び込むように聞こえて来る。当時ある新聞は、その夜の古稀庵の風色をこのように記している。彼の死とともに、しかし、政治の世界においてもまた波の音は一層はっきりときき取れるようになった。新しき時代の潮騒（しおさい）であった。
>
> けれども、このひらかれつつあった新しい時代もわれわれの日本を光明の中へ導くものではなかった。そのことを、われわれは今日では知っている。そのことは、山県の長い生涯を辿ってその死に及んだ今、われわれの回想を悲しみと感慨をもってみたす。

古稀庵が明治国家と重なり、古稀庵から聞こえる太平洋の波の音は、世界から日本に押し寄せる衝撃でもある。水を連想させる言葉のつらなりが、政治の運命を読者にそっと体得させる。こうした政治史学の伝統をまずは受けとめ、明治から現在までを考えていきたい。

▼参考文献

岡義武『山県有朋』岩波文庫、二〇一九年。

神島二郎編『権力の思想』(現代日本思想体系10) 筑摩書房、一九六五年。

佐藤誠三郎『「死の跳躍」を越えて――西洋の衝撃と日本』千倉書房、二〇〇九年。

御厨貴『オーラル・ヒストリー――現代史のための口述筆記』中公新書、二〇〇二年。

御厨貴『権力の館を歩く――建築空間の政治学』ちくま文庫、二〇一三年。

御厨貴編著『近現代日本を史料で読む――「大久保利通日記」から「富田メモ」まで』中公新書、二〇一一年。

御厨貴編『オーラル・ヒストリーに何ができるか――作り方から使い方まで』岩波書店、二〇一九年。

三谷太一郎『近代日本の戦争と政治』(岩波人文書セレクション) 岩波書店、二〇一〇年。

対話編

牧原　今回は、「日本政治と政治史学」を勉強します。よろしくお願いします。

御厨　よろしくお願いします。

日本政治史という分野を、これから勉強していきます。

それでは、早速ですが、なぜ近代の歴史を勉強する必要があるのでしょうか。これは皆さんがよって立っている二一世紀、それももう二〇二〇年代に入った日本という場所にいて、これまで、いろいろなことがありました。現在でも、いろいろなことが続いている。世界の状況は日本に影響し、日本のことが世界に影響するという中にありながら、いったいこの国はどの方向へ向かっていくのだろうかということが、多くの人にとって気になるわけです。温故知新と言いますね。古きをたずねて新しきを知る、と言いますけれども、それが今ぐらい要請されているときはないと我々は思っています。そこでこの日本政治史では、これからの私たちが行く道、行く末というものをきちんと見据えるための素材を、歴史的な素材として、特に近代、幕末・維新から始まって今日に至るまでの時代というものを、かなりメリハリをつけて皆さまにお送りします。そこで一緒に考えていただきたいんですね。

◆本書の構成

御厨　では、この十六章で、どういうことをやっていくのかについては、牧原先生に説明していただきま

表 1-1　本書の構成

章	タイトル
1	日本政治と政治史学
2	戊辰戦争と西南戦争
3	日清戦争と立憲政友会の成立
4	日露戦争と大正政変
5	第一次世界大戦と政党政治
6	十五年戦争の時代
7	占領と復興
8	日米安全保障条約の改定
9	高度経済成長の政治
10	佐藤栄作内閣と沖縄返還
11	列島改造と保革伯仲の時代
12	地方の時代と東京一極集中
13	政治改革と細川護熙内閣
14	小泉純一郎内閣と自民党政権の崩壊
15	第一の政権交代と民主党政権
16	第二の政権交代と第二の安倍晋三政権

す。

牧原　表1-1に十六章分のタイトルが出ています。「日本政治と政治史学」が第1章ですけど、第2章は「戊辰戦争と西南戦争」、つまり幕末、明治維新から日本の近代はスタートしますので、そこから順に見ていきます。第2、3、4、5章とそれぞれ戦争が章のタイトルになっています。やはり戦争が起こって、その後どう政治が変わっていくか、という問題をここでは取り上げていくということにしています。そして第6章が十五年戦争の時代ということで、ここで太平洋戦争の敗戦までを扱うことになります。そして第7章、これは太平洋戦争の後ですね。今、我々はこの時代を、「戦後」と読んでいますが、戦争が終わった後の戦後とは太平洋戦争の後である、ということが、現代から振り返る日本政治史の大きな枠組みとなっています。つまり、この後の日本は大きな戦争を経験せずに今に至っています。そこで第7回から第16回までの十回は長大な戦後、もはや七十年を超えていますが、その戦後の政治の変化や政治の歴史を扱っていきます。したがって第2章から第6章までの五回で幕末、明治維新から太平洋戦争までのいわゆる近代の日本を扱って、第7章から第16章までの十章で太平洋戦争後の現代の政治史を扱っていきます。

やはりこの戦後、太平洋戦争の後の時代は、これまでは歴史の対象というよりは、「今」「現代」だと見られており、政治史の対象ではなくむしろ政治学、科学の対象だと言われてきました。しかし、やはり七十年以上という長大な年月が経過すると、この時代に関する歴史史料が次々と出てきています。歴史史料の話はまたあとでお話ししますが、本書ではそういった史料を紹介したり、あるいは引用したりしています。また、それぞれ近くの図書館などで見ることができるものもあります。そういった史料を、本書では多様に取り扱いながら一つ一つの時代を見ていきたいと思っています。

◆現場を訪ねる

御厨　同時に、我々は歴史に変化を与えた場所を結構訪ねていますね。牧原先生、一緒に思い出してみたいのですが、第2章の「戊辰戦争と西南戦争」では五稜郭に行きましたよね。

牧原　ええ。函館ですね。洋風の城塞があります。幕府の政庁と言いますか、幕府の行政機関があったわけですが、戊辰戦争の最後に榎本武揚(えのもとたけあき)たちが、ここで独立国家を形成することをめざしました。戊辰戦争の最後の戦場跡であの時代を振り返ってみましょう。

御厨　そして、いわゆる最後の士族反乱である西南戦争、これも第2章で扱います。このときは、田原坂という所に行きまして、古戦場と言いますか、戦場の跡を見ました。そうすると百聞は一見にしかずなんですね。実際に見るとだいぶ違うんです。つまり紙の上で見てみるのと、まあ、これは第2章以降のお楽しみですが、現実に、ご覧になると立体感がありますから、こんなところで戦争をしたんだということが実感として伝わってきます。

それから次に私たちが行ったのは広島ですね。日清戦争では大本営を広島に移しましたので、広島で大本営の跡を見るということをいたしました。つまり、あのときは日本の首都の統治の機能というものが、広島に移りました。じゃあ、それはどんな感じになっているのかが、そこでわかる、そういう話になっていますね。

あとは、どうでしょうか。

牧原　広島というと、日清戦争の大本営の跡がありました。太平洋戦争のときの爆撃で、今はなくなってしまった。それから広島は原爆ドームがあり、太平洋戦争の激戦の跡も残っている所です。

御厨　我々が次に見たのは、戦後になりますが、岸信介のところですね。そこで、我々がよく使う言葉である、「権力の館」という、権力者がいったいどういうところで自らの権力を研ぎ澄ませていたのかというのを見るのにうってつけの岸信介の御殿場(ごてんば)の記念館に行き、そこで実際に目に見える岸を、建物を通して岸を見たということがありますね。

高度成長の時代の政治と言うと、先ほど広島の例が出ましたが、若干、池田勇人のものが残っています。それも見ましたし、なによりも池田・佐藤という時代（第9、10章）にポイントになるのは何と言っても旧制五高（第五高等学校）ですよね。牧原先生、どうでしたか。

牧原　旧制高校というのは本で読むと、「ああいう世界だ」と思っていたわけですが、実際に行ってみて、熊本の当時の人々がここに旧制高校があるということで、学生を大事にしていて、学生たちも大事にされていることを感じながら、やはり、ある種蛮カラと言いましょうか、自分たちの寮生活の気風みたいなものを保って、上級生から下級生へ、また同窓生の間で受け継いでいったことがわかりました。池田や佐藤については、五高の卒業生の文章の中に彼らの思い出が出てきます。池田や佐藤が戦後政治の中でどのような足跡を残したかというのは、政治家の日記や当時の新聞報道などでわかるのですが、その原点とはこういうものだったのかと、あらためて感じることが多かったですね。

御厨　そのようなわけで、いろいろな近代史の現場を訪れた成果がこの中には入っていると思いますので、ぜひ我々と一緒に追体験をしていただきたいと思います。

◆史料から読み解く

牧原　今、追体験と御厨先生がおっしゃいましたが、歴史の時代を体験するときに一番大事なのは、その時代について書かれた史料を読んで、考えることだと思います。

今お話ししましたように、戦前と戦後、太平洋戦争の前と後で、最も違うのは、戦後という時代は史料が乏しく、戦後にはまだ史料がないから歴史の対象ではないという見方がかつてはありましたが、やはり今ではそうではなくなってきている。戦後の政治についても、かなり史料が出てきている。そうなりますと、戦前も戦後も同じ方法で史料に接近していくことが、必要になってくるというのではないかと思います。史料といってもいろいろですね。公文書もあれば、外交史料、政治家の日記、それから書簡、手紙ですね。さまざまなものがあります。御厨先生、いかがですか。

御厨　今、戦前というお話をいただきましたけど、明治時代、これはかなり政治家の個性もはっきりしていた時代です。この時代を研究するには、元老たち、伊藤、山県、井上馨（いのうえかおる）、そういった人たちの書簡が現に残っている。彼らが書いた書簡も残っているし、彼らのところに来た書簡も残っていて、これは国会図書館の憲政資料室などに行けば見ることができます。これをある種、臨場感あふれる史料として明治時代は使うことができる。それぞれが墨で書いた書簡で応答をしている。その応答の中から見えてくる政治空間というものは、ものすごくおもしろいわけですね。

それと同時に、ちょっと引いたところで言うと、たとえば『明治天皇紀』（宮内庁編、一〜十三冊、吉川弘文館、一九六八～七七年）という明治天皇についての業績を、当時の宮内省が作った記録があります。これはもちろん明治天皇を顕彰する意味で作ってはいますけれども、その中身を見ると、ものすごく細かく、詳細にわたって明治天皇の動きが書いてあります。しかもこれを読み込んでいくと、今回の我々の政治史でも使っていますけれども、ものすごくはっきりと当時の元老、政治家たちのやりとりが生々しく出てくる。その中で明治天皇がいかに明治憲法体制というものを守りながら、しかもそれがうまく運営していくように、本当はやってはいけないのだけれども、憲法外に動いてみるということをやったりしたことが、生き生きと伝わってくる。こういう史料は他にありません。

それから、もう一つ挙げておきたいのは、政友会総裁であった原敬が生涯にわたってつけた政治日記です（原奎太郎編『原敬日記』一～六巻、福村出版、一九六五年）。この日記には、お金のことと女のことはほとんど出てこないと言われてます。それぐらい逆に原が自らをコントロールして政治状況を描いていった。これはちょっとやそっとでは読めるものではありませんが、研究者はこの日記にそれぞれの注釈をつけると言われています。そのことによってまた浮かび上がってくる政治の世界、もちろん原敬の日記だけを読んでいると原敬史観と呼ばれてしまいますけれども、他のものとも突き合わせながら、それがそろそろできるような状況になってきている。

牧原　それから御厨先生は、手紙を使った政治史も随分手がけておられますが、特に明治期の政治家の書簡ですね、これはいかがでしょうか。

御厨　そうですね。今もちょっと書簡にふれましたけれども、伊藤博文は、実に稚気満々、しかし、なかなか読みやすい崩し字であるとか、それから山県有朋は、右肩上がりの神経質な筆づかいであるとか、筆づかいそのものから、その人たちの気迫とかそういうものがわかってくる。

それから同時に、今、牧原先生が言われたことで言うと、書簡に書くというのはただダラダラ書くわけにはいかない。つまり、そこに「まとめる」という作業が入ります。相手を説得するために、自分の政治思想なり、自分はこうやりたいということを、相手に説得するために、かなり彼らなりに論理的に説得をするという文章を書きます。だから、それを相互に読み合わせることによって、その彼らの意図が明確になると同時に、場合によっては彼らの意図を超えて、現実の政治は動いちゃったんだということが、きわめて立体的によくわかってくる。そういう特色がありますよね。

牧原　では、戦後になると、どうかと言いますと、一九九〇年代の後半に六〇年代後半に首相であった佐藤栄作の日記が公刊されました。『佐藤榮作日記』は全六巻で、主に彼の総理大臣時代を中心とした日記なんです（朝日新聞社、一九九七～九九年）。なかなかこれだけでは当時の時代はわからないというのが、その当時、最初に読んだときの私の印象です。比べてみるとして、『原敬日記』を読むと、原敬が精細に描いたその時代の見取り図がなんとなく見えてくるような、まあこれも『原敬日記』だけを読んで、それでわかったと思ってはいけないのですが、かなり精細な細かい情報が積み重ねられていくような日記です。他方、『佐藤榮作日記』は必ずしもそうではありません。佐藤が日々、誰にいつ会ったかということが、やや淡々と語られている。この日記だけだと、この時代のことはなかなかわからないのです。しかし、その後、例えば佐藤の秘書官であった楠田実の日記や関係資料が出たりだとか、あるいは佐藤の兄でありやはり首相を務めた岸信介のメモとか、そういうものが出てきたりもしています。さらに、沖縄の復帰のときの主席であって初代の知事でもあった屋良朝苗（やらちょうびょう）の日記が沖縄の公文書館にコピーという形で所蔵されているわけです。通史編では、沖縄復帰に関しては『佐藤榮作日記』を使っているのですが、それに対して、対話編のほうでは屋良朝苗の日記を紹介しています。この屋良の日記を読んで、そこで本土の政治がどのように語られているか、佐藤が今度は屋良をどう見ているか、という二つを比べることで、沖縄返還という当時の日本にとってきわめて大きな政治課題の中で、国と沖縄という立ち位置の違いであるとか、それから保守と革新、佐藤と屋良の政治的立場が違う中で、それぞれが復帰に込めた構想だとか思いとかがビビットに伝わってきます。その意味で、戦後もいよいよ日記を使った政治史というものが描けるようになってきたということが言えるでしょう。

御厨　より広く勉強するためには、牧原先生にも書いてもらいましたが、私が編者を務めました『近現代日本を史料で読む――「大久保日記」から「富田メモ」まで』（中公新書、二〇一一年）を読んでいただきたい。私と「史料を読む」体験を共にした若い研究者に執筆をお願いしました。十年経った二〇二〇年、三刷となりました。

◆オーラル・ヒストリーの活用

牧原　それから、もう一つは、オーラル・ヒストリーという口述記録です。これまで御厨先生を中心に、私もその中のいくつかのプロジェクトで一緒にオーラル・ヒストリーという記録作成を行ってきました。これは政治家とか官僚とか、あるいは経営者や文化人などの公人にその経験を語っていただく。その語っていただいたものを音声記録としてテープなどに残して、さらにそれを筆記記録として文字に起こしていく。こういったプロジェクトなんですね。これらは話し言葉の記録なので、先ほど御厨先生が言われたように、手紙や日記でギュッと凝縮して表現するというよりは、ふわっとその時代の状況を表現する部分があるのですが、そこには逆に奥行きがあって、その奥行きを読みとることによって当時の時代像をつかみとることができます。もっぱらオーラル・ヒストリーとして我々が行ってきたものは戦後の政治史ですが、実は戦前についてもそうした口述の記録はあって、これまでの政治史研究でも引用されてきました。やはりそれらをあらためて読むときの新しい視点が得られるということがあるかと思います。

オーラル・ヒストリーは、先生、いかがですか。

御厨　最初はよく言われるように、本当に本当のことを言うかな、という心配はあったんですね。人はすぐ自分のことをやっぱり飾ろうとするし、嫌なことは言いたくない。でも一回限りではなく、何十回と同じ人のオーラル・ヒストリーの実験場に立ち会っていると、これはかなり使えるな、という印象を持つようになりましたね。つまり、たぶん、個人が自分で書いた回顧録よりは、よっぽど我々の質問に答えている。我々は嫌なことでも質問しますから。そうすると、そこに残されたものは某か(なにがし)の真実がある。ある方が言ってましたけれど、むしろ回顧録を自分で書くと、嫌なことは書かんよ、と。やっぱり自分が書きたいことしか書かないのとは、だいぶ違ってくる。手間暇はかかりますけれども、ふわっとした記録をずっと読み通すことによって、そこから見えてくる政治家や経営者の世界観なり人間観なり、あるいは物事を考えるときに、この人はこんなかたちで考えているんだ、というのがわかる。そうすると、どんな場合でもこの人はこういう彼独自の発想で考えるとしたら、推測ができるようになる。つまり、今度はオーラル・ヒストリーをやってるうちに先が見えてくるんですね。やっぱりこのときもそうだったか、とか、ここは違ったか、みたいな。そういう知的にスリリングなおもしろさもあって、私は今後ともオーラル・ヒストリーをどんどんやっていきたいですね。方法としてのオーラル・ヒストリーは、近現代史をやるうえで必須なものだという感じがします。その意味では、牧原先生にも入ってもらっていますが、私とオーラル・ヒストリーで何らかの関係をもった若い研究者とで書き上げた『オーラル・ヒストリーに何ができるか――作り方から使い方まで』（岩波書店、二〇一九年）をぜひ読んでいただきたい。

牧原　私がその昔、研究で活用した史料の中に、大蔵省の中で戦後の占領が終わった頃に、占領期の大蔵省の政策、予算、金融などを回顧する、そういう長大な口述記録がありました。大蔵官僚のやや若い世代が、当時の大臣、事務次官や局長といった人たちに、何があったかを尋ねる。しかも、それが各分野にわたっていますからものすごい量がある。そういう記録を読んだことがあります。ここで私が非常におもしろいと思ったのは、やはり憤懣（ふんまん）やるかたなく占領期を振り返り、あのときこうだった、本当はこのはずだということを語っていることです。それは自分が経験したことが、同じ大蔵省の中でも他の部署の人には伝わっていないことへの驚きと焦りの中で、これは言わずにはいられない、という話し手たちの雰囲気を感じとれる記録です。集団でオーラル・ヒストリーというものを組織の中で積み重ねていくと、一つの組織の記録というものが徐々にできあがっていくようにも感じ取れました。これについては、第7章でふれています（大蔵省官房調査課『戦後財政史口述資料』）。こういう組織のオーラル・ヒストリーというものを、先生もいくつか手がけられておられますが、いかがですか。

御厨　いくつか私もやりました。例えば河川行政だとかね、土木に関してもやったわけです。それをやっていると、そこに集っている技術官僚たちの、例えば土木行政であったら土木行政の文化みたいなものがわかってくる。彼らはこういうふうにものを考えて、こういうふうにものを決めていくんだと。そういうことがだんだん見えてくる。だから制度や組織といったものを、単に散文的なものとして見ているのではなくて、そこに現実に人がうごめいている、そこの人のうごめきといったものから、その組織の文化が見えてくるのです。外交官のオーラル・ヒストリーもそうです。それから自衛官、つまり自衛隊の方々のオーラル・ヒストリーもそうです。やはりそこに見えてくるものが我々の目を見開かせてくれる。しかも、それが研究者だけの世界に止まらない。それが市販される。あるいは、今ですと図書館に行くとそれが見られる。つまり市民、あるいは国民の目にふれるところに公開されてきていますから、さまざまなオーラル・ヒストリーにどんどんアクセスすることが可能になってきているということも、大きいんじゃないでしょうかね。

牧原　そうですね。本書の中ではオーラル・ヒストリーとして、例えば、利用する史料の中に武村正義のオーラル・ヒストリーがあります。彼は滋賀県知事であり、新党さきがけという党の代表として細川護煕内閣の成立、すなわち自民党から非自民党への政権交代のときの立役者でもあります。そういう政治家への口述記録が、本になって公刊されており、それを利用しています（御厨貴・牧原出編『聞き書　武村正義回顧録』岩波書店、二〇一一年）。

◆公文書を読む――沖縄県公文書館

牧原　今、公文書、とも言いました。国の行政機関や地方自治体が管理、あるいはそこで作成している文書の中で歴史的に重要な公文書があります。それを国・地方の公文書館が保存管理しているというわけですね。国の場合は国立公文書館に、国の行政文書が保管されていますが、地方でも自治体のあるいは地域の諸々の文書や古文書を熱心に保存している公文書館がたくさんあります。今回、沖縄県公文書館に行ってきましたので、そのときのことをお話ししたいと思います。

御厨　今回は沖縄県の公文書館に来ています。国には国の国立公文書館というものがあり、そして今回の沖縄県のように各都道府県、各市町村に、すべてではありませんが、公文書館というものができつつあります。牧原先生、どうでしょう、沖縄県の公文書館というのはどんなものを集めていて、どんな利用のされ方をしているんでしょうかね。

牧原　公文書館ですから通常は、県の行政機関としての文書で一定の年月が経ったもので、かつ歴史的に重要なものが保存されています。沖縄県の公文書館の場合、沖縄県だけのものではなくて、沖縄が復帰する前の琉球政府関係の史料であるとか、あるいは米軍から移管された戦争中のいろいろな写真やビデオであるとか、そういったものも保存されています。

御厨　そうすると、いわゆる文書だけではなく、映像とか写真とか、目で見てわかるようなものも入っているということですね。

この沖縄県公文書館の案内には「いつか見た沖縄がここにある」と書いてあるんですね。公文書館に行くと確かに、いつか見た自分の国、あるいは自分の県の様子がわかるというのが一つのポイントだと思います。それは何も研究者だけというわけでもないんですね。例えば、ここには住民に直結する、住民の生活に直結するような史料もあるわけですよね。

一つは、いわゆる米軍の時代に軍に雇用されていた人、その人はここに来てみると、軍の雇用の時代のカードがあって、それを見ることができる。なぜそれが必要かというと、それは昨今の年金問題、これで過去に誰がちゃんと働いていたかをもういっぺん見直さなくてはいけないというので、ここに来ると、それがわかる。もう一つは土地問題があるみたいですね。いわゆる土地の台帳のようなものが沖縄の場合、沖縄戦、その後の米軍の基地の接収によって曖昧（あいまい）になっている部分がある。それを一筆調査図とか、いろいろなものを使って復元をしていく。ですからそこに行くと、自分のかつての、あるいは今にいたる土地関係がわかる。これも沖縄県の住民にとっては非常に重要な史料ということになるわけですよね。

牧原　公文書館と言うと、研究者であるとか、あるいはこの日本政治史の勉強をしている学生の皆さんだとかが、勉強のために、あるいは研究のために実際の公文書をここで見てみる施設だと思いがちです。

しかし、やはり市民生活に直結している史料がそこにあって、それを市民が自分の生活の利益を守るために、閲覧する施設なのですね。

御厨　なるほど。それもやっぱり重要なんでしょうね。

それから近年、沖縄県の公文書館で話題になりましたのは、かつて琉球政府の主席で初代の沖縄県知事であった屋良朝苗ね。屋良の日記が入ってきて、それが公開されている。それはどういう感じなんでしょうね。

牧原　公文書館ですから通常は行政機関や公の機関が作成した文章が保存されますが、中には公人、行政機関にかかわった人たちが作成した文章も保存されることがあります。屋良の場合は主席であって知事であったので、個人的につけた日記も公的な意味が大きいのです。その複写を保存して、その中身をチェックしたうえで公開できるものから公開しています。これは歴史的にも非常に重要です。何と言っても沖縄返還のときの沖縄のリーダーですから、その人の日記がかなり詳細に当時の沖縄の人たちの考えを伝えていますし、琉球政府の主席であり、かつその後知事になる、そういうリーダーが佐藤首相をはじめとして日本の政府とどう向き合ったかが肉筆を通して語られています。したがって、それをここで閲覧することによって、歴史的な出来事に直接向き合う意味は大きいと思いますね。

⬆ 沖縄県公文書館（写真提供：共同通信社）

御厨　それから、ここの公文書館では年に何回か、この公文書館と住民との間をつなぐパンフレットを出しています。これはなかなか瀟洒なパンフレットできれいで、しかもここを利用した人の声、何のために利用してよかったかという住民の声も反映しています。それから研究者がこの史料を使って書いた論文などを紹介するコーナーもあります。さらに見ていると、公文書館としてはこんな文書がありますよと、これをぜひ利用してくださいというような呼びかけもあり、非常に積極的な印象を受けます。これについても、どうでしょう？

牧原　公文書館便り、『ARCHIVES』という雑誌はデザインがよくて見やすいです。それからこの公文書館に収められている史料の写真ですね。それがこの誌面に掲載されているので、それを見ると、公文書の現物を見てみたい、という気持ちになります。それから公文書館を取り巻くつながりがいろいろあります。一つはアーキビストと言いますか、記録を保存する専門家のネットワークです。それから、それを利用する研究者のつながりもあります。それに加えて公文書に関心をもつ沖縄の市民たちが集う場にもなっています。こうしたさまざまなつながりが、『ARCHIVES』のバックナンバーを見ていると感じられます。

御厨　やっぱりそれは大事なことですね。公文書管理法というのが制定されて、国立公文書館を中心に、これから全国に公文書館が整備されていくかと思いますけれども、ここなんかは、そのよき先例、モデル・ケースになるのではないかと、そんな気がしますね。

牧原　ぜひまた沖縄に来たときには訪れてみたい、そういった場所になっているのではないでしょうか。

牧原　御厨先生、いかがですか。

御厨　やっぱり基本的にサービスがよいと思います。かなりのお年寄りが来て、史跡調査の跡を見たいとか、いろいろな要求を出すのですが、それにものすごく丁寧に対応している。これはなかなか普通の文書館に行ってもない対応です。それはやっぱりあそこを守り立てないといけない、あそこがやっぱり沖縄の原点であるという意識があると思うんですよね。だからそこから、歴史の宝庫である公文書館を大事にしないと沖縄を大切にしたことにならないという、そんな精神が生きているということで、私もまたあそこに行ってみたいなという気持ちに、あらためてなりましたね。

◆政治史学とは

牧原　それでは次に政治史学とは何か、日本政治史の一つの基礎にある、政治史学とは何かということの大事な問題を考えてみたいと思います。

日本政治の政治史学となりますと、やはり古典的著作を書いた研究者とは岡義武でしょう。一九〇二年に生まれて東京大学の日本政治外交史の講座担当者として活躍された方です。今、著作集が文庫版を含めて出されています（『岡義武著作集』一～八巻、岩波書店、一九九二～九三年）。やはり古典ということになると、おそらく今は岡義武先生の著作が共有財産だということになるのでしょう。本章の前半の通史編では、その内容について、大きなカテゴリーとして通史、評伝、そして外交史の三つを挙げています。このうち特に評伝として名高いのは『山県有朋』（岩波文庫、二〇一九年）です。この本を読んでいきますと、邸宅の手入れを好んだ山県有朋の古稀庵についての記述が印象的です。政治家の人生を評伝として書く、それが時代像と重ね合わされていく、時代像と政治家を重ねるときに邸宅というものが重要な要素を占めるのです。御厨先生いかがでしょうか。

御厨　政治家ないし権力者という人が、実際どういう場所で政治を行っていたのか。彼らが持っていた私邸、あるいは別邸とかそういうものが機能していた。つまり空間と政治と言ったらいいのかな。これの間合いというものが大事であって、山県の場合で言えば、今、古稀庵が出ましたけど、これは戦後の吉田茂の大磯御殿であったり（二〇〇九年に火災で焼失したが、一六年に応接間棟と新館だけが再建された）、あるいは戦後すぐ亡くなった近衛文麿の荻外荘（てきがいそう）であったり、いろいろなものがあって、しかも家と庭園が一体となって運営されている場合が多い。そこでいったいどういう決定をやったのかという話になりますし、彼らがどういう家を好んだのか、空間の好みと時間の好みは、おそらく彼らの政策の好みと一致してくるのであって、そこを私としてはもう少し研究したいと思っています。手探りの入門としては、私の著書『権力の館を歩く』（ちくま文庫、二〇一三年）を読んでいただければ幸いです。

牧原　やはり政治史学として史料を読み、その時代の政治を考えることは非常に重要ですけれども、そこには時間と空間にまつわるいくつかの仕掛けというものがあって、その仕掛け自体に一つの物語があるということなんでしょうか。

御厨　そうなんですね。私はよく言うんですが、歴史ですから当然実証は重要である、特に最近は部分的な精密実証とでも言いましょうかね。ものすごく細かく、こうだったんだよ、と事実を説明することに多くの研究者の関心がいっています。私はそれは当然大事だと思いますが、本書を通じて皆さんに訴えたかったのは、それもいいんだけども、それを前提として、やっぱりいかに物語としておもしろい歴史にしなくてはいけないかということだと思うんですね。物語としておもしろくするためには、今言ったような「権力者の館」、あるいは「権力の館」のような道具立ても必要ですし、それからもう一つ、オーラル・ヒストリーの中から出てくる生き生きとした政治家たちの動きも必要でしょう。そういう人間が生きているということを前提とした政治のおもしろさが出てくると非常に政治史が躍動的（やくどうてき）になるという気がします。

牧原　例えばいろいろな史料を使って研究するときに、伊藤博文や山県有朋、あるいは戦後だと吉田茂や佐藤栄作といった政治リーダーが書いた諸々の記録というものが、大きな史料群になります。しかし、記録を書かない主要な政治リーダーもいます。西園寺公望が典型です。そういう人物になってくると、西園寺の発言、西園寺が書いたことについて記録を残すのは実は西園寺自身ではなくて、西園寺の周りにいる、政治的には重要な人ではないのだけれども、重要な記録を作る人となります。今、先生が言われた精密実証ではなくて物語としての歴史になってきますと、今度は主要なアクターや政治リーダーだけではなくて、先生の言葉を使うとトリックスターとでも言いましょうか。その周りにいるいろいろな人を、生き生きと描かなくてはいけないということでしょうか。

御厨　そうですね、昔で言うと、例えば井上馨も若干トリックスター的ですし、それから後藤新平は完全にトリックスターかな。それから書き残すことに意味を見出していた西園寺のそばにいた原田熊雄という男が、『西園寺公と政局』（一〜八巻、別巻一、岩波書店、一九五〇〜五一年）を実際に語ったものを筆耕させます。彼なんかは西園寺とどういう距離感をとって『西園寺公と政局』を作ったかが非常に重要であって、案外、本人が書いたものよりも、周りの人が本人を描いたもののほうが実に解釈の多様性というものを保証していて、そこからおもしろさを拾い出してくるというのはすごく楽しい作業ではないかと思います。

牧原　オーラル・ヒストリーでも、先ほどお話ししましたような武村正義は重要な政治リーダーですが、トリックスターの側面をもっているでしょう。そして、その政治家を支えた人たち、特に官僚や秘書、アドバイザーたちの記録も重要になってきます。たとえば第11章の対話編で紹介する、吉国一郎という内閣法制局長官も、リーダーに近いトリックスターです。こうした官僚たちが政治家をどう見ているのかを知ることも重要です。我々で行いました吉国一郎へのオーラル・ヒストリーでは、吉国は詳細な日記を自ら読み上げて、それについて解説するというものでした。政治史を描くときに政治を見ているいろいろなアクター、中心人物もいたり、中心ではない人物もいたり、あるいはちょっと中心から外れて政治家を補佐するといいながらも、実は政治家を冷静に観察している人たちもいます。そういった人たちの記録をつきあわせて政治史の物語が立ち現れてくるのですね。

そうだとすると、政治史というのは政治のリーダーの歴史だけでは必ずしもないし、権力へのカウンターとして運動をやっている人たち、カウンター・リーダーの歴史だけでもない。そこから外れた距離をとって精細に時代を見ている、多彩な人たちの織りなす歴史というものもあります。そうだとしますと、政治史というのはいろいろな角度から見ていかなくてはいけない、ということではないでしょうか。

御厨　つまり十重二十重にね、たぶん中心になる人物を、囲んでいる人たちがいてね、その人たちが彼らの目で政治家を見ている、非常に複眼的になっている。だからそれが全体としてとらえられたときに、「おっ」と、その時代の歴史がなんとなく見えてきたぞ、という楽しみが、これは研究者だけではないですよ。おそらくこれから本書を読み進めてくださる皆さんも絶対そうだと思うんですね。その、「おっ」と思う瞬間に、我々の本が、どれだけその場面のダイナミズムを伝えることができるかということがポイントになると思います。

第2章　戊辰戦争と西南戦争

目標&ポイント
明治維新から西南戦争までの明治国家の基礎固めは、どのような特質を持つのか。初期の明治政府の施策、大久保政権、議会開設をめぐる論争を見渡し、明治一〇年代までの政治指導の質的転換を考えていく。

キーワード
廃藩置県　西郷隆盛　大久保利通　伊藤博文

一　開国と維新

一八五三年七月八日（嘉永六年六月三日）、マシュー・C・ペリー率いるアメリカ東インド艦隊の四隻の艦船が浦賀沖に来航した。さらにペリーは艦隊を江戸湾奥まで進めて測量を行い、江戸市民に圧倒的な武力を誇示した。ペリーは「これまでに同じ使命を帯びて日本を訪れたすべての他の人びとのそれとはまったく逆の進行計画を採用する」という確固たる決意を持っていた（ペリー／金井円訳『ペリー日本遠征記』雄松堂出版、一九八五年、一七五頁)。すなわち、鎖国政策をとる日本に対して、開国と通商を首都の江戸において断固要求し、その際には存分に武力面での優位を見せつけるという方針である。すでにアヘン戦争で清がイギリスに敗北し、巨額の賠償を課され、イギリスの主張に屈して開港させられていたことは幕府にも知識層にも知れ渡っており、ペリー来航も幕府にはオランダを通じて予告されていた。しかし、軍事力と技術力の圧倒的な差を前にして、当面の幕府の対抗策は、食料・薪水を与えて帰国させることでしかなかった。執拗に江戸での交渉を求めるペリーに対して、幕府は再度のペリーの来航まで回答を先に延ばした。ペリーが一時中国へ向かった後、幕府は事態を朝廷に奏上し、大名と武士・庶民に建白を求めるという異例の手続きをとった。対外的危機が顕在化し、幕府の威信はここに揺らぎ始めた。

幕府は翌一八五四年に再び来航したペリーとの間で下田・箱館の開港、片務的最恵国待遇などを内容とする日米和親条約を締結し、イギリス、ロシア、オランダとも同様に条約を調印した。そして、五八年には来日したアメリカ総領事タウンゼント・ハリスとの交渉の末、日米修好通商条約を結び、神奈川など五港を開港し、開港地に居留地を設置することとし、領事裁判権を認めた。同様の条約は、ロシア、イギリス、オランダ、フランスとも締結された。アロー号事件で清がイギリス・フランス軍に敗北し、天津条約で不平等な条項が取り決められていたことが背景にあった。並行して幕府は、洋学を積極的に摂取した人材を登用し、さらに軍事面での西洋化を進めていった。

対外的危機を受け止めた有力大名は、自らも軍備の西洋化を進めるとともに、幕政への参画を要求していく。ペリー来航に際しては、水戸藩の徳川斉昭（とくがわなりあき）が一時参与となり、薩摩藩の島津斉彬（しまづなりあきら）らがこれに協力した。また、知識人・武士の一部では排外主義的な攘夷運動が次第に高揚し、武家の地位の上下を超えて交わる志士が幕政を批判し、尊王を掲げた。そうした雰囲気の中で薩摩、長州、土佐といった有力藩では、旧来の家格を超えて、有能な下級武士が登用された。そして、幕府が通商条約締結のために朝廷の勅許を求めると、攘夷運動と連携した公家集団が朝廷内で影響力を強め、朝廷の威光を高めるために、幕府に対して攘夷を迫るようになった。

一八五八年、幕府では井伊直弼（いいなおすけ）が大老に就任し、勅許を得ずに日米修好通商条約を締結し、安政の大獄による幕政批判の徹底的弾圧を進めた。だが、反発を一身に受けた井伊は桜田門外の変で水戸の浪士らに斬殺された。以後、攘夷運動の激化によって外国人への襲撃が相次ぎ、老中安藤信正も坂下門外で襲撃された。だが、攘夷運動の限界は対外戦争によって誰の目にも明らかとなった。まず六二年に神奈川の生麦（なまむぎ）村で薩摩藩兵がイギリス人を殺害したため、六三年には薩英戦争が起こり、鹿児島をイギリス艦隊が砲撃して市街の一部を焼き払い、薩摩藩は大きな被害を受けた。また朝廷と結んだ先鋭な攘夷運動の中心であった長州も、六四年に下関でイギリス・フランス・アメリカ・オランダの四国艦隊と交戦して、やはり大敗した。翌年、四カ国の公使を乗せた艦隊が兵庫沖に侵入し、公使たちは条約勅許と兵庫開港を求めた。威圧を受けた朝廷は、兵庫開港は先送りしたものの、六五年に条約の勅許を与えたのである。

対外的危機に対して、国力を一元化して西洋化による軍事力強化を図る必要は次第に明らかになりつつあった。さしあたり現実的な方策は幕府と朝廷の提携という公武合体である。大名の側でこれを積極的に推し進めたのは薩摩藩の島津斉彬の弟・久光であり、斉彬の死後藩主となった忠義の父として実権を握った。一八六二年、久光は上洛して勅使とともに江戸に行き、有力大名を参与とする幕政改革をめざし、結果として政事総裁職に越前藩の松平慶永が、将軍後見職に一橋慶喜（ひとつばしよしのぶ）が就任した。その後京都で尊王攘夷運動が過激化すると、六三年に薩摩藩は会津藩と結んで、三条実美（さんじょうさねとみ）ら急進的攘夷派とこれを支える長州藩士を宮中と京都から追放した。さらに久光は、国是を決定する参与会議を設置し、有力大名の朝廷における朝議への参画と並行した幕政への参加を制度化しようとした。松平慶永、宇和島藩の伊達宗城、土佐藩の山内豊信が参与に就任し、一橋慶喜とともに参与会議を開催したが、十分な議論を尽くせないまま、事実上解体し、久光は薩摩に帰った。

幕府は軍事力の西洋化を図りながら、藩に対する幕府の軍事的・政治的優位を保持した統合をめざし、参勤交代の強化など、大名への統制を強める措置をとった。そして一八六四年、長州藩が復権を狙って大坂から京都に向かって進軍を開始すると、薩摩・会津など諸藩はこれを撃退し、さらに幕府は長州征伐を敢行した。長州藩はこれに対して恭順する姿勢を示して戦火を交えず戦争は一時終了した。その後、薩摩藩では将来幕府の追討の対象にもなりかねないという脅威が広がり、西郷隆盛、大久保利通ら有力藩士は幕府への不信を強めた。西郷らは、有力藩の連合による倒幕へと方針を転換し、六六年に長州藩と提携を盟約した。長州藩内で幕府との交戦を主張する派が帰順派に勝利すると、幕府は長州再征に踏み切った。だが、薩摩藩は協力せず、幕軍の士気もふるわずに中途で打ち切らざるをえなかった。

一八六六年、一橋慶喜が将軍に就任し、フランスとの関係を強化しつつ、幕政の立て直しを図った。これに対して薩摩藩は、イギリスの協力を受けつつ、京都藩邸で朝廷工作を進めていた大久保を通じて、朝廷内の倒幕派の影響力強化を図った。これに呼応した公家が岩倉具視であり、三条と和解して倒幕へ向けて宮中を方向づける準備を進めた。他方で、幕府の影響力失墜に危機感を抱いた山内豊信は藩内の有力家臣であった後藤象二郎の献策を容れて慶喜に対して大政奉還を建白し、これを受けて慶喜は大政奉還を行い、徳川家中心の雄藩連合を形成しようとした。だが倒幕をめざす西郷・大久保・岩倉は王政復古の大号令を発する宮中革命を実行し、新しい職制の朝廷は慶喜に官位辞退と領地奉納を求めた。ここに憤激した幕府軍が大坂城から京都へ進軍し、薩摩・長州を中心とする新政府軍との戦闘に入った。この鳥羽・伏見の戦いで幕府軍は撃破された。勝利した新政府軍は江戸への進軍を開始した。ここに戊辰戦争が幕を開けたのである。

二　有力藩の情勢と廃藩置県

戊辰戦争では、一八六八年五月の江戸城の無血開城により江戸での激しい市街戦が避けられ、新政府軍と旧幕府軍・奥羽越諸藩は北関東・北陸・東北で激戦を繰り広げた。しかし、一八六九年に榎本武揚率いる旧幕府軍が箱館で降伏したことで、戦闘は終了した。幕末に長州と激しく争った会津藩は徹底的な処分を受けたが、徳川家をはじめ幕府側諸藩に対する措置は減封にとどまり、諸外国の内乱と比べれば穏当な処分で終わった。徳川宗家を継いだ家達（いえさと）は静岡県知事となり、のちに貴族院議長、ワシントン会議全権を務めた。また発足当初の新政府は有能な幕臣を登用した。機構も人員も固まらない新政府にとり、幕末以来の対外的危機の中で、国内の結束を図ることが決定的に重要であったからである。

新政府は、一八六八年四月に五箇条の誓文を発して、公議尊重や開国和親を宣言した。そして、六月には政体書が作成され、太政官制のもと、議政官・行政官・刑法官を区分した三権分立をとる政府の機構が規定された。そして六九年三月には薩摩・長州・土佐・肥前の四藩主が版籍奉還の上表を提出し、土地と人民を新政府に還納し、七月には諸侯が同様に版籍奉還を行い、そのまま知藩事に任命された。さらに明治天皇は六九年三月に東京に行幸し、太政官も東京に移され、東京への遷都が完了した。旧幕府領には、府・県が置かれ、旧藩領には藩が依然置かれていたが、版籍奉還後、藩の財政は逼迫（ひっぱく）していく。いっそうの集権化と統一制度の導入をめざして明治政府は、薩摩・長州・土佐から親兵を集めて軍事力の強化を図ったうえで、一八七一年に廃藩置県を断行した。藩は一斉に県に転換され、知藩事には東京での居住が命じられた。こうして旧来の藩の体制が一掃され、集権的な近代国家への制度改革が進展したのである。

この間、改革を先導した開明派の中心は長州の木戸孝允（きどたかよし）であった。木戸は江戸で剣術と洋式兵術を学び、吉田松陰の三歳年下の門下生となり、水戸・薩摩藩士と交流しつつ、先鋭化する旧塾生の指導的人物となった。そして、薩長の盟約を締結する際に長州の代表として交渉に臨み、維新後も総裁局顧問、参議として新政府に入ると、そこで新政府に出仕した長州藩出身者の庇護者となった。木戸は、早くから天皇を中心とした国家機構の樹立と議会制の導入を唱えた。五箇条の誓文についてもその最終的な文面作成を手がけ、天皇が公家・諸侯と百官を率いて天地神明に誓うという形式を発案したのである。また朝廷への権力を集中させるため版籍奉還を早くから唱え、藩主毛利敬親（もうりたかちか）を説得して、薩摩藩など四藩主による上表提出を働きかけた。だが、長州藩内では、戊辰戦争の帰還兵による反政府運動が強まり、脱退兵が百姓一揆に呼応すると、木戸はその鎮定に尽力した。その経験から廃藩置県を推進する一翼を担った。

木戸は、社交的で新政府の改革方針を的確に言い当てる弁論術を持ち合わせていた。だが、概して慎重であり、また志士時代の「慷慨家（こうがい）」（河瀬秀治談／佐々木克監修『大久保利通』講談社学術文庫、二〇〇四年、一二〇頁）が嵩じて晩年は猜疑心（さいぎしん）も強かった。そのような木戸は、藩主の父・島津久光が西洋化と集権化に徹底して反対していた薩摩藩の動向にはきわめて批判的であった。

薩摩藩では、斉彬が藩主時代に登用した下級武士集団の指導的人物であった西郷と大久保が新政府でも中心的な役割を演じた。西郷は、倒幕を軍事面で指導し、戊辰戦争では幕府側の勝海舟と単身で談判し、江戸城無血開城を実現させた。のちにさまざまな伝説となるほどの豪胆さと情味あふれる包容力から、薩摩士族の間で高い声望を得ていた。だが、盟友大久保の子であり西郷の実子を親友とした牧野伸顕（まきののぶあき）が、西郷を「ものを思い詰める性格があった」と指摘していたように（西郷隆盛／西郷隆盛全集編集委員会編『西郷隆盛全集』第六巻、大和書房、一九八〇年、二三四頁）、維新後の西郷は、新政府の強化と西洋化としての文明開化への懐疑との間を大きく揺れ動いた。西郷は戊辰戦争後、薩摩に帰り、藩主の忠義の命で戊辰戦争から帰還した士族を慰撫する藩政改革を行った。再三の新政府への出仕を断った西郷は、勅使となった岩倉の求めに応じて上京して親兵を組織し、久光から廃藩を行わないことを強く注意されていながら、一転して木戸と連携して廃藩置県を断行したのである。

大久保は西郷の盟友であったが、公武合体を進める久光に登用され、京都藩邸での朝廷への工作に長らく従事した。のちに新政府の事実上の指導者となったときには、寡黙であり、部下の話は丁寧に耳を傾け、慎重に判断した後は果断に行動したという証言が多く残されている。木戸や西郷が戦士としての武士、さらには世を憂える志士としての行動様式を明治期にも残したのに対して、大久保は初期の大坂遷都論（「大坂遷都の建白書」一八六八年二月二十日、日本史籍協會編『大久保利通文書』〈覆刻再刊〉第二、東京大学出版会、一九八三年、一九一～一九六頁）以後の主要な建白書の中で、ほぼ共通して、段階を一つ一つ踏んで目的を実現するという論法をとっていたように、合理的決定の下で制度設計を図る官僚的行動様式を早くに身につけたと言えるであろう。当初の大久保が関心を寄せたのは、岩倉と連携して進めた宮中改革であり、次いで慎重かつ漸進的な施策全般の西洋化であった。大久保は、明治初年に木戸を中心に進められた急進的な開化には距離をとり、岩倉らとともに欧米を見学したのちに、殖産興業を施策の柱に掲げたのである。

版籍奉還から廃藩置県を経て、地方において府県の体制が整備されるのと並行して、太政官制も改革を重ねた。一八六八年の政体書は、戊辰戦争後の六九年の職員令により大きく変更され、三条を右大臣に、七〇年には参議に木戸、大久保らと並んで肥前出身の大隈重信が抜擢（ばってき）された。大隈は大蔵大輔を兼ね、民部省もここに吸収して、イギリスへの留学経験を持つ長州の若手開明派であった伊藤博文・井上馨とともに、積極財政、税制改革、急進的な開化を進めた。これをもっぱら木戸が後援したが、大久保は懐疑的であり、七〇年には民部省を大蔵省から分離させて、より漸進的に改革を進めることで木戸との間で妥協がなされた。そして、七一年に廃藩置県を終えた後、太政官三院制がしかれ、大臣・参議によって構成される正院、法案の審議を行う左院、各省の卿・大輔などからなる右院が設置されて、新設の太政大臣に三条が、やや遅れて右大臣に岩倉が就任し、参議は木戸、西郷、大隈、土佐出身の板垣退助が就任し、大久保は大蔵卿となった。これまで高位の官職を占めていた公卿・諸侯はここで政府から去った。以後三条と岩倉は一八八五年の内閣制度の発足まで、この地位に就き明治政府の最終的な意思決定者となった。

廃藩置県を断行した後、条約改正のため、岩倉を中心に使節団が編成されることとなり、大久保とその強い要請で木戸がこれに参加し、若手では伊藤が加わって、欧米を二年近く歴訪した。条約改正については最初の訪問国アメリカとの間で交渉に入ることができず、以後は主として列国との意見交換にとどめ、訪問のほとんどを西洋諸国の最新の科学技術と諸制度の見学に費した。木戸は彼我の絶望的な落差に強い衝撃を受け、帰国後は漸進的西洋化へと転じたが、大久保は同様な衝撃を覚えながら、徐々に殖産興業を不可欠の政策と認識し始める。いまだ幼い長男とのちに牧野伸顕と名乗る次男とをアメリカ留学のために同行させたのも、西洋化を世代を超えた課題と受け止めていたからであろう。

他方、使節出発後の留守政府では、西郷、大隈、板垣らの参議に加えて、左院議長であった後藤象二郎、司法卿として近代法整備を推進していた江藤新平、文部卿として学制発布などに尽力した大木喬任(おおきたかとう)も参議に就任した。留守政府は廃藩置県後の事後処理として、従来藩が支給していた士族の俸禄の整理、さらに財政基盤を強化するための地租改正、また常備軍のための徴兵令施行という施策を打ち出した。次第に困窮する士族は、軍の担い手としての役割も失い、政府への反発を強めていく。ここに、日韓関係の険悪化に乗じて、韓国に派兵を行うことで、士族の不満を和らげるという構想が浮上した。一八七三年八月、西郷は板垣らの支持を得て、自ら遣韓使節となることを参議の間で正式決定とした。渡韓後交渉の末、西郷が朝鮮政府から討たれれば、それを機に開戦することが暗黙に想定されていた。だが、帰国した岩倉は断固これを拒否した。新たに参議に就任した大久保とともに反対を譲らず、判断を一任された三条が派遣を決定したものの、精神錯乱に陥り、代わって岩倉が奏上し、派遣中止の勅裁を得た。西郷、板垣、後藤、江藤らは下野し、うち西郷は薩摩に戻り、不満を抱える士族たちとともに私学校を開設した。板垣は後藤、江藤らとともに、愛国公党を設立し、民撰議院設立建白書を左院に提出した。

三　大久保利通政権と西南戦争

征韓論をめぐる論争で西郷らと激論を交わした大久保はいったん参議を辞任したが、西郷たちの下野後復帰し、人事を刷新し、大隈を参議兼大蔵卿、伊藤を参議兼工部卿とした。自らは、殖産興業を推進し、かつ不平士族と農民一揆に対処するための治安を所掌する内務省を設立し、参議と内務卿を兼任した。大久保は、大隈の財政政策と、伊藤の工業促進策とを結び付けることを構想したのである。一八七四年に大久保は殖産興業について、「大凡国ノ強弱ハ人民ノ貧富ニ由リ人民ノ貧富ハ物産ノ多寡ニ係ル」としたうえで、イギリスが小国でありながら保護政策によって海運業を育成し、のちに自由貿易を通じて国富を蓄積したことを挙げながらも、あえてこれを模倣するのではなく、「能ク研究尋択シ之ヲ人民ノ性情ト其智識ノ度トニ照応シテ」制度設計と興業を図るべきと建議した。具体的には政府が誘導する必要があるというのである（「殖産興業に関する建議書」一八七四年五・六月頃、前掲『大久保利通文書』第五、五六一～五六六頁）。

だが、大久保は自らが前線で処理すべき内外の動乱に忙殺された。一つには、西郷・板垣とともに参議を辞職した江藤が不平士族に擁立されて、一八七四年二月、佐賀で反乱を起こした。これにより大久保政権に対する士族反乱の口火が切られた。大久保は自ら佐賀で鎮圧にあたり、かつて司法卿・参議として西洋法の移入に尽力した江藤は、裁判で旧来の刑を適用され、梟首に処されたのである。

続いて、明治政府は琉球民が台湾の原住民に殺害されたという事件を機に、一八七四年五月、台湾出兵を行い、征韓よりは被害が少ないであろうことを見越したうえで、不平士族の不満を解消することを狙った。清との交渉には大久保自らが臨んだが、交渉は難航したもののイギリスの仲介によって妥結し、清から遺族への撫恤銀と政府施設費について賠償金を得、また琉球民を日本国民と認めさせた。

さらに大久保は、台湾出兵などその専制的手法に反感を抱いて参議を辞職した木戸を慰撫する必要に迫られた。大久保は伊藤に木戸との仲介を依頼し、他方で井上が板垣と木戸とを連携させて、板垣の民撰議院設立構想と明治初年からの木戸の議会設置構想とを結び付けようとしていた。伊藤・井上は大阪で大久保・木戸・板垣の三者会談を設定した。その結果、木戸と板垣は参議に復帰し、一八七五年四月、「漸次立憲政体を立つるの詔」が出された。木戸の構想に沿って、立法機関として元老院、司法機関として大審院、各地の民情を反映する地方官会議が設置された。

だが、一八七七年、県令の支援を得て割拠していた鹿児島の私学校では、東京警視局の密偵を捕縛したことを契機に幹部・生徒が暴発し、西郷を擁立して熊本へ進軍した。すでに前年の七六年には江華島での発砲事件を処理するために、日朝修好条規が締結され、日本と朝鮮が平等であることが明記された。征韓論は意味を失っていたが、西郷は私学校党とともに政府との交戦に入ったのである。幕末に勇猛果敢であるとの評を得ていた薩摩士族軍に対して、政府軍は徴兵制によって編成された農民・商人を母体とする軍であった。徴兵軍は熊本城に籠城することには耐えたが、野戦では薩摩の士族軍と互角とまではいえず、東北諸藩の旧士族軍の合流によって西郷軍との戦闘を繰り広げた。半年を超える激戦の末、西郷らは鹿児島城山で自刃したのである。この戦争のさなか、西郷への不満を抱えつつ木戸は病死した。戦後は、大久保が明治政府を指導しなければならなかった。

そこで大久保は本格的に殖産興業に取り組んでいく。それは西洋農法の導入、官営事業、海運業の育成など多岐にわたった。中でも大久保のねらいは技術の普及であり、そのための象徴的な手段が内国勧業博覧会であった。博覧会の重要性は一八六六年に発刊された福沢諭吉の『西洋事情』巻一ですでに説かれていた。これは、幕末において西洋の制度と文物の最新を伝えるガイドブックであり、当時としては破格の販売数を誇ったと言われている。福沢は巻二以後では、欧米各国の歴史と制度の解説に集中するが、この巻一では西洋帰りの経験を生かし遠国の情勢を活写している。その構成には特徴があり、前半は、歴史と制度についての解説となっていたが、後半は蒸気機関、蒸気船、蒸気車、電信機、瓦斯灯といった文明の利器の解説であって、その間に博物館・博覧会の項目が挿入されている。渡欧していた福沢は六二年の第二回ロンドン万国博覧会を興味深く見学し、諸国の最新の機械などを眺めた。蒸気機関、電信機、瓦斯灯などの文物は「文明開化」として、明治初期から日本に流入していたが、それを集成し普及させること、すなわち「智力工夫の交易」こそ博覧会であることが、項目の配列における福沢の含意であり、その点についでは大久保も同じ見解であった。七七年八月、大久保の強い主導で、西南戦争中であり、コレラが流行していたにもかかわらず、殖産興業の象徴として第一回内国勧業博覧会が開催された。全国から出品された工芸品・美術品に加えて、最新の西洋輸入の機械も展示され、開場式では気球もあげられた。「博覧会ノ功績タル、大ニ農工ノ技芸ヲ奨シ、殊ニ智識開進ヲ資ケ、貿易ノ宏図ヲ介シ、以テ国家ノ殷富ヲ致シ」という大久保の開場式典での言葉に、国富増進のための段階的戦略を見ることができる（勝田孫彌『大久保利通傳』下巻、同文館、一九一一年、五二五頁）。ここに全国から多くの観衆が集まり、天皇も開場と閉場の式典に出席するのみならず、会期中一日をかけて全体を見学したのである。

さらに、地租改正の実施にともない各地で反対一揆が起こり、地方統治の現場で民衆の意見を反映する制度が求められた。一八七八年に大久保は、郡・町村を行政単位とし、府県、町村に議会を設置するよう方向づけた。だが、法案が成立する前に大久保は暗殺された。ここに西郷・木戸・大久保といった維新直後の新政府の指導者から、次世代へと大きく交代が進むのである。佐賀の乱以後の一連の士族反乱は、「有司専制」批判を掲げていたが、武力による抵抗は終わりを告げ、言論を通じた自由民権運動が、士族のみならず農民の不満を取り込み始めるのである。

四　憲法制定と議会開設への道

大久保没後、伊藤が内務卿に就任し、工部卿には大久保政権の下で政府からは冷遇されていた井上を充て、大隈大蔵卿との三人で政権の維持を図った。だが、焦点を欠く政府の内部には、新しい対立が生じた。第一に、侍輔（じほ）集団による天皇親政を求める動きが活発化し、伊藤・大隈・井上らを制約した。侍補は、天皇に対してもっぱら儒教の立場から統治者の徳目を教授するために置かれており、彼らとの交流で天皇も大きく政治的に成長を遂げつつあった。大久保の死後侍補たちは天皇親政を求めて、執務の天覧、大臣・参議らの政務報告時の侍補陪席などを主張した。侍補はその後廃止されるが、彼らの主張は、立憲政体論の中で天皇の役割を明確化する方向へと取り込まれていく。

第二に、西南戦争で軍費が増大し、財政を圧迫した。しかし大隈は殖産興業を推進するために、積極的な公債発行を打ち出し、特に健全財政を年来の主張とする井上らと激しく対立した。一八八〇年二月には大隈の影響力を低めるために、原則として参議と卿が分離され、大隈と伊藤は参議専任となり、卿に新しい官僚層が抜擢された。海軍卿に元幕臣の榎本武揚、内務卿に大久保時代に大蔵省の局長を務め薩摩出身ながら逼塞（ひっそく）していた松方正義が就任した。陸軍の建設を進めていた山県有朋は参議のまま新設の参謀本部長を兼職した。また井上はこれに先だって工部卿から外務卿に転任し、対外関係を考慮して参議も兼ねていた。

第三に、議会開設をめぐる対立である。一八八〇年四月に愛国社加盟の結社の有志からなる国会期成同盟から国会開設の請願書が出される見通しとなり、政府の側でも意見の集約が必要であった。ここで伊藤・井上・大隈が福沢と懇談し、漸進的にイギリス流の国会を開設するために福沢が新聞を発行することで一度は合意がなされた。ところが、大隈は政党内閣制を取り入れて国会を翌々年に開設するという急進的な案を作成し、天皇に密奏したことで伊藤・井上から強い不信を招いた。ここに八一年七月、突如新聞が開拓使長官黒田清隆の官有物払い下げ計画を暴露し、その不当性を追及したことで、大隈の情報提供があったものと疑う伊藤らは、大隈追放を決断した。同時に十年後の九〇年に国会開設を約す詔書が発せられたのである。

一八八二年、伊藤は、自ら渡欧し、憲法制定の基礎理論をプロイセンのルドルフ・フォン・グナイスト、オーストリアのローレンツ・フォン・シュタインらから学んだ。これにより伊藤は、憲法制定の原動力となり、以後、明治政府の中心的政治家となる。出発にあたり、伊藤は自らが就任していた参事院議長を山県に委ねた。山県はここで激しく対立する各省間の調停を進め、次第に陸軍軍人を超えた政治家として制度設計に参画していく。井上は外務卿として条約改正交渉に着手し、欧化の象徴として鹿鳴館を建設し、政府高官の洋風化を通じて条約改正の基礎を構築しようとした。さらに松方は大蔵卿として、緊縮財政と紙幣整理のデフレ政策を実行して、財政を立て直し、財政家として認められるようになった。

他方、自由民権運動はここから高揚した。板垣を中心に自由党が結成され、大隈を総理に立憲改進党（改進党）が結成された。運動は次第に士族のみならず豪農を取り込み、設立された府県会を足場に全国的に発展した。都市部では演説会が催され、さまざまな憲法案が私擬憲法として作成された。明治政府は、一八八二年に集会条例を、八三年に新聞紙条例を改正して罰則を強化した。また、板垣・後藤の洋行を援助することで、運動からの引き抜きを図った。運動への弾圧に加えて、松方財政による物価下落が農民層に深刻な打撃を与え、八四年の群馬事件・加波山事件・秩父事件を頂点に、運動は激化し暴徒化していった。同年十月に自由党は解党し、十二月に大隈は改進党を離脱したのである。

帰国後の伊藤は、憲法制定の前提となる宮中・政府機構の整備を進めた。一八八四年、伊藤は宮内卿に就任し、かつての侍輔グループと協調して伝統を尊重しながら、華族制を整え、宮中の国際化を進めていった。また伊藤は内閣制度の設計を、井上外務卿、八三年より内務卿に就任した山県と協力して具体化していった。山県の内務省をモデルにしつつ、地方と中央を含めた一体の行政機構を整備し、そのうえで内閣制を新たに定めるという井上の方法に沿って進めたのである。八五年、太政官制はヨーロッパの近代国家を範とする内閣制へと移行し、伊藤は初代の首相に就任した。以後、省庁制度もこれに準じて整えられた。そして八九年二月、大日本帝国憲法が発布された。幕末以降は政府機構がたえず流動していたが、ここから文面上は改正のない憲法を運用する時代が幕を開けるのである。

▼参考文献

池辺三山／滝田樗陰編『明治維新三大政治家――大久保・岩倉・伊藤論』中公文庫、二〇〇五年。

坂本一登『伊藤博文と明治国家形成――「宮中」の制度化と立憲制の導入』講談社学術文庫、二〇一二年。

坂本多加雄『明治国家の建設 1871~1890』（日本の近代2）中公文庫、二〇一二年。

佐々木克『志士と官僚――明治を「創業」した人びと』講談社学術文庫、二〇〇〇年。

御厨貴『明治国家をつくる――地方経営と首都計画』藤原書店、二〇〇七年。

水谷三公『将軍の庭――浜離宮と幕末政治の風景』中央公論新社、二〇〇二年。

吉村道男監修『寺島宗則自叙傳／寺島宗則　榎本武揚子／一戸隆次郎』（日本外交史人物叢書 第11巻）ゆまに書房、二〇〇二年。

対話編

牧原 今回は、戊辰戦争と西南戦争について考えてみたいと思います。

御厨 この時代は英雄の時代であり、同時に内乱の時代から統治の時代へと変わっていったと思いますね。

◆幕藩体制の動揺

牧原 まずは幕藩体制から明治政府に変わるわけですが、その幕藩体制について考えてみたいと思います。

幕藩体制とは、天皇・公家に対する幕府の強固な統制、幕府の各藩に対する圧倒的な優越性、武士道という武士特有の価値観を持った武士が社会を支配する、そういう特徴を持った政治体制でした。幕府に権力が一元的に集中しているという点では、西洋諸国の中世の封建社会とは大きく異なりますけれども、他方で西洋の近代国家が貴族の所領支配権を奪い、国王による集権的な国家をつくりあげたのに比べると、やはりまだ分権的な性格が残っている。そういう仕組みだったわけです。

こういった幕藩体制が一八五三年のペリー来航によって、大きく軋(きし)んでいきます。外国船はペリー来航以前から日本近海に現れており、そのたびに幕府は砲撃を加えたり、鎖国の制度を盾に退去させたりしていましたが、アメリカのペリー提督は四隻の軍艦を率いて江戸湾に入り、大砲を江戸湾岸に向けて開国を迫るということで事態が急変します。幕府は朝廷、諸藩に意見を求め、結果としてペリーの要求に屈して開国を認めたということで、その威信を大きく低下させました。

そして、ここに二つの対立が表れてきます。一つは、こういった西洋の衝撃に対して西洋化を進めることで対応しようとする開明路線と、西洋化を拒否する攘夷路線の対立です。そして、もう一つは、対外的危機に対して幕府を中心に対応しようとするか、それとも朝廷を中心に対応しようとするか、という佐幕か尊王かという対立でした。この二つが重なってくるわけです。アメリカの総領事ハリスが着任し、通商条約の締結を求め、幕府が朝廷の許可を求めたところ、攘夷派に影響された朝廷がこれを拒否して問題が先鋭化していきます。幕府は井伊直弼を大老に任命し、勅許なしでアメリカと日米修好通商条約を締結し、さらに安政の大獄によって反対派を弾圧しました。しかし、その反動で一八六〇年に井伊直弼が桜田門外の変で暗殺されると、幕府の威信はさらに大きく低下していきます。これによって尊王攘夷派が影響力を再び強めますが、薩摩藩が一八六三年にイギリスとの薩英戦争で鹿児島の市街に大きな被害を受け、そして長州藩も下関事件で四国艦隊に敗北します。

こういった事態の中で出てきたものが、雄藩と幕府の連合です。一八六三年に会津と薩摩が結んで、八月一八日の政変で朝廷内の攘夷派を追放し、さらに島津久光が薩摩から上京し、一橋慶喜、松平慶永らと雄藩代表による参与会議の一員になるということで、幕府と雄藩の連合が制度としても形をとって現れます。もっとも、この会議自体は三カ月で崩壊しますけれども、この雄藩と幕府の連合は保たれ、失地回復を求めた長州軍を京都で撃退し、さらに今度は幕府の主導で第一次長州征伐によって長州を軍事的に失速させます。しかし、幕府が今度はフランスの支援を得つつ、集権的な制度改革と洋風の軍政改革を進めると、これに対抗したイギリスが今度は薩摩を支援し、長州との提携を仲介するというふうに、幕府と雄藩の連合が壊れていきます。

そして、ついに一八六七年、将軍慶喜は大政奉還を決断し、徳川家主導で各藩主を糾合する政権を模索しました。対する薩摩と長州は朝廷に影響力を及ぼして、王政復古の大号令を発し、幕府軍を挑発することで鳥羽・伏見の戦いを起こして、幕府軍を撃破しました。ここに戊辰戦争が開始されることになります。新政府は一八六八年に五箇条の誓文を公布し、さらに政体書を作成して、議事機関、行政機関、司法機関を区分する、三権分立制度原理の影響を受けた形で新政府の骨格をつくり上げていきました。

そこで、まず五箇条の誓文を見ていきたいと思います。

一　広ク会議ヲ興シ万機公論ニ決スヘシ
一　上下心ヲ一ニシテ盛ニ経綸ヲ行フヘシ
一　官武一途庶民ニ至ル迄各其志ヲ遂ケ人心ヲシテ倦マサラシメン事ヲ要ス
一　旧来ノ陋習ヲ破リ天地ノ公道ニ基クヘシ
一　智識ヲ世界ニ求メ大ニ皇基ヲ振起スヘシ

我国未曽有ノ変革ヲ為ントシ朕躬ヲ以テ衆ニ先ンシ天地神明ニ誓ヒ大ニ斯国是ヲ定メ万民保全ノ道ヲ立ントス衆亦此旨趣ニ基キ協心努力セヨ

五箇条の誓文は、福井藩の由利公正、土佐藩出身の福岡孝弟(ふくおかたかちか)らにより、公議政体論にもとづいてつくられたものです。その条項を見てみたいのですが、ここにありますように「広ク会議ヲ興シ」となっていますね。原案は「列侯会議ヲ興シ」となっていたものですけれども、公家集団が天皇と大名との盟約には先例がないと反対し、木戸孝允が現在の字句に変更したということで成立したものとなっています。

御厨　英雄の時代と先ほどちょっと申しましたが、幕末・維新期は、とにかくたくさんの小説に見られるように、日本人が最も好きな時代でもあります。血湧き肉躍る時代であり、そしてまた英雄たちによるドラマがあたかもすべてが事実であるかのように、展開されるところであります。もう一点言いますと、血を流すことが少なかったのが、この維新革命の特徴だとも言われています。つまり、フランス革命に見られるように、西洋の革命というのは血で血を贖(あがな)うというくらい、多くの人たちの血が流れたのですが、日本の維新革命はそれほどの血は流されないですんだ。

では、全く流されなかったのかと言うと、そんなことはない。先ほどの牧原先生の説明にもあったように、王政復古の大号令が出てから鳥羽・伏見の戦いが起こり、やがて戊辰戦争になっていくわけですね。その中で、やはり一番我々の印象に深いのは江戸城の開城ですね。これもまた無血開城と言われるものですが、このときに西郷隆盛と勝海舟が話し合いをしたということで有名であります。

西郷隆盛という人は、皆さんの印象に一番近いのは上野公園の銅像に見られる、ああいう感じなんですが、現実には彼の肖像が本当にそうであったかどうかは疑わしい。つまり、はっきり残っていない。ですから、はっきり残っていない肖像に対して、あとの人たちが彼に多くの夢をつぎ込んだということになると思います。その西郷は、やがて西南戦争で天皇に弓を引いた逆賊ということになるわけですね。他方の勝海舟のほうは、明治新政府の中で営々と生きていく。新政権に反対するわけでもなく、しかし体制の中に組み込まれながら生きていくということで、福沢諭吉との間に論争が起きたりもしますが、最終的に彼の自伝なんかを読んでみますと、なかなか洒脱でおもしろい人間であったことが知られるわけです。

◆新政府軍の北上——箱館戦争

御厨　ともかく、江戸の無血開城を受けて、その後、やはり東北六藩との戦いは続きます。しかし、東北の佐幕の藩は全体として敗北を余儀なくされていくわけで、新政府の軍隊がどんどん北上していくことになる。その中で東北の戦闘の後、佐幕の敗北した勢力は、その後、一挙に北海道に行き、函館に陣を構えることになる。そこで箱館戦争が始まるわけです。

御厨　私たちは今、函館の五稜郭タワーに来ています。この五稜郭タワーに上ると、函館の街が一望できます。私たちの後ろにまさに五稜郭があるということになるわけですが、牧原先生、この五稜郭の特徴はどんな感じでしょうか。

牧原　この五稜郭は、西洋の城郭をモデルに造られた五角形の形をしているんですね。古い時代のモデルですので、決して規模は大きくないのが今の五稜郭の形です。

御厨　なるほど。しかも、これは日本の開国と踵（きびす）を接する出来事であります。それまで鎖国をしていた江戸幕府が、ついにペリーがやってきたことによって和親条約を結び、通商条約を結ぶ中で、この五稜郭ができたということですから、五稜郭自体は防衛とかそういうものを考えて幕府が最初に造った。そういう感じになりますかね。

牧原　ここが開港地となって、外国の領事館が置かれたり、商船や捕鯨船が函館の港にやってくるようになったわけですね。その中で外国の、特に海からの大砲が届かない内陸に五稜郭という奉行所を建てるのです。その形も、先ほど話しましたように、西洋風の城郭を取り入れることによって、幕末における日本の西洋化の最前線になったと言えます。

御厨　ここが開港して、のちにも述べますように、幕府の海軍の残党たちがここにやってきて、榎本武揚を中心に蝦夷（えぞ）共和国と括弧付きで言われるような国家をつくり上げます。それが人々の印象に残ったと言えるのではないかと思います。

［函館奉行所へ移動］

御厨　我々の後ろに見えるのが、五稜郭の中にある箱館奉行所と言われた所で、ここが幕府がいたときも、それから蝦夷共和国になったときも、中心だった。ここに総裁以下幹部がいたわけです。一種の保安上あるいは警備上の中心であり、今の市内にある、もともとの箱館奉行所といわば役割分担のかたちで、ここにいたということになります。どうですか。ここの守りはどうなんだろう。

牧原　この城郭の建築というのは本当の意味での要塞というよりは、やや装飾性が強いような印象を持ちます。ですから、ここで立てこもって戦うというよりは、政府の中心としてのシンボルだったのでしょう。

御厨　榎本軍は基本的に海軍でしょう。海軍は最後の五稜郭での戦いのときには、全く海戦はやってないんですかね。

牧原　鳥羽・伏見の戦いがあり、その後江戸で戦争があるというときに、榎本武揚は船を率いて江戸湾にいました。江戸開城になって北へ来て、まずは奥羽越列藩同盟といったんは合流するのですが、この蝦夷までやってきます。榎本武揚はオランダに六年いまして、船の操船術を学んで、オラ

⬆ 五稜郭と函館タワー（写真提供：時事通信フォト）

⬆ 函館奉行所（写真提供：稲田良輔）

ンダで当時建造された最新鋭の開陽という船の艦長として、これを日本にまで回航してくる。こういう人なんですね。ですから、海軍技術、それから海戦については相当の知識をためこみ、また西洋の文明を十二分に吸収して帰ってきて、この蝦夷の土地に将兵たちによる一つの政治体をつくろうとした。ここには領事館がありますから、列国に対しても局外中立を働きかけた。ここに一つの新政府と対峙する、あるいは従来の藩とも違う、徳川家を信奉する一つの政治集団が、新政府と対立するかたちで登場するのです。

御厨　それも、たかだか半年なんだよね。半年の後、結局は新政府軍に討伐されてしまう。その後、榎本たちは不思議なことにひどい処罰は受けずに、やがて監獄から出てきて、多くの人たちが北海道の開拓に努めたというのは、これはどういうことですかね。

牧原　これは榎本武揚という人物の一つの個性でもあるわけで、一九〇九年に出版された榎本の伝記を読みますと、多くの目を引く逸話があるんですね（一戸隆次郎『榎本武揚子』嵩山堂、一九〇九年）。西洋文明を学んだ人間でもあり、かつ江戸の柳川の生まれで、江戸を愛した江戸っ子でもありました。榎本はこの五稜郭で、負けるときに当時の新政府軍の黒田清隆にオランダ語訳の国際法についての本を渡して、これを新政府に役立ててほしいと伝えます。黒田が感動して、それに酒五樽を返礼として渡した。そういう話がある。黒田は榎本に感服して、榎本の助命を強く願い入れて、榎本は許されて北海道開拓に従事する。榎本がそこで立ち会うのは、ロシアとの間の交渉、樺太千島交換条約の締結です。その後、大津事件があります。これはロシアの皇太子を護衛の巡査が斬りつけた事件で青木周蔵外務大臣が辞任し、その後任に榎本が就いて、ロシアとの関係の維持に努める。こうして、榎本は新政府に登用されて、北海道、さらにはロシアを見た対外関係を扱う、そういう政治家になっていくわけです。

◆近代国家をめざして

牧原　さて、開国そして戊辰戦争の後で明治政府が発足して迎えた最初の課題は、近代国家として体制を整えることでした。その最初のプロセスをまず見てみたいと思います（表2-1参照）。

この近代国家の制度を整備するには、藩の体制の改革が不可欠であり、藩の中核である武士団を解体する必要がありました。ここで、最初にリーダーシップを発揮したのは、公議政体論者の木戸孝允であり、この木戸を支えた井上馨、伊藤博文、そして肥前の大隈重信たちです。こういった維新の少壮官僚たちが活躍しました。

表2-1　明治初期

和暦	西暦	事項
慶応4年・明治元年	1868年	五箇条の誓文
2年	1869年	版籍奉還
4年	1871年	廃藩置県 岩倉使節団派遣決定
6年	1873年	徴兵令 地租改正条例 明治六年の政変 内務省設置
7年	1874年	征台の役
8年	1875年	大阪会議
9年	1876年	日朝修好条規締結 廃刀令
10年	1877年	西南戦争
11年	1878年	大久保利通暗殺

まず、五箇条の誓文以後、最初に行われた大きな改革が版籍奉還です。版籍、すなわち土地と人民を奉還するということで、木戸が長州藩の藩主を説得し、長州、土佐、肥前、そして薩摩の藩主が版籍奉還の上表を提出し、これに他藩が追随するという形で進んでいく。諸侯はそのまま知藩事に任命されました。

しかしながら、藩内の、特に戊辰戦争で勝利した藩の武士が戦争から帰ってきて、新政府に対する不満が募っていく。こういった不満を抑えるために、最終的に明治四年に廃藩置県が行われました。薩摩と長州、そして土佐の藩兵を御親兵として上京させ、そのうえで、西郷と木戸を中心に新しく参議の陣容が決まり、そこで廃藩置県が断行されたのです。

こうした制度の改革にともなって、井上、伊藤、大隈ら若手官僚が大蔵省のもとで新しい社会制度の改革を手がけていきます。井上と伊藤は、幕府時代にイギリスへの留学経験があり、大隈は長崎で藩の対外交渉を手がけ、いずれも早い段階で西洋の衝撃を身をもって体験しており、彼らの尽力で、財政制度、租税制度などの急進的な西洋化が進められました。

たとえば、地券の導入です。これは明治六年（一八七三年）ですが、地租改正によって土地の私的所有が認められて、これに地券が交付される。これをもとに地価の三分が租税とされました。そして徴兵令です。軍事力を士族ではなく、広く国民が担う徴兵制が導入されて、武士集団は新政府の手で解体させられていきます。さらに時代を下っていくと、明治九年（一八七六年）に廃刀令で士族は帯刀が禁止されるということで、その象徴が奪われることになるわけですね。さらに、秩禄処分。廃藩置県にともなって、士族への家禄支給を政府が肩代わりしていました。これが財政負担となったために、その処分が行われて、家禄の支給が終了しました。その先に、いよいよ薩摩の反乱である明治十年（一八七七年）の西南戦争です。一連の士族反乱のうち最大規模のものでした。

◆木戸孝允、西郷隆盛、岩倉具視

牧原　この明治初期について、ここでは木戸孝允の日記の中から、廃藩置県が断行されたその日の記事を見てみたいと思います（木戸孝允著／日本史籍協會編『木戸孝允日記』第二巻、東京大學出版會、一九八五年、六九～七二頁）。比較的淡々と出来事が綴られている木戸の日記の中でも、非常に記述の長い日ですが、ここではそのプロセスとして、まず毛利、島津、山内、鍋島の藩知事に廃藩の令を発するために勅語があると書かれています。その後に、在京五十六藩の知事が召し出されて、廃藩の詔勅がそこで読み上げられる。

この一連の出来事に対して、木戸はいろいろな感想を書いていますが、まず最初に各藩が互いに肩を並べているだけでは世界万国に対抗する策がないということで、この廃藩置県の構想を考えたというわけです。しかしながら、これに対して、実はさまざまな反発もあったと木戸はふりかえり、「同藩同志の士と雖も醸危疑（危疑を醸し）誹謗を聞く日としてなきはなし」ということで、「尤も心思を労せり」と木戸らしい表現で、感慨を記しているわけです。さらに木戸は実際にこれが読み上げられた後に自分の主君である山口知事公に対する忠誠の念を語っている。廃藩置県を断行するために尽力した木戸でさえも、江戸時代以来の藩主に対する忠誠の念を感じながら、しかし新政府への期待を込めていることがうかがわれる史料です。

御厨　今、木戸の話がありましたけれども、同じときに西郷隆盛はどうしたか。西郷は胆力があって平然とやったかに見えますが、実はそうではないんですね。藩主の地位がとうとう取り上げられてしまう。それで藩主から前日呼ばれやしないかと思ってくよくよして、彼は弟のところに逃げ込んでいる。藩主から呼ばれないようにしているわけですよ。西郷の意外に小心者のところが見受けられるということになります。

そして廃藩置県が成功しますと、この明治政府の不思議なところは、あっという間に次は海外を見てこようという話になって、岩倉具視を中心とする岩倉使節団が欧米に派遣されることになるわけです。まだ権力核がそんなに固まっていない時代にですよ。とにかく政府の半数が海外に、要は日本の今後のモデルになる国々を見に行くということで何だかうきうきした気分なのです。まずは現場を見なければいけないということで、岩倉を中心に出かけていきます。岩倉具視は下級公家の出身でありまして、幕末期には、かなり蟄居(ちっきょ)をしていた期間が長かった。彼はその後、明治維新の後は、いわゆる調整型の政治家として君臨することになります。特に明治初年、彼は活躍しますが、意外に胆力がある。そういう面で言うと、太政大臣をのちに務めている三条実美に比べると、実際の政治的手腕があったと言われています。そして、その彼の政治的手腕が発揮されたのが、明治六年の政変と言われる征韓論をめぐる争いであったのです。

この征韓論をめぐる争いというのは、要は留守政府を守っていた西郷たちが、独自の改革を進めてしまったので、岩倉も含めて大久保たち、使節団の連中が帰ってきたときに、やはりそこに溝ができる。使節団から帰ってきた連中は、とても今日本が外に出ていく時期ではない、日本の近代化を一刻も早く進めなくてはいけないと考える。ところが、西郷たちはそうではなかった。士族の死に場所ということを考え始めている。そして同時に、それが近くの国、朝鮮に対して日本の勢力を伸ばすこととつながってくるということで征韓論の議論が起こります。これは岩倉の胆力でもって、最終的な決定を実はひっくり返します。ここに大久保と西郷も分かれるし、岩倉も西郷たちと分かれるという話になります。

これ以後、明治六年の政変から後は、士族反乱というものが続きます。実は西南戦争が士族反乱の最大にして最後の反乱になったということであります。

西南戦争最大の激戦地である田原坂に行ってみました。

御厨　熊本市の北部、植木町にある田原坂です。明治十年三月にこの地で行われた西南戦争、田原坂の戦いは、薩摩軍、官軍ともに多くの死傷者が出る激戦となりました。春先で冷え込みがひどく、雨も降る中で行われた攻防戦は十七日間続きましたが、徐々に攻勢となった官軍の勝利となり、薩摩軍は敗走することになります。「雨は降る降る人馬は濡れる、越すに越されぬ田原坂」という歌があります。我々が立っているのは、その西南戦争の最大の戦場でありました、田原坂になるわけです。このあと、

⬆ **田原坂の戦い**（西南戦争錦絵「田原坂激戦之図」熊本博物館所蔵）。

武力でもって明治政府を倒そうという動きはなくなり、これ以降はいわゆる自由民権運動、これも士族民権と言われたりしますけど、士族がある意味で中心になった民権運動がこれ以後、今度は豪農の民権結社などと手を携えて、この国で反政府運動を行っていくことになる。その意味では、非常に画期的な出来事の一つであったと思います。どうですかね。

牧原　この田原坂の激戦が西南戦争の決定的な転換点になっていて、ここで政府軍が勝ち、やがて戦争は終結に向かいます。その西南戦争前の薩摩、鹿児島は、中央の意向には従わない、独立の志向が強くて、たとえば士族に対しても優遇策を独自にとるといった政策をとっていました。西南戦争で結局、薩摩側、西郷たちが敗れることで、中央の影響が鹿児島に浸透し、全国が中央集権化の大きな趨勢（すうせい）の中に入っていきます。政府の近代化に対して、今度は士族反乱ではなくて、自由民権運動という新しい異議申し立てが登場するのです。

御厨　そこでもう一つ言っておきたいのは、では士族反乱は全く無意味だったのかと言いますと、そんなことはない。要は、西郷を中心とする薩摩軍は、ここの熊本が落ちてからも実に半年以上転戦をして戦い抜く。そのときの彼らの元気みたいなもの、まあ刀を抜いて戦うと言っても、もう廃刀令の時代なんですけど、その廃刀令でまた怒ったりしましたから、刀を抜いて戦った心意気みたいなものは、その後の軍にやっぱり受け継いでいかなければいけない、そういう気分を近代化を推し進める政府のほうにも与えたということで、この西南戦争の性格は案外複雑なものかもしれませんね。

◆大久保利通（一）――思想

御厨　次に、政治家としての大久保利通について語りたいと思います。

大久保はある意味で薩摩という最大の地域を背景にしながら、そこを押さえて、中央つまり東京における最初の中央政府の括弧付き独裁政治家になったという特徴を持っているわけです。佐々木高行という人が明治初年の日記で、木戸と大久保を比較して岩倉がこう言ったというんです（津田茂麿『明治聖上と臣高行』自笑會、一九二八年、二二六頁）。「木戸は先見あるもすねて不平を鳴らし、表面に議論をせず、陰に局外の者へ何角と不平ばなしをなすは木戸の弊なり」。次です。「大久保は才なし、史記なし、只確乎と動かぬが長所なり」。よく言い当ててると思います。また別のエピソードによりますと、大久保はとにかく趣味はほとんどなかったけれども、好きだったのは囲碁であると。囲碁が好きであると言っても、本当に好きだったかどうかは疑問で、要は久光に取り入るために、久光が囲碁好きだからがんばって囲碁をやったという人である、というように言われているわけです。

その大久保は正真正銘「理」の人であった。どちらかと言うと、西郷にしても木戸にしても、「理」はあるんだけど、どうしても「情」に流される感じでしたが、大久保はあくまでも「理」でいく。「理」でいく大久保が一番最初に感じたのは、どうもこの人民、つまり今ここにいる日本の人民は、気性も薄弱だし伝統的無関心と伝統的貧困の中にいると。彼らを前提とする限りにおいて、一挙に近代化はできない。

彼らを中心にしてできなければ、政府がそれをやらなければいけない。さしあたりの責任は政府が負うというのが彼の考え方であった。「有司専制」というやり方です。もちろん、最終的に彼がめざしたのは君民共治。つまり、君主である天皇と民とが一緒に、この国を治めるということであって、議会制や立憲制に対しても、大久保は実は非常に強い関心を持っていました。しかし、それはあくまでも「本物の時代」のことであって、それをやっていく「本物正則」ができない以上は、当面は「異物変則」でいかなければならない。異物変則でいきながら、それをやがて本物正則に変えていくというのが、大久保の考え方であったわけです。

そうした大久保の考え方について、数多くの大久保の建白書の中に彼の思想が出ていると思いますので、それを牧原先生、よろしくお願いします。

牧原　その大久保のリーダーシップを考えるうえで、ここでは二つの建白書を見てみたいと思います。まず最初は、明治元年（一八六八年）「大坂遷都の建白書」というものです（前掲『大久保利通文書』第二、一九一〜一九六頁）。大久保は幕末、比較的長く京都に滞在して、朝廷工作を行っていましたが、これは木戸や西郷がなしえなかったものであり、幕府とも本国の薩摩藩とも、そして朝廷とも距離をおく、そういう姿勢を養ったと言えます。大久保はここでは「数百年来」の「因循（いんじゅん）ノ腐臭ヲ一新」、そして「国内同心合体」、そういう目的のもとに大坂遷都を主張しました。つまり、京都ではない新しい所に中央を移して、そこで天皇を中心として同心合体の国づくりをすることが必要だというわけです。こういう展望を早い段階から持っていたのが、大久保の特徴です。

そしてもう一つ、「殖産興業に関する建議書」を見ていきたいと思います。大久保は岩倉使節団の一員で欧米を見て、特に工場などの科学技術や最先端の文明に非常に大きな衝撃を受けるわけですが、同行した者の証言によると、次第に寡黙になったというんですね。つまり、その後の構想を考えていたということで、明治七年（一八七四年）に「殖産興業に関する建議書」を出します（前掲『大久保利通文書』第五、五六一〜五六六頁）。ここでは、まず「国ノ強弱ハ人民ノ貧富ニ由リ人民ノ貧富ハ物産ノ多寡ニ係ル」と記し、工業生産が重要である、と言うわけです。次に、今日の国勢をもって七年前、明治初年に比べれば同日の観にあらず発展している、とは言うんだけれども、「虚飾ヲ主トスル者多ク」「表皮而已ニ止マリ」というわけで、初期の文明開化は、まだ表層的だと批判します。では、どうすればいいかということで、これまでは「暴動」があったりして、余裕がなかったが、今ようやく葛藤が落ち着いてきたので、「此時ニ当リテ政府政官ノ急務トスヘキハ人民保護ノ実ヲ求ムルヲ以テ」と言うわけです。「実」とは何かと言うと、「財用是レナリ」と大久保は言います。そして大久保は、イギリスが一つのモデルになるということを、このあとはっきりと言っています。一小国であるけれども、おおいに国内の興業を発展させた。そのようなイギリスを模倣するというわけではないにしても、こういうモデルを見据えながら殖産興業にあたるべきだというのです。大久保は具体的・現実的に殖産興業を考えていたということが、この史料から読み取れます。

◆大久保利通（二）——外交と内政

牧原　それでは、次に大久保政権の外交と内政について、見ていきたいと思います。まず外交ですが、征韓論で西郷たちが下野した明治六年の政変、その直後に台湾に出兵します。ここで大久保は、自ら北京に乗り込んで、清と交渉して見舞金を支払わせます。つまり、征韓論には大久保は反対したわけですけれども、台湾については出兵をする。士族の不満をやわらげるという狙いがあったわけです。そして一八七五年になりますと、今度は朝鮮に軍艦を派遣して挑発し、江華島事件を起こし、その翌年に日朝修好条規を調印して、朝鮮を開国させます。大久保は朝鮮と清に対して、ヨーロッパの近代国家の論理を今度は日本から突きつけます。

そして今度は内政です。まず木戸との提携を重視して、台湾出兵で下野した木戸を今度は大阪会議でもう一回参議にします。木戸は立憲政体の詔を通じて、立憲政体を探る方針を確かなものにします。しかし、大久保がとったのは、有司専制という体制であり、そして殖産興業でした。まず内務省を設置し、その内務卿に自らが就任することで、これを大蔵省の大隈や工部省の伊藤が支える態勢を作ります。西洋農法の導入であるとか、製糸場の建設による軽工業の発展ということが、ここから行われていくわけですね。そして、地方行政の整備が内務省を中心に行われる。警察組織の中央での一元化が図られたり、さらには府県会を設置することが構想されたりして、大久保としての立憲政体の準備が整えられていくのです。

御厨　さて、そこでですね、大久保は実は西南戦争の後、すぐ暗殺されます。その暗殺の直前に、大久保がこの国をどう考えていたのかについて残された談話があります（「済世遺言」一八七八年、前掲『大久保利通文書』第九、一六三〜一七一頁）。この「大久保談話」というのを見てみますと、彼は三十年ということを考えていた。「假りに之を三分し、明治元年より十年に至るを一期とす。兵事多くして則創業時間なり」。まあ混沌としていると。いよいよこれからだったわけです。「十一年より二十年に至るを第二期とす。第二期中は、最も肝要なる時間にして、内政を整え民産を殖するは此時にあり。利通不肖と雖も、十分に内務の食を盡さん事を決心せり」と言っているわけですね。人間というのは、自分の運命は見通すことはできない。国の運命はこういうふうにして変わっていくんだということを彼は言いましたが、ついに彼はこれに携わることができぬまま世を去ることになります。

牧原先生、どうでしょうね。しかし、彼が考えていた、つまり彼は現実には有司専制をやっているわけですけど、しかしその先に、この国のあり方を十分に考えていたということが言えますかね。

牧原　やはり、明治初年の大坂遷都論に見られるように、実現性とは別に国のあり方を考えて、それを遠くの目標として、たとえば大坂遷都という具体的な政策案を出していく。これが大久保のリーダーシップです。それから大久保は、池辺三山が言っているように、自分で考えた主義方針はない、交流により最善のものを真摯（しんし）熟慮のうえでこれをとる。そしてそれを固く守る意地張りだというわけですね（池辺三山『明治維新三大政治家』中公文庫、二〇〇五年、二九頁）。一度思い決めたことは、非常な執着力をもってそれを実行する。この執着力を基礎にした計画性が大久保の持ち味でした。その計画の向こうにあるものが有司専制のままとなったかどうかでしょう。

御厨　そうですね。君徳培養といって、要は天皇に関しても同じように考えていて、これを人民に開き、自分たちに開き、天皇の権威を利用しながら、この国の政治を高めていくことも考えたわけです。そういう点で言うと、大久保の「理」、大久保の考え方の根本が、この国の近代化のあり方を決定したと言えるでしょう。

さて、今回はここで講義をおしまいにしたいと思います。

第3章　日清戦争と立憲政友会の成立

目標&ポイント
初期議会から日清戦争を経て、立憲政友会の成立に至る過程について、大日本帝国憲法下の藩閥と政党の対立と提携を見渡しながら、戦争と政治の関係を考える。

キーワード
大日本帝国憲法　初期議会　日清戦争　立憲政友会

一　大日本帝国憲法の運用

一八九〇年七月一日、衆議院議員の総選挙が大きな混乱なく行われ、十一月二十五日、第一回帝国議会が召集された。いよいよ大日本帝国憲法が運用される局面に入った。ところが、作成時に憲法が想定しない事態が次々と起こる。政治評論家の池辺三山は、伊藤博文は「貴族を作った」が、「晩年には貴族院はまるで伊藤公に背いた」と指摘した。池辺は、伊藤が淡泊で名誉心を得たい気持ちが強かったにすぎず、貴族院を「政治上の手足」にする意図は当初からなかったとみた（池辺三山『明治維新三大政治家』中公文庫、二〇〇五年、一五八頁)。確かに、伊藤は憲法草案を作成し、貴族院のみならず、宮中、枢密院、政友会といった広義の憲法上の機関や組織を設計し自らその長に就任した。そしていずれも政治家伊藤からは自立していく。制度としての独立が憲法上の機関の特徴であるとすれば、伊藤がつくった機関が伊藤に「背く」のは、当然の事態である。かくて運用される憲法の制度は、設計者の元を離れていったのである。予想外の事態が次々と現れる中で、憲法と国家をどう守るか。伊藤は次第に政党組織を構想し、山県有朋は官僚制と軍部の防衛を図り、井上馨は当初中堅官僚とともに自治党結成を構想するが、次第に財政政策に関心を向けていったのである。

内閣ではすでに伊藤から黒田清隆へ、そして山県へと二度の首相交代を経て、その間に首相と大臣の制度上の関係を実態に即した形で改正していた。しかし、第一議会を開催した途端に、議会からは行政整理の圧力にさらされ、また大臣と政府委員である次官との議会答弁の分担の問題、さらには次官が議会に拘束される間の省務の処理体制が問題となった。一八九一年に成立した松方正義内閣は、行政整理を行うとともに、大臣と次官との権限関係を整理して、大臣が省内の事務に責任を負うことを確定した。さらに九三年に第二次伊藤内閣は、行政整理とそのための組織の簡素化の官制改革を全省について行い、これにより省庁の制度はおおむね安定する。つまりは、議会開設後しばらくは、ほぼ毎年制度の修正が検討・実施されたのである。

次に、司法については、一八九一年五月にロシアの皇太子を護衛の巡査が斬りつけ、重傷を負わせるという大津事件が憲法の運用の試金石となった。政府側は、皇室に対する罪を適用して死刑とするよう主張したのに対して、大審院長の児島惟謙(こじまいけん)はそのような解釈はできず通常の謀殺未遂罪を適用して無期懲役とすべきと反論し、担当裁判官にこの解釈をとるよう説得したのである。大審院は児島の解釈を採用して無期徴役を言い渡し、内閣との関係で司法権の独立が守られたのである。

そして、問題は議会である。議会開会後、貴族院では元老院議官経験者が会議という制度の中で比較的適切に振る舞い、衆議院では府県会での経験をもとに、議事手続きのあり方が議論された。伊藤貴族院議長は議事進行をめぐってしばしば混乱し、衆議院は議長の選任、議事規則の制定をめぐって丸一日を要した。しかも、衆議院議員の多数は、自由民権運動を経験し、民力休養を唱える自由党・立憲改進党で占められており、富国強兵をめざす政府と激しく対立した。大日本帝国憲法の発布にあたって、黒田清隆首相は鹿鳴館に地方長官を招き、こう演説した（宮内庁編『明治天皇紀』巻七、吉川弘文館、一九七二年、二二〇頁、一八八九年二月十二日条）。

> 憲法ハ敢テ臣民ノ一辞ヲ容ル、所ニ非ルハ勿論ナリ、唯タ施政上ノ意見ハ人々其所説ヲ異ニシ、其合同スル者相投シテ団結ヲナシ、所謂政党ナル者ノ社会ニ存立スルハ亦情勢ノ免レサル所ナリ、然レトモ政府ハ常ニ一定ノ方向ヲ取リ、超然トシテ政党ノ外ニ立チ、至公至正ノ居ラサル可ラス。

しかし、予算と法律は議会で制定されなければならず、衆議院との関係に内閣は苦慮した。すでに黒田内閣は、立憲改進党の大隈重信、少壮官僚を基礎に政党の組織化を図り自治党結成を唱えた井上を閣内にとりこみ、のちには在野諸派の大同団結運動を主導した後藤象二郎を入閣させて、政党との融和を図っていた。議会開設時の山県内閣以後日清戦争まで、内閣は超然主義を標榜しつつも、議会対策に苦しんだ。その間後藤は第二次伊藤内閣まで閣僚に就任し続けた。さらに藩閥政府は、政党に対抗するため、政党事情に通じた陸奥宗光（むつむねみつ）を登用する。陸奥の提携先は、陸奥が気脈を通じていた土佐出身の議員であり、さらには自由党の星亨（ほしとおる）であった。浮沈の激しい陸奥、星二人の足跡は、初期議会から日清戦争後にかけて、政府と政党が繰り広げた提携と断絶の振幅を表している。

陸奥は、紀州出身で幕末に坂本龍馬の海援隊に所属して土佐との人脈を築いたのちに、明治維新後は新政府に出仕した。だが、薩長藩閥への強い不満から、西南戦争を機に土佐立志社の一部による政府転覆計画に加担し、四年間の獄中生活を送った。出獄後、伊藤の薦めで渡欧し、西洋の立憲主義とイギリス政治についての理解を深めた。帰国後、再度藩閥政府に出仕し、駐米公使を経て入閣したのである。陸奥は、イギリス政治への理解を通じて、責任内閣制は議会の多数党に基盤を置かなければならないことへの信念を強めた。超然主義とは決定的に異なるこの信念こそ、明治憲法の運用には重要であった。

星は、自由党の側から、陸奥に呼応した。江戸の左官の家に生まれ、貧窮の生活の中で英学を修め、陸奥の知遇を得て仕官したのちに渡英し、イギリスで日本人として初めて弁護士資格を取得した。帰国後、後藤象二郎とイギリス商人との裁判で後藤の弁護人となり勝訴するなど法廷活動を通じて一財をなした。この私財をもとに星は自由党に加わり、党勢拡張に尽力した。投獄され、一八八四年に自由党が解党されたのちに、大同団結運動を主導し、再び投獄され、憲法発布を機に恩赦で出獄すると、欧米周遊を経て立憲自由党（九一年から自由党）に入党した。すでに地租軽減よりは地租増徴・軍備増強に理解を示していた星は、改進党との連携よりは政府との提携へと突進したのである。

一八九四年に開戦した日清戦争により、政府と議会との間で一度は協調関係が成立するが、財政再建が急務であった日清戦争後に、政党は民力休養を以前ほど強く主張せず、政府と提携して猟官人事の要求を強めていった。自由党内で支持を失いかけた星は駐米公使として日本を離れ、陸奥の病状も悪化し、進歩党へと再編を遂げた改進党が松方正義内閣と提携し、大量の進歩党関係者が政府内に登用された。だが、松方も続く伊藤首相も自由党・進歩党との提携に失敗し、ついに両党が合同して憲政党となり、この憲政党を基盤として初の政党を中心とする大隈重信内閣が成立する。だが、星の帰国は、内閣閣僚間対立と憲政党内の自由党系議員と進歩党系議員の対立に楔(くさび)を打ち込んだ。憲政党分裂を主導した星は、大隈後の首相山県との提携を決断した。だがこれが決裂すると、ついに星は伊藤が構想した立憲政友会(政友会)結成に参画した。ここに初めて政府との提携に積極的な衆議院の多数党が登場したのである。

二　初期議会

一八八五年、内閣制度が創設され、王政復古の下で古代律令制を範とする太政官制が廃止された。憲法案作成作業を推進していた伊藤博文が首相となったが、主要大臣は太政官制時代の省卿からの留任であった。だが、井上外相の推進する条約改正が、外国人判事の任用をめぐって政府内外からの反論を招き、井上の外相辞任後、伊藤は後任首相を薩摩の黒田清隆へ委ねる準備に入った。黒田を入閣させ、並行して民権派から大隈を外相に登用してその分断を図り、さらに東京から民権運動家を追放する保安条例を施行することで自由党系の三大事件建白運動の沈静化を図った。そして、枢密院を創設してその議長に伊藤が就任することで、伊藤は後事を黒田に託した。

黒田内閣では、伊藤が憲法制定作業を進め、大隈外相が条約改正を担った。さらに後藤象二郎が入閣し、一時は高揚していた民権運動側の大同団結運動は分裂状態に陥った。憲法は一八八九年二月に発布されたが、条約改正問題では、大審院判事に外国人を任用する条項が感情的反発を呼んだだけではなく、憲法と抵触するということで、閣内は混乱に陥った。大隈が爆弾テロにあったために黒田は辞職を決断し、山県が固辞する間にかつての太政大臣であり内大臣であった三条実美が臨時首相となり、外交方針を確定し、内閣制度を改正して首相の権限を弱める方向で整備を進めた。そのうえで山県は首相に就任したのである。

他方、憲法発布にともない、国会開設を控えて政党の組織化が進み、第一回衆議院議員総選挙を経て、三派に分裂していた自由党は統一し、立憲改進党と並んで政府と対決姿勢を強めた「民党」を形成した。中立派の議員も大成会を結成し、政府の超然主義を容認したため、民党からは「吏党」と呼ばれた。

帝国議会開会前に議席や規則などを定めるための議員の協議会初日、議事堂周辺のみならず大都市は国旗と提灯を掲げた祭日の雰囲気であふれた（尾崎三良『尾崎三良日記』中巻、中央公論社、一九九一年、四三八頁、一九八〇年十一月二十五日条）。

> 本日ハ市中人民ハ国会召集ヲ祝セン為メ、各戸国旗ヲ飜シ、或ハ軒提灯ヲ掛ケ、山車ヲ出シ、其形容祭日神事ノ如シ。俗称シテ国会祭ト云。議院ノ門前相馬ノ塀ニ接シ、公衆群麕（ぐんくん）、往来殆ド止ルガ如シ。

だが祝祭気分もつかの間、議会では山県首相は短期的には主権線を守り、長期的には利益線を防護する準備が必要であるとする見解を披露し、軍事予算の増大方針を示して、民力休養・地租軽減を求める民党と激突した。民党の議員は政府の方針にいくらかの理解は示しつつも、自由党・改進党ともに、議員の周囲には自由民権運動の担い手であり、明日の議員をめざす多数の壮士団が、「政費節減、民力休養、藩閥退治」を掲げて気勢を上げていたのである。

だが各省でも、有力省では、政府と民党との激突は織り込み済みであった。大蔵省では主計官であった阪谷芳郎（さかたによしろう）が議会交渉事務取調委員に就任し、一八九一（明治二十四）年度予算編成を終えたのちに全議員を招いて国家学会にて『二十三年財政要論』を表題に講演を行い、理解を求めた（故阪谷子爵記念事業会編『阪谷芳郎傳』一九五一年、一二六頁）。陸軍次官の桂太郎は、議会開会前に「衆議院にありては自由党・改進党・大成会などいふ各派中より、陸軍予算を担当する所の議員を、各個に自邸に招ぎて、懇切に説明の労を執れり」と回顧している（桂太郎『桂太郎自伝』平凡社、一九九三年、一一二～一一三頁）。だが、議会の予算査定案は、七八八万円の削減案であり、山県内閣は解散や憲法停止ではなく、陸奥や後藤を介して自由党土佐派議員を金権によって切り崩した。二九名の自由党議員の脱党により、六五一万円の削減案という妥協案を成立させたのである。

第一議会終了後に辞職した山県に代わって、薩摩の松方が組閣した。内閣は多くの閣僚を前内閣から留任させていたが、直後に勃発した大津事件を経て、新任の外相に榎本武揚、内相に品川弥二郎、司法相に田中不二麿らを就任させた。山県内閣以前と比べて、軽量な閣僚集団で構成され、内閣の弱体化は避けがたかった。留任閣僚の中で陸奥農商相は、議会対策として、閣僚の発言内容を統一し、新聞対策を一元化し、政党との交渉を行う組織として政務部の設置を提案した。だが、品川内相、榎本外相が大きく反対し、結局は陸奥自身この構想をあきらめざるをえなくなった。第二議会で政府側は樺山資紀海相が、海軍予算を削減した議会に対し、「薩長政府」が国家の安寧を保ってきたという趣旨の「蛮勇演説」を唱えて挑発し、政府と民党は再び激突した。特に策もないまま、松方首相は解散を決断した。一八九二年二月に行われた総選挙では、品川内相が民党候補に対して警察の取り締まりを強化する徹底した選挙干渉を行い、民党・吏党壮士と警官との間での暴力事件が相次いだ。選挙結果は、民党の勝利に終わり、松方内閣は内相を更迭し、貴族院・衆議院双方の修正を勘案した予算を成立させて、辞職の道を選んだ。

後任には、伊藤が、井上、山県、黒田など首相経験者とこれに準ずる政治家としての元勲を閣僚に充てた内閣を発足させた。伊藤は松方内閣の機能不全を見て政党の組織化に着手することを天皇に提案したが、天皇からいさめられ、元勲からの支持も得られなかった。それだけに伊藤は、閣僚の人選には意を払い、前内閣から閣僚を一新し、外相に陸奥を、蔵相には第一議会で大蔵次官として政党との交渉に当たった渡辺国武（わたなべくにたけ）を抜擢（ばってき）した。議会では、二月の選挙で星亨が自由党から立候補して当選し、すでに衆議院議長に就任していた。陸奥の支援を受けていた星は、改進党との連携よりは政府との提携を模索し始めた。民力休養から積極政策への転換をめざし、民権運動以来自由党が政府と対決してきたことを強調して壮士団をまとめあげ、改進党を攻撃したのである。第四議会では、衆議院は政府予算の八八四万円削減の査定を議決して政府を激しく攻撃したが、そのうえで星衆議院議長は内閣弾劾上奏文を天皇に提出した。他の機関に比べて地位の高くない衆議院を代表する議長が天皇と対面する瞬間を演出したのである。これに呼応して、伊藤首相は天皇に政府への協力を命ずる勅語を渙発（かんぱつ）するか、解散するか決断を仰いだ。天皇は、前者を選び、六年間にわたり内廷費から三〇万円、文官武官は俸給の一割を軍艦建造費に充てるという詔勅を発した。議会はこれを拒否できず、予算案が成立したのである。

三　条約改正と日清戦争

こうして、第四議会は、議会開設以来の藩閥対民党の構図を崩した。さらなる衝撃は、条約改正問題であった。国権主義者の神鞭知常（こうむちともつね）、佐々友房（さっさともふさ）、自由党中枢から遠ざかっていた大井憲太郎らが大日本協会を結成し、改進党、国民協会など六会派が提携して条約励行を唱えて外国人の内地雑居を取り締まるよう訴え、内閣を強く批判した。この対外硬六派は、星議長不信任案を可決させ、最終的に除名処分に持ち込んで星を議会から追放して、自由党と政府との提携を阻止しようとした。さらに政府に対して条約励行の法案を提出すると政府は議会を解散して、これに応じた。

すでに、陸奥外相の主導で領事裁判権の撤廃を柱とした条約改正方針が決定しており、イギリスとの交渉が進みつつあった。総選挙では、自由党が第一党であったものの、対外硬六派の結束は固く、自由党、対外硬双方が、内閣弾劾上奏案を繰り返し提出した。自由党内では、星は選挙で議席を回復したものの、党内をまとめる力を失っていた。弾劾上奏案は、一度は否決されたものの、二度目は可決に持ち込まれた。条約改正交渉の終了が目前に迫っており、伊藤首相は躊躇（ちゅうちょ）なく議会を再び解散した。そこに朝鮮政府が農民蜂起である東学党の乱を鎮圧するため、清に派兵を求めたという報が京城より届いた。ここで政府は大本営を設置し、先遣隊を朝鮮へ出発させた。陸奥外相は、ロシアの介入を恐れてイギリスとの新条約調印を急いだ。一八九四年七月にはイギリスもこれに応じて条約を調印し、上海に戦火を拡大させないことを確認したうえで、事態の推移を見守る方針をとった。イギリスとの条約改正を終えた直後、豊島（ほうとう）沖で日本の軍艦と清の軍艦とが戦闘を開始した。かくて、日清戦争が開戦したのである。

九月の総選挙を前に大本営を広島に置くことが決定された。選挙の結果は、自由党と対外硬派の議席を大きく変えなかったが、十月に広島で召集された議会は全会一致で政府予算を承認した。政府の側は、臨時軍事費の財源に、これまで政党が当初の予算案から削減した額を費消できずに事実上予備として積み立てていた費目を充てることとした。戦地では、九月に日本軍は平壌で勝利し、黄海海戦で清の北洋艦隊を壊滅させた。十一月には遼東半島の旅順を陥落させ、翌一八九五年二月には山東半島の威海衛（いかいえい）も占領した。三月には講和を申し出た清の全権李鴻章（りこうしょう）が来日し、下関で講和会議が開催された。在野では、清を軽侮し、過大な講和要求を掲げる論調が急速に勢いを増していた。陸奥外相は、列強の介入がありうることを見越して早急に講和を終えることを伊藤首相に具申した。伊藤は軍部を抑えて講和に臨み、清が朝鮮を完全な独立国であると認め、遼東半島・澎湖（ほうこ）諸島・台湾を日本に割譲し、賠償金二億両（テール）を支払い、日本との間に新通商条約を締結するという内容で合意に至った。

しかし、講和条約成立後まもない一八九五年四月二十三日、ロシア、フランス、ドイツの三国が日本に対して遼東半島の放棄を迫った。翌日、伊藤首相は広島で御前会議を開き、結論として「第三国との和親は到底破るべからず、新たに敵国を作るは断じて得策に非ず」という方針を確定した。衝撃は在野に広がった。伊藤に面談を求めた対外硬派を、陸奥はこう突き放して描いている（陸奥宗光『新訂 蹇蹇録』岩波文庫、一九八三年、三六三〜三六四頁）。

> 談次三国干渉の事に及びし時、伊藤は彼らに向かい、今は諸君の名案卓説を聞くよりはむしろ軍艦、大砲を相手として熟議せざるべからずといえる好謔冷語に対して、彼らは平日の多弁に類せず唯々諾々敢えて一言の以てこれに抗するなく、またその胸中何らの打算ありとも言う能わざりし。この輩かつ然り、いわんや一般人民をや。物情恟々速やかに時艱の去るを黙禱するのみ。

かくして、国民は帝国主義外交の冷厳な現実にふれたのである。朝鮮半島では、日本の内政改革要求に反発して閔妃（びんひ）一派がロシアに接近した。これに対し、陸軍出身の三浦梧楼（みうらごろう）はクーデターを起こして，閔妃を殺害し、親日派の大院君を擁立したが、朝鮮政府の日本への反発は強く、ロシアへの傾斜を強めていった。ロシアの朝鮮への影響力強化を前に、日本は一層の軍備拡張を必要としたのである。

四　隈板内閣の挫折と立憲政友会の成立

日清戦争後、もはや藩閥と政党は成算なく激突するのではなく、提携を通じた相互利益の増進に向かった。政府は戦後経営のための財政再建と軍備拡張を掲げ、政党は積極主義による内政の充実と猟官を狙った。伊藤首相は、第九議会を迎えるにあたって、自由党との提携を実現し、予算案を通過させることに成功した。また提携に反対する野村靖内相が辞任すると、板垣退助を後任に迎えた。さらに外相の陸奥が病気により辞任し、蔵相の渡辺が予算編成方針で他の閣僚と衝突したために辞意を表明すると、伊藤は大隈を外相に、松方を蔵相に起用することで、自由党のみならず、改進党が他の小政党とともに組織した進歩党との提携を探った。しかし、大隈の入閣に板垣は反対し、松方は大隈との同時入閣にこだわったため、伊藤は後任の補充を果たせず、辞任を決断したのである。

当初伊藤は、第一次内閣の幕引きと同じく黒田を後任に考えたが、酒癖が悪く政治家としての実績に乏しい黒田については異論が噴出し、天皇は松方に組閣を命じた。一八九六年九月、松方は進歩党を提携先として、外相を大隈、蔵相は松方が兼任する松隈内閣を成立させた。内閣は最初の議会であった第一〇議会に伊藤内閣とほぼ同様の予算案を提出したため、自由党もこれに反対せず、円滑に予算の成立を果たした。他方、大隈は組閣にあたって、新聞紙発行の禁止・停止処分の廃止や、民間の人材登用などの要求を出しており、新聞紙条例の改正が議会に提出され、衆議院の修正を経て発行禁止・停止処分の廃止が可決・成立した。議会終了後、内閣は、進歩党の要求で、農商務省の次官、農商務省・外務省の局長、大蔵・内務・拓務省の勅任参事官、一部の県知事に進歩党員を任用した。だが、内閣が会計検査院内の内紛や、台湾総督府高等法院長罷免問題など政府内の官僚間対立を手際よく処理できず紛糾させると、進歩党の要求はさらに強力になり、異分子淘汰、予算再調査などが主張されるにおよんで、松方は提携をあきらめた。九七年十二月、第一一議会開催直後に自由・進歩両党から内閣不信任案が提出されると、松方は議会を解散し、自らも辞任したのである。

松方の後に、伊藤が組閣し、自由・進歩両党との提携をめざしたが、進歩党は拒否し、自由党は板垣の内相就任を条件としたが、井上蔵相が反対して提携に失敗した。井上は、地租増徴による財政再建をめざした予算案を議会に提出し、自由・進歩両党はこれに反対する中で、両党の合同へと党内の議論をまとめていった。地租増徴案を衆議院が否決すると伊藤は議会を解散した。伊藤は自ら政党組織を構想したが、山県は政党の組織化には反対しないが、伊藤の総裁就任に反対した。二人は元老会議で激論を交わし、了解が得られないと考えた伊藤は、一八九八年六月に総辞職した。組閣から五カ月の短命内閣であった。

伊藤は、後任はもはや民党の板垣か大隈しかないと見ていた。二人に大命が下り、新しく結成された憲政党を基礎に大隈首相、板垣内相、陸相・海相以外は政党員という政党内閣が初めて成立した。隈板（わいはん）内閣の成立である。だが、結成直後の憲政党は、党としての一体性を確立できないまま、当初の構想を実現しようとしては挫折した。閣僚人事で自由系・進歩系双方が衝突し、政党員が行政官に大規模に就任できるよう文官任用令を改正するなど官制改革が模索されたが、官吏数の削減以上の改革を進められず、軍備縮小を含む財政削減を実施しようとしたが、軍部の反対で頓挫し、間接税の引き上げによる財政方針を作成した。そこへ、尾崎行雄文相が帝国教育会で、日本が共和政になったら拝金主義が蔓延するといった趣旨の演説をしたことが、不敬であるとして官僚層から反発が上がった。駐米公使であった星は、自由党系の関東派の求めにより帰国し、憲政党分裂を画策した。まず憲政党臨時党大会を開催して解党を決議し、進歩党系の議員などを棟外へ放り出して本部を確保し、板垣ら自由党系閣僚を辞任させた。後任補充のため参内した大隈は、天皇が総辞職を求めていると告げられて、総辞職せざるをえなかった。追い込まれた大隈ら進歩党系議員は、憲政党とは別の党として、憲政本党を組織した。

大隈が辞表を提出したとき、山県は京都に、伊藤は中国に滞在しており、東京では陸相の桂太郎が後継首相を山県にすべく活動を開始した。井上の支持を取りつけ、在京の元老が山県を支持していることを見極めた後に、桂は帰京した山県に対して、政党に対しては強硬姿勢をとりつつ、提携が比較的容易であろう憲政党に提携を働きかけることを建言した。山県は桂を憲政党との提携交渉に送り出し、憲政党は党内を掌握しつつあった星が交渉を引き受けて、提携を成立させた。

山県内閣の課題は、伊藤・大隈の各内閣で停滞していた戦後経営の基盤を強固につくることであり、その戦術は基本方針では憲政党に妥協しない代わりに、それを懐柔する手当を欠かさず、提携を継続することであった。まず内閣の直近の課題は財政基盤を強固にする地租増徴であり、山県は議員歳費増加によって憲政党を懐柔して、これを成立させた。人事では制度としては憲政党の要求を斥け、文官任用令を改正し、奏任官、判任官に自由任用を認めず、政党員を排除した。また、陸海軍相を現役武官制として、陸海軍が協力して政党と対抗する仕組みを整えた。しかし、各省の次官を総務長官とし、官房長をこれとは別に設置して、ここに政党員を抜擢し、部分的にその猟官欲を満たそうとした。また、一九〇〇年三月には、衆議院選挙法を改正して、選挙人資格を緩和し、被選挙人の納税要件を撤廃し、一府県一選挙区の大選挙区制とした。

一八九九年、首相辞任後の外遊から帰国した伊藤は、政党組織を唱えて全国遊説を行った。一九〇〇年五月に山県も、選挙法改正を終えたのちに辞任を天皇に申し出た。憲政党も山県内閣との提携でその要求が部分的にしか満たせないために、提携を断絶した。天皇は山県を慰留し、中国を騒乱に陥れた北清事変への対応を求めた。九月に伊藤はすべての官職を辞し、憲政党と伊藤系官僚を糾合した立憲政友会を組織して、その総裁に就任した。そこですかさず山県は伊藤を後任に推薦して辞任したのである。

かくして一九〇〇年十月、衆議院の過半数議席を占める政友会に基盤を置いた第四次伊藤内閣が成立した。伊藤は、党内で総裁専制を掲げたが、党幹部でもあった閣僚間の対立は激しかった。また、党の中核に位置し、逓相であった星に対する汚職疑惑を新聞がセンセーショナルに攻撃し、星系の党員らが逮捕されるに及んで星は大臣を辞任せざるをえなくなった。さらに貴族院が内閣に反発し、伊藤は予算を通過させるために、貴族院に対して天皇の勅語を用いて通過を働きかけざるをえなかった。○一年五月、伊藤内閣は渡辺国武蔵相と他の閣僚とが財政方針をめぐって収拾不能な対立に陥り、総辞職した。その翌月星は、剣士伊庭想太郎に暗殺された。星の後任の逓相であった伊藤系官僚の原敬は、星について日記にこう記している（原奎太郎編『原敬日記』第一巻、福村出版、一九六五年、三四四頁、一九〇一年六月二十一日条）。

本人は種々の悪評を受けたれども世人の想像するが如き奸悪をなす者にあらず、案外淡泊の人にして金銭に就ては奇麗なる男なりしなり、而して才気もありたれども随分剛腹にして常に強硬なる態度を取り、政友会の真の柱石たりしが不慮の災に罹る、真に惜しむべし、政友会に取りても非常の損害なり。

のちに政友会の「柱石」となる原もこれと同様の軌跡を描く。それは政友会と日本の政党政治の原型でもあった。

▼参考文献

有泉貞夫『星亨』（朝日評伝選27）朝日新聞社、一九八三年。

五百旗頭薫『条約改正史――法権回復への展望とナショナリズム』有斐閣、二〇一〇年。

坂野潤治『明治憲法体制の確立――富国強兵と民力休養』東京大学出版会、一九七一年。

升味準之輔『日本政党史論〔新装版〕』二、東京大学出版会、二〇一一年。

御厨貴『明治国家の完成 1890~1905』（日本の近代3）中公文庫、二〇一二年。

牧原　今回は、日清戦争と立憲政友会の成立について考えていきたいと思います。

御厨　一八九〇年代というのは、非常にメリハリのある時代ですね。一つには憲法ができる。それから条約改正をやる。そして帝国主義的な戦争である日清戦争を遂行するということになります。この三点セットをどう見たらよいのか、というあたりについて、しっかりと考えていきたいと思います。

◆初期議会の特徴

牧原　明治二十二年二月十一日に大日本帝国憲法（明治憲法）が発布されます。その段階で内閣と各省は制度として整備されていました。そしてその後、衆議院議員選挙（総選挙）が行われ、貴族院も組織され、議会の陣容も作られて、いよいよ明治二十三年十一月の第一議会が召集されて、明治憲法の体制が本格的に始動することになります。

しかし、この初期の議会において、まず政府の側は当初、首相は薩摩と長州の出身者が交互に就任するという藩閥政府であり、この藩閥政府は超然主義を唱えて議会の外に立って政権を運営しようと考えました。しかしながら帝国議会は憲法上、特に予算の決定権限を確保していました。議会は既定の歳出や義務的経費を一方的に削減できず、かつ議会が予算を可決しないときは、政府は前年度予算の内容を執行できるという規定があり、政府のほうが有利に見えます。しかし、当時富国強兵を掲げて予算の拡大を考えて

図 3-1　戦前の政党変遷図（1）

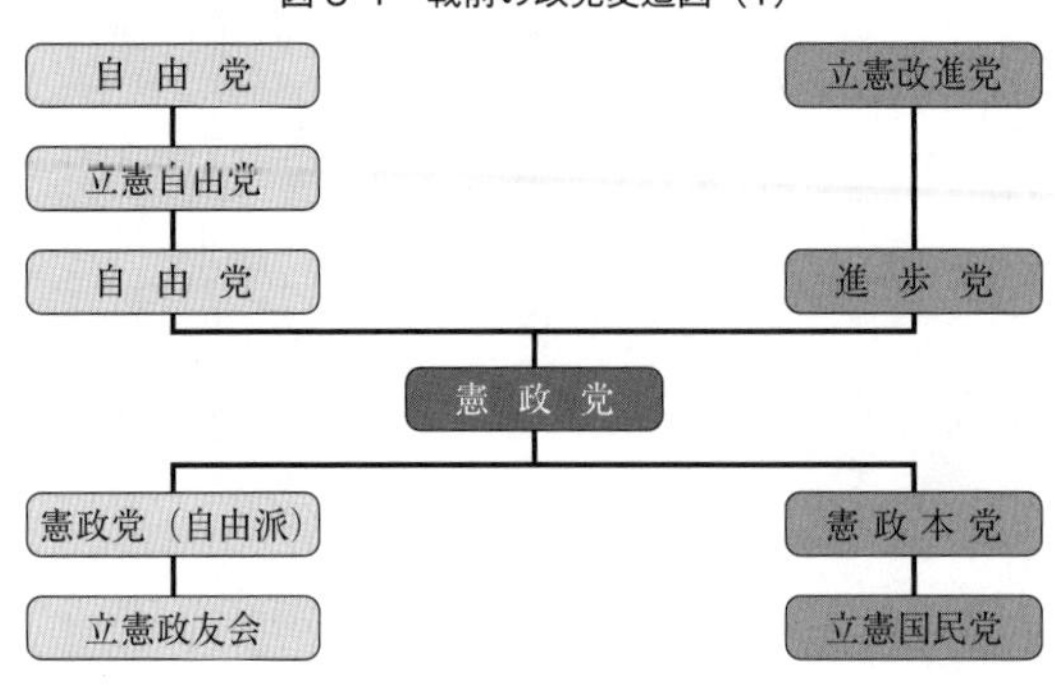

いた政府は、なんとしても毎年度新しい予算を衆議院で可決し、議会でもって成立させたいと考えていました。

他方、議会、とりわけ衆議院では第一回総選挙で立憲自由党や立憲改進党という自由民権運動の流れを汲む民党が多数を占めていました。この二つの党がその後の戦前の政党の大きな流れになっていきますので、図を見てみたいと思います（図3-1参照）。

図にありますように、自由民権運動の流れを汲む自由党は立憲自由党、自由党へと名前を変えます。他方、改進党は日清戦争後に進歩党になります。いわゆる隈板内閣、第一次大隈重信内閣のときには、この自由党と進歩党が合同して憲政党という大きな政党を作り、ここで初めて衆議院を基盤とする内閣が成立します。しかし、憲政党内閣が短期間で崩壊し、憲政党は自由党系の憲政党と改進党系の憲政本党へと分裂します。このうち自由党系の憲政党が立憲政友会という衆議院で安定した基盤をもつ政党へと至ります。

このような初期議会の政党の変遷があるわけですが、何と言っても自由党と改進党という二つの民党、自由民権運動の流れを汲む民党は、自由民権運動時代の非常に強いエネルギーを持っていました。これが議員と院外の壮士という二つのグループに分かれていて、特に壮士のすさまじいエネルギーが議員を突き上げ、政府と衝突するというのが初期議会の大きな特徴です。

◆初期議会の実際

御厨　さて、そこで今のお話に続いて、初期議会は現実にどのように展開されたのか。当然のことながら第一次山県内閣、これは「一介の武弁（ぶべん）」と称した山県有朋を中心とする内閣ですから、富国強兵、とりわけ強兵ですよね、つまり予算をできる限り軍事予算に使いたいという意思をはっきりさせますが、逆に、民党の側は民力休養ということを言います。つまり地租を軽減してほしい、税金を軽くしてほしいということを言い、これは真っ向から対立せざるをえない。これは先ほどの牧原先生の説明にもありましたように、憲法が制定されている以上、予算については民党のある程度の譲歩と賛同が必要でした。では、それを導き出すためにどうするか。

政府がとれる手段は実は三つありました。その一つが、やがて伊藤博文が多用することになる詔勅政策と呼ばれるものです。これは明治天皇に詔勅を出してもらって、対立している政府と民党の間を、とにかく明治天皇の思し召しによって和合させるというものです。それからもう一つ、山県内閣がとる手段ですが、要は民党との妥協を金権によって行う、はっきり言うと買収であります。この買収で行うのが二つ目であります。それから、三つ目はやがて来るべき松方内閣がやることになる、議会を解散する、あるいは場合によっては議会を停止する、そして極端な場合は憲法を停止するということを含んだ強権発動です。この三つが主として政府が使える手段であったわけです。

今申し上げた通り山県内閣は陸奥宗光、あるいは後藤象二郎などとパイプが通じている自由党土佐派を金権を使って最終的に寝返らせ、なんとか予算の成立に漕ぎ着けますが、この金権発動を毎回行うわけにはいかない。そこで、次はどうなったかというと、松方正義が組閣をします。内閣の組閣の問題で言うと牧原先生が先ほど言われたように、基本的には薩長交代のルールがあるので、長州の後は薩摩であるということで、松方になります。しかし、松方にはそれほどのリーダーシップはないので、また議会のコントロールができなくなってしまう。そこで、松方がとったのが日本の立憲制が始まって以来の議会の解散です。しかも単に解散をして、そのまま選挙をやるのではなかった。現実には、その選挙に選挙干渉という形で、内務省や警察が選挙に介入して、暴力的に票を奪っていくということをやろうとします。これは、最終的にはそううまくはいきません。なにしろ吏党というのは、そんなに大きくありませんから、解散しても結局は民党が怒りとともに戻ってくるということになり、松方内閣もここで行き詰まってしまいます。

そこで、明治政府末路の一戦と言われていましたけれども、民党に対抗するために、いよいよ伊藤博文を首相にして、そして元勲が総出で、この内閣を組織するというのが、その次の段階になります。この伊藤博文の内閣の間に、ご承知の通り日清戦争が起こり、そして日清戦後経営に次は続いていくことになります。この日清戦後はいろいろな対立がありましたが、最終的に民党が合同をして憲政党という政党をつくります。その憲政党内閣、大隈内閣がわずか四カ月で退陣した後、藩閥のエースであった山県有朋が第二次内閣を組閣します。そのあと、どうなったか。つまり第二次山県内閣のときに、実は憲政党の一部、すなわち旧自由党勢力が憲政党として残り、そして星亨という政治家がこれをリードすることによって最終的には、星亨と山県のある妥協の中で二〇世紀の政治が展望されていくということになる。この星が山県と決別した後、伊藤博文と協力することによって立憲政友会ができるという、そこまでの道筋があるわけです。

◆樺山資紀の蛮勇演説

牧原　さあ、そこで、帝国議会の衆議院の議事速記録の中から、第二回議会で海相の樺山資紀が行った蛮勇演説というものを見てみたいと思います（「衆議院議事速記録」第二十号、明治二十四年十二月二十二日、三二八〜三二九頁）。

此何回ノ役ヲ経過シテ来タ海軍デアッテ、今迄此国権ヲ汚シ、海軍ノ名誉ヲ損ジタ事ガアルカ、却テ国権ヲ拡張シ海軍ノ名誉ヲ施シタ事ハ幾度カアルダラウ、四千万ノ人民モ其位ノ事ハ御記臆デアルダラウ、先日井上角五郎君ガ四千万ノ人民ハ八千万ノ眼ガアルト云フタ、四千万ノ人民デ今日幾分カ不具ノ人ガアルト見テモ、千万人ノ眼ハアルダラウ、其眼ヲ以テ見タナレバ、今日海軍ヲ今ノ如キ事ニ見テ居ル人ガアルデアラウカ。（アル〳〵ト呼ブ者アリ）此ノ如ク今日此海軍ノミナラズ、即チ現政府デアル、現政府ハ此ノ如ク内外国家多難ノ艱難ヲ切抜ケテ、今日迄来タ政府デアル、薩長政府トカ何政府トカ言ッテモ、今日国ノ此安寧ヲ保チ、四千万ノ生霊ニ関係セズ、安全ヲ保ッタト云フコトハ、誰ノ功力デアル（笑声起ル）甚タ…御笑ニ成ル様ノ事デハゴザイマスマイ。

御厨　まあ、ここで樺山は非常に怒っています。一体何をこんなに怒っていたのか。要は、この第二議会でまた軍拡関係予算が削られてしまった、五〇〇〇万円も削減されたことに対して激怒をした。その結果が、この演説なんですね。彼がここで何度も何度も言っているのが、明治国家というのは自分たちである、つまり国家というのは政府であると同時に、我々海軍であるということを言うわけです。だから最終的なところで、このように言っています。

薩長政府トカ何政府トカ言ッテモ、今日国ノ此（この）安寧ヲ保チ、四千万ノ生霊ニ関係セズ、安全ヲ保ッタト云フコトハ、誰ノ功力デアル（笑声起ル）。

自ら、自分たちのことを薩長政府と言うこともすごいと思いますが、要はここに彼らの自負心がある。国の安全というものを考え、そしてまた、その安全を保ったということ、これはすべて誰のおかげだ、と。それは我々政府のおかげであろうと。それなのになぜ予算を削ったのか、というわけです。ところが民党も負けてはいない。ここに「笑声起ル」と、ありますね。失笑というやつですが、そうすると樺山はまた怒り狂って、「御笑ニ成ル様ノ事デハゴザイマスマイ」、と。これは一種のかけ合い漫才(マンザイ)のようになるわけです。こうした両方のつばぜり合いがあった。つまり近代国家が憲法政治を始めたときに、議会でこうした明確な対立があった。ここは牧原先生どうですかね。非常に興味深い点ですよね。

牧原　日本で初めて憲法が発布されて帝国議会がスタートします。とすると議会の制度をどう動かすかが問題になっていく。その一つが、予算の問題でした。そしてこの帝国議会の議事録を見ますと、試行錯誤が非常に多いことがわかります。シナリオ通りというよりハプニングが多い、その中で、例えば地方制度の中ですでに県会が動いていたので、県会での経験も参照される、というような発言もあったりするのです。

こうして新しい議会ができあがっていきます。もう一つは、この議事録です。今、「笑声起ル」という言葉がありましたけれども、この議事録を見ますとト書きのように、例えば「青木外務大臣壇に登ル」あるいは「書記官投票用紙ヲ各議員ニ配布ス」というような、ト書きのように動きまでも記されているわけです。現在でも、簡略にはなりましたが、議会の雰囲気がわかるように議事録が作られています。こうして模索を続けながらで新しい議会制度がスタートしたと言えると思います。

◆条約改正問題

牧原　さて、初期議会と並行して、外交問題として条約改正が政府の取り組むテーマとなります。江戸幕府が諸外国と結んだ不平等条約をどのように改正するか、これは明治政府始まって以来の大きな外交課題でした。しかしながら明治憲法が発布されて、もろもろの法律が整ってくる過程の中で、条約改正をどのように実現するかということが、歴代の外相の課題となっていました。

御厨　要するに、この条約改正というのは日本が近代国家として自立をするための第一歩である、というわけですね。そのために実は内閣制度を導入する、あるいは憲法を編纂する、あるいは東洋で初めて帝国議会を開く、さらにはさまざまな法典編纂を進める。これらは、これ自体が日本が近代国家になるために必要なものでした。同時に、これを成し遂げることによって条約改正をいわゆる欧米諸国に認めてもらおうという話でした。ですから有名な井上馨が、外相になって行った、あの鹿鳴館におけるきわめて享楽的なと言いますか、当時非常に非難をされましたが、ああいったかたちの諸外国のいろいろな物を真似た外交のやり方というものもありました。あるいはまた、井上馨を中心として帝都、つまり東京を一新して、ヨーロッパやアメリカの首都のように、ここをもういっぺん再編していくという計画もありました。さらにそれを継いだ大隈外相、いずれも欧米諸国との妥協によって治外法権を回復しようとしたのですが、これは失敗に終わります。

そしてそれ以後、日本政府は基本的に治外法権ではなく関税の自主権を回復しようという方向に進んでいきます。その結果がどうなったかと言いますと、これは日本にとっては非常にうまくいったと言うべきなんでしょう。条約改正のいわゆる関税自主権の回復と、それから日清戦争という初めての帝国主義戦争とが踵(きびす)を接してやってくる、つまり両方とも一緒にやってきたというところが、ここでのポイントになるかと思います。

図 3-2　日清戦争（1894-95 年）

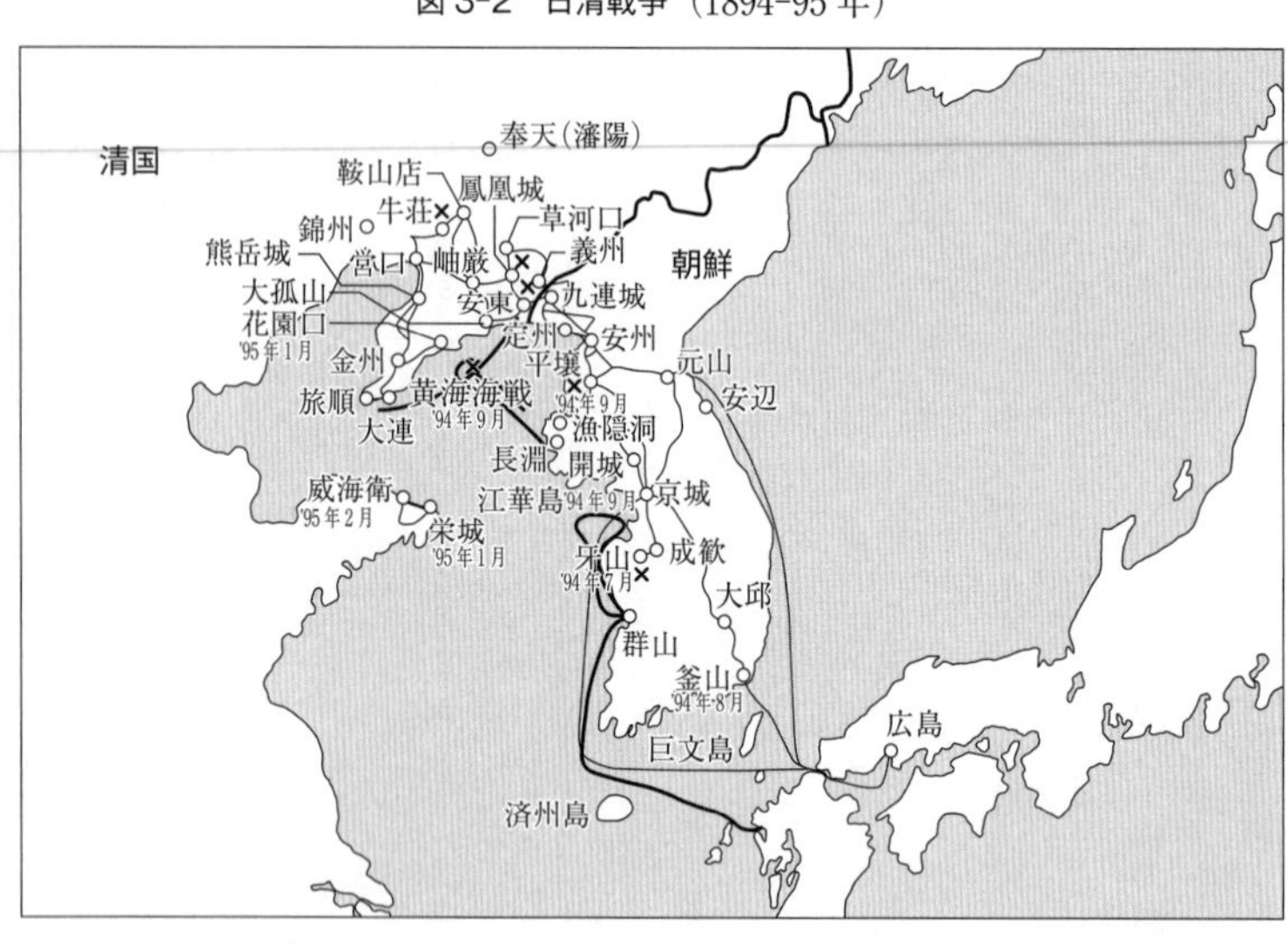

◆日清戦争の始まり

牧原　そして、いよいよ日清戦争が始まります。朝鮮で農民運動としての東学党の乱が勃発します。朝鮮政府は清に出兵を要請しますが、これを見て当時の伊藤博文内閣は派兵を決定すると。そして、朝鮮の王宮に軍隊を侵入させて親日派政権の樹立を図ります。

このプロセスで日本と清の軍隊間の緊張が朝鮮で高まっていく中で、いよいよ日本と清の軍隊がぶつかる。七月に豊島沖で海戦が起こり、そして一八九四年八月一日、いよいよ日本は清に宣戦布告をします。

当時の戦争の地図を見ますと、九月に平壌を攻略し、同時に黄海の海戦で当時非常に強力だと思われていた清の艦隊に日本の海軍が勝利します（図3-2参照）。この黄海の海戦を当時の外相であった陸奥宗光は、欧米諸国の目を意識しながらおおむね次のように著書『蹇蹇録』で記しています

（前掲『新訂　蹇蹇録』一七二〜一七八頁）。それは、日清戦争が開戦するまで日本に対して不信を持ったり、非難していた欧米諸国が日本を賞賛するように変わったと。日本がヨーロッパ文明をいわば皮相的に模擬するのではなくて、本格的に受け入れる能力があるということを認めたと。さらに、それによって日本に対する尊敬が生まれ、かつ日本に対する嫉妬が徐々に生まれていると、観察しています。やはり、この海戦が一つの大きな外交上の転機ともなったと言えると思います。

さらに戦争のほうはまだまだ続き、陸軍は朝鮮半島を北上し、そして遼東半島に上陸し、旅順を陥落させる。さらに威海衛の要塞も陥落させて、清国の残りの北洋艦隊も全面的に降服します。連戦につぐ連戦で、ことごとく勝利し、一八九五年三月に清から講和の申し出がなされて下関で講和会議が開催されます。

◆明治天皇の戦争指導——首都の移動

牧原　この戦争は、当時の日本は地図（図3-2参照）にあるように、広島から軍隊を出発させているわけですね。実は広島に東京から大本営を移し、さらに議会も移して、ここに政府を移して戦争を進めました。この広島の大本営を今から見てみたいと思います。

御厨　ここは広島城の城址ということで、実はここに日清戦争のときに大本営が設けられていたので、その大本営の跡でもあります。日清戦争中、実は東京の首都機能は統治の部分だけを残して、ほとんどが広島に来ていたんですね。これは驚くべきことで、帝国議会ができて、そして条約改正が成って、そして結局近代国家へ向けての戦争ということになったわけですけど、その日清戦争を不退転のものにするために、首都をこちらに移動したんですね。どうしてか。理由はいくつかありますが、一つはやはり天皇という存在を少しでも戦争に近い所へともっていきたかったということです。あとは、軍事戦略上もいろいろな意味で広島のほうが清国に近いですからね。そういう意味で、この場所で戦争対策して戦争が始まってから戦時体制を維持する、ということになると思います。

牧原　広島に政治面で首都機能の一部を移しましたが、そもそもここには師団本部があって、その師団本部に大本営を移すことになったのです。それから当時は山陽本線がまだ広島まで来ていなかったので、戦争の前に山陽本線を広島まで伸ばし、さらに広島から宇品港まで鉄道を敷いたわけです。そして宇品港から兵士や軍事物資を大陸に送るという体制を整えました。このように、帝国日本がインフラストラクチャーを整備する中で、この広島に首都機能が一時的に移ったと言えるのではないでしょうか。

御厨　そして、天皇の問題なんです。天皇をやはりこの広島に連れてきたということで、その意味はいくつかあります。一つは、天皇自身があまり戦争に乗り気ではなかった。これを本気にさせるためには、こういう臨戦態勢が身にしみてわかる所に置かなくてはいけない。かなり狭い部屋で連日、軍事と対峙しているうちに、だんだんと天皇も陸軍大元帥としての力をつけていきます。また、それを身近に見ることで、やはり軍人としての天皇像が形作られていくことになるわけですね。

⬆ **広島大本営跡。後方は広島城**（写真提供：共同通信社）。

牧原　今、広島の大本営の跡を見ました。この広島に明治天皇がやってきて、そこで戦争指導に立ち会います。明治天皇については、『明治天皇紀』（一～十三巻、吉川弘文館、一九六八～七七年）という公式の記録があります。大部であり、かつその内容も詳細です。明治天皇の日々の行いが詳細に記されており、非常に興味深い史料と言えます。試みに、広島の大本営の記述について見てみたいと思います。

明治天皇は、「大本営を広島に進めたまはんとして、午前七時に御出門」というわけですね（前掲『明治天皇紀』巻八、五〇八頁、一八九四年九月十三日条）。さらに、広島の第五師団の司令部に大本営を置くということで、その建物についいては、例えば「中央に車寄を付せる粗樸なる木造二階建なり」とあり（同右、五一二頁、一八九四年九月十五日条）、続いて、大本営の建物の間取りについてもかなり細かく記されております。

御厨先生、いかがでしょうか。

御厨　今、牧原先生が指摘されたところもそうですけれども、全体に明治天皇の動きがきわめて生き生きと描かれている点に、この『明治天皇紀』の特色があります。伊藤博文、松方正義、山県有朋といった政治家とどういう風に、明治天皇は議論をし、自分の考え方を明らかにしたかということも、実はこの記録ではっきりとわかります。

◆下関条約の締結

御厨　さあ、いよいよ私たちが語らなくてはいけないのは、下関の講和条約、すなわち日清戦争をどうやって終わらせたのかという話であります。実は先ほどの話にもありましたように、どんどん勝っている状態ですから、講和条約に日本の政府、国民の要求はどんどん高くなっていきます。結果として下関で講和条約の談判が始まりますが、清国の代表である李鴻章が、ここで壮士によってピストルで撃たれるという事件もあり、ますます陸奥としては急いでこれを解決しないといけないという状況になります。

その結果、講和の内容というのは、第一に清は朝鮮が完全な独立国であることを認める、第二に清は遼東半島、澎湖諸島、台湾を割譲する、第三に清は賠償金二億両（テール）を支払う、二億両（テール）というのは当時の日本の国家予算の約三倍半と言われたわけで、当初みんなが要求したほどでないにしても、かなりの程度大きなものを得ることができたというのが、このときの実態であります。

そういった状況を逐一記録していたのが『蹇蹇録』という陸奥宗光の書いた回顧録であります。そこで、今度は陸奥宗光の『蹇蹇録』から内容を見てみたいと思います（前掲『新訂 蹇蹇録』一七九〜一八〇頁）。

当時外国政府および人民の眼裡に映写せる日本国民は、毫（ごう）も謙譲抑遜する所なく、殆ど世界に特立独行し、何らの希望も達し得べく何らの命令も行い得べきが如き驕慢の気風を暴（あら）わしたるものの如く見えしは争うべからず。けだし我が国民がかくまでに空望の熱度を昇騰したるは、我が国古来特種の愛国心の発動せしに因るなるべし。政府は固よりこれを鼓舞作興すべく、毫もこれを擯斥（ひんせき）排除するの必要なし。しかれどもその愛国心なるものが如何にも粗毫尨大にしてこれを事実に適用するの注意を欠けば、往々かえって当局者に困難を感ぜしめたり。スペンサー、かつて露国人民が愛国心に富めるを説きたる末、そもそも愛国心とは蛮俗の遺風なりといえり。これすこぶる酷評なりといえども、徒に愛国心を存してこれを用いるの道を精思せざるものは、往々国家の大計と相容れざる場合あり。即ち当時国民の熱情より発動したる言行が、欧洲強国の感情に対し多少の不快を与えたることなしとは言いがたかるべし。

さて、ここに挙げました『蹇蹇録』の内容は、主として日本国民の愛国心についてのものでした。なぜ陸奥がこれに着目したか。それは今回の戦争で日本が勝っている間に、国民の愛国心の異常なほどの熱狂ぶりに危機感を覚えたということがあります。

実は陸奥は、この下関条約の後すぐ三国干渉が行われて、そして遼東半島をまた返すことも実は読み込んでいた。そしてこの『蹇蹇録』の中で、三国干渉の弁明が一番詳しく載っているのですが、なぜその中でも彼が愛国心というものに注目したのか。要は「当時国民の熱情より発動したる言行が、欧洲強国の感情に対し多少の不快を与えたることなしとは言いがたかるべし」とあるように、日本人のこの熱狂ぶりというのは、もうすでに実はヨーロッパ各国は克服していたもの、過去のものなのに、それが今日本に起こっている。これをどうやって、今後日本を統治するうえでコントロールしていけばよいのか、これはおそらく日本外交の最大の問題になるであろうということを彼は言いたかった。したがって、これは日清戦争の彼の回顧録であると同時に、今後の日本外交における愛国心による危うさについてまで展望していたという点で、私は特徴的なものであろうと考えています。

◆戦後経営――政党との提携の模索

牧原　日清戦争の終結は、日本の政治史を考えるうえで非常に重要な画期でした。今回の対話編の最初で説明したように、日清戦争が始まる前の帝国議会と政府との関係は抜き差しならない関係であって、予算一本を通すのに毎年非常に苦労しました。ところが、この日清戦争の開戦によって、民党と政府の対立がいったん休止し、議会は戦争に協力するようになりました。

その後、日清戦争が終わると、また新しい局面に入ります。政府の側はやはり政党との提携というものを考えざるをえない。これが前提になり、一方でそれを積極的に行った伊藤や松方がおり、他方で政党に対してなお抜き難い不信感をもった山県がいるというように、二つの路線がありました。また、民党の側も改進党が進歩党に変わりますが、自由党と進歩党のどちらかが時の政府と提携するという路線があるかと思えば、この二つの党が連合して政府と対決すべきであるという路線もある。

そして、日清戦争後、今度はロシアが朝鮮半島への影響力を強化するようになり、東アジア情勢が徐々に緊迫化していきます。これに対して日本は軍備増強という課題を背負うわけです。他方、清国から多額の賠償金を得ていますから、これによって新しい産業の展開が可能になります。鉄道事業や電話事業を拡大するであるとか、それから製鉄所をつくるとかといった、新しい産業の発達が以後めざされます。また金本位制になって、賠償金をその準備にあてて国際経済に適応しようとします。

このような日清戦争の戦後経営の中で、歴代の内閣がどのような対応をしたかというと、まず日清戦争を戦争指導した伊藤内閣ですね。これが、戦後、自由党との提携を強化して板垣退助を内相に就任させたりするわけですね。これに対して、続く第二次松方内閣、これは大隈重信を外相として、今度は進歩党と提携する。このように政党と提携することで、まず政党の関係者を大臣にせざるをえなくなる。そして、中央では次官や局長が、地方では知事に党の関係者を登用します。つまり政府の中に政治家や政治的任命が入ってくるという新しい動きになっていきます。

ところが、松方の後に、伊藤博文が第三次内閣を組織しますが、政党の支持を得られず超然内閣になってしまい、完全に行き詰まってしまう。他方、民党の側は連合しようという機運が増してきて、自由党と進歩党が合同し憲政党を結成する。これによって衆議院が解散されますが、選挙結果では、この憲政党が多数を占めて、いよいよ藩閥政府は政党に内閣を委ねざるをえなくなってきます。そこで、大隈重信を首班とする、いわゆる隈板内閣が成立します。初めての政党内閣が日本で成立することになるのです。しかし急遽合同した憲政党は、中で自由党派と進歩党派が深刻に対立する。特にどちらも強い猟官欲を出して、党員の政府への任用をめざしますが、配分ポストも多くない。結局、人事対立がもとで憲政党が分裂して、隈板内閣が崩壊します。

御厨　そして、その後どうなったかと言えば、ついに藩閥のエースの登場です。山県有朋がそこで登場して、そして憲政党が分裂した後の昔の自由党系を率いた星亨と山県は提携をする。しかし山県は、ここでのちの山県閥に連なる強固な超然主義の砦を築きます。その砦の意味は何であったか。それは星たちがどんなに要求しても、彼らを一人も大臣に任命しなかった。要は人事上の妥協をすると、際限なく民党は要求をつり上げてくる、これを拒絶するためには最初から入れないということになります。

そして、それのみならず今度は猟官運動を完全に阻止するために山県が確信犯として行ったことは、文官任用令の改正です。これは、いわゆる高等官から下は試験採用以外は認めない、つまり自由任用を認めないということになりましたから、政治構造に政党をきちんと組み込んでいくつもりの民党にとって、これは大打撃になる。しかし、星としてはこれを甘受せざるをえない。つまり星がめざしたのも、短期的な提携ではなくて、長期的な提携というものでした。そうすると、政党の全国的な発展のためには、地方利益を培養していくことが重要になる。そこで政党つまり憲政党がこれからやりたかったのは意図的に地方利益供与を行う「積極主義」に他ならない。その「積極主義」を実現するためには増税をしなくてはならない。ついに民党はここにおいて、これまでの減税から増税、これを実現する方向へ向かいます。

◆立憲政友会の成立

牧原　そしてこの山県の一連の対応を前に、いよいよ憲政党を率いる星亨は、藩閥政治家との本格的な連携を考えていきます。そして、伊藤博文のもとで新しい政党組織を作ることを構想し、これを伊藤も受け入れるわけです。

伊藤は、その前に何度か政党を基盤とした内閣を作ろうと考えていました。もともと明治憲法を作ったのは伊藤ですから、政党なしでは明治憲法体制は動かないことを早くに察知していました。そこで伊藤は、この憲政党と一緒になって一つの党を作るために、意見交換を繰り返します。全国遊説をし、立憲政友会という政党をつくるということになり、その趣旨および構想を発表し、さらにこれを天皇に上奏し、一九〇〇年の九月にその発会式を迎えます。

この間の一連の意見公表の中で伊藤は三つのことを言っています。一つ目は政党に求めるものとして党の規律と統治への責任です。二つ目は歴史感覚です。封建遺制は過去のものとなり、江戸時代が終わって三十年が経過した。三つ目は明治憲法の運用を開始して十年経ったということです。したがって、今こそ改良された政党を通じて憲法政治の実をあげなければいけないと言うのです。そして天皇への上奏文の中では、このように宣言しています（小林雄吾編輯／小池靖一監修『立憲政友會史　第壱巻　伊藤總裁時代』立憲政友會史出版局、一九二四年、一九頁）。

> 国家為政ノ機関ハ憲法之カ組織権能ヲ定メタルモ、其ノ各部相調和シテ統治大権ノ施用ヲ完クスルニ至リテハ十年ノ成績未タ善良ヲ称スヘカラス

この十年間の運用を経て、いよいよ本格的な政党を組織して、その責任ある政党のもとで内閣を作らなくてはならないということを言います。さらに、政党組織として中央と地方の関係が重要だと伊藤は言うんですね。つまり地方の自治、行政の上に中央の政治があることを力説します。

このような政友会について、御厨先生は、どのようにお考えですか。

御厨　やっぱりそこに言えるのは、伊藤が大きな政治の部分と、それから地方自治も含めてですけど、そういう行政の部分とを、両方ともよく見ていたなと思いますね。明治政府にあって、その両方を把握して

いたから、やっぱりこれからあるべき政党も、その両方を持たなくてはいけないということです。伊藤はよくわからないなと言われるんですけど、意外に、大きい部分と小さい部分を、両方、やっぱりしっかり見ていたというのが、私には非常に印象的です。伊藤の演説をずっと分析していくと、文明論もありますけれども、そういった現実に即した議論をきちんとしている。私は、そんな感じがするんですけど、どうでしょうね。

牧原　もともと星たちは自由党の中でも壮士を従えているのですね。暴れたり実力行使もしたりするようなエネルギーを持った人たちです。しかし、星自身はイギリス留学をし、日本人で初めてイギリスの弁護士資格をとった人なんですね。ですから、ヨーロッパの政治や法制度に対して理解がある。しかし彼は日本に帰ってきて、それをそのまま受け入れるのではなくて、日本の政治にふさわしい政党の組織をどのように作るかということを考えていきました。その彼は、はじめは山県と提携するわけですが、結局は伊藤に政党組織を託します。これに伊藤が半ば応えて、政友会という政党を作り、この政友会という政党が、その後明治憲法の中においては衆議院で安定多数を占める政党になっていきます。

それから立憲政友「会」ということであって、「党」という名前をあえてつけなかった。政党という言葉に連なるよりは、ある種のクラブのようなものを意識して政友会を作ることを、伊藤は考えました。しかしながら星のほうは必ずしもそうではなくて、やはり名実相伴う政党を作らなくてはいけないと考えていました。そのせめぎ合いが、伊藤が山県の後に内閣を組織してからも続き、日本の政治史の大きな流れになっていくのです。

それでは、今回はここで終わりにしたいと思います。

第4章　日露戦争と大正政変

目標&ポイント

日露戦争により、朝鮮半島への影響力を確保した日本は、藩閥政治家の桂太郎と政友会との安定した政権授受の時代を迎える。これが、大正政変によって崩れる過程を追跡する。

キーワード

桂園時代　西園寺公望　原敬　立憲同志会

一　桂太郎内閣の成立

一九〇一年五月、第四次伊藤博文内閣の総辞職後、元老会議が開催され、井上馨に組閣命令が下ったが、蔵相・陸相人事が不調に終わり、井上は組閣をあきらめた。伊藤への情報提供者であった伊東巳代治（いとうみよじ）は、政権維持に熱意を燃やす政友会を配下にしたがえた伊藤が再度組閣する意欲を持っていると観察しながらも、いよいよ首相は、憲法制定時の閣僚から「第二流」の次世代へと移行するときが来たと見ていた。年齢・経験から最有力候補であった元陸相の桂太郎は、山県有朋邸で元老会議の結果を聞く前に伊東のもとに立ち寄った。伊東は桂にこう語った（国立国会図書館憲政資料室所蔵『翠雨荘日記』、一九〇一年五月二十三日条）。

元老等が今日に至るまで国家を玩弄して其責を第二流に譲らんとするも、決して其手に乗せらる、如き愚を為さずして、遠からず気運の来るを待ち、決して今回の勧誘に応ずべからず。老兄万一にも元老に逼迫せられ余儀なく引受くることあるも余は断じて其列に加ることを欲せず。実に今日は元老と少壮との関ケ原なれば努めて鋭鋒を露出することを避け、飽まで元老等を尊重して元老等の間に善後の手段を盡さしめ結局其無能を天下に表白するに至り、人心悉く元老に去りて第二流の奮起を促すの輿論天下に喧伝するに至り始めて考慮を費すべし。

桂は伊藤の再起を促し、伊藤と懇談するが、桂の政権担当欲を察知した伊藤は、天皇に拝謁したとき、桂を推薦した。こうして「善後の手段」がつきた元老は、「第二流」の世代へ首相を譲ることとなる。桂は、蔵相に曾禰荒助、司法相に清浦奎吾、農商相に平田東助など主要大臣を山県系官僚で固めた内閣を発足させた。

長州出身の陸軍軍人で、維新後早くにプロイセンに留学して軍事制度の研究を進め、帰国後は軍制面での要職を歴任して第一議会時には陸軍次官として政府委員を務めて議会対策の前面に立ち、第三次伊藤内閣以降陸相に就任し、第二次山県内閣では山県の右腕として憲政党との交渉を引き受けた桂は、軍事作戦の指揮者というよりは軍政の指導者であった。雑誌『太陽』の記者であった鳥谷部春汀は組閣直後にこう桂を評した（鳥谷部春汀『明治人物小観』博文館、一九〇二年、二一八〜二一九頁）。

子〔桂子爵を指す――引用者注〕は武骨一片の軍人にあらずして、政治家たるの才能あり。而も其の八面玲瓏、円転融通の資質頗る伊藤侯に類する所あるを以て、侯は其の人物を愛して多少の優遇を寄与したるは即ち之れあらむ。子も亦侯を長州出身の先輩として、伎倆ある政治家として常に敬重の意を失はざらむことを勉むるは即ち之れあらむ。されど其の政治的関係は、山県侯に深厚なるだけ伊藤侯には冷淡なる可く、隋つて子の内閣組織に同情を表するものは伊藤侯にあらずして山県侯なり。

野党となった政友会は、伊藤総裁の指示が代議士に及ばず、尾崎行雄、松田正久、原敬ら幹部は政府と対決する方針であったが、予算審議にあたって妥協派が桂に切り崩され、党として政府との妥協を余儀なくされた。一九〇二年の任期満了の衆議院総選挙で、政友会が過半数議席を維持すると、桂は地租増徴を掲げてこれと対立し、さらに十二月に衆議院を解散したものの、翌年三月の総選挙でも議席はほとんど変化がなかった。桂は伊藤に譲歩するが、政友会内部では尾崎ら伊藤を見限った議員が次々と脱党していく。伊藤は政党組織をあきらめざるをえず、山県・桂の構想に従い、枢密院議長に転出した。代わって政友会総裁に就任したのは、西園寺公望であった。憲政本党は大隈が総理を務めていたが、議席数は政友会に劣り、大隈には元老からの支持もなく、首相に奏薦される可能性はきわめて低かった。藩閥は伊藤・山県・井上と協調しうる桂が代表し、議会は松田・原に支えられた西園寺の政友会がおさえる体制が安定的に継続していったのである。

二　日英同盟の締結と日露戦争

大陸では、第二次山県内閣時代の一九〇〇年に排外運動の義和団事件が広がり、これを背景に清は列強に宣戦布告した。イギリス、アメリカ、ロシア、ドイツなどと並んで日本も出兵して乱を鎮圧し、清と北京議定書を結んだ。しかし、影響力の維持を図るロシアは、満州での軍の駐留を継続し、日本に強い脅威を与えた。すでに日清戦争後の三国干渉により日本が返還した旅順を、ロシアは租借しており、陸海軍を満州地域に展開させていたために、その脅威はより深刻と受け止められた。

これに対して桂内閣は、第四次伊藤内閣の下で準備交渉が開始されていた日英同盟の交渉を継続するとともに、イギリスの態度が曖昧であったために、一九〇一年九月に伊藤をロシアに派遣し、日露協商の締結も同時に進めることを決断した。だが、十一月にイギリスが日英同盟草案を手交したために、交渉は急速に進展し、十二月の元老会議は同盟案を承認し、〇二年一月に同盟協約は発効した。締約国の一方が他の一国と交戦する場合に、他方の締約国は中立を維持し、二国以上と交戦する場合は参戦するという内容であった。

他方で、日露関係は、一九〇二年四月にロシアが満州からの撤兵を清との間で了解することで一度は緊張緩和に至る。だが、ロシアは十月に第一次撤兵を終えたものの、〇三年四月に予定していた撤兵を行わず、日露関係は再度緊迫化した。四月二十一日、京都の山県の別邸無鄰菴で、山県、伊藤、桂、小村寿太郎外相の四人で今後の日露交渉に関して、朝鮮についてはロシアに譲歩せずに「日本の優越権」を主張し、ロシアの満州への「優越権」もそれと同等程度までは認めるという方針を確定した。そして六月に、伊藤、山県、大山巌、松方、井上の元老五名と、桂首相、外相、陸相、海相で御前会議が開催され、対露交渉方針を確定させたのちに、桂は内閣総辞職を決め、参内のうえ、天皇に辞表を奏呈した。山県か伊藤が首相となり、交渉に当たるべきというのである。とりわけ問題は元老と党総裁を兼ねた伊藤にあった（宮内庁『明治天皇紀』第十、吉川弘文館、一九七四年、四六二～四六四頁、一九〇三年七月一日条）。

若し夫れ日露交渉の事始まるに及びて、政友会が猶従前の態度を持して改むることなくば、其の一政党

> の態度は敢へて意とするに足らざるも、総裁侯爵伊藤博文の、時に元老として、時に党首として、或は政府を援くるものの如く、或は然らざるものの如く、常に政界を牽制すべきを以て、到底万全に対露交渉の進行を図る能はざるのみならず、一たび之れが実行に入らば、即ち戦争は避くべからざるものと予測せざるべからず、事茲に臨みて、蕭蕭相鬩ぐ如きは、啻に一国の体面を傷つくるのみならず、延いて国家の安危に関するや大なり。

天皇は桂の辞職を認めず、伊藤に枢密院議長となるよう内旨を与えた。伊藤は、元老が皆、枢密院に入ることを条件に受諾した。桂は、こうして元老の支持を固めたうえで、対露交渉に臨んだ。在野では、八月に対露同志会が結成され、ロシアを満州から駆逐すべきとする強硬論が唱えられていた。交渉では、ロシアは満州問題を議題とせず、韓国問題のみ交渉の対象とする姿勢を崩さないままであった。一九〇四年二月に日本は宣戦布告し、日露戦争が開戦したのである。

戦争は、仁川に上陸した陸軍が鴨緑江を越えて満州に進軍し、遼陽、沙河で勝利し、苦戦していた旅順も陥落させて、奉天会戦で勝利を収めたのち、膠着状態となった。海軍は、黄海海戦で勝利し、旅順陥落によって太平洋艦隊を壊滅させ、バルチック艦隊も日本海海戦で撃破した。日本はアメリカのセオドア・ローズヴェルト大統領に講和の仲介を依頼し、その勧告をロシア皇帝も受諾して、一九〇五年八月にポーツマスで講和会議が開催された。日本は年来の宿願であった韓国への指導権をロシアに認めさせ、旅順・大連の租借権を得、長春以南の鉄道の譲渡を受けた。また、南樺太を譲渡させて、かろうじて領土も割譲させることができた。戦死者数八万四〇〇〇人、臨時戦費一八億円は、日清戦争の戦死者数一万三〇〇〇人、臨時戦費二億円と比べて桁違いであり、日本が総力をあげた戦争となったのである。

しかし、賠償金を得られないことで、国内世論は沸騰し、日比谷公園で行われた抗議集会は群衆が暴徒化した騒乱となった。以後も、東京市の電車賃値上げ反対・電車会社合併反対運動、営業税反対運動など都市騒擾（そうじょう）が相次いだ。第三次桂内閣を倒した護憲（憲政擁護）運動も、こうした都市民の抗議行動の延長にあったのである。

三　桂園時代

桂首相は、戦争中から原に対して辞任後の後任を西園寺とする意向を伝えていたが、ポーツマス会議から小村外相が帰国した後、桂は原に対して、一九〇五年十二月に議会を召集したのち、首相を辞任し、後任に政友会総裁の西園寺を奏薦する意向を伝えた（原奎一郎編『原敬日記』第二巻、福村出版、一九六五年、一五二頁、一九〇五年十月六日条）。桂は、〇六年度予算の骨格を固めた後に辞任した。そして西園寺に大命が降下し、司法相に松田、内相に原という政友会幹部に支えられた内閣を発足させたのである。

西園寺公望は、一八四九年、権中納言徳大寺公純の次男として生まれ、西園寺家に養子に迎えられた。徳大寺家も西園寺家も摂家に次ぐ清華家に属する名門の家柄であったが、幕末の動乱の中で血気にはやる西園寺は、公家の伝統に飽きたらず、岩倉具視に認められて、戊辰戦争では山陰・北陸・会津での戦闘に従軍した。戦後まもなくフランスに留学し、パリ大学法学部でフランス法を学び、十年滞在したのちに帰国した。その後、伊藤の憲法調査のための訪欧に同行し、オーストリア公使、ドイツ公使を務め、帰国後は、貴族院議員となるかたわら、民法などの法典整備に尽力し、外相・文相を経て、政友会の結成に参画した。岩倉や貴族院議長を務めた近衛篤麿（このえあつまろ）の次世代の華族出身政治家として期待され、国際経験豊かな自由主義者であった。だが、政治的野心については、桂や原と比べると、ほとんどなきが如くであった。原は日記の中で、自分の具申に従わない西園寺をしばしば罵倒する。たとえば第一次内閣の総辞職を西園寺が原に通告したとき、原は西園寺を「意思案外強固ならず、且つ注意粗にして往々誤あり」と評した（同右、三〇九頁、一九〇八年六月二十七日条）。西園寺自身は、第二次内閣を総辞職したときを振り返り、「強いてやればわたしもまだやれないことはなかつたろうが、何かやるには多少の余裕を残す方がよいというのが、わたしの平生の考え方だから、固執はしなかつた」と述べている（木村毅編『西園寺公望自傳』講談社、一九四九年、一四六頁）。西園寺は、原を「吾々が書画をたのしむように、金に接するのがすきであつた」と評し、続けて党の会計については「鉛筆で丹念に出納を書いて出す」と述べ（同右、一七〇頁）、原が政治資金を集め、使うという職業政治家としての役割に自覚的であったことを見抜いていた。しかし、西園寺はと言えば、古書収集、篆刻（てんこく）、詩作、盆栽、いずれも趣味に興じたものの、「半上落下で何事にも徹底しない」と回顧する（同右、二〇七頁）。西園寺は、政治であれ趣味であれ、何かに徹底すること自体を忌避していた。それが彼にとっての自由であった。孫の西園寺公一は、晩年の公望について「物事をあくまでも冷静に考える合理主義者であった。若いころからの、火のように激しい、厳しい性格を内面に包蔵しているのだが、感情に動かされて、それが外面に現われることは滅多にない。ただ、自分の合理主義と背反するものと直面した場合にのみ、時として、その激しさと、厳しさとが、思いもかけない爆発力を現わすことがある……（中略）……偏狭な老人ではない。およそ偏狭なものは嫌いなのだ」と観察した（西園寺公一『貴族の退場』ちくま学芸文庫、一九九五年、一六二〜一六三頁）。「偏狭」に「余裕」はない。政権の維持に決定的な局面で、権力への執着に「偏狭」さを嗅ぎつける西園寺は、藩閥の自己防衛からも、政党の勢力拡張からも逃れようとして、躊躇（ちゅうちょ）なく辞職を選ぶ。

第一次西園寺内閣は、桂内閣の財務次官であった阪谷芳郎を蔵相として、桂内閣の方針を引き継いだ。

すでに帝国議会が開会中であったため、一九〇六年度予算は前内閣下で作成された予算案をほぼ継承し、鉄道国有化法案を可決させ、日露戦後経営の柱である南満州鉄道株式会社（満鉄）を発足させた。

だが、原内相は、従来の内務行政の改革に意欲的であり、次官、警視総監、地方局長に、のちに政友会系となる官僚を抜擢し、警視庁改革によって警視庁内の人事を刷新し、さらに知事・事務官の一部に休職を命ずるなど大規模な異動を行った。また、町村と府県の間に位置していた郡制の廃止を進めようとした。いずれも内務省を掌握していた山県系官僚への攻勢であった。郡制廃止法案は衆議院を通過したものの、貴族院で山県系官僚が反対に回り否決されたが、原は「全く縁故なかりし貴族院が斯くまで動き且つ政友会の如き大政党の感情を害するは憲政の為めに不可なりとの議論を生じたる位」であると観察し（前掲『原敬日記』第二巻、二三三頁、一九〇七年三月二十一日条）、さらなる貴族院の操縦の強化を内心に期したのである。

一九〇七年に内閣は大陸政策の基本方針を次々と定めた。四月に元帥府が帝国国防方針を決定して内閣もこれを受け入れた。それは陸軍はロシア、海軍はアメリカを仮想敵国とし、陸軍は平時の二五師団への拡張を、海軍は戦艦・巡洋戦艦ともに八隻を建艦することを内容としていた。七月に第三次日韓協約を締結し、従来日本が掌握していた韓国の外交方針についての指導権に加えて、内政についても実権を獲得した。八月には韓国の軍隊を解散させ、〇八年一月には日本人官吏を各省の次官級職に任命した。また〇七年七月には、第一次日露協約を締結し、満州に分界線を設定して勢力範囲を相互に承認し、日本の韓国併合に対しロシアは妨害・干渉せず、外蒙古へのロシアの特殊利益について日本は承認することが規定された。

だが、一九〇八年度予算をめぐって、元老と内閣は激しく衝突した。経済が停滞する中で歳出に見合う歳入を確保できない可能性が生じ、井上を中心とする元老は財政健全化のために増税案の策定を求めた。一九〇八年五月の衆議院議員の任期満了による総選挙を控えて、西園寺はこれに難色を示した。さらに逓相から鉄道予算への増額要求が出されたことで閣内が不統一となり、内閣はいったん総辞職した。天皇は、蔵相・逓相の辞任のみ認め、内閣は元老の財政方針に従うことで再度、予算編成を行うこととなった。しかし、元老と桂は、西園寺内閣への不信を強めて西園寺に辞任を求めた。五月の総選挙で政友会は過半数議席を獲得したが、六月には西園寺は辞意を松田と原に伝えた。大命は桂に降下したのである。

第二次桂内閣は、蔵相を桂自身が兼任し、内相にかつて産業組合の制度設計に尽力して農村振興に関心の深かった平田東助を据え、逓相に満鉄総裁であった後藤新平を抜擢して、財政再建と地方改良・鉄道政策に力を入れた。地方改良としては、町村の財政基盤を強化するために、町村合併を進め、産業組合・農会などを設立することで貯蓄励行が図られた。そのための道徳的基礎として組閣直後の十月に戊申詔書が渙発された。鉄道政策では、逓信省から鉄道関係部局を分離して鉄道院を設置して後藤を総裁とした。そこでめざされたのは、国有化されたばかりの組織の統合であり、さらに幹線網を充実させるための鉄道広軌化であった。

ただし、内政の基盤は財政にある。桂はすでに第一次内閣時代から政党との予算交渉会を設けて、その要求をあらかじめ取り入れることで円滑な予算審議をめざしていたが、第二次内閣では自ら蔵相となり、憲政の基軸を「国家財政統合」に求めた（伏見岳人『近代日本の予算政治一九〇〇-一九一四年——桂太郎の政治指導と政党内閣の確立過程』東京大学出版会、二〇一三年）。組閣後の一九〇九年度予算の編成に際して、桂は政友会のみならず諸政党との予算交渉会を開いた。「一視同仁」を標榜して特定政党を与党とはしないが、憲政本党を中心に非政友会系政党の合同を期待したのである。だが、憲政本党が内紛で混乱するのを見て、桂は政友会との提携に舵を切った。そして、翌一〇年度予算では、桂との提携を強めた政友会は、各党とは別に独自で鉄道敷設要求を政府に提議するようになった。予算成立後に非政友会系政党は合同して立憲国民党（国民党）を組織したが、桂は政友会との提携を変更しなかった。

一九一〇年に桂内閣は韓国併合を仕上げるが、内政では幸徳秋水ら社会主義者、無政府主義者が天皇暗殺を企てたとする大逆事件の処理に追われた。また、桂内閣は一一年度予算の編成に際して鉄道広軌化を掲げたが、狭軌のままより広範囲に鉄道敷設を要求した政友会内の意向に配慮して、これを取り下げた。この過程で、桂は、政友会と本格的に提携し、一一年には政権を西園寺に委譲する意向を政友会に伝え、同年一月に政友会所属両院議員、各大臣・次官の出席する午餐会を開催して、政友会との提携を誓ったのである。八月に桂は西園寺を推して辞職した。天皇は、元老に諮問せずに西園寺に組閣を命じたのである。

第二次西園寺内閣は、内相に原、司法相に松田という人事の骨格は崩さなかったが、蔵相には勧業銀行の山本達雄を据え、桂と近い大蔵官僚の影響力を弱めようとした。桂内閣時代に毎年継続した予算交渉会を通じて、政友会内部で予算要求を絞り込む手続きが徐々に確立し始めていた。この党内手続きを統制した原内相に対して、山本は大蔵官僚に接近して強い緊縮方針を主張するようになる。両者の対立に軍の予算要求が加わることで、内閣は次第に苦況に立っていた。

一九一一年十月に武昌蜂起を端緒として中国全土に革命運動が広がり、翌一二年二月に清の皇帝が退位した。この辛亥革命の過程で、日本はロシアとの間で満州・内蒙古の分界線画定交渉に臨んだ。同年七月に第三次日露協約が調印され、日本はロシアとの安定的な関係を構築することに成功したのである。だが、四月に病没した石本新六に代わって上原勇作が陸相に就任すると、上原は、中国情勢をにらみながら、帝国国防方針以降の陸軍の課題であった二個師団増設を強硬に主張した。七月には明治天皇が死去し、大正へと改元された。ここで山県らの意向で、桂は新天皇を補佐する内大臣に就任し、宮中府中の別を明確にする慣行から、政界と距離を置かざるをえなくなった。調停者のないまま、上原陸相の強硬な主張を押さえるために西園寺首相は山県に財政状況を説明したが、山県は上原の説得を拒否した。内閣が増師を見送る決断をすると、上原は天皇に直接辞表を提出した。後任を陸軍が推薦せず、内閣は総辞職したのである。

四　大正政変と立憲同志会の成立

第一次桂内閣以降は、桂と西園寺の間での政権の授受は円滑であり、後任首相は十分に財政・外交方針を打ち合わせつつ新しく政権を担当した。しかし、一九一二年十二月の第二次西園寺内閣の突然の瓦解は、後任首相の選定をきわめて困難にした。元老会議は、松方、山本権兵衛を推挙したが、いずれも固辞し、異例であったが最後に内大臣の桂を推薦した。国家財政統合者としての自負心の強い桂自身は、増師問題と海軍予算について国防会議を設置して対応する方向で半ば調整を終えて組閣し、西園寺内閣が解決できなかった問題を処理しうる展望を抱いていた。

だが、西園寺内閣末期に増師反対、憲政擁護を標語とする護憲運動が政友会をはじめとする各党と在野で急速に広がっており、長州閥で陸軍出身の桂の登場は、それ自体が強い非難を浴びることとなった。他方で、桂は、新時代の内閣には政友会に代わる新政党の組織が不可欠という構想を次第に温めつつあった。明治天皇の死を桂は訪欧中に聞き、急遽帰国することとなったが、この訪欧も、現地の政党政治を見学することが大きな目的であった。一九一三年一月に桂の新党構想が発表されると、第二党の国民党は分裂したが、政友会は原を中心に結束を強めた。新党に対する新聞の論調も冷淡であり、政友会と国民党は結束を強めた。議会は紛糾し、内閣は停会を繰り返さざるをえなくなった。

ここへ桂が用いたのは、詔勅であった。桂は組閣前に、内大臣から首相に転出する際に、新天皇の勅語を得る形をとり、海軍予算増の先送りに抗議する斎藤実海相の留任のために優詔を出すよう働きかけていた。そして、議会が紛糾したときに、桂は政友会総裁の西園寺に事態を収拾するよう命ずる詔勅を出すよう取りはからった。イギリス政治から着想した加藤高明外相の献策によるものであったが、事態は極度に悪化した。政友会は憤慨し、すでに議事堂を取り囲んでいた群衆は激高し、警官隊との衝突が起こり始めた。もはや桂には総辞職以外に残された手段がなかったのである。

桂後は政友会と提携した山本権兵衛内閣が成立した。病気が悪化しつつあった桂は、新党樹立に生命の炎を燃やした。第三次内閣の書記官長であった江木翼は総辞職の後、「公ノ命ニヨリ立憲同志会ノ事ニ当ルコトト為ル」（『江木翼日記』、一九一三年九月二十六日条、東京大学社会科学研究所所蔵『江木翼関係文書』所収）と日記に記した。桂は、新党に加藤を入党させ、大隈と接近し、国民党脱党派と桂系官僚とで立憲同志会の結党をめざした。病状が悪化した桂は、江木によれば「政治談ヲ為サルルハ唯一ノ楽ト見ユ」であったという（同右、一九一三年九月二十六日条）。死の直前に桂から面会したいという要望が再三なされたにもかかわらず、原は、桂が策略をしかけている可能性を考慮し、ぎりぎりまで面会を避け続けた。「自分の心中を知る者は独り原のみなり」と桂が言ったという真偽の定かではない話を聞かされた原は「余の知れる桂と、桂が知れりと思ふ桂とは如何なるものなりしや不明なり」と記した（原奎一郎編『原敬日記』第三巻、福村出版、一九六五年、三四四頁、一九一三年十月七日条）。笑顔で自己韜晦を繰り返し、気難しい元老と政党との間を調停し続けた桂の振る舞いを、原はあらためて反芻したのであろう。桂は十月に病没し、新党・立憲同志会は十二月に創立大会を開催し、加藤高明を総理に推戴した。しかしながら、江木は桂の死を予感して次のように観察していた――「政党ヲ大成スルニハ大度量広ク大小合セ飲ミ清濁併セ食フノ快ナカルベカラズシテ而シテ吾党ニ之ニ当ルモノ無キハ嘆ズベキ也」。いうまでもなく「大度量」とは桂を指している。桂死後に桂なし、それが結党時の立憲同志会であった（前掲『江木翼日記』一九一三年九月二十八日条）。

▼参考文献

生方敏郎『明治大正見聞史』中公文庫、二〇〇五年。

千葉功『桂太郎――外に帝国主義、内に立憲主義』中公新書、二〇一二年。

坂野潤治『明治国家の終焉――一九〇〇年体制の崩壊』ちくま学芸文庫、二〇一〇年。

升味準之輔『日本政党史論〔新装版〕』三、東京大学出版会、二〇一一年。

升味準之輔『日本政党史論〔新装版〕』四、東京大学出版会、二〇一一年。

御厨貴編『時代の先覚者　後藤新平 1857-1929』藤原書店、二〇〇四年。

三谷太一郎『増補版　日本政党政治の形成――原敬の政治指導の展開』東京大学出版会、一九九五年。

対話編

牧原　今回は、日露戦争と大正政変について考えてみたいと思います。

御厨　二〇世紀というのは、日英同盟と日露戦争で始まるという、そういう安全保障の問題を少し考えてみたいと思います。

牧原　一九〇一年六月、陸軍軍人で陸軍大臣を務めていた桂太郎が内閣を組織します。桂は長州出身ですが、明治憲法体制を作り上げた伊藤博文、山県有朋、井上馨たちからは一世代若い政治家です。ここに、明治国家は指導者の世代交代を迎えました。桂の前には、政友会を基盤にした伊藤博文が第四次の内閣を組織していましたが、予算編成をめぐる閣内不一致で総辞職しました。伊藤は引き続き首相を務める用意がありましたが、山県は伊藤の首相再任に難色を示し、井上は一度は内閣を組織しようとしましたが断念し、元老の中で引き受け手がない中から登場したのが桂でした。

その後、伊藤は山県らの動きもあり、野党としての政友会総裁を辞任して、枢密院議長となりました。こうして山県、伊藤、井上らは政治の一線から退きます。そして、この政友会総裁の後任には、公家出身でフランス留学経験が長く、ヨーロッパの政治と文化に親しんでいた西園寺公望が就任します。政友会は衆議院で最大議席を占めた第一党であり、合意なしには帝国議会での予算の通過は実質的にありません。以後、桂は西園寺率いる政友会と妥協しつつ政権を運営し、またこれを西園寺に政権を譲り、桂と西園寺が交互に政権を担う桂園時代が到来しました。

図 4-1　日清戦争から日露戦争までの列強の中国進出

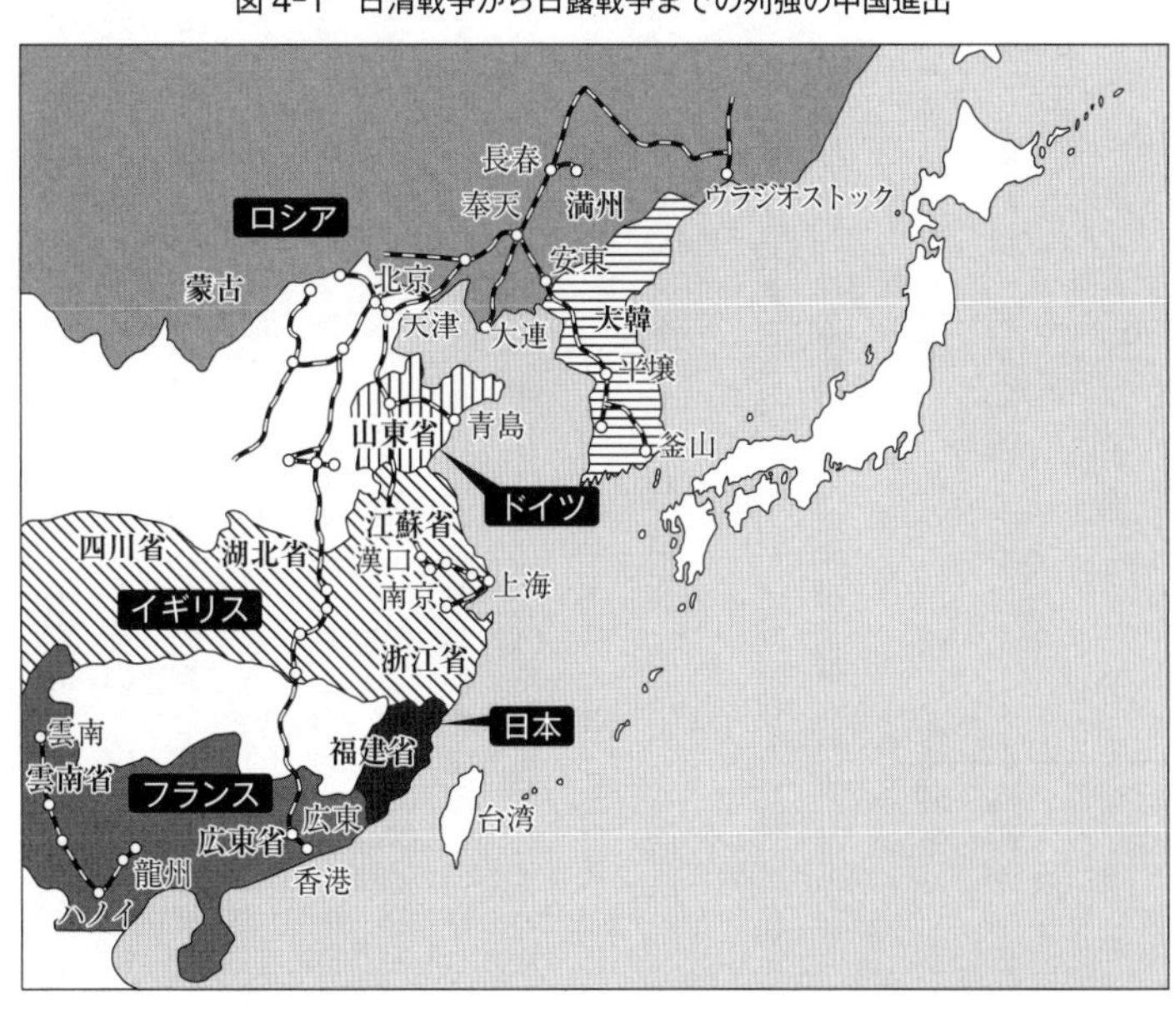

そして、この時期の国際情勢を見ていきたいと思います（図4−1）。この地図のように、日清戦争後、中国大陸は帝国主義の列強に侵食されていきます。日本は桂首相のもとで、この中で日英同盟を締結し、朝鮮半島への影響力の確保をめぐってロシアと対立し、やがて日露戦争に入っていきます。そこでまず、政治家桂太郎と日英同盟について考えていきたいと思います。

◆日英同盟の成立

御厨　さて、今、日英同盟という話が出ましたが、実はこのとき選択肢は二つあったんですね。日英同盟か日露協商かということです。そして世代交代という話がありましたけれども、第二世代である桂太郎、そして外務大臣である小村寿太郎は、このイギリスの潜在的なパワーに目をつけて、イギリスと同盟を結ぶことによってロシアを牽制しようとするわけですね。ところが、これに対して元老の伊藤博文や井上馨、こういった人たちはロシアと交渉をして、ロシアとの平和的な協調の中で、東アジアの勢力範囲を確定したいと考えて、日露協商論を強く押し出していました。そういう中で最終的には、日英同盟を結ぶことになります。

その内容について、少し議論をしてみたいと思います。主に三つあります。第一に、清国または韓国において保護すべき財産が侵される、そういう場合には日英両国は特殊権益を保護するために必要な措置をとるというわけです。それから第二に、今度は日英両国のうちの一国がその利益を保護するために第三国と戦争をすると、他の一方は中立を守る。ところが第三に、戦争になったときに別の一国がそれに参戦をした場合には、もう一つの同盟国が参戦をするというわけです。ここに、日英がほぼ対等と言われる条約が締結されたのです。これは脱亜入欧を悲願としていた日本にとっては、これくらい素晴らしいことはないというように思われたのです。当時のことを書き記した、生方敏郎は『明治大正見聞史』の中で、その喜びをこう語ってるんですね（前掲『明治大正見聞史』一二五頁）。

とにかく提灯に吊鐘、お月様とすっぽんの縁組が出来たようなもので、すっぽんに取っては嬉しいことに違いない。誰も皆涙をこぼすほど歓んだ。

二〇世紀になる早々、これから平和に満ち満ちてくるんではないかという気持ちを国民が持った。二〇世紀の夜明けは、日英同盟とともにあるというのが、このときの国民の大きな期待であったと言えると思います。

◆緊迫する日露関係――日露戦争

牧原　この日英同盟の締結と並行して、日本とロシアとの関係は次第に緊迫していきます。その大きな原因が義和団事件、北清事変で、中国で対外排斥民主運動が起こるわけですね。これは日英同盟締結前の一八九九年に起こります。その後、ロシアが満州から撤兵しないという状況が続きます。この状況の中で、日本は今後の対露方針を検討するために、一九〇三年に京都にある山県有朋の別邸無鄰菴で伊藤、桂首相、小村外相、山県の四人が会議を開きます。

この無鄰菴の会議で四人は、ロシアは満州、日本は韓国の優越権を相互に認めるという日露交渉の方針について了解し、場合によっては開戦も辞さないという方向がほぼ固まります。その後、六月に御前会議が開かれて、これが確定されて、交渉が始まるということになるわけです。

さて、その日露交渉がまとまらない中で極東ロシア軍が増強され、さらに韓国国内の政治が流動化します。日本政府は交渉を打ち切り、一九〇四年二月に対露戦に突入しました。ちょうど国内では、前年の十二月に対露交渉を早めるために、衆議院開院式で対露強硬派の河野広中議長が内閣弾劾の勅語奉答文を提出し、衆議院が解散となっています。その後、総選挙は開戦後の三月に行われます。こうして議会も戦争を支持するという挙国一致の体制が整ったわけです。

その後、戦況がどのようになったかを見ていきましょう（図4-2）。陸軍は朝鮮半島に上陸し宣戦布告となる。その後、陸軍は朝鮮半島から満州へと軍を進めて、鴨緑江を渡って朝鮮半島を確保する。他方、この遼東半島を制圧するために、南山、大連を占領し、ロシア太平洋艦隊の母港である旅順を攻撃しますが、ここは難攻不落で陥落しない。しかし軍は他方で内陸のほうにも軍を進めて、遼陽、沙河の会戦で勝利し、一九〇五年一月の旅順陥落後、今度は奉天の大会戦でかろうじて勝利し、その後、戦線は膠着（こうちゃく）する。海軍はロシア太平洋艦隊に対して、黄海の海戦で勝利するものの、旅順港に逃げ込んだ艦隊を殲滅（せんめつ）で

図 4-2　日露戦争

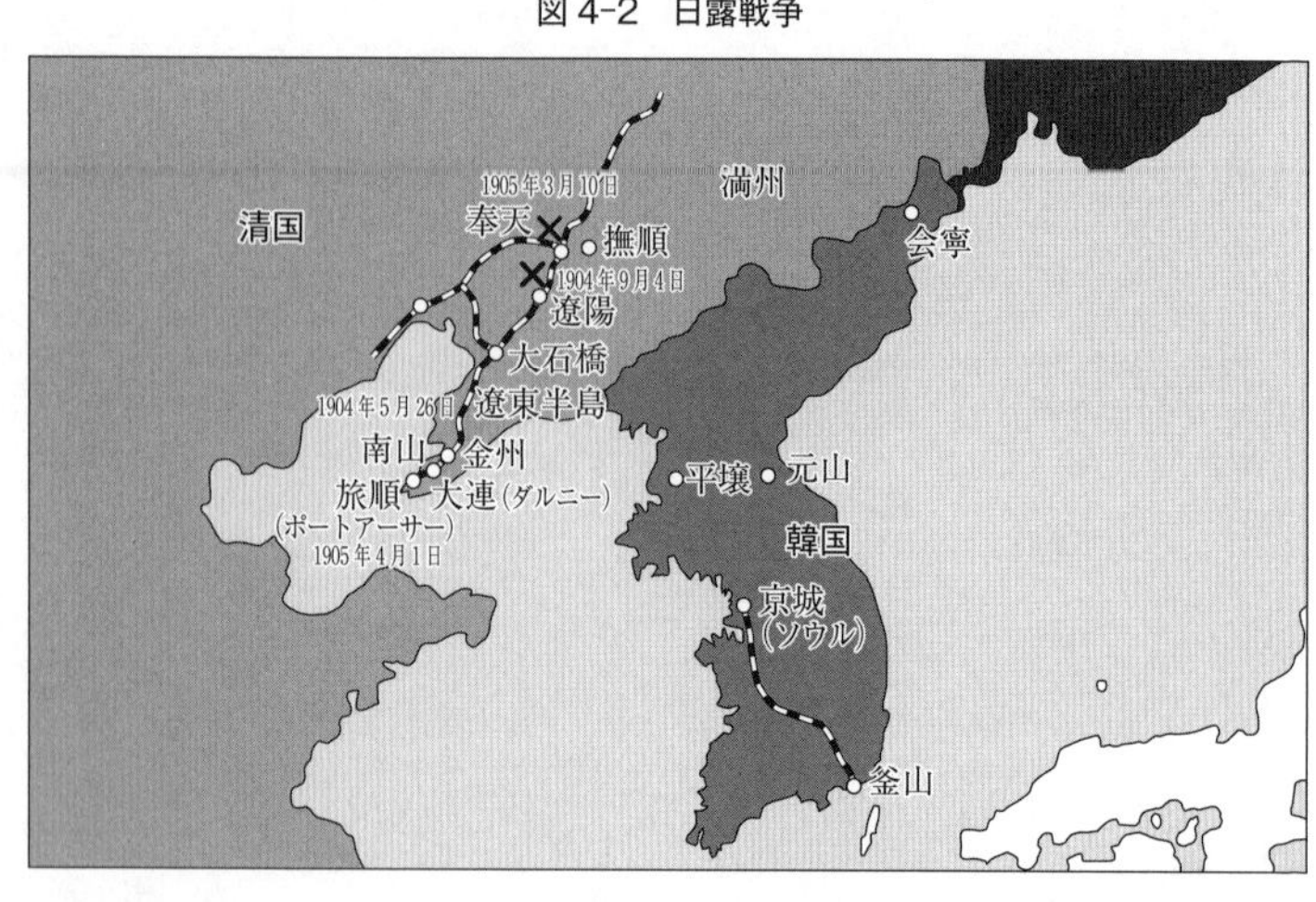

きずにいましたが、先ほどの旅順の要塞陥落後、これも撃破します。ロシアは大西洋からバルチック艦隊を日本海まで回航させますが、これも五月の日本海海戦で壊滅的な打撃を受けてしまう。こうして戦争は膠着状態に陥りました。

◆ポーツマス条約の締結と国内の反発

御厨　そんな中、今、話に出た日本海海戦における勝利がありました。これを機に、日本はアメリカ大統領のセオドア・ローズヴェルトに依頼をしまして、日本とロシアが和平交渉に臨むことになります。一九〇五（明治三十八）年にアメリカのポーツマスで講和会議が行われましたが、これはかなり難航を極めました。どうしてかと言うと、おわかりのようにロシアはまだまだ兵隊を増強できる状況にあった。日本は戦線が伸び切ってますから、これ以上は苦しいのですが、もう一戦交えればロシアは勝つと思っていましたから、和平条件を徹底的に値切ろうとするわけです。

その結果、ポーツマス条約では、一体どういうことが決まったのか。問題なく決まったのは、日本が韓国に対して必要な指導の措置をとることをロシアが認める。それからロシアは遼東半島の租借権を日本に譲る。さらに、ロシアは長春・旅順間の鉄道の権益を日本に譲る。この三点は双方ともに認めていました。これが条約になるのですが、問題は、日本は領土の割譲、そして同時に賠償金を求めていました。この二つは絶対とれるというように日本の国民も思っていた。しかし最終的には、南樺太の割譲だけにとどまったということで、講和条約ができてみますと、日本の国内はこれだけしかとれないのかという驚きから一種の虚脱状態になるんです。どこへぶつけていいかわからない怒りが対外硬派や、いろいろな人たちから起こってくる。ポーツマス条約の調印の日に、すなわち九月五日に、東京では三万人にのぼる人々が日比谷公園に集結して、大会を開いて講和条約破棄、戦争続行を決議することになって、騒擾が始まる。これが日比谷焼き討ち事件と言われているものであります。

問題は、これにどう対処するかということで政府は戒厳令を敷こうといたします。一番問題になりましたのは、この戒厳令です。戒厳令を敷く場合には枢密院の批准が必要ですから、枢密院にこれをかけるわけですけれども、枢密院でも実は反対論が多かったんですね。つまり、講和条約の内容に反対をして、現実に騒擾を起こした国民に対する同情論が非常にありました。特に樺山資紀。この樺山資紀は初期議会で行った蛮勇演説で有名ですけれども（第3章参照）、その彼が実は次のように言ってるんですね（「帝国憲法第八条ニ依リ東京府内一定ノ地域ニ戒厳令ノ全部又ハ一部ヲ適用スルノ件」『樞密院會議筆記』明治三十八年九月六日）。現在の状況をどう解決するのか、これがうまくいかなかったら「講和ノ成立スルニ至ルトキハ或ハ志士ノ暴行ヲ為スモノアルニ至ルヤモ知」れぬ。つまり「志士」と言っている。普通だったら、不逞（ふてい）の輩（やから）と言うけれど、そうではない。樺山から見れば、彼らは志士なんだというくらい、国民の雰囲気を枢密院が代弁をした。もちろん戒厳令は通りますけれども、こういう雰囲気であったことが重要であろうと思います。

そのことはもう一つ、実は当時ジャーナリストでありました馬場恒吾は、ジャパンタイムズという会社におりましたから、当然、国際政治の力学がわかっていて、ポーツマス条約やむなしと考えていました。国際政治の力学から言って、これを受け入れるのは当然であるという理屈はわかっていたのです。しかし、あにはからんや、日比谷焼き討ち事件で警官と民衆がぶつかり合っている場面にであいますと、民衆に味方したくなる、つぶての一つでも投げたくなるという気分になったということを言っています（馬場恒吾『自伝点描』中公文庫、一九八九年、四一頁）。このように、本来なら国際政治の現実を知っている人間にとっても、やはり日本人としてナショナリズムの高揚が、やむにやまれぬものだったかを示す一例だろうというように思います。

牧原　この日比谷焼き討ち事件は九月だったんですね。このあと、十月に連合艦隊が凱旋し、十二月に満州軍総司令部が凱旋します。この全体の雰囲気を、ジャーナリストの三宅雪嶺（みやけせつれい）は『同時代史』という本で描写しています。では、その凱旋がどうだったかと言いますと、まず東郷平八郎大将が上陸すべしとして、これは連合艦隊の場合ですが、市民が国旗を振り、提灯を掲げ雲霞の如く集まる。特に上野公園で開催した東京市の祝賀会では、パレードはどうなったかというと、「市中は花電車、イルミネーション、幔幕、金屏風等にて満都の装飾が錯綜す」とあり（三宅雪嶺『同時代史』第三巻、岩波書店、一九五〇年、四五五頁）、新橋の凱旋門を通り、銀座通りから京橋、日本橋、万世橋の三凱旋門を通過し、上野の凱旋門に至る。こういうことだったようです。三宅はこれをまとめて、この年、「本年は焼打事件の如き事あり、不平不満の声に満ちながら、凱旋車の祝賀に忙しく、祭日の浮れ気分にて年が暮れたり」（同右、四五六頁）。なんとなく落ち着かない感じで、今の御厨先生の言われたナショナリズムというものが、凱旋への非常に強い高揚といったかたちで現れていると言えるのではないかと思います。

◆日露戦争後の社会の変化

牧原　こうして日露戦争が終わりますが、日露戦争後の社会は、明治時代の日本の対外自主独立という目的が達成されたということで、変化が起こってきます。特に、この頃の学生は、個人主義的傾向が強まったと言われています。若者、学生にちょっとスポットを当てて考えてみたいと思います。そもそも明治十年代、東京という街には車夫と書生が非常に多かったと言われていまして、そもそも東京は、学生がたくさん集まる街でした。彼らは東京に出てきて、学問によって立身出世を図ろうとする。これが明治十年代の若者でした。

たとえば一八八五（明治十八）年に刊行された坪内逍遥の『当世書生気質』には、いろいろな青年が出てきます。そういう若者の中で政治家志望でやや荒っぽい書生の例として、暑い夏の日にげんこつでスイカを割って食べるという書生が出てきます。この書生がスイカを割った後になんて言うかというと、こうあります（坪内逍遙『当世書生気質』岩波文庫、二〇〇六年、一二八～一二九頁）。

> 学者や理学者で、一生を終らうといふ料簡の奴は、暫く論外としちょいて、まづ我輩らとおなじやうに、この活社会に運動して、大に政治の改良でもおこなはうといふ志でをりながら、無暗に学問に勉強して、身体を不健康にしてしまうたり、あるひは婦女子なんぞと交際をして、ますます文弱の風を養ふたア、正に慨歎に堪へざる次第ぢや。……〔中略〕……いはゆるマイト・イズ・ライト（マイト・イズ・ライトとは腕力は権利也といふ意）ぢゃ。万国公法があらうが何があらうが、まだまだ道理ばかりでは勝つことができんワイ。国と国との間の事は元来論ずるま

でもないが、一個人の場合ぢゃからッて矢張腕力が勝を得るぞ。政党人になっても、反対党から襲われたときは腕力で戦うのだと。こう言って、剣道の腕を磨くことを周囲にすすめるのです。

こういうふうに、政治を改良したい、立身出世をしたい、腕力にものを言わせたい、といった雰囲気は明治十年代の書生の特徴でした。明治二十年代に入ると、全国に東京の第一高等学校（一高）をはじめとする旧制高等学校が整備される。帝国大学も同時に整備されていきます。特に旧制高校は寄宿舎生活を基本とし、ここでバンカラと立身出世主義を日露戦争まで濃厚に引き継ぎます。

ところが、日露戦争後、状況は変わってきます。一九二九年に東京帝国大学法学部の教授で商法・法哲学を専攻し、この時期から新聞雑誌の論壇に社会批評を寄稿していた田中耕太郎という学者がいます。田中は、第二次世界大戦後、文部大臣、参議院議員、それから最高裁判所長官になります。この田中の東京帝国大学法学部教授時代の一つのエッセイ、「『教養』と『文化』の時代」を見てみたいと思います（田中耕太郎「『教養』と『文化』の時代——明治大正思想史の断片」『教養と文化の基礎』岩波書店、一九三七年、四五〇〜四五一頁）。

私は研究者が日露戦争の騒ぎが鎮まつた明治四十年前後から欧州大戦の勃発まで即ち大正初年頃までの或る意味に於て興味ある一つの時代が持つてゐる特色を看過してはならないと考へる。一言にして盡せば、此の時代に於て明治初年以来の、国家的生存に差し当り必要な物質的文明及び法律制度以外に文学、哲学、宗教等の精神的文明がぼつぼつ移植せられたのである。此の間の消息を雄弁に物語るものは、芸術的風格よりも古典の一節を聞きかじつたり、当時未だ人が知らなかつた伊太利あたりの古い画家の名に親しんだりすることを喜ぶやうな、一言で云へば洋書の臭いを嗅いで楽しむやうな興味が先に立つてゐる初期の漱石の作物である。従来の実際社会及び学界に於ける成功者流の如く何等疑問を懐かないで只管手近かな獲物を追求する態度に対し青年の一部の者は不満を持ち始めた。耽溺以外に興味ない連中は度外視して、学生の或る者には点数の虫であることから超然たること自体が何か非常に価値あるやうに考へられた。彼等は将来の方針とは無関係に個人的修養乃至教養の爲めに、或ひは宗教に、或ひは文芸に、或ひは哲学に馳つた。此の傾向は概ね比較的純粋な心持ちの高校時代に止まつて居り、大学及び更に世間に出るに於ては青年時代の単なる理想として回顧せられるに過ぎないのが常であつたが、然し稀には卒業後依然として俗務の側ら出勤の往復の時間を市電の中で希臘語の文典の習得に当ててゐたやうな努力家もあつた。

ここで最初に田中は、研究者が日露戦争の騒ぎが収まった明治四十年前後から、一つの新しい変化が起こってきていると言います。「明治初年以来の、国家的生存に差し当り必要な物質的文明及び法律制度以外に文学、哲学、宗教等の精神的文明がぼつぼつ移植せられた」と。それによって、学生は具体的にどうなったかと言いますと、「点数の虫であることから超然たること自体が何か非常に価値あるやうに考へられた」と言い、「将来の方針と無関係に個人的修養乃至教養の為めに、或ひは宗教に、或ひは文芸に、或日は哲学に馳つた」と言います。もっとも、昭和初期の田中から見ると、この時代の教養志向というのは虚飾と誇張に陥る傾向が強い、その後はその時々の西洋の流行に飛びついているだけだと、昭和期の政官界、文筆界、学界を、彼は批判します。もちろん学生の多くは立身出世を求めていたり、ここで田中が「耽溺以外に興味ない連中」というように、必ずしも真面目な学生生活を過ごさない人もいます。しかし、この頃から国家制度とは別に個人の心持ちを豊かにしようとする傾向が出てくる。これが政治の局面では権力に対して抵抗する自由主義、あるいは一層の参加を求めるデモクラシーの動きとなって、その後現れていくということが言えます。

◆日露戦争後の対外政策

牧原　先ほど三宅雪嶺が述べた一九〇五年について、「祭日の浮れ気分にて年が暮れたり」という話でしたが、年が明けて一月に桂は辞めるわけですね。その後任に政友会総裁の西園寺に組閣の大命が降下します。以後、桂と西園寺は交互に政権を担い、二人の名をとって桂園時代と呼ばれる時代が、一九一三（大正二）年まで継続します。当時、元老以外の首相候補者はこの二人をもって他にはなく、二人とも元老の復帰を好まないため、事実上、相互了解のもとで互いに後任を推すことによって桂園時代は続いていきます。そのため、西園寺の二度目の組閣まで元老会議は開かれずに首相は選任されたというわけですね。桂は政友会との厳しい交渉と妥協によって、予算を編成し、政権を運営し、他方の西園寺は松田正久と原敬という二人の部下に支えられて、ときに桂の側面からの支援を受けながら政権を担当し、徐々に政友会も政権担当能力を身に着けていきました。

そして、この二人には日露戦争後の対外政策で共通した認識がありました。その対外政策を見てみたいと思います（表4-1）。まず満州ではポーツマス条約を結びましたが、現地機関として関東総督府、ついで関東都督府が設置され、ここで一般行政と軍務を行い、さらに満鉄を設立して、植民地経営を始動させます。他方、朝鮮半島、韓国に対しては、戦

ロシア	アメリカ
	7月　桂・タフト協定
	10月　日本人移民排斥運動
7月　第1次日露協約	
	11月　高平・ルート協定
	12月　南満州鉄道中立化提議
7月　第2次日露協約	
7月　第3次日露協約	

表 4-1　日露戦争後の対外政策

年	首相（内閣）	満　　州	韓　　国
1901	6月　桂太郎		
1902			
1903			
1904			8月　第1次日韓協約
1905		9月　ポーツマス条約	11月　第2次日韓協約
1906	1月　西園寺公望	8月　関東都督府設置 11月　南満州鉄道株式会社設立	
1907		4月　帝国国防方針決議	7月　第3次日韓協約
1908	7月　桂太郎		
1909			1月　伊藤博文暗殺
1910			8月　韓国併合
1911			
1912			

争中から含めて三次にわたる日韓協約を締結して影響力を強め、最終的には併合する形で植民地化を果たしていきます。そして、今度はロシアとは、大正初期まで三次にわたる協約を結んで、相互の利権の確保を狙っていきます。アメリカが中国における機会均等を強く語りかけていく。さらに日本人移民排斥運動が起こり、次第に日本との関係が冷ややかになっていく。このアメリカに対抗するという意味合いを持ちつつ、ロシアと協約が結ばれていくのです。

こうして日露戦争後の日本は、東アジアで帝国主義列強の一員として、比較的安定的な対外関係を構築しました。そのうえ新しい国防方針が帝国国防方針として一九〇七年に決議されます。これは、陸軍はロシアを、海軍はアメリカを仮想敵国とするという内容ですが、対外関係は安定的なので、方針の目標はありながら、先送りされていきます。その結果、国防方針が掲げた目標、軍備拡張が桂園時代に伏在する、大きな政治問題になっていくのです。

◆桂園時代をどう見るか（一）——桂太郎という政治家

牧原　さて、桂園時代を考えてみたいと思います。御厨先生、まず桂はどういった政治家だったんでしょうか。

御厨　元老の次に当たる地位にあったのですが、彼はおそらく元老たちの話をよく聞き、ニコニコ笑ってポン。つまりニコポンと言われたように、非常に人の扱いに慣れた軍人だったと思いますね。彼は、しかも第一次内閣で五年半やりました。一つの内閣で五年半は戦前で一番長いですからね。これだけ担っている間に、先ほど牧原先生が言われたように、いわゆる世代交代が進んでいって。しかも政友会という相手とはずっと交渉し続ける忍耐力があった。これでやがてポーツマス条約のときに政友会が反対をしない方向に妥協を図っていくわけです。そして、桂と政友会の西園寺公望とで、交互に政権を授受していく体制ができあがっていくのですね。彼はいろんなところで交渉をする。桂は交渉力が非常に高い人だった気がします。

牧原　桂は、もともとは医者であって植民地官僚として力を発揮する後藤新平を、重用します。彼を閣僚に迎え、植民地政策や鉄道政策を展開します。この後藤新平が、猛烈なアイデアマンなんです。アイデアが湧いてくると我慢できない。一度桂に献策をして、帰り道に何やら思い浮かぶとまた桂の所に戻る。それを何度か繰り返していたそうなんです。この後藤について桂はこう言っているんですね（『東京朝日新聞』一九二九年四月十三日）。

> 後藤の持ってくるものは、十のうち九までは始末におへない出たら目だが、あとの一つは大した妙案だ。

後藤という人物があまり妙案でないものも妙案も思いつくというわけですが、逆に言うと、十のうち九のでたらめを桂は聞くんですよね。聞き上手ぶりがすごいなと思うのです。やはりそれが桂であり、今、先生がおっしゃったような交渉能力の高い政治家の一面がここによく表れていると思います。

◆桂園時代をどう見るか（二）——陸軍と議会

牧原　さて、その桂と西園寺の桂園時代、これが安定的に継続していくように見えますが、この時代をどう見たらいいんでしょうか。

御厨　長州閥はまず陸軍を制しています。その長州閥は、山県有朋、桂太郎、寺内正毅（てらうちまさたけ）と順次トップが替わっていきます。普通「我が党内閣」というのは自分の党派の利益を最優先すると言われています。しかし、長州も「第二流」の桂太郎になると、特に桂内閣の時代には実はこのときそんなに陸軍の権益と言いますか、桂は陸軍の軍拡ということをやらないんですね。桂には陸軍の党派的利益が、必ずしも国家統治の観点から見るとプラスにならぬという考えがありました。桂は、非常に交渉能力が高いので、いろんなことがわかってしまって、この陸軍の利益だけを代表できないと思う。ところが、そこが先ほど牧原先生も言われたように、ほころびになる。つまり、このまま桂と西園寺の政権が続いていくと、どうも陸軍の軍拡ができない。海軍はやるけれども、陸軍はできないね、みたいな話になってくるんですね。

だから、この安定構造というのは、自分のところの利益を実現したい、そのためにこの体制が邪魔だと思わない限りは、非常にうまく機能していたということなんですね。外交関係で先ほど説明があったように、安定している間はこの関係は崩れない。桂も基本的には緊縮財政に賛成しますから、それで妥協しつつやっていくということになるんじゃないでしょうか。

牧原　それともう一つ、やはり陸軍と並んで議会、政党、とりわけ政友会と西園寺の役割なんですけど、こちらはいかがでしょうか。

御厨　西園寺は西園寺で、議会主義というものにかなり理解がありましたから、ここでもそれを安定させたいと思うわけです。基本的には桂が貴族院を押さえ、西園寺の政友会が衆議院を押さえていれば、貴衆両院の提携ができて政権が維持できることになります。それはある意味で政友会の政権政党への第一歩になりますね。そこを西園寺は代表したと言えるんじゃないでしょうか。

牧原　西園寺を中心とした政友会の中、松田正久や原敬らの党幹部がいますが、政友会の中は一体どうなっていたのでしょうか。

御厨　基本的には二頭政治だったと思うんですよ。ただ、原敬のほうは日記も書簡もたくさん残っていますから、彼が西園寺のもとですべてを差配したように言われています。しかし西園寺がのちに総裁を辞めた後、松田にするか原にするか、けっこういろんな議論があったところで、松田が死んでしまいますから原になるんです。したがってやっぱり原と松田は、政党の二つのあり方を人格的に代表していて、たぶん原が組織や制度というものを拡張していくほうを代表し、松田のほうは漠然たる、昔よくあったような民党的人気、これをずっと継承していたんじゃないかという感じはします。

牧原　伏見岳人先生の研究で、この桂園時代の議会を見てみると、当時、鉄道敷設が政党の、特に政友会の大きな要求であり、最初は幹部からではない鉄道敷設決議案が出されているのに対して、やがて党幹部の原・松田による決議案が提出されていく（前掲『近代日本の予算政治　一九〇〇-一九一四年』）。つまり、政友会において、幹部主導の鉄道敷設要求手続きが制度化されていき、他方で超党派の鉄道敷設の建議も出されるのですが、やがて政友会は単独で建議を出していく。しかも、地方の決議を積み重ねた後に、鉄道敷設について予算編成を進める。こういう体制を整えていくという、重要な指摘があります。

こうして政友会が地方の要求を独占的に掌握して、それを予算に結び付けるという仕組みが西園寺内閣のもとで確立していくわけです。その意味で、政友会が、とりわけ原の力が大きいのですが、予算編成能力を身につけて、統治政党としての能力を強化していきます。そういった桂園時代で、貴族院のほうは、いかがでしょうか?

御厨　これは絶望的になるわけですね。政友会が多数を占め、貴族院でも研究会がやがて親政友会系の大きい戦力になります。そこと結ぶことによって少数派は取り残されます。衆議院の野党の中も、より民党的になるか、あるいは政友会にくっついていくかということで割れますね。貴族院は、何と言っても日露戦争の頃までは対外強硬派がけっこう力を持っていました。しかし、これもその後の状況で変わっていきます。いわば貴衆両院各々の二つの強大な勢力が提携することによって取り残されたものが、どのような展望をもって合従連衡していくのかということが、この先の課題になるんだろうと思います。

◆桂園時代の終わりと新党運動

牧原　第三次の桂内閣が登場します。桂はその前にいったん内大臣になっていました。久しぶりに元老会議が開かれて、内大臣から首相への就任が認められて、桂が首相になる。すると、第二次西園寺内閣が倒れるときの陸軍の二個師団増設要求があり、さらに陸軍出身の桂が内大臣から首相に就任することで、世論の反発が強まり、第一次護憲運動が起こります。このあたりについて、また御厨先生から少しお話をいただきたいと思います。

御厨　はい。今お話がありましたように、陸軍の二個師団増設問題。これは先ほどちょっと言いましたように、どうも桂と西園寺のもとでは軍拡ができないということで、特に長州に反発を持っておりました薩摩の上原勇作が陸相になる。この上原が二個師団増設問題を提起します。ところが当時の第二次西園寺内閣は行政整理をやりたいと言っておりましたので、この主張を認めなかったわけですね。そこで上原は単独辞職をいたしまして、陸軍が後任を出さないということで、この内閣がつぶれる。そして桂に三度目の大命が降下したので、桂自身の思惑とは別に、陸軍ないしは長州閥の横暴であるということになって、第一次護憲運動が起こります。桂の去就をめぐって騒擾事件が起こります。結局、桂内閣は三カ月で総辞職せざるをえなくなる。要は、こうした中で桂園内閣と言われた桂と西園寺の阿吽の呼吸でやっていくという体制は壊れ、実は政友会に頼れなくなった桂はこの後、新党運動を起こします。その新党運動についてどうでしょうか。牧原先生のほうから、少し具体的なことをご紹介いただけますかね。

牧原　これについては、桂の書簡、そして書簡に対する山県の返信があります。『桂太郎発書翰集』（千葉功編、東京大学出版会、二〇一一年）と『桂太郎関係文書』（千葉功編、東京大学出版会、二〇一〇年）です。この中で、今の大正政変についての書簡をご紹介したいと思います。

まず桂が山県に宛てた手紙です（資料4-1参照）。ここでは、桂は衆議院が厳しく彼と対立したときに、「彼等之我に対する体度之如何は彼等に一任し、一意専心真直線に進行するの外手段無之事と決心」。「突貫」という言葉が出てきますけれども、「突貫其功奏し候得は天下之幸福なるは勿論」。つまり衆議院を解散せずに臨むということなのですね。しかしこの先がありまして、「唯々其時こそ」という、ここの部分なのですが、「御内話仕置候前後之所置を取るのを時機を早め」とあります。この御内話というのが、新党を組織するということであり、この手紙を出す前に桂は山県に、新党組織について相談しているのです。

これに対して、今度は山県がどのように返信したかが残っています（資料4-2参照）。ここでまず山県は「今日に於ては如貴論国家救済之策、中央突貫之外活路無之情勢に立到」というわけですが、しかしそ

資料4-1　桂太郎から山県有朋への手紙

旧年末御別袂後不伺御起居打絶御無沙汰仕候処、爾来益御清栄被為在奉大賀候。陳都門之近況は東京より閣下に伺候輩幷に新聞紙等に爾時々御承知被為在候半。前内閣即ち政友会に直接関係を有し居候中央新聞及ひ日本の如きは不相変悪筆を以て天下之人心を動揺せしめんと頻りに漁居申候。併し爾他之新聞紙は多少筆鋒〔法〕を変し善悪相半位に其筆を改め参り申候向も相見へ申候。兎に角自己之罪悪を顧みす其の過を人に譲らんとする極々卑き心中は諭すへきの限りに無之候。実際之情況は未た判然不仕候へ共、都門と田舎とは大ゐに其趣を異にするもの有之候哉に被察申候。小生は彼等之我に対する体〔態〕度之如何は彼等に一任し、一意専心真直線に進行するの外手段無之事と決心仕居申候。突貫其功奏し候得は天下之幸福なるは勿論に候得共、若し突貫事を破るも亦国家之不幸とも不相考候。唯々其時こそ預〔予〕而御内話仕置候善後之所〔処〕置を取るの時機を早め可申候。何れ之道今期之議会は差したる事変も有之間敷、大正三年度之議会は国家将来之為め充分之決心を要するの時と存申候。殊に小生之苦心仕候ものは国家将来之基礎を確定せすして中途再ひ内閣之瓦解を生する如き事有之候ては、之れぞ国家之基礎は破解〔壊〕に至るへき事、過去之情勢に照して疑ひなきもの丶如し。此辺に付ては考慮に考慮を重ね候半而は唯々主義とか綱領とか学者的議論位之ものに無之事と被存申候。真に国家之前途の為め熟考を要し候事は申上迄も無之事に候。先は余り御無音仕候間、御起居伺旁寸堵〔楮〕。早々拝具

大正二年一月十二日

葉山に而　太郎

小田原に而　山県老公閣下

追而小生至而無事壮健に罷在候間、乍余事御休意願上候。

（千葉功編『桂太郎発書翰集』東京大学出版会、二〇一一年、四三一頁）

のあと、いろいろ熟考を試みたということを最後に言ってるんですね。「御対談致したる策之外別に名按も無之候」と言っていまして、つまり桂の言う新党組織以外に特に名案はないんじゃないかということを山県は言って、要するに桂の新党組織を消極的にはあるけれども、とりあえずは認めたと、読めます。

もともと山県は政党というものに対して敵対的であり、三党鼎立というように、政党が議会内で三すくみの状態にあるよう仕向けて、これを外から操縦して、議会を乗り切っていくべきだと考えていたわけで、陸軍から出た桂が新党組織をつくることに困惑していたのです。桂の勇ましさを前にして、必ずしも積極的には同意しえなかったことがわかるやり取りです。

◆激動の時代――戦争と政党

御厨　こうやって見てくると、二十世紀の初めは、やっぱり安定を求めながらも激動の時代だったと思いますね。国民は平和到来かなと思ったんだけども、実際には日露戦争が遂行される中で政友会という政党が育っていく。戦争と政党がお互いに車の車輪のようになって、日本国家をまわしていくのが非常に特徴的だと思うんです。そのあたりはどうですか。

牧原　日比谷焼き討ち事件のような騒擾がありましたが、一面ではその後落ち着いていく気分もあります。桂園時代というかたちで表向きは安定しているのですが、相対的安定期の中にはいろいろな要求がたまっている。そうした要求というのが、あるときに政治の場で噴出してくる。それが通常のルーティンの議会審議とか、内閣の意思決定にうまく乗せられない場合は、二個師団増設であるとか、あるいは今の第一次護憲運動とかというかたちで噴出する。やはり、その起源をずっとたどっていくと、日露戦争が大きな原因をなしていたと言えるのではないでしょうか。

資料4-2　山県有朋から桂太郎への手紙

葉山御投函之雲箋、昨夕接手敬読。先以新歳御健勝被為渉、欣賀之至に候。扨客臘分袖政海之情況は依然、閥族退治、憲政擁護之名を以て旗織〔幟〕を立、人民を誘惑激昂せしめ、政府をして包囲攻撃之渦中に陥らしめんとの作戦計画は倍歩を進むるの激勢を加へ、今日に於ては如貴諭国家救済之策、中央突貫之外活路無之情勢に立到、断然たる御決心を拝承し、為国家遺憾無之候。然して突貫後之政策は、政府は公明正大之主義を国民一般に貫徹せしむるの方法を講すること尤緊要と存候。其他善後策種々手段方法を講究施行するは勿論に候得とも、一般人民が誘惑報動〔導〕せられたる誤聞を、覚破警醒せしむること第一と信申候。昨日其日菴主人来訪、政友会之近情及ひ国民派其他之状態を逐一伝承。実に国家を度外視して私利を図る内情は、恰も百鬼夜行之状態に不異候。猶其後熟考を試たれ共、客臘御対談致したる策之外別に名按も無之候。此際勿論御疎は有之間布候へ共、今日如此形勢に推移したる概要、又之に処するの大要を予しめ御奏聞被成置事は必要之事歟と為念申添候。実に内外に対し日夜御心労不堪遠察候。猶時下日々寒気激甚と相成、宝軀為国家御自愛専祈。草々復

一月十四日　　古稀菴にて　有朋

桂老公閣下内啓

猶各県之情況に付而は至急数人を派出し、各県下之真状を広く見聞為致候事急務と存候。遠眼鏡之判断は違算多く、且今日之県情は昔と異なり知事又は事務官、警察官等も兎角人に所見を異にしたる状況は屡承候事に候。又地方行政上知事其他之監督権を法規通りに実行致させ度事に候。平田其他には将来之政略を御熟談相成置度、是又肝要と存候。右気付候儘序なから御参考まで書添申候也。

（千葉功編『桂太郎関係文書』東京大学出版会、二〇一〇年、四四八頁）

御厨　例の非常特別税制とか税法とかによって、あっという間に納税制限がどんどん解かれて、有権者が増えていきますよね。議会、あるいは政党の基盤も大衆化していくし、大衆化していくものに対して政友会が鉄道、河川、道路、いわゆる地方固有の利益を国家全体の利益体系の中に組み込みながら津々浦々に造っていかなければならない。そのことで逆に政友会という政党を強化していく。そういう流れにも表れているわけで、戦争が起こることによって、実は有権者が増える。税金の問題もありますけどね。これもこの時期の大きな特徴の一つだと思います。その点で言うと、政治史というのは、単に上つ方の権力闘争の話だけではなくて、やっぱり国民全体を巻き込んだ動きとか、あるいは国民の感情とか、あるいは社会の動揺とか、そういうものを一緒に扱って初めて成立する、かなりダイナミックなものなんじゃないかという感じがあらためてしたんです。その点は構造的に見ておられる牧原先生、どうですかね。

牧原　国民から強い要求が出てくる、あるいは出てきうる状態があって、これに対して制度がどう動くかというときに、やはり政党を作らないとどうしようもない。桂でさえも思うし、山県もそれを消極的に是認する。政友会は第一次護憲運動に対しては、これまた消極的ながら、協力していくわけですよね。政党が国民の要求に応えていく中で、次第に応える政党と応えない政党に分かれていくのが、このあとの展開であるという意味では、大正政変はその後を予示している事件なのではないかと思います。

それでは、今回はここで終わります。

第5章 第一次世界大戦と政党政治

目標&ポイント
第一次世界大戦の終結後、国際連盟が設立され、ワシントン体制による多国間の協調体制が形成された。普通選挙運動を柱とする護憲運動は、本格的な政党政治の時代を生み出した。戦前の政権交代の政党史を振り返る。

キーワード
護憲運動　憲政の常道　加藤高明　浜口雄幸

一　政党総裁の政治指導

第一次世界大戦の勃発(ぼっぱつ)時、首相は、結党以来衆議院第一党であった政友会をおさえるために元老たちが起用した大隈重信であった。大隈が基盤としたのは、かつて大隈が組織した立憲改進党の流れを汲む立憲同志会であった。次第に与党経験を積む中で、立憲同志会とその後進の憲政会は、政友会に対抗しうる統治能力のある政党として定着していく。他方で政友会は、大隈の首相退陣後、原敬総裁の下で第一党に返り咲き、本格的な政党内閣を組織するに至る。第一次世界大戦が終結した後、世界的に民主主義が正統な統治の原理となるにおよんで、有権者を議会の中で代表する政党の基盤なしに政府を組織することは不可能となった。普通選挙運動は高揚し、その導入も遠くない将来に見込まれるようになった。

ところが、原敬没後、組織としての求心力を失った政友会は、枢密院議長の清浦奎吾に大命が降下したとき、これを支持するか、それとも護憲運動の中で憲政会と提携するかをめぐり分裂した。運動を背景に総選挙で勝利した憲政会を中心とする護憲三派は、加藤高明内閣を組織した。普通選挙が導入され、「憲政の常道」により、政党総裁が交互に内閣を組織する時代が始まった。これは五・一五事件で犬養毅首相が暗殺されるまで、続くのである。

一九二五年、軍人から政友会総裁へと異例の転身を遂げた田中義一は、はっきりと、「今日立憲政治ノ世ニ於テハ政党ヲ離レテ政治ハ出来難イノデアル」と講演で述べた（田中義一「軍事ヨリ政治へ」山口県文書館所蔵『田中義一関係文書』リール番号一二四）。このように、政党が統治の正統性の根拠となるにつれ、一方の党の総裁は、他党の総裁を首相候補として強く意識していく。原は、総裁就任直後、そして自ら内閣を組織したときに、憲政会総裁の加藤高明に政権を渡さないよう、元老山県有朋に注意を促し、予防線を張るよう努めた。また、一九二九年に首相に就任した民政党の浜口雄幸（はまぐちおさち）は、前首相の田中義一との会見が七回あったことを回顧して、次のように記した（池井優ほか編『浜口雄幸日記・随感録』みすず書房、一九九一年、五〇〇〜五〇一頁）。

> 余は総裁に就任するや、政府の首班たり反対党の総裁たる田中男に儀礼的挨拶をなすべく或日首相官邸に訪問したのであつた。田中総理は慇懃に余を迎へ種々の雑談を交換した。
> 其の内、今日尚余の記憶に残つて居る所は、田中男から、外交上の重大問題に就いては時々反対党の首

領たる君（余を指す）に実際の事情を知つて居つて貰ふことが必要であると思ふ、其の時には自分から話しに行く積りであると云ふことであつた。余は其の節は喜んで聴くことにしようと応答し、階下の一室に於て相並んで新聞撮影班の『レンズ』に納まつて別れたのであつた。之が田中男と親しく面接した第三回目である。

浜口の『随感録』は、政党政治の立脚点を探る随想と言えるが、そこであえて「反対党の首領」との交流を語ることが、「憲政の常道」の下で政党総裁たらんとする浜口の認識であった。田中自身も、いくらかはそれを共有していたことが、この記録からはうかがえる。太平洋戦争前の政党内閣制は、政治指導の担い手の中で統治の理念として共有されていた。それが、昭和期の政党内閣の到達点であった。

二　第二次大隈重信内閣と第一次世界大戦

一九一三年二月、「閥族打破」・「憲政擁護」を唱えた第一次護憲運動により、第三次桂太郎内閣は、組閣後六十日で総辞職せざるをえなくなった。次いで海軍出身の山本権兵衛が内閣を組織し、懸案であった陸軍の二個師団増設を見送り、軍部大臣現役武官制を廃止し、さらには官制改革を進めた。だが、一連の改革は、山本とその内閣の与党である政友会に対する元老たちの不信感を高めた。一九一四年三月、山本内閣は、海軍部内の軍艦発注に関する汚職事件であるシーメンス事件を機に崩壊した。そこで井上馨・山県有朋らを中心とした元老は、すでに政界を引退していた大隈重信を後任首相に推薦し、政友会が優位に立つ衆議院の刷新を狙ったのである。

大隈は、立憲同志会総理の加藤高明、中正会の尾崎行雄らを閣僚とし、非政友会系の政党を基盤に内閣を組織した。与党経験の少ない閣僚と、少数与党の下、政界を長く離れた老齢の首相が率いる内閣の基盤は脆弱に見えた。だが、対する政友会では、西園寺公望が総裁を辞任して政界を引退し、後を原敬に託した。原は実質的に政友会を掌握していたとはいえ、衆議院に議席を持つ爵位のない総裁であった。当時としては、元老から首相候補者とみなされる条件を欠いていたのである。

四月に組閣した大隈内閣は、七月にヨーロッパでの第一次世界大戦開戦の報に接した。戦線はヨーロッパであるが、同盟国イギリスからアジア地域の海上秩序を維持するため、ドイツ軍を牽制するよう要求が出された。これを奇貨として、加藤外相は開戦を決断した。日本は十一月には山東半島のドイツ領を占領し、加藤外相は中国に二十一カ条の要求を突き付けた。山東省のドイツ利権継承、旅順・大連の租借期間の九十九カ年延長、満蒙における権益確保などを内容とする要求は、中国側の強い反発を招いたが、加藤は最後通牒によって、強制的にこれを受け入れさせた。

加藤は、以前の外相とは異なり、外交文書を元老に見せず、対外的な交渉過程についても事後的にしか知らせなかった。外交官を長く務めた加藤にとり、外務省による外交の一元化こそが信念であった。この手法と、加藤の強権的な外交政策とには、元老は大きな不満を持った。

ところが、これに輪をかけて元老の手に負えないのが大隈首相であった。大隈は陸軍と協調して二個師団増設を認めた予算を議会が否決したためにこれを解散した。総選挙では演説をレコードに録音して全国に配布し、自ら鉄道で遊説に回る大隈を世論は強く歓迎し、立憲同志会は選挙で大勝した。さらに大隈は大正天皇との間で信頼関係を取り結んだ。談論風発の大隈を天皇は大いに好んだのである。政治史学者の升味準之輔が活写したように、「放漫な大隈をつかまえるのは容易でなかったが、頑強な加藤をおさえることはさらに困難だった」（升味準之輔『日本政党史論〔新装版〕』第三巻、東京大学出版会、二〇一一年、二七三頁)。外からとらえることが不可能で何をするかわからない——それが元老から見たこの内閣の姿であった。

衆議院の基礎を固めた大隈は二個師団増設をついに認めさせ、大戦にともなう景気拡大を基礎に軍拡と積極財政へと舵を切った。だが同時に、この選挙を勝利に導いた大浦兼武(おおうらかねたけ)内相の買収問題が発覚し、大浦は辞任に追い込まれた。加藤外相は、イギリスの内閣制にならい、内閣の連帯責任を唱え、同志会の閣僚とともに一斉辞任をした。大隈は総辞職を申し出るが、再び大命は大隈に降下した。以後大隈は、後任首相を加藤にするため、辞任時期を引き延ばしながら元老たちをじらし、時に天皇に直接加藤を奏薦するという異例な手法を用いて、元老たちを激怒させた。一九一六年十月、大隈が辞表を提出したのち、朝鮮総督で山県直系の陸軍軍人寺内正毅に大命は降下したのである。

大戦が継続する中、組閣した寺内は、山県の意向に反して政友会に接近し、西原借款による段祺瑞(だんきずい)政権の援助や、ロシア革命への干渉としてのシベリア出兵を行った。だが、米の投機的買い占めから、米価が急騰したことによって、米騒動が全国に広がり、警察・軍がこれを鎮圧せざるをえない状況の中で、一九一八年九月、寺内内閣は総辞職した。ここへきて、山県は年来の政党への不信感を振り捨てて、政友会総裁の原を後任首相に奏薦することを認めた。原は、陸相・海相・外相以外は政友会員で内閣を組織し、本格的政党内閣を成立させたのである。

三　原敬内閣と原没後の政友会の分裂

南部藩家老の家の出身であった原は、薩長藩閥政府の下での仕官の道を当初は期待せず、郵便報知新聞社で記者として経験を積みつつあったが、この新聞が大隈を中心とする立憲改進党関係者によって経営されるようになると退社した。この一件が以後を象徴するかのように、原にとり大隈は宿敵であった。原は外務次官を経て政友会に入り、大隈率いる憲政本党と対峙し、立憲同志会を基礎に大隈が内閣を組織したときは、野党総裁として困難な道を歩んだ。若年より原が死去する日までつづった日記では、大隈内閣下で総裁辞任後しばらくは得意の舌鋒は影を潜め、周囲の発言を記録するだけの日々が続く。その中で目を引くのは、議会での演説・声明である。放談を好み、議会演説と選挙演説に意欲的であり、過去の与党・政友会を攻撃してやまない大隈を相手にして、原と政友会は期せずして大隈の政治手法に巻き込まれていった。総選挙で敗北を喫した原は、こう反省点をまとめている（原奎一郎編『原敬日記』第四巻、福村出版、一九六五年、九三頁、一九一五年三月二十八日条）。

我党は受身になり攻勢を取らざりしとて之を敗因に算ふる者あり、多少事実なり、何となれば数年間我党は朝に在りて仕事をなし、現政府員は当時野に在りたるに因り、彼は攻勢を取り得べく我は如何にしても弁明説明に陥りて攻勢に転じがたき事情ありたり

困難な野党時代を乗り越えて、原は西園寺から受け継いだ党を整備していく。一九一八年、原に大命が降下したとき、原は党の財政と人事を徹底的に掌握したうえで、陸相・海相・外相以外の閣僚を政友会員とする本格的な政党内閣を組織し、強力な政治指導を発揮した。『原敬日記』を開くと、首相就任以前は、もっぱら「閣議に列席す」と書かれているのに対して、首相時代は「閣議を開く」という表現に変わる。堂々たる内閣の主宰者という自意識を読み取ることができるであろう。

原は、対外的には連合国との友好関係の維持に努め、大戦終結後のパリ講和会議、ワシントン会議の準

備に臨んだ。また、対内的には教育の改善整備、産業と通商の振興、交通機関の整備拡充、国防の充実といった四大政綱を推進したのである。

そして原は、元老の山県とは統治における信頼関係の維持に努め、貴族院では政友会の影響力を浸透させ、衆議院では多数議席を背景に、強引な議会運営を辞さなかった。こうした政治姿勢は、新聞からの強い批判を招いた。さらに原は、普通選挙の導入には時期尚早として決して前進させなかった。政治評論家の馬場恒吾は、原に「何等理想的な処がない」と詰め寄ったところ、こう切り返されている（馬場恒吾『現代人物評論』中央公論社、一九三〇年、三三頁）――「理想はあるさ。只云はない許りだ。云へばみんなして、よつてたかつて攻撃するから、実行出来なくなる」。そして馬場は「私が若し賢明であつたならば、其時已に彼れの心の中には、議会を解散して、政友会をして衆議院の絶対多数を占めしめ、そして後に悠々として普通選挙でも行ふ決心があると察したであらう」と評した。

馬場の想像ではあるが、現実的な政治家であった原は、理念を胸に秘めて、可能な範囲で前進する。原は陪審制の導入を主導し、法成立の目処をほぼ立てた。これに一貫して関心を寄せていた原は、その目的を政党への捜査を徹底しつつあった検察への政党からの統制であると同時に、欧米諸国で広く認められていたように司法の民主的統制に置いていたのである（三谷太一郎『政治制度としての陪審制――近代日本の司法権と政治』東京大学出版会、二〇〇一年）。

一九二一年十一月四日、原は東京駅で青年に刺殺された。現職首相の暗殺というテロが日本の政治史に初めて姿を現した瞬間である。後継総裁の準備がない政友会は、迷走し始めた。後任の高橋是清（たかはしこれきよ）総裁は、首相に就任するも、党内を掌握し切れずに退陣し、政友会の支持を得て成立した元海相の加藤友三郎が組織した内閣は、ワシントン会議の結果としての海軍軍縮を軌道に乗せたのち、二三年八月首相の病死により総辞職となった。大命が山本権兵衛に再度降下した直後の九月一日、関東大震災が東京を襲ったのである。

地震と火災で首都が灰燼（かいじん）に帰する中で組閣を終えた山本内閣では、台湾と満鉄での植民地経営に手腕を発揮し、寺内内閣の内相・外相を歴任し東京市長として市政にも通じた後藤新平が内相に就任し、震災からの復興の陣頭指揮を執った。「山本内閣ハ第一救護、第二復旧、第三復興ノ方針ヲ貫徹スルニ努メ、連日閣議ヲ開キテ寸時ノ閑隙ナク、殆ンド寝食ヲ忘レテ事ニ当レリ」と後藤はのちに回顧したように（鶴見祐輔『正伝・後藤新平』第八巻、藤原書店、二〇〇六年、一九五頁）、後藤内相は早期に東京遷都論を斥け、復興費に三〇億円を支出し、新都市計画を実施するためには私権の制限を辞さない方針を立て、災害によって混乱した被災者に対して、救護・復旧・復興という政策の推移を見通していたのである。後藤は、アメリカから政治学者のチャールズ・A・ビアードを招いて提言を仰ぎ、帝都復興院を設置してその総裁に就任し、野心的な帝都復興計画を策定しようとした。だが、その過大な規模と私権の制限に対する枢密院と政友会からの反対が強く、計画は縮小して決定せざるをえなかった。山本首相は普通選挙制の実施に意欲を燃やしており、これへの反発が枢密院・政友会に強かったことと構図は同様である。そこに無政府主義者難波大助（なんばだいすけ）が摂政宮を狙撃するという虎の門事件が起こり、内閣は組閣四カ月で総辞職を余儀なくされたのである。

難波による狙撃の動機は、震災直後の被災地で朝鮮人による暴動が起こるという流言が飛び、自警団による朝鮮人の虐殺が起こったことに衝撃を受けたことであったが、震災後半年も経たない状況下でいまだ人心にさまざまな動揺が続いていたことも背景要因であった。しかも、当時まだ余震が続いていた。不安定な世情の中で、山本の後継には枢密院議長の清浦奎吾に大命が降下し、清浦は貴族院研究会を基盤に内閣を組織した。これに対して、普通選挙制度の即時導入を求める憲政会、革新倶楽部を中心に第二次護憲運動が巻き起こると、これへの対応をめぐって、政友会幹部会は決裂し、党は分裂した。折しも、震災後の強い余震が神奈川を襲い、政友会幹部会を欠席する者もいたという日であった。高橋総裁とこれを支持する「幹部派」は護憲運動に加わり、清浦内閣を支持する「改革派」は、床次竹二郎を総裁に政友本党を組織した。五月に行われた総選挙では、護憲三派が勝利した。そのため清浦は内閣総辞職を決定した。

四　政友会と民政党

総選挙で第一党となった憲政会総裁の加藤高明に大命が降下すると、加藤は、政友会の高橋、革新倶楽部の犬養毅に入閣を懇請し、護憲三派内閣が成立した。憲政会は、一九二七年に政友本党の大部分を吸収して立憲民政党（民政党）となるが、憲政会・民政党と政友会との間では、加藤内閣を継いだ民政党の若槻礼次郎内閣から政友会の田中義一内閣へ、田中内閣から民政党の浜口雄幸内閣へ、そして浜口をついだ第二次若槻内閣から政友会の犬養毅内閣へと二大政党の間で政権の授受が続いた。しかも、憲政会・民政党は幣原喜重郎外相による中国に対する列強との間での「協調」外交と、経済政策では緊縮政策と健全財政を基調としたのに対して、政友会は中国への派兵を辞さない「強硬」外交をとり、「産業立国」としての積極財政による経済政策を掲げた。人脈としても政策としても異なる二大政党が、内閣を交互に担う時代が到来したのである。

しかしながら、この「憲政の常道」と呼ばれた野党総裁への政権の授受を決定づけたのは、唯一の元老であった西園寺公望であった。西園寺は、自身かつては政友会総裁でありながら、政党内閣の成立に対してきわめて慎重に熟慮し続けた。たとえば、加藤の病死後、同じ憲政会の若槻に白羽の矢を立てたときに、西園寺は、その政治情報提供者であった松本剛吉に対して、原から高橋への政権授受を例にこう語った——「加藤内閣は未だ国民より厭かれて居ると云ふ訳でもなく、寧ろ実業家抔は解散を避けしめ兎に角加藤内閣の財政計画を遂行せしめられ度しとの説多き故（反対党は別だぜ）、之は原の時の例を引き兎に角議会丈でも若槻にやらするより外に途なしと思へり」（松本剛吉／岡義武・林茂校訂『大正デモクラシー期の政治　松本剛吉政治日誌』岩波書店、一九五九年、四七八頁、一九二六年二月一日条）。そして、若槻の後に政友会の田中総裁が候補となるにおよんで、こう語ったのである——「若槻は早晩罷めるであらう、其時の政情及び所謂四囲の事情にて何うなるか今日は何とも言へぬ、又自分は二大政党論を他に語り、又政党の党首に非ざれば大命を拝すること六ケしき様言ひ居るも、君だから御話するが、其時の模様にて中間内閣も已むを得ざることあるも計り難し」（同右、五五七～五五八頁、一九二七年二月十五日条）。「四囲の事情」を見渡しながら、西園寺は揺れていたと言うべきであろう。その意向を忖度して、多くの政党人・軍人・官僚が西園寺のもとを訪れるが、西園寺も深意を語るわけではない。曖昧な発言に、おのおのの願望が上書きされて、政界に伝わっていくのであった。

そして、この時代には男子普通選挙が施行された。加藤内閣の下で導入された普通選挙は、田中内閣の下で一九二八年二月に実施された。従来の選挙では、与党が選挙干渉を徹底することで選挙によってほぼ確実に勝利していたが、このときは与党政友会は勝利できず、また無産政党も伸張せず、不満票を野党民政党が吸収した。だが、浜口内閣の下で行われた一九三〇年の総選挙、犬養内閣の下で行われた三二年の総選挙はいずれも与党が大勝した。浜口はこの勝利を背景にロンドン海軍軍縮会議で合意された海軍軍縮の批准を進め、犬養首相は積極財政による世界恐慌からの立ち直りの糸口をつかもうとした。

こうした大衆の政治への参加によって、政治指導の質は変わり始めた。第一に、党幹部は大規模化した選挙に対応しうる資金力を必要とした。政友会が、高橋総裁の後任の陸軍軍人であった田中義一に期待したのは、まさにこの力であった。だが、政治資金の収集力を持つ有力幹部とは別に、首相としての識見をもつ政治家が総裁になるかどうかが問われる。憲政会・民政党では加藤・浜口両首相が急死したときに西園寺は躊躇なく、政治資金を集める力に乏しいが、大蔵省出身の能吏で海外の金融事情に通じた若槻を奏薦した。だが西園寺は、政友会に対しては、犬養の死後、後任総裁となった鈴木喜三郎を奏薦しようとはしなかった。鈴木は、司法省出身で田中内閣の内相時代に省内の党派的人事や選挙干渉で混乱を招き、国際感覚に乏しく、西園寺はその資質に疑念を抱いていたのである。

第二に、政策形成において、政党関係者・官僚・有識者などを委員とする調査会・審議会が多用され始めた。加藤内閣は、政党内閣にふさわしい行政制度を総点検する行政調査会を設置し、文官任用令の改正、各庁間の権限配分の整理などを検討した。田中内閣は行政改革の「大調査機関」として行政制度審議会を設置し、地方分権や許認可の整理のみならず、知事公選、婦人参政権についても審議を進めたのである。浜口内閣は、行政整理、財政など、即時の実行を必要とする施策について各種の調査会を設置した。こうした調査会は、官僚を委員とする行政内部の検討にとどまらず、政界さらには社会の識者や諸団体の意見を集めるものとなりはじめた。

だが第三に、政党は内部規律を強める組織化を進められず、有権者の信頼を十分に確保できなかった。まず政治資金を必要とするにつれて、政友・民政を問わず疑獄事件が頻発し、政党への疑念は増した。さらに、民政党は、田中内閣による不戦条約加盟の際に、「人民ノ名ニ於テ」という条項について天皇制との関係から政府を攻撃し、政友会もロンドン海軍軍縮条約を批准する際には、統帥権干犯問題を取り上げて浜口内閣を非難した。天皇制との関係を議会審議にもちこみ、さらには無原則に政府攻撃を図る両党の姿勢は、選挙演説に現れた。一九三二年の総選挙で、候補者演説を聞いて回った馬場恒吾はこう苦言を呈したのである（馬場恒吾「総選挙展望」『改造』一九三二年三月号、四八頁）。

余りに反対党を攻撃せんと欲するが為めに、出鱈目の嘘を云つたり、曲解的の悪罵をすることは、固より賞めた話しではないが、併しさう云ふ芸当をすることは、何人を傷けるよりも、より多く候補者自身を傷ける。現代の聴衆は普通の政治家が考へるよりは、余程賢明になつてゐる。かれらも下品な洒落や、無責任な議論に、笑ひ又は拍手する。併し腹の中には同時に弁士を軽蔑してゐる。それは聴衆の中に雑じつてをればよく判る。候補者の心得は決して其場の調子に乗るべからず、天下万民、百年後世を相手にして語つてゐるかの如く、真面目に、慎重に演説すべきだ。

そこに加わった決定的な衝撃がテロであった。世界恐慌が本格的に波及することによって、経済界と農村が大きく疲弊（ひへい）した。農村出身者が大多数を占める軍部で政党への不満が高まり、満州では関東軍が中国への介入をめぐり作戦を練りつつあった。浜口は東京駅で狙撃され、傷が癒えないまま死去する。蔵相時代に金解禁を主導し、民政党の選挙資金の調達を指揮していた井上準之助は、一九三二年二月に、政財界首脳を狙う血盟団の一青年により射殺された。軍部に対して断固たる措置をとれずに総辞職した若槻に代わった犬養は、五・一五事件で現役軍人らに暗殺された。政党は、事態を収拾できず、適格な首相候補者を失っていったのである。

▼参考文献

池井優・波多野勝・黒沢文貴編『浜口雄幸日記・随感録』みすず書房、一九九一年。

北岡伸一『政党から軍部へ 1924~1941』（日本の近代5）中公文庫、二〇一三年。

奈良岡聰智『加藤高明と政党政治――二大政党制への道』山川出版社、二〇〇六年。

馬場恒吾『現代人物評論』中央公論社、一九三〇年。

馬場恒吾『政界人物風景』中央公論社、一九三一年。

升味準之輔『日本政党史論〔新装版〕』第五巻、東京大学出版会、二〇一一年。

三谷太一郎『政治制度としての陪審制――近代日本の司法権と政治』東京大学出版会、二〇〇一年。

村井良太『政党内閣制の成立　一九一八~二七年』有斐閣、二〇〇五年。

対話編

牧原　今回は、第一次世界大戦と政党政治についてお話をしたいと思います。第一次世界大戦と大正デモクラシーの時代から、昭和初期の政友会、民政党の二大政党の政権交代の時代を扱います。

御厨　この時代の政治は、戦前の歴史の中でも一番国家が発展をし、同時に民主化が進んだ時代ということで、全体として発展のイメージが強い時代だったと思います。その内政と外交の絡み合いを、今回は少しトピック的に扱いたいと思っています。

◆第一次世界大戦期の内政と外交

牧原　それではここから、第一次世界大戦における内政と外交について、まず簡単に見ていきたいと思います。こちらの表をご覧ください（表5-1参照）。第二次大隈内閣は一九一四年四月に成立します。これは当時の元老たちが、衆議院で盤石の議席を確保していた政友会の打倒を目論んで、大隈を奏請し、大隈は立憲同志会などの非政友会系の政党を基礎に内閣を成立させます。そのすぐ後に第一次世界大戦がヨーロッパで開戦となります。大隈内閣はこれに便乗して、第一次世界大戦に参戦し、中国での利権の確保をめざします。そして、対華二十一カ条要求を中国に対して突き付けます。しかしながら、大隈内閣は外交について元老にほとんど相談することがなく、これに対する不満が募っていくわけです。そして、元老たちを含めた倒閣運動が起こり、寺内正毅内閣が成立します。寺内内閣は官僚を中心とした内閣ですが、政友会に接近します。また、シベリア出兵を行いますが、これにともなって米の投機、価格高騰が起こり、米騒動が全国に広がっていく。その結果、内閣が倒れて、ついに原敬の内閣が成立します。

ここに、本格的な政党内閣、つまり陸相・海相・外相以外に政友会員をあてる内閣が成立し、政党内閣の一つの大きな時代が始まります。原敬内閣の成立後、第一次世界大戦が終結し、原敬は国際協調をめざしてパリ講和会議に全権を派遣し、さらには太平洋地域の問題についてはワシントン会議に全権を派遣しますが、原は暗殺され、同じ政友会の高橋是清に内閣が移ります。

このプロセスでは、まず、大隈内閣が総選挙を行います。これは、政友会の打倒という目的を達成することを考えます。一九一四年十二月に解散し、大隈たちの演説や運動が功を奏し、立憲同志会が大勝します。

御厨　そのときの大隈重信の演説をちょっと見てみましょう（大隈重信「憲政に於ける輿論の勢力」早稲田大学編『大隈重信演説談話集』岩波文庫、二〇一六年、二六二～二七〇頁）。

> 帝国議会は解散されました。今まさに旬日（じゅんじつ）の後に選挙が行われて、今全国は選挙の競争が盛んに起っておる時でありますのであります。
>
> ……
>
> 国家的勢力は、何によりて導かるるかというと、則ち輿論である。この輿論の勢力が議会に集中されて、初めて帝国議会の威厳、帝国議会の信用がここに成立つのである。か

表 5-1　第一次世界大戦期の内政と外交

年	首相（内閣）	国際関係
1914	4月　大隈重信（第2次）	7月　第一次世界大戦開戦 8月　第一次世界大戦参戦
1915		1月　対華 21 カ条要求
1916	10月　寺内正毅	
1917		
1918	9月　原敬	8月　シベリア出兵 11月　第一次世界大戦終戦
1919		1月　パリ講和会議
1920		
1921	11月　高橋是清	11月　ワシントン会議

くの如き憲政は、輿論によって導かるるものである。

御厨　今、読んでいただくとおわかりになるかと思いますが、「世論」という言葉を使っていますね。つまり、世論の勢力によって議会に勝たなければいけない。大隈は当時七十六歳だったと言いますが、その言い方そのものが時代にマッチしていたというわけですね。駅ごとに彼は演説をしたとも言われてますし、劇場型とも言うべき選挙戦を戦い抜いて、大隈の与党がその実は演説でもって勝利を得たというのは、非常に象徴的なことだったろうと思います。

もう一つ、紹介しておきたいのが、第一次世界大戦が始まったときに日本がこれに参戦をする、その宣戦の詔書（しょうしょ）なんですね。少し長めですが、**資料5-1**を見ていただきたいと思います。

これをご覧いただいて、どういう感想をお持ちでしょうか。明治天皇のときの日清戦争・日露戦争の詔書、それから昭和天皇のときの太平洋戦争の詔書とは違って、ここにはどことなく大正時代ならではの、大日本帝国がある種の余裕を持っていたときの詔書であるということが全編を通じて言えると思うんです。ただその中でも、やっぱり出ている言葉をご覧いただくと、軍国の目的であるとか、あるいは国際状況の範囲の中でとか、つまり国際法を守れということですよね。そして、平和を希求したと。ずっと平和を希求していたんだけれども、やむをえず、というわけです。相手国のほうが悪いのだと。だから、我々はやむをえず戦端を切ることになったという。帝国主義戦争というのは、常にこういう言い方で始まるという言い方の典型だろうと思います。その典型例が出てるということも、私は今回読んでみて、なるほどと思った次第です。

資料5-1　第一次世界大戦宣戦の詔書（独逸国ニ対スル宣戦ノ詔書）

天佑ヲ保有シ万世一系ノ皇祚ヲ践メル大日本国皇帝ハ忠実勇武ナル汝有衆ニ示ス

朕茲ニ独逸国ニ対シテ戦ヲ宣ス朕カ陸海軍ハ宜ク力ヲ極メテ戦闘ノ事ニ従フヘク朕カ百僚有司ハ宜ク職務ニ率循シテ軍国ノ目的ヲ達スルニ勗ムヘシ凡ソ国際条規ノ範囲ニ於テ一切ノ手段ヲ盡シ必ス遺算ナカラムコトヲ期セヨ

朕ハ深ク現時欧洲戦乱ノ殃禍ヲ憂ヒ専ラ局外中立ヲ恪守シ以テ東洋ノ平和ヲ保持スルヲ念トセリ此ノ時ニ方リ独逸国ノ行動ハ遂ニ朕ノ同盟国タル大不列顛国ヲシテ戦端ヲ開クノ已ムナキニ至ラシメ其ノ租借地タル膠州湾ニ於テモ亦日夜戦備ヲ修メ其ノ艦艇荐ニ東亜ノ海洋ニ出没シテ帝国及与国ノ通商貿易為ニ威圧ヲ受ケ極東ノ平和ハ正ニ危殆ニ瀕セリ是ニ於テ朕ノ政府ト大不列顛国皇帝陛下ノ政府トハ相互隔意ナキ協議ヲ遂ケ両国政府ハ同盟協約ノ予期セル全般ノ利益ヲ防護スルカ為必要ナル措置ヲ執ルニ一致シタリ朕ハ此ノ目的ヲ達セムトスルニ当リ尚努メテ平和ノ手段ヲ悉サムコトヲ欲シ先ツ朕ノ政府ヲシテ誠意ヲ以テ独逸帝国政府ニ勧告スル所アラシメタリ然レトモ所定ノ期日ニ及フモ朕ノ政府ハ終ニ其ノ応諾ノ回牒ヲ得ルニ至ラス

朕皇祚ヲ践テ未タ幾クナラス且今尚皇妣ノ喪ニ居レリ恆ニ平和ニ眷々タルヲ以テシテ而カモ竟ニ戦ヲ宣スルノ已ムヲ得サルニ至ル朕深ク之ヲ憾トス

朕ハ汝有衆ノ忠実勇武ニ倚頼シ速ニ平和ヲ克復シ以テ帝国ノ光栄ヲ宣揚セムコトヲ期ス

御名御璽

大正三年八月二十三日

各国務大臣副書

◆原敬と日記

御厨　さて、この第一次世界大戦がほぼ終わると同時に、原敬内閣ができるのですが、その原敬については、いろいろ言われます。つまり、彼は積極的な地方政策というものをやって、そして国家の利益というよりはむしろ政党の利益を際立たせていきます。その原敬は亡くなったときに、実はメディアからも相当叩かれるのですが、彼自身は非常に質素な生活を送ったことで知られていますし、彼自身もまた当時のジャーナリストを集めて、自分の芝公園の自宅で相当程度、侃々諤々と書生論を戦わせたことで有名です。そして彼はこうも言いました。「君は出るもの出るものを攻撃するが、そんなことでは日本には偉い人物が出て来ないよ」と（馬場恒吾「原敬と吉田茂」『自伝点描』中公文庫、一九八九年、一五五頁）。今思うと、これは本当にそうだったかなと感じられる。私はそれこそが原敬の人間としてのおもしろさだったんだなと感じるところです。

牧原　それでは、私から原敬がつけていた日記について、今回の史料として説明したいと思います。

原敬はまとまった形では一八七五年四月から一九二一年十月まで、膨大な日記をつけていました。これは岩手県盛岡市の原敬記念館が原本を所蔵しています。原本を写真で写したものが、ここにあるようなかたちで本にもなっています。原は手帳に日々の出来事をまず記録し、それをさらにまとめて、筆で罫紙に書き、これを和綴製本しており、その製本したものは全部で八十二冊あります。原は遺書に、「余の遺物中、此日記は最も大切なるものとして永く保存すべし」（原奎一郎編『原敬日記』第六巻、福村出版、一九六七年、一九三頁）と記しておりまして、その価値について大いに自負心があったのでしょう。量的に膨大なのですけれども、それだけではなくて、質的にも詳細かつ鋭利でして、原と周囲の人物たちの詳細な会話記録、さらにこれに対する原の鋭い批判、辛口の批評がここには書かれています。質量ともに、戦前の政治史、とりわけ政党政治史において、最も重要な一次史料の一つであることは疑いがないところです。

これはしかし、歴史家の史料としてのみ書棚に置いておくのは、あまりにももったいない。戦前の政友会の発達の歴史として、あたかも大河小説のように通読することもできます。ぜひ一度ご覧いただきたいと思います。

◆関東大震災の衝撃

御厨 続きまして、今度は関東大震災。この自然災害がこの国、政治社会に与えた影響について話をしてみたいと思います。

一九二三（大正十二）年九月一日、東京を未曾有の災害が襲ったわけです。地震とそのあとに発生した火災によって、首都東京は壊滅的被害を受けることになりました。震災直後の状況について、同時代人の馬場恒吾は単刀直入に、「九月一日は赤い灯であつた」と記しています（馬場恒吾「震災直後」『政界人物風景』中央公論社、一九三一年、四五七〜四六九頁）。一体何が赤かったのか、「試しに見給え、地震後のバラックの上に立てゝある旗は大抵赤いから。何故かう皆んな申合せしたやうに赤い旗ばかり立てるのであらう」と馬場は述べて、こう結論しています。「地震と火事を経て来た人々の頭は、餘りに深く赤い色の印象を受けて、他の色を忘れたのであらう。だから旗と云ふ時、赤い旗以外に思ひ浮かばなかつたのであらう」。赤い灯の印象は、あまりにも強烈でありました。だからでしょう、昭和は震災とともに始まったという感覚を持つ人がいても、それは決して不思議ではなかったのです。

さあ、その震災について、実はこのような報道が当時なされていました。ちょっと新聞を見てみましょう。ここに『大阪朝日新聞』があります。いかに大変であったとか、大混乱であったとか、東京帝国大学

大阪朝日新聞 夕刊

東京との通信は絶望

本社の飛行機は東京全市の大混亂を

視察速報の爲め出發した

一機は濱松から二機は大阪から

攝政宮御無事

自動車で御避難

震災義金募集

大阪毎日新聞社
大阪朝日新聞社

燒失した主なる諸官廳

外務、大藏、文部省燒く

東京帝大も燒失

宮城の火災は漏電から

二十萬の橫濱市民

既に飢餓に瀕す

飛行機にて記者東京へ

府市の救援船も出發

濱松より大塲氏飛行す

東京朝日と連絡をとる

東京朝日も遂に類燒

二新聞を除き各社の災厄

海上の橫濱避難民

千三百名は伊太利丸で

橫須賀軍港救を求む

病院其他全滅醫藥に困る

吳から軍艦を急派

佐世保からも軍艦出動

橫須賀罹災者の救助

陸軍飛行機も出動す

師團參謀同乘 東京と連絡

大阪市の御機嫌奉伺

本日市參事會を開いて

↑『大阪朝日新聞』1923年9月3日夕刊。

も焼失したとか、いろんな記事が出ていますね。さらに実はこのとき、内閣が交代するときだったんですね。加藤友三郎内閣で首相の加藤が亡くなった。さて後任を誰にするか。山本権兵衛にもう一度組閣の大命が降りるんですけれども、なかなか組閣がうまくいかなかった。そこに、この震災が起こったので、あっという間に第二次山本内閣が成立することになる。そして、そのときの様子について、実は牧野伸顕がこういう日記を書いています（伊藤隆・広瀬順皓編『牧野伸顕日記』中央公論社、一九九〇年、八六〜八七頁、一九二三年九月二日条）。

帰京の途に就く。

浦和附近より震災の跡著しく顕はる。栗橋不通に付下車、迂回して川口に到る。此の間凡そ三十分余、沿道家屋概ね倒半壊。惨状甚だし。

汽車は日暮里に止る。谷中を経て宮内省に向ふ。幸にして途中迎の自動車に逢ひ、直ちに登省。往来戦地の如し。惨状益々加はり筆紙に尽すべきに非ず。実際目撃者に非ざれば想像も及ぼさず。帝都は山手を除くの外全滅と云ふも過言にあらず。省前広庭にテント張中諸員執務中なり。三殿下も天幕中にご避難なり。一と通報告を聞きたる後赤坂離宮へ伺候、拝謁す。此際の御処置、御思召等に付言上。

此日後八時頃親任式を被為行たるに付、首相へ御沙汰書及下賜金の事に付協議。次いで閣員へも面会、本件に付御思召之次第を内話し、進行に関する打合いを為す。

東京にいなかったわけです。「帰京の途に就く」と書いてありまして、彼の文章を読んでみますと、「往来戦地の如し。惨状益々加はり筆紙に尽すべきに非ず」というふうに書いてあって、いかにその様子がひどかったかが書いてあります。

その後内閣が成立をして、急速に復興を行う話になるわけです。その復興は、さっき「赤い灯」と馬場恒吾が言っていましたけれども、その赤い灯から間もなくこんな歌が生まれるんですね。これは当時の市民がこんな歌を歌ったんだという事例であります。

「復興節」
家(うち)は焼けても江戸っ子の　意気は消えない見ておくれ　アラマ　オヤマ
忽ち並んだバラックに　夜は寝ながら　お月さま眺めて　エーゾ　エーゾ
帝都復興　エーゾ　エーゾ

さて、内相になりました後藤新平は帝都復興に早速取り掛かります。彼はその直前まで東京市長をやっていましたから、東京については熟知していたわけですね。その彼は、こういうふうにまず命令を下しました。遷都をしてはいけない。それから復興費に三〇億円を使わなくてはいけない。それから、欧米で最新の都市計画をここに導入しなくてはならない。そして、そのために地主に対しては断固たる措置をとるべきだと。現実にはそれはなかなかうまくいかず、規模の縮少を余儀なくされました。何しろ反対党の政友会が多数を占めていましたからね。それでも四カ月の間に彼は計画の理念を明確にし、都市計画のあり方を指し示しました。なかなか震災復興がうまくいかないというのは、平成になってしばしば起こった自然災害を見てもわかります。しかも後藤の場合は四カ月で退陣せざるをえなかった。では、なぜ四カ月だったのか。そこに難波大助の事件（虎の門事件）が起きて、内閣は総辞職しなければならなくなったから、ということになります。

さて、震災からの復興は、意外に早かったとも言えます。なぜなら一九三〇（昭和五）年に、帝都復興祭というお祭りをやっているからです。

この時のニュース映像によれば花電車が走っているのを市民が見ている。それから、のぼりを立てた一群がお祭りを行っています。それを多くの市民が見ている。実に周りの建物を見ても、これが十分に元に戻っていることがわかりますね。いかに帝都復興が早く行われたのかということの証だと思います。

牧原　関東大震災は、復興の過程にも大きな爪痕を残しました。今、御厨先生が虎の門事件という、難波大助が摂政宮を狙撃したという事件の話をしましたけれども、なぜ難波がそのようなことをしたかというと、やはり関東大震災以後の惨状を見て、非常に衝撃を受けたからだと言われています。つまり、震災の影響はその後も続くわけです。

さらに余震も見逃せません。これについて、おもしろい記録があります。石上良平（いしがみりょうへい）というイギリス政治の研究者が、『政党史論原敬歿後』という著書を書いています。この中の一つの大きなクライマックスが、震災からほぼ四カ月経った大正十三年一月、高橋是清総裁邸での幹部会です（石上良平『政党史論原敬歿後』中央公論社、一九六〇年、一〇六頁）。ここで高橋は山本権兵衛内閣の後に成立した清浦内閣に対する反対声明を出すということを決断して、その結果、政友会は分裂するという政党政治の大きな転機を迎える日なんですね。実はこの日の早朝に、神奈川でマグニチュード七クラスの非常に大きな余震が起こっていました。政治学者の吉野作造の日記でも、それに対する驚きが書かれています（吉野作造『吉野作造選集14 日記二〈大正4—14〉』岩波書店、一九九六年、三二二頁、一九二三年九月二日条）。この余震があったことで、何が起こったかと言いますと、幹部たちの一部が高橋総裁邸に駆けつけられないということになるわけですね。岡崎邦輔は箱根を徒歩で超えて、湯本から自動車で駆けつけたが間に合わなかった。興津にいた元田肇は地震によって行けなかった。つまり、地震と政党分裂の関係をさりげなく記載しているんです。そのように見ますと、関東大震災が起こって、山本内閣の後に清浦内閣が成立して、第二次護憲運動が起こり、いよいよ政党内閣の時代を迎えます。しかし、これも関東大震災とそのあとの復興、また余震という異常な事態の中で民主化が進行していったと言えると思うんですね。

それから、もう一つ挙げたいのは、今、帝都復興祭の話が出ました一九三〇年代に入ってからの出来事ですね。一九三二年に満州事変の原因究明のために、国際連盟がリットン調査団を派遣します。その中の一員でドイツ人のハインリッヒ・シュネーという人物がいます。彼の手記（邦題『「満州国」見聞記』、原題『極東における人民と権力』）の中で、彼は横浜港から東京までの列車からの風景を眺めて、こう言っています（ハインリッヒ・シュネー／金森誠也訳『「満州国」見聞記——リットン調査団同行記』講談社学術文庫、二〇〇二年、二七頁）。

先年〔大正十二年〕の大地震〔関東大震災〕のあと、まったく新しく近代的に再建された横浜東京両都市の一部を眺め、その復興ぶりに驚嘆した。

図5-1　戦前の政党変遷図（2）

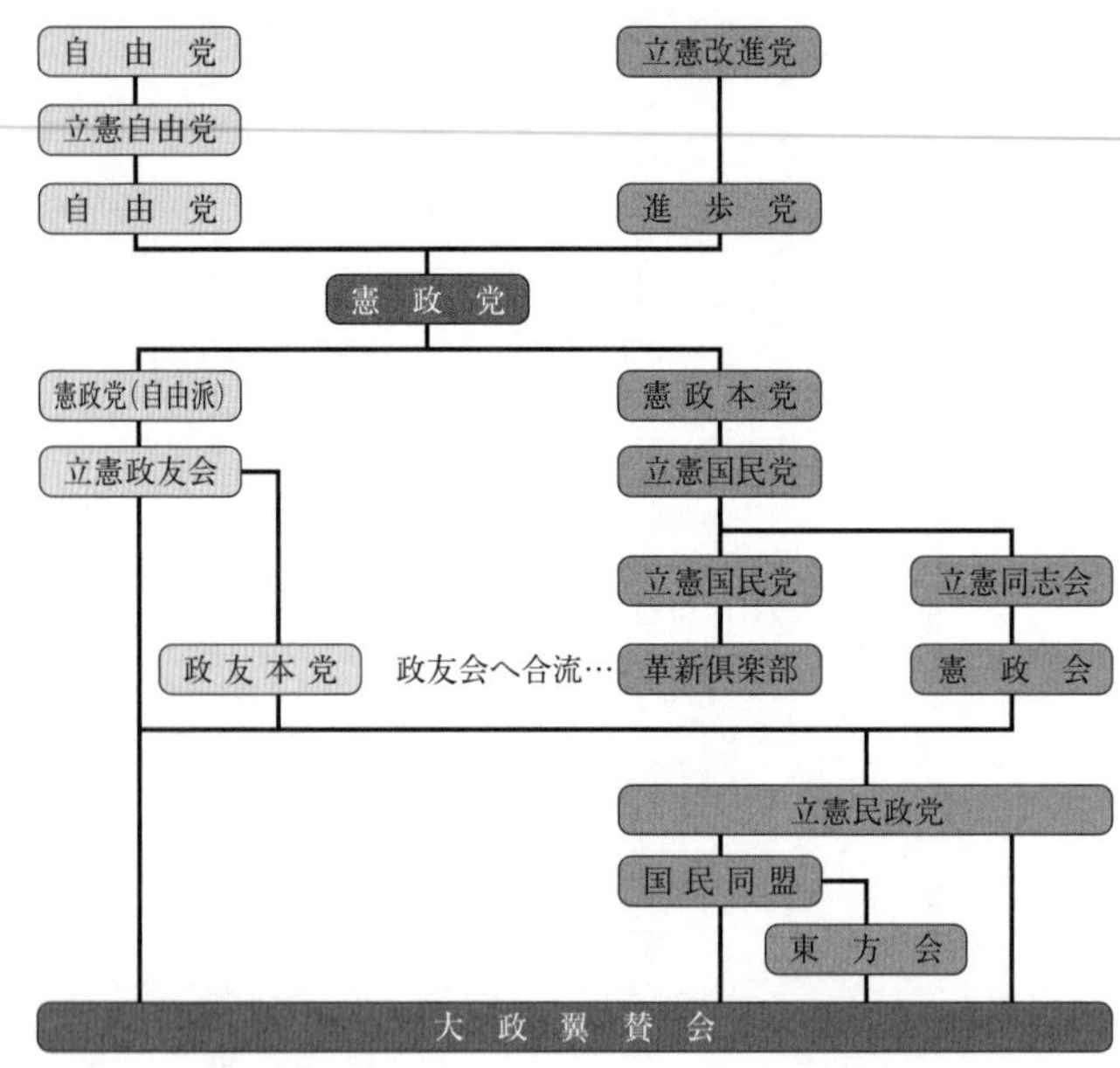

さらに彼は帝国ホテルに入りますが、この旧帝国ホテルは大震災で倒壊しなかったということにも、言及しています。つまり、日本に初めて来たシュネーでさえも、大震災についていろいろ聞いてきていて、どの程度復興したかに大きな関心を持っていました。やはり、大震災というのは日本だけではなく、世界が注目していた、そういうものであったということも言えるのではないでしょうか。

◆昭和期の政党政治——政党の系譜と選挙結果

牧原　それでは、ここからいよいよ昭和期の政党政治の時代について話をしてみたいと思います。この時期は、大きく分けて二大政党が憲政の常道ということで交互に政権を担った。そういう時代です。この二大政党の系譜を見てください（図5-1参照）。

こちらの図にありますように、立憲政友会、それから立憲民政党、この大きな二つの政党があって、政友会は板垣退助の自由党の流れを汲み、民政党は大隈重信の立憲改進党の流れを汲んでいるということになります。こうした二つの政党が成立して政党政治を担うという、戦前の日本のデモクラシーのいわば輝かしい時代とも言えます。しかしながら、この時代は、戦後のように選挙で勝利した、あるいは選挙によって衆議院の多数を得たといった理由で政党が政権を担うわけではありません。

しかしながら、選挙はこの政党政治で非常に重要な役割を果たしておりますので、次にこの政党政治の時代の四つの選挙について見てみたいと思います（図5-2参照）。最初に、第一五回、これは清浦内閣のもとで行われた総選挙ですね。第二次護憲運動が国民の支持を集めて、護憲三派であった憲政会、立憲政友会、それから革新倶楽部、この三党が勝利を収め、これによって加藤高明を首班とする護憲三派内閣が成立します。その後、加藤の死後、若槻礼次郎が内閣を組織しますが、若槻内閣が倒れて、政友会の田中義一内閣になります。田中義一内閣のもとで、今度は初めて普通選挙が行われます。これが第一六回の選挙ですね。ここでは、政友会がかろうじて第一党になり、この時代としてはあまり与党が勝てなかった選挙となりました。田中内閣は、満州某重大事件、張作霖爆殺事件への対処を誤り、総辞職します。そして今度は、対立する民政党のほうに政権が移ります。

この民政党は、田中内閣の成立をきっかけに憲政会と政友本党が合併してできた党です。一九二九年、この民政党を基盤とする浜口雄幸内閣が成立します。浜口内閣のもとで行われた選挙が第一七回の選挙で、民政党は大勝します。この大勝のもとに、民政党はロンドン海軍軍縮会議を成功させます。しかしながら、世界恐慌が日本を襲い、経済で苦境に立たされます。浜口の後にこれを引き継いだ若槻礼次郎内閣が倒れ、今度はまた政友会の内閣になる。犬養毅は組閣後すぐに選挙を行い、政友会が大勝します。このように二

図 5-2　衆議院議員総選挙の結果（第 15〜18 回）

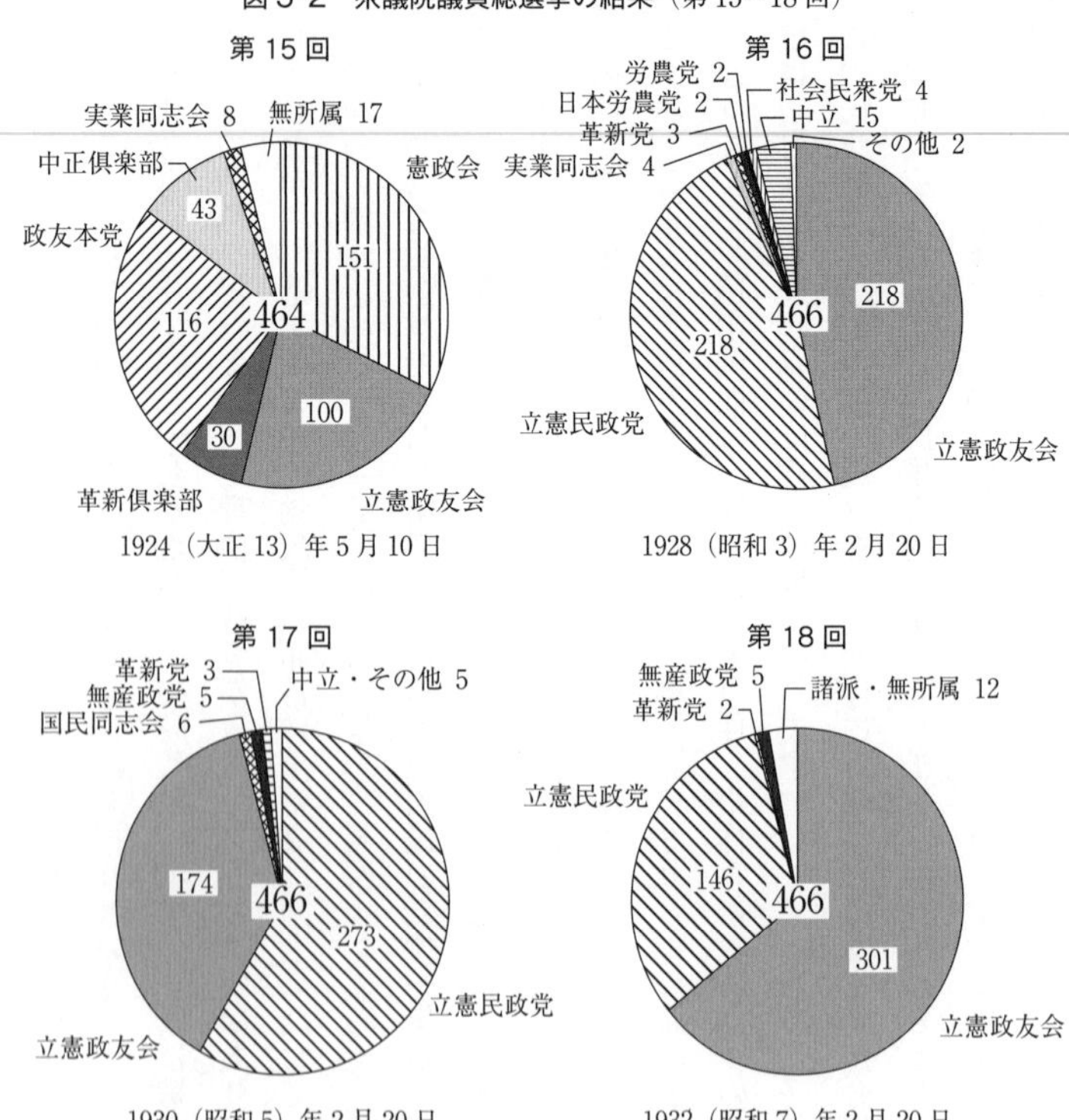

［注］ グラフ中央の数字は総議席数。グラフの下の年月日は投票日。

大政党が成立し、新しい首班が成立した後、解散して、選挙の結果、おおむね与党が勝つ。こういう時代になっていきます。

　このような選挙の中で、新しい試みがなされる。それは普通選挙のもとでの、たとえばポスターが重視されるということです。次頁の二つのポスターをご覧ください。やはり普通選挙の下、二大政党は政治的プロパガンダの道具としてポスターを使っていました。一つは民政党のポスターです。民政党は「国民の総意を反映す」、政友会は「らちのあかない小田原評定」であ

⬆ 立憲民政党の選挙ポスター（右）と飽海選挙革新団の大演説会のポスター（法政大学大原社会問題研究所所蔵）。

ると。ここでも民政党を讃えて、政友会を攻撃する、そういうポスターが出ています。もう一つは大演説会のポスターです。こうした演説会についてのポスターなども街中に貼られたりしている。こういう新しい政治の風景が現われたのです。

◆二大政党の時代をどう見るか

牧原　では、この二大政党の時代について、御厨先生、いかがでしょうか？

御厨　すごくおもしろいんですよね。これも、たぶん戦後の中での政党政治が成立していく、そのプロセスの中でどう見るかによって違ってくる。自民党の政権が一番華やかりし時代は、二大政党というのはうまくいかないんじゃないかということを言われていました。だから、この時期の二大政党も、困難な中だから、八年しか続かなかったんだ、というふうな解釈がされたわけですね。ところが、二一世紀になって、しかも一年ごとに総理大臣が替わる時代になると、いや戦前のいろんな難しい、つまり政党を阻害するような要因がいっぱいある中で、政党内閣が八年間というのはよくも続いたものだという、そんな解釈にもなる。つまり、現代と歴史とが往還するような、そういう解釈が出てくるような気がします。そのへんはどうでしょうね。

牧原　一つ言えるのは、たとえば不戦条約を田中内閣が結ぶときに、野党の民政党がこれを攻撃するとか、あるいはロンドン海軍軍縮条約を民政党の浜口内閣が締結するときに、今度は統帥権干犯問題として政友会がこれを攻撃するとかというように、政党内閣の相互不信が言われるんですが、これは見方を変えると、よき野党であるということが非常に難しいことだと思うんですね。馬場恒吾が『現代人物評論』（中央公論社、一九三〇年）などで政党政治を批評する論点を私なりに整理しますと、二大政党のうち一方は政権を守ろうとする、他方はとにかく政権に就きたくて、これを攻撃するという二つに分かれてしまっていて、お互いが問題によって協力することは非常に難しい、ということを言っています。しかし、その背後にあるのは、与党であることは政権をとって政策を日々実行していくということで、ある程度できるんですね。ところが、野党であることは、簡単ではなくて、どのように与党を批判して、どのようなかたちで政権獲得を考えるか。そのとき政策をどう打ち出すか。これらがまた難しい。政権交代という制度の仕組みがはらむ根本的な課題があったのだろうと思います。

御厨　憲政常道論と、よく言うんですけれども、これもただ政党の間で政権の担当者が替わることが憲政常道だという話ではなくて、先ほど出た馬場が言ってるのは、やはり人民の意思に従って政権が替わるならいいと。つまり、選挙によって替わるならいいというわけです。しかし牧原先生がさっき言われたように、この時代はそうじゃないですからね。選挙は後で行われるわけですから、そうするとやっぱり、与党になるのが第一になって、全体として政党政治を成り立たしめている基盤みたいなもの、これを野党の側が突き崩していくことが常に出てくるという、この状況ですよね。しかも、それを守ろうとしているのは、唯一、元老の西園寺一人であるということですね。

◆元老制度と西園寺公望——憲法外の存在

御厨　西園寺がこの時期、最後の元老として残っています。しかも、彼が次の首相の推薦権を持つということになりましたから、西園寺が次の首相を誰にするかということは大問題になっています。これが、升味準之輔先生がよく言う、西園寺は「人格化されたルール」だということです。この西園寺の存在、西園寺自身は元老はつくらない、準元老的存在も認めないということを、たびたび、牧野伸顕や原田熊雄に言っています。しかし最終的に西園寺は生物的に間違いなく亡くなるときがくる。その後の体制をいったいどう考えていたのか。その点を、ちょっと議論してみたいんですけどね。

牧原　そうですね。西園寺は、とにかく元老は自分以外つくらせないということで、最終的に彼は内大臣に一定のルールをつくるように指示をして、結局成立するのは首相経験者などの重臣会議で決定するという仕組みです。そのプロセスを見ても、それを西園寺が積極的に推していった感じでは必ずしもないんですよね。ですから、西園寺が特に政党内閣を自分で終わらせていった後に、どのようにその後へと移行していくかということが、時代とともに、見えなくなっていたということがあるんだろうと思うんですね。

御厨　それと同時に、よく言われるように、西園寺の選択肢は必ずしも政党総裁だけではなくて、いわゆる中間内閣的なものを、実は政党内閣の時代から常に考えていた。つまり政党総裁の後には、どちらかの政党が推す中間的な人物を首相にするということも、頭の中に描いていた。だから、彼が自分の後継者について積極的に決めなかったのも、そういうことが半ば自動的にうまくいくようになったら、それはそれで一つの進歩した形態であるという頭もあったような気がするんですけどね。どうでしょうね。

牧原　西園寺に関して、政党内閣前半期は松本剛吉の『政治日誌』という史料があります（前掲『大正デモクラシー期の政治　松本剛吉政治日誌』）。その政党内閣後半期以降は、原田熊雄の『西園寺公と政局』があります（原田熊雄『西園寺公と政局』一〜八巻・別巻一、岩波書店、二〇〇七年）。この二つに現れる西園寺を見比べていて私が感じるのは、松本に対して西園寺が話をするのは、もっぱら内政問題なんですね。そこで彼は政治家や政党に対して、否定的な批評が多いんですよね。ところが、原田に対して彼が語るときに、否定的批評というよりは肯定的批評、つまりこうすべきだというのがあって、それは何かと言うと基本的に国際協調です。ロンドン海軍軍縮条約も批准を実行せよと迫るといった具合です。ですから、西園寺は政党内閣というよりも、やはり国際協調を重視している。彼なりの国家観を国内外でどうバランスをとるかが最大の関心であったと思うのです。そういう目で見ると、政党内閣とは西園寺にとって手段ではあるけれども、目的ではなかったのだと思います。

御厨　そうですね。今のお話の延長で言うと、西園寺はなぜ、この二大政党の時代に、自分がかつて総裁であり、そして自分の後継者である原が最初の首相になった政友会に対して厳しくて、むしろ民政党のほうにシンパシー（共感）を持っていたのかと、よく言われますよね、それも一つは、全体的な外交の枠組みや国際的な雰囲気、日米協調とか、そういうところにポイントがあったからだということになりますかね。

牧原　そうだと思いますね。ただ西園寺は常に両義的に考えていて、皮肉を交じえて政治を見ているようでもあり、かつ人の話を冷静に聞いているという面もあると言えます。その西園寺の複雑な人格が、その政治へのかかわり方に反映しているのでしょう。

◆政党の役割の重要性

御厨　それともう一つ、私がおもしろいと思うのは、大日本帝国憲法の規定にない元老という制度、その最後の一人である西園寺と、それからまた政党というのも、いわゆる帝国憲法の規定にはないものですよね。憲法外の存在であったこの二つが、政党内閣の時代に、必要不可欠な制度的存在になったことを誰もおかしく思わなかった。これもおもしろい感じがするんですよね。

牧原　やはりそれは、第一次世界大戦後の世界的なデモクラシーの影響があるんじゃないでしょうかね。憲政の中で、政党の役割を認めていくわけです。伝統的に日本はイギリスの政治を一つのモデルとしていたのですが、それが今度は主流になっていきます。そして一九三〇年代になると、たとえばドイツのモデルであるとか、アメリカのニュー・ディールであるとか別のモデルが現れてきます。そういう意味で、一九二〇年代後半のデモクラシーの中での政党の役割は、束の間の輝きです。フランス留学の長い西園寺は元老ですが、山県とは違って、やはり政党、あるいはデモクラシーに対する理解のある人物です。これは、当時から自他ともに認めるところであったわけで、西園寺のヨーロッパに対する、あるいはデモクラシーに対する強いコミットメントというものが、政党内閣時代の人格的ルールを具現したのではないでしょうか。

御厨　もう一つ、そこに付け加えたいのは、政党の人材培養能力です。特に政友会。原が積極的に行いましたが、内務官僚の床次竹二郎とか、陸軍の田中義一とか、のちには司法官僚であった鈴木喜三郎とか、そういう政党外の勢力を政党の中に引き入れてくる。それを自らの後継者にしていったことがあります。と同時に、民政党のほうも宇垣一成が、入党はしないけれども、思想的かつ人脈的に何か民政党に近いと言われます。そういう政党外の人間を連れてきて、自らの後継者や支援者にしていったことについては、どうでしょうね。政党政治を安定させたのか、それとも最終的には、これがまずかったのか。その点は、どういうふうに考えたらいいでしょうね。

牧原　難しいのは、政党の中で人が育つには、加藤高明内閣から犬養内閣までの年数があまりにも短かったことです。それと普通選挙ですから、選挙がお金のかかるものになってきて、資金力が重要になってきます。ですから、党総裁には経済界からも入ってきます。しかし、よそから人を呼んできて、どれだけ革新的な試みをできるかということが問題となります。

憲政会と民政党は、加藤高明内閣でそれまで二度、内閣書記官長をしていた江木翼が書記官長になる。江木が大臣になると、後任は法制局長官がそのまま書記官長になるというかたちで、手堅い内閣の運営をめざしていくし、普通選挙、行財政整理という加藤内閣の施策というものも、手堅く実施していきます。それに対して、田中義一内閣には非常に実験的な試みが多いのです。東方会議という決め方もそうですし、行政制度審議会を設置するのですが、首相自らが会長になって、婦人参政権までも検討する。内閣書記官長は政党人の鳩山一郎、外相は首相兼任で、政務次官は森恪（もりつとむ）が務める。このように政友会は、いろいろなところから人を呼んできて、多様な課題を取り上げました。実験的試みはいいのですが、それをどう実現していくかとなると、なかなかうまくはいきません。それに対して浜口内閣は、政策目標を掲げた調査会を設置します。金解禁、行政整理といった政策をやはり手堅く実現していきます。手堅く政策を実現する民政党系の内閣と、大風呂敷を広げていろいろ実験をする政友会、これらの歯車が噛み合わないうちに大恐慌であるとか、満州事変のような混乱が起こってくるということが言えるのではないかと思いますが、ここは御厨先生、いかがでしょうか。

御厨　わかります。政友・民政って結局同じ穴のムジナだったんじゃないかという、かなり荒っぽい議論が近年まで続いていたんですけれども、今、牧原先生が言われたようなことを含めて、最近のこの時期の研究を見てると、やっぱりそれぞれ違うんだとなってきています。二党ともにそれぞれに努力をしたんだけれども、しかしそれが政党内閣の流れの体制化というところにまではいかなかった。限界にぶち当たって党がバラバラになり、成果がさほど出ないうちに終わってしまったということが、歴史的に非常に大きな問題として残されたのではないかという気がします。

今回は政党内閣の時代ということで、その実態とその可能性についてお話をしてまいりました。新しい研究の成果まで盛り込みながらお話をしたんですけれども、まだ語り尽くせたとは思えません。どうぞ通史編と合わせて、この時代をもう一度考えていただきたいと思います。

第6章　十五年戦争の時代

目標&ポイント
満州事変の勃発から太平洋戦争までの戦争の時代に焦点を当てて、軍部、官僚制、宮中の変容に留意しつつ、「昭和の動乱」の時代を検討する。

キーワード
満州事変　統制経済　二・二六事件　近衛文麿

一　昭和の動乱

昭和年間二十余年の出来事は、日本歴史上内外にわたる大きな動乱であつたと同時に、敗戦による開闢以来の革命でもあつた。その革命は今日なほ継続してゐる。

一九五一年、アメリカによる占領の終結後に、太平洋戦争敗戦時の外相であり、戦後、巣鴨拘置所に戦争犯罪人容疑で収容されていた重光葵は、昭和史の回顧録を出版した。獄中で書きためた原稿を整理した書物の冒頭でこう述べたのである（重光葵『昭和の動乱』上巻、中央公論社、一九五二年、緒言）。重光によれば、政党内閣時代の軍縮圧力に対する軍部の政党への反発、中国の民族運動の高揚から生み出された排日運動とこれにともなう中国での日本の経済活動に対する打撃といった諸状況から、一九三一年九月、満州事変が勃発したという。

これに加えて世界恐慌がアメリカとヨーロッパの経済に決定的打撃を与えた。第一次世界大戦の賠償にあえぐドイツ経済は崩壊寸前となり、ここにナチス党が権力を掌握し、対外戦争の準備を本格化させた。すでにムッソリーニとファシスト党が政権を掌握していたイタリアと結んだドイツは、イギリス・フランスとの対立を先鋭化させ、一九三九年にポーランドに侵攻し、第二次世界大戦が勃発したのである。

他方東アジアでは、満州事変は一九三三年五月に停戦を迎えるが、事変を拡大させた陸軍は、クーデターの震源地となり、組閣の際に陸相の人事を盾に大きな影響力をふるう。そして、三七年七月、盧溝橋での日中両軍の衝突により日中戦争が勃発すると、戦線を収拾できないまま、日本はドイツ・イタリアと軍事同盟を締結し、四一年十二月、アメリカ、イギリスなど連合国との戦争に突入したのである。

こうした「内外にわたる大きな動乱」の時代には、明治憲法下の制度の修正と変更が模索された。政党は、将校による首相の暗殺事件であった五・一五事件を機に首相擁立の役割を失う。軍部は、統帥権を軸に、政治的影響力を極大化させる。これと結んだ官僚集団は、戦争準備の制度設計を、政治・経済・社会の全面で構想した。さらに、天皇を支える唯一の元老であった西園寺公望は年老いて、首相推薦を宮中と首相経験者からなる重臣へ徐々にゆだね、天皇側近の政治的影響力が強まった。これらこそ戦時体制に合わせた憲法構造の変容であった。

変革を期待して大衆動員を構想する勢力とそれを不安視して安定した秩序を希求する勢力との間に立っ

たのが、華族出身の近衛文麿であった。三度内閣を組織した近衛は、変革を進めながら日中戦争の戦線拡大の終息と対米協調とを模索するが、断固たる決断を下すことなく、いずれも不徹底に終わる。もはや陸軍出身者が軍をおさえつつ対米交渉を行わざるをえなくなったときに、組閣の大命を受けたのは東条英機であった。東条の首相就任について、近衛の盟友で天皇に東条を推薦した木戸幸一内大臣に対して、天皇は「虎穴に入らずんば虎児を得ずと云ふことだね」と語った（木戸幸一／木戸幸一日記研究会編『木戸幸一日記』下巻、東京大学出版会、一九六六年、九一八頁、一九四一年十月二十日条）。陸軍をおさえ、かつ対米交渉を継続するには陸軍の指導的人物しかいないというのは、日本の置かれた隘路（あいろ）を表していたと言うべきであろう。そして東条首相は、交渉が失敗に終わり、開戦となると戦争指導の前面に立ったのである。

二　満州事変と陸軍

一九二九年に成立した浜口雄幸内閣は、金解禁を主要な経済政策に掲げ、そのために行政整理と産業合理化を強力に進めた。海軍に対してはロンドン海軍軍縮会議で補助艦の保有トン数を限定づけ、陸軍に対しても予算削減を求めた。第一次世界大戦後ワシントン会議による海軍艦艇の保有トン数制限、陸軍の師団数削減が進められている中での一層の軍縮に対して、軍部の中では強い不満の声が上がった。陸軍参謀本部第一部長であった畑俊六（はたしゅんろく）は、陸軍予算の繰り延べ方針を示した内閣について、「これは全く軍部の要求を無視し、内閣の協調を専念とするの政治的観念発起するものにして、陸軍大臣の政治的地位に専らなる結果として、吾人は大いに不快の念に堪へざる処」と、軍縮方針に協力的であった宇垣一成陸相への不満も含めて日記に記している（畑俊六／伊藤隆・照沼康孝編『陸軍　畑俊六日誌』〈続・現代史資料(4)〉、みすず書

房、一九八三年、三頁、一九二九年十一月九日条）。

さらに中国では、北伐を完了させ中国の統一を進めた蔣介石の国民政府が、列強に対して強硬な利権回収運動を始めた。この「革命外交」に刺激されて満州の張学良は満鉄に並行した競争線を建設し始めた。民衆レベルでの排日運動も高揚している状況では、民政党内閣の協調外交では対応しえないと考える陸軍軍人が登場し始める。東京では、彼らの中に西田税、大川周明ら民間右翼と結びクーデターを模索する運動が表面化した。一九三一年の三月事件と十月事件である。他方、満州では石原莞爾、板垣征四郎などが関東軍内部で張学良を排除するための軍事行動を計画した。いずれも、陸軍幹部の統制が及ばず、陸軍内とりわけ隊付将校の間で、次第に陸軍幹部を軽視する風潮が蔓延するようになっていく。三一年九月の満州事変はかくして勃発したのである。板垣関東軍参謀の説得で、林銑十郎朝鮮軍司令官は、独断で旅団を満州に越境させた。戦線は満州全土に拡大し、関東軍は独立国家建設へ向けた準備を進めていった。事態を収拾できない若槻礼次郎内閣は、陸軍を超党派で統制するための安達謙蔵内相による民政・政友両党の連立による「協力内閣」構想で閣内不一致に追い込まれ、崩壊した。

西園寺は「憲政の常道」に従って、政友会総裁の犬養毅を後任に推薦した。老齢の犬養ではあったが、内閣の課題は経済と軍事双方に山積していた。まず経済では、民政党内閣の行政整理と金輸出解禁が、折からの世界恐慌を呼び込んで、物価下落と農村窮乏という深刻な危機を生み出していた。犬養は、元首相の高橋是清を蔵相に据え、すぐに金輸出を再禁止し、赤字公債を発行して軍事予算を増大させて積極財政をとり、恐慌によって疲弊した産業と農村の救済に尽力した。生産力は一九三二年に入ると回復し始め、高橋の財政政策は成功を収めた。

他方で、内閣の外交上の課題は満州事変の処理であった。犬養は内閣書記官長に森恪を据えて、女婿で中国通の芳沢謙吉を外相とし、問題の処理をここにゆだねたが、森は犬養の意図に反して、陸軍の意向をふまえつつ、満州への影響力強化をねらった。三月に満州国建国が宣言され、五月十五日、犬養は海軍軍人らに射殺された。満州では、中国側の求めにより、国際連盟のリットン調査団が派遣されて事変の原因について調査を行い、報告書を準備していた。

犬養の死後、政友会では、司法省出身の鈴木喜三郎を総裁とし、犬養内閣に引き続き政友会単独の組閣に備えた。陸軍内では、政党内閣への反対が強く、司法省の指導的存在であり国粋団体国本社を組織していた平沼騏一郎を推す動きが強かった。ところが、西園寺は、内大臣牧野伸顕をはじめ重臣、陸海軍幹部らと慎重に意見を交換し、海軍出身で元朝鮮総督の斎藤実を奏薦したのである。

斎藤は、桂園時代に海軍大臣を務め、シーメンス事件で予備役に編入されたが、朝鮮総督に二度就任して融和的な統治に努めた温厚な軍人であった。しかも、四年間のアメリカ勤務、ジュネーブ軍縮会議の日本全権などを歴任し、手帳に英語で予定を記すなど、国際経験が豊かであり、その点で平沼、鈴木とは対極的であった。原田熊雄は一九三二年二月に西園寺に対して、牧野内大臣、斎藤実、荒木貞夫陸相などが出席したアメリカ人らとの宴席にふれた後、こう語っている（原田熊雄『西園寺公と政局』第二巻、岩波書店、一九五〇年、二二一頁）。

> 近来、政党出身の大臣が外交団を招ぶと、招ぶ方も招ばれる方も、双方とも迷惑さうです。国務大臣として外交団なんかと対等に交際ふやうな人が出ないと、結局齋藤さん、牧野さんあたりが始終相手になることになつてしまひます。

西園寺、牧野ら英米との協調を重視する天皇周辺の政治家は、斎藤へ高い信頼を寄せていたのである。

斎藤は、政友、民政両党の協力を得て内閣を組織した。蔵相の高橋是清、陸相の荒木貞夫を留任させ、海相に岡田啓介を任命した。斎藤は、外交面では満州国を承認し、日本軍の行動を自衛とは認めがたいとしたリットン調査団の報告を国際連盟が採択すると、連盟を脱退した。だが、一九三三年五月に塘沽(タンクー)停戦協定を成立させて、戦闘状態を解消したのちは、軍事予算の抑制を進め、平常への復帰をめざした。その際には、首相、外相、蔵相、陸海相からなる「五相(ごしょう)会議」、また首相・蔵相・内相・陸相・農相など内政関係大臣による「内政会議」で懸案の処理を図り、荒木陸相の意見の大部分をおさえた。こうして、斎藤内閣は、昭和恐慌、満州事変、五・一五事件という政治経済の動揺を食い止めることに半ば成功した。だが、財政界を巻き込んだ疑獄事件であった帝人事件が起こると、閣僚が疑惑に巻き込まれたために総辞職した。

この間、西園寺は自身の老齢を意識して、首相推薦手続きの改革を内大臣府に託した。「今後内閣交迭の場合の御下問は単に元老のみに対するのみとせず、重臣を集められ、内大臣の許にて協議奉答すること」への変更を希望したのである（木戸幸一／木戸幸一日記研究会編『木戸幸一日記』上巻、東京大学出版会、一九六六年、一九一頁、一九三二年八月二十六日条）。内大臣府の木戸幸一を中心に検討が進められ、枢密院議長と首相経験者で前官礼遇を得た者からなる重臣会議を開き、元老の意向を考慮しながら候補者を決定するという手続きが新しくとられた。斎藤後しばらくは大命降下の際には、西園寺がこの手続きを主導したが、一九三七年以後西園寺は上京せず、内大臣が興津の西園寺邸を訪問し、意見を確認するという手続きがとられるようになった。内大臣は天皇を「常侍輔弼」する任にあたり、宮中を政治から遮断するために設けられた職であったが、こうして重臣会議の開催手続きを主導する点で政治的役割を増大させたのである。四〇年に内大臣となった木戸は、戦時に議会が無力化し、軍部の要求が組閣作業に直接つきつけられる状況下で、天皇のほとんど唯一の相談相手として、また天皇の意思の伝達者として決定的な政治的影響力を行使する存在となる。

三　国策統合機関と日中戦争の勃発

斎藤の退陣後、重臣会議の席で、西園寺と斎藤は、岡田啓介海相を後任に推挙し、重臣らの意見も確認して奏薦した。岡田は、ロンドン海軍軍縮会議で反対意見の強い海軍内部をおさえた実績があり、斎藤内閣の現状維持の方針を継続することが期待されたのである。閣僚には、組閣に協力した政友会床次竹二郎派から三名、民政党から二名を入閣させたが、組閣にあたって岡田を補佐した後藤文夫、河田烈ら、「日本精神」による危機の打開を唱える「新官僚」が入閣した。この集団は、一九三五年五月の内閣審議会とその事務局である内閣調査局の設置に尽力し、内閣調査局で局面打開の施策を内政から外交にわたって幅広く検討していった。こうして現状に危機感を持つ官僚が、独自に施策を検討し、場合によっては軍と交渉しながら、それを実現するという「国策統合機関」の設置構想が具体化するようになっていった。

ところが、内閣は陸軍の人事抗争に大きく振り回された。一九三四年十月に陸軍省は「国防の本義と其強化の提唱」と題したパンフレットを新聞紙上に発表し、「非常時」が恒久化する中で総力戦の準備を説いた。これは林陸相と軍務局が作成したキャンペーン文書であったが、閣内から、また議会と論壇からも強く批判された。さらに、民間の右翼と連携した一部の議員から美濃部達吉の天皇機関説を排撃する運動が登場すると、林らに批判的な荒木前陸相・真崎甚三郎教育総監らがこれを林批判に動員し始めた。内閣は美濃部学説を「国体の本義を愆る」とする「国体明徴」声明を出して批判に屈した。他方で、陸軍内の統制を図る林は、岡田首相や重臣の支持を得て真崎を更迭して軍内部の秩序回復を図った。それに反発する軍人が永田鉄山軍務局長を白昼に執務室で斬殺すると、林は責任をとって辞職した。ここに林ら軍のエリート官僚グループの「統制派」と、隊付将校の不満を煽動して結束を図った荒木・真崎ら「皇道派」との対立は決定的となった。三六年二月二十六日、皇道派将校は一五〇〇人規模の部隊を率いてクーデターを決行し、岡田首相、高橋蔵相、斎藤内大臣、渡辺錠太郎教育総監らを襲撃した。天皇の強い意思により、部隊は反乱軍とされて鎮圧された。

　事件後、陸軍は統制派による粛軍によって部内の官僚的支配を強め、組閣人事に介入し、大陸への一層の進出を図り、総力戦へ向けた準備を進めた。だがそれは、議会との激突を招いた。事件後に成立した広田弘毅内閣では、外相と目された吉田茂を拒否するなど露骨な介入を行った陸軍に対して、議会では斎藤隆夫から粛軍演説がなされ、さらに寺内寿一陸相と政友会の浜田国松議員の「切腹問答」があり議会解散を唱える陸相を押さえられず、広田内閣は総辞職せざるをえなくなった。後任の大命が降下したのは宇垣一成であったが、陸軍はこれを拒否し、元陸相の林が組閣した。林は、一九三七年度予算の成立後、突如衆議院を解散し、親軍的な新党の成立に期待を寄せたが果たせず、政友・民政両党が議席を現状維持とし、無産政党の社会大衆党が二〇から三六議席へ躍進したことで、総辞職に追い込まれた。陸軍は政治の前面に立つには、あまりに未熟であった。

　他方で、広田・林内閣下で、内閣調査局の拡充が政治課題となった。まず広田内閣発足時の政策を主導した内閣調査局は、他省さらには内閣資源局を巻き込んで、自ら組織の拡大をめざした。ついで石原莞爾は対ソ戦の準備のため、満州国を含めて生産力を増強する「日満総合軍需工業拡充五ヶ年計画」を立案し、陸軍省は「重要産業五年計画要綱」を策定して林内閣に提示した。これら性急な陸軍の方針に海軍側が反発し、より現状維持に近い形の改革が立案された。林内閣は、調査局を企画庁に拡充し、ここに「生産力拡充五ケ年計画」を策定させようとした。内閣の瓦解により、その方針は続く近衛文麿内閣に継承されたのである。

四　近衛文麿・東条英機と太平洋戦争

近衛文麿は、五摂家の筆頭の家柄であり、初期議会で貴族院を主導した貴族院議長の近衛篤麿の子として、若年より期待された政治家であった。近衛は一高を経て東京帝大文科大学哲学科に入学後、京都帝大法科大学に転じており、一面で文人肌を残していた。他面ではパリ講和会議に出席したのち、「英米本位の平和主義を排す」と題した一文を国民新聞に寄稿して、国際連盟は「已成（いせい）の強国」である英米の利益を代表するものであり、持たざる国である日本にとって「現状打破」が必要であることを強調し、国際協調とは一線を画した（伊藤武編『近衛文麿　清談録〔新版〕』千倉書房、二〇一五年、一八一～一八九頁）。接近する右翼や軍人とも親しく交わり、その理解力が優れている点に感銘した知識人は昭和研究会を組織して政策構想を提言した。近衛は組閣の際に民政党・政友会に協力を求めず、個別に知人であった永井柳太郎と中島知久平（なかじまちくへい）を入閣させ、書記官長には既成政党を批判していた風見章を据えた。近衛に期待する代議士の中からは新党運動を主張する者が現れていく。

組閣一カ月後の一九三七年七月に盧溝橋で日本軍と中国軍とが衝突し、日中戦争が勃発した。八月には上海に戦線が拡大し、全面戦争へと発展した。内閣は、中国に対して、三八年一月に「国民政府ヲ対手トセズ」とする声明を発し、さらに広東・武漢を占領すると十一月に「東亜新秩序」の建設を掲げる声明を発表し、戦争の成果を前提とした和平工作を試みたが、果たせなかった。

そして日中戦争を契機に、内閣は総力戦体制の構築へと舵を切った。戦時下での強力な経済統制が導入され、企画庁は企画院へと改組されて、ここで物資動員計画の策定が始まった。各省と軍部からは、統制経済関係立法と計画の立案・実施のために、実務能力の高い官僚・軍人が配置された。彼らの一部はすでに満州国で統制経済の制度化を進めた経験を持っていた。商工省の岸信介、大蔵省の星野直樹・迫水久常（さこみずひさつね）ら「革新官僚」が登場したのである。

内閣は、一九三六年に締結していた日独防共協定の強化問題で瓦解する。三七年にこれにイタリアを加えた日独伊防共協定を締結したのち、さらに軍事同盟へと強化するかどうかで閣内が分裂したのである。近衛があとを託そうとしたのは、平沼騏一郎であり、終始平沼を忌避していた西園寺もこれを認めて、平沼内閣が成立した。平沼は、組閣後、次第に宮中、重臣の意向を汲み、現状維持を図って、内政では新党運動を国民精神総動員運動の強化にとどめて新党組織については冷淡になり、防共協定強化問題では陸軍の反対がありながら英・仏を加える方針で交渉を進めた。ところが、突然の独ソ不可侵条約の締結によって、協定の前提が崩れて総辞職を決めた。

平沼の後任について、陸軍から再度組閣を要請された近衛は自らは応ぜず、陸軍の推挙した陸軍大将の阿部信行を推薦した。首相に就任したものの、陸軍次官も大臣も経験のない阿部は難局を処理できずに退陣し、後任には湯浅倉平内大臣が主導して、穏健で自由主義に理解のある米内光政（よないみつまさ）元海相に大命が降下した。だが、一九四〇年五月に入ると、ヨーロッパでは、ドイツのオランダ侵攻とフランスの降伏により、ドイツの軍事的優位が喧伝され、インドシナ地域にヨーロッパ諸国の植民地支配が及ばなくなり、陸軍内では南進論が強力に主張され始めた。枢密院議長に就任していた近衛は、陸軍から首相就任を求められ、昭和研究会や一部の内務官僚、無産政党の社会大衆党幹部から、既成政党を排除した「新体制」を主導するよう熱望された。近衛は枢密院議長を辞し、新体制樹立に努めるとする声明を発表した。これに呼応して陸軍は、畑陸相を辞任させて米内内閣を崩壊させた。すでに内大臣は湯浅から近衛と親しい木戸幸一に交代していた。木戸は、近衛を奏薦し、七月に第二次近衛内閣が成立した。

内閣成立後、各党は相次いで解散を決定して、新体制運動に備えた。近衛は首相就任後、急速に新体制運動への関心を失っていったが、就任前の経緯から抜けられず新体制準備会を組織し、十月に大政翼賛会を発足させた。翼賛会は具体的理念を欠いた精神運動にしかならず、地方ではこの精神運動をもとに内務省を補完する組織となったが、議会での一党の存在は代議士にとっては事実上の無党を意味した。

近衛内閣は、一九四〇年九月に北部仏印の進駐を決定し、ほぼ同時に日独伊三国軍事同盟を締結した。同盟締結を御前会議で審議するかどうかが検討されていたとき、天皇は「近衛は少し面倒になると又逃げだす様なことがあっては困るね、こうなったら近衛は真に私と苦楽を共にしてくれなくては困る」と述べた（前掲『木戸幸一日記』下巻、八二二頁、一九四〇年九月十五日条）。翌日参内した近衛首相に対し、天皇は、対米戦争となったとしたら心配である旨を述べたのちに「万一日本が敗戦国となつた時に、一体どうだらうか」と問いかけ、「自分と労苦を共にしてくれるだらうか」と迫ったのである（原田熊雄『西園寺公と政局』第八巻、岩波書店、一九五二年、三四七頁）。御前会議ののち、木戸は天皇の不安を払拭するためであろうが、「支那事変の解決につき、独伊と軍事同盟を結ぶこととなれば結局は英米と対抗することとなるは明なり、故に一日も早く支那とは国交調整の要あり」と言上した（前掲『木戸幸一日記』下巻、八二五頁、一九四〇年九月二十一日条）。

以後、日本は重慶の蔣介石政府との和平交渉を進め、これが挫折すると一九四〇年三月に蔣介石の下を離脱して南京政権を樹立した汪兆銘との和平を行った。蔣介石政権との交戦状態は継続したままであった。また、松岡洋右外相は三国同盟をもとに、ドイツを仲介にしてソ連との国交調整を図り、四一年四月に日ソ中立条約を締結した。ソ連には、独ソが徐々に緊張関係に向かう中で、日本との緊張緩和に少なからぬ利益があったのである。

だが、最大の課題は、険悪化しつつあった日米関係の調整であった。一九四〇年末に日米民間人の間で行われた接触を発端とし、これに陸軍省軍務局軍務課長岩畔豪雄が加わって日米諒解案が作成された。それにつき、コーデル・ハル国務長官と野村吉三郎駐米大使の間で交渉が始まると、当初交渉を知らされていなかった松岡外相は大きく反発した。四一年七月に近衛は一度内閣を総辞職し、外相に海軍の豊田貞次郎を任命して第三次内閣を発足させた。だが、組閣直後の南部仏印進駐によって、アメリカの対日姿勢が硬化し、在米日本資産の凍結、綿と食料を除き石油を含む一切の物資の対日輸出禁止が発令された。フランクリン・D・ローズヴェルト大統領は八月にイギリスのウィンストン・チャーチル首相と会談し、「大西洋憲章」を公表して、連合国の戦争目的と戦後秩序の理念を明らかにした。他方で日米交渉は行き詰まり、九月の御前会議は「対米（英、蘭）戦争ヲ辞セザル決意」を掲げた「帝国国策遂行要領」を決定した。十月にアメリカは中国大陸からの全面撤兵を強硬に求める覚書を送った。東条英機陸相はこれに激しく反発し、近衛内閣は総辞職したのである。ここへきて木戸内大臣は、東条を後継首相に奏薦した。

陸軍官僚として能吏であった東条は、天皇の命で九月の御前会議を白紙還元して日米交渉を継続しつつ、開戦の準備も同時に進めたが、アメリカの要求を受諾する決断に至らず、一九四一年十二月八日、日本海軍はハワイの真珠湾を攻撃し、太平洋戦争が開戦した。

この日喜劇作家の古川ロッパは日記にこう記している（古川ロッパ『古川ロッパ昭和日記・戦中篇〔新装

版〕』晶文社、二〇〇七年、一六〇頁、一九四一年十二月八日条)。

ラヂオ屋の前は人だかりだ。切っぱつまってたのが、開戦ときいてホッとしたかたちだ。……(中略)……開戦の当日だ。飲みにも出られないから、山野・渡辺を誘って家へ帰る、途中新宿で銀杏その他買ふ。燈火管制でまっくら。家で、アドミラルを抜き、僕はブラック・ホワイト抜いて、いろ〳〵食ふ。ラヂオは叫びつゞけてゐる。我軍の勝利を盛に告げる。

経済統制も燈火管制も敷かれていたが、それまでの日常生活の中で対米戦が始まる。緒戦は勝利が続いたが、一九四二年のミッドウェー海戦、四三年のガタルカナル島からの撤退によって、戦線は縮小する。四四年のサイパン島陥落によって、本土が空襲の危険にさらされたとき、東条内閣は総辞職した。以後、小磯国昭、鈴木貫太郎内閣の下で戦況はますます悪化し、輸出入の途絶、生産の停滞、空襲により、国民生活と経済生産力が容赦なく破壊されていく。破局へと向かう過程を、文芸批評家で戦後の首相吉田茂の子である吉田健一はこう伝えた(吉田健一「交遊録」『吉田健一著作集』第二十二巻、集英社、一九八〇年、九九頁)。

当時の我々は冷静に戦争を迎へて戦局の進展に一喜一憂し、やがて戦局の不利よりも国内での戦争の行はれ方から日本が勝つことが日本の破滅であることを覚ることになつた。

一九四五年八月十四日、御前会議はポツダム宣言の受諾を決定し、十五日正午の玉音放送をもって戦争は終結した。膨大な人的被害を受けた戦争の結果、徹底的に破壊された国土が残されていた。

▼参考文献

伊藤隆『昭和初期政治史研究――ロンドン海軍軍縮問題をめぐる諸政治集団の対抗と提携』東京大学出版会、一九六九年。

北岡伸一『官僚制としての日本陸軍』筑摩書房、二〇一二年。

寺崎英成、マリコ・テラサキ・ミラー『昭和天皇独白録――寺崎英成御用掛日記』文春文庫、一九九五年。

御厨貴『政策の総合と権力――日本政治の戦前と戦後』東京大学出版会、一九九六年。

御厨貴『馬場恒吾の面目――危機の時代のリベラリスト』中公文庫、二〇一三年。

御厨貴『天皇と政治――近代日本のダイナミズム』藤原書店、二〇〇六年。

森靖夫『永田鉄山――平和維持は軍人の最大責務なり』ミネルヴァ書房、二〇一一年。

矢部貞治『近衛文麿』読売新聞社、一九七六年。

牧原　今回は十五年戦争の時代を扱ってみたいと思います。

御厨　戦争の時代ということで、軍部、宮中そして政党、いろいろな主体がここにうごめくことになります。

牧原　この回の全体をまず概観してみたいと思います。

◆満州事変と五・一五事件

牧原　まず一九三一年九月、奉天郊外の鉄道爆破をきっかけに、日本軍と中華民国軍が衝突して、満州事変の戦端が開かれました。ここから四五年八月の太平洋戦争の敗戦まで、日本は日中戦争、太平洋戦争へと長期にわたる戦争状態に次第に入っていきます。

さて、この満州事変について、内閣は不拡大方針を掲げ、陸軍の中央も満州の関東軍の掌握に努めましたが、朝鮮駐留部隊が司令官の独断で越境、進軍し、さらに戦争の拡大を内閣が追認していきます。そして、陸軍は中国東北部の主要都市と鉄道を支配しました。その背後には、三月事件、十月事件といった倒閣を狙う軍隊内部のテロ未遂事件があります。こうしたテロ事件はついに、一九三二年の五・一五事件による海軍青年将校らが、時の首相・犬養毅を暗殺するという事態に立ち至ったわけです。

ちょっと年表を見てみたいと思います（表6-1参照）。この五・一五事件の結果、海軍出身の斎藤実が

表6-1　1930年代の主な出来事

年	首相（内閣）	事　　項
1931	4月　若槻礼次郎（第2次） 12月　犬養毅	9月　満州事変
1932	5月　斎藤実	5月　5.15事件 9月　日満議定書調印
1933		3月　国際連盟脱退通告
1934	7月　岡田啓介	7月　帝人事件
1935		2月　天皇機関説事件
1936	3月　広田弘毅	2月　2.26事件 11月　日独防共協定
1937	2月　林銑十郎 6月　近衛文麿（第1次）	7月　盧溝橋事件
1938		4月　国家総動員法制定

首相になります。元老の西園寺公望は、穏健な海軍軍人の斎藤を後任の首相に推薦します。ここに、憲政の常道として二大政党の総裁が交互に首相を務める内閣が、終焉（しゅうえん）を迎えることになりました。そして斎藤と、これもやはり海軍出身の後任の岡田啓介。この二人の首相の時代は相対的な安定期でしたが、その満州の占領地が満州国として独立したかたちをとり、これを日本が承認するということになる。そして、この経営に日本の軍人と、もっぱら計画経済の導入に積極的な官僚たちが参画していきます。また、内政においても、この両者の連携が現れてきます。すなわち国策を内閣レベルで統合する機関を軍人と官僚が樹立するという試みが現れるのです。

しかし、問題は軍のほうです。とりわけ陸軍の内部では、こうした経済合理性に目を向けた統制派と、天皇制イデオロギーをいわば血肉化しようとする皇道派という、この二つの対立が激化します。そして、皇道派は二・二六事件を起こし、内大臣に就任していた斎藤らを暗殺するクーデターを試みますが、昭和天皇の強い意志もあり、鎮圧されます。さらに、その翌一九三七年には、盧溝橋事件により日中戦争が始まり、大陸進出が今度はアメリカの警戒を招き、太平洋戦争に至ります。

御厨　今のお話の中にもありましたように、満州事変が日本に与えた影響は非常に大きかった。これを契機に、いろいろな意味で日本の軍事化が進み、そして日本を全体として革新しなくてはいけないという革新派の動きが非常に強まってきます。もちろん一挙にそうなったわけではなく、満州事変が起きたのちに、当時の若槻民政党内閣はなんとかその拡大を防ごうと考えました。そのためには、一つの内閣でコトを処理するのは無理ということでした。そこで協力内閣運動というものが起こります。実は民政党と政友会が合同で政権を担当することによって、この動きに待ったをかけたいという意図もありました。しかし結局、それに失敗し、犬養政友会総裁が、ここで政権をとりました。

犬養毅は、もともとは大陸浪人的な背景をもち、いわゆる官僚ではなくて民衆政治家として活躍し、実はこの時期にはもう引退していました。しかし政友会の田中義一の跡目争いというところから、また現役に引っ張り出されて、当時、総裁をしていました。この犬養は独自の考えで、この中国問題を解決しようとしましたが、それが実現しないうちに、五・一五事件で暗殺されました。

さて五・一五事件ののち、誰を首相にしたらよいか。これは今まで言ったように、元老・西園寺公望が登場することによって、毎回、次の首班を決めていました。でも、これまではどちらの政党の総裁にするかということで済んだのですが、ここで彼は深刻に悩むことになる。西園寺はもともと政党内閣の時代と呼ばれた頃から政党内閣だけを、視野に入れていたわけではなく、政党色の薄い中間内閣の可能性を常に考えていました。ついにここにきて、それに踏み切るわけですね。つまり政党の総裁にもう一度内閣を委ねた場合にまたもや不祥事が起きてはいけない。そのために軍部の勢力に譲るのでもなく、政党を完全に退けるのでもない、要はその両方の中間に、いわば待ったをかける、留保条件を付けるという形で、斎藤実に政権を担当させることにしたということです。それと、政友会が犬養後継に右うけのする司法官上がりの鈴木喜三郎を総裁にしたことも、西園寺の心象を悪くしたと思われます。

彼はこの時期も坐漁荘にずっと住んでいて、これは興津にあったのですが、その興津からいざというときになると鉄道で東京にやってきて、そして要請を受けて後継総裁を据えるという、いわば「人格化されたルール」として、このときも活躍しました。繰り返し申し上げておきますが、西園寺の存在は、つまり元老の存在は憲法に書かれていない。憲法に書かれざる、その元老というものが、やはりこの時期にも力を持ち、そして元老を中心とする宮中勢力が、やがて内閣総理大臣の後継首班を推薦する重要な役割を担っていくということになります。

◆五・一五事件後の首相選定プロセス──原田熊雄の日記から読み解く

牧原　五・一五事件という現役の軍人が時の首相を殺害するという、異例の事態が起こりました。異例の事態は十五年戦争の間、次々に起こります。こうした苦渋の時代についての史料はいろいろとあります。ここで紹介したいのは『西園寺公と政局』という史料です。これは西園寺の側近であった原田熊雄が口述筆記をさせた記録をさらに浄書して、これを作家の里見弴が一部を校訂整理するという、そういう何度かの上書きを重ねられたうえでできあがったものです。しかも、タイトルにあるように西園寺公望の言動を中心に、まさにこの十五年戦争の時代のある部分について、原田が見聞したところを記録したものです。どれも西園寺をはじめとした人たちの発言を記録するという、そういう意味で発言を、さらに口述で記録し、それを書き言葉に直していくという、ある意味で特異な形態をとった資料と言えます。ここで紹介する史料はちょうど五・一五事件の後、西園寺が斎藤実を推薦するという、そのプロセスについて書かれている部分です（原田熊雄『西園寺公と政局』第二巻、岩波書店、一九五〇年、二八七～二八八・二九二～二九三頁）。

公爵が、駿河台の邸に着かれてからまもなく——五時に侍従長が来られた。個人の資格で来たやうな体裁にはなつてゐたけれど、実は陛下の思召を伝へるためだつた、といふことが後で判つた。

翌二十日の朝、高橋首相代理が来られる前に公爵邸へ出ると、公爵は自分に、

「昨夜、侍従長が来て、『陛下の御希望』といふやうなことを自分に伝へたが、いづれも御尤もな思召で、その御趣旨は、

一、首相は人格の立派なるもの。

二、現在の政治の弊を改善し、陸海軍の軍紀を振粛するは、一に首相の人格如何に依る。

三、協力内閣、単独内閣等は敢へて問ふところにあらず。

四、ファッショに近きものは絶対に不可なり。

五、憲法は擁護せざるべからず。然らざれば明治天皇に相済まず。

六、外交は国際平和を基礎とし、国際関係の円滑に努むること。

七、事務官と政務官の区別を明かにし、振粛を実行すべし。

といふやうなことであつた。」

と言はれた。

それから公爵は、午前九時に高橋総理大臣代理に、十時半頃から倉富枢密院議長に、それ〲面会された。かねて倉富氏からは、興津の方へ「ぜひお目にかゝりたい」との伝言があつたが、いろ〳〵の都合で延び〳〵になつて遂に今日に及んだわけだつた。午後二時頃、内大臣が見えて公爵といろ〳〵話された。

こういう記録ですね。御厨先生、いかがでしょうか。

御厨　これはなかなか読みが難しいんですね。陛下がこう言われた、ということになっていますが、ここのところがどうも難しくて、おそらくは西園寺自身の希望的観測も入っているような感じがしています。

おそらく誰が、という部分がなかなか他の日記のようにはっきりしない。その主体がはっきりしなくて曖昧であるけれども、言っていることはなるほどな、と思わせるところがたぶん、この『西園寺公と政局』の特色なのではないかと思いますね。

牧原　「『といふやうなことを言つて……。』といふことであった」、こういう表現ですよね。天皇の意思ということだけれども、侍従長がやってきて、彼が西園寺に語ったことを、原田は西園寺から聞くということで、二重三重の伝言ゲームのように発言が受け渡され、最終的に書き言葉になって残っているということが、このくだりから読み取れます。

このあとさらに西園寺はどうしたかと言いますと、いろいろな人に会うわけですね。若槻礼次郎、近衛文麿、清浦奎吾、上原勇作、さらにはかつての海軍大臣・東郷平八郎、海軍の司令長官ですね。それから内大臣。いろいろな人に会ったのちに、結局、斎藤を推薦して、推薦した後さらに原田は次のように語ったようです。

これらの人々と会はれてからの公爵の御感想は、

「やはり若槻前総理が一番話の筋は判つてゐた。」

また

「陸軍大臣はただいろ〳〵な報告に来たやうなものだが、やはり政党内閣では困るといふ話をして行つた。けれども、特に平沼といふやうな名を挙げてまでは言はなかつた。大角海軍大臣は無論何も政治に関しては言はなかつた。ただ今度の事件の前後の事情を話したり、事件についての責任を痛感し、恐縮したりしてゐた。それから東郷元帥は、『まあ平沼が一番適当だらうと思ふけれども、強ひて彼でなくても斎藤でも宜しい。ただ山本権兵衛伯だけは困る』といふやうなことを言つて、自分から言はないでも、先方から、平沼や斎藤の名を持ち出してくれたので、その辺は大変都合がよかった。」
といふことであつた。

ここにもあるように、いろいろな会見した人物に対する評価が出てきますし、首相の候補者への評価も微妙に入り込んでいるようです。御厨先生、いかがでしょうか。

御厨　これも、基本的には西園寺の好みが評価にも反映されています。しかもそのあたりを原田が忖度して、牧原先生がさっき言われた言葉で言えば、上書きしているのではないかと思われるところがあり、なかなか真意をつかむのは難しいけれども、総体としてはこんな雰囲気だというのがなんとなくよくわかる、そういう不思議な日記だと思いますね。

◆斎藤実と岡田啓介

牧原　それでは斎藤内閣、それからその後の岡田内閣の時代を、もう少し考えてみたいと思います。五・一五事件後、首相に就任した斎藤実は桂園時代の海相であり、その後長きにわたって朝鮮総督に就任し、朝鮮人に対する融和的な統治を行った政治家として知られていて、国際通であり調整型というタイプの政治家でした。また、岡田は海軍省で要職を歴任しながら田中義一内閣で海相を務め、さらにロンドン海軍軍縮会議で省内のとりまとめに尽力したということで、西園寺の信頼を得ていた。そういう海軍出身の首相です。

このようにこの二人が、首相という権力に近づいたのは、元老西園寺の強い推薦によるものですね。それが彼らの大きな権力基盤であり、そのうえで内閣は政友会、民政党の支持を一定範囲で得て、さらには軍部の要求をいくらかは満たしながら、世界恐慌で疲弊（ひへい）した経済の再建に取り組みました。

その二人の首相がとった手段は蔵相に、かつての政友会総裁であり、首相でもあった高橋是清を据えたことでした。高橋のもとで軍部の軍備拡張要求を制限し、農村救済事業を展開して、大規模な公債増発政策をとった、いわばインフレ財政が行われていく。これによって日本は他国と比べて早い段階で恐慌から立ち直っていきます。その際に高橋蔵相は公債を増発しますが、軍事予算の抑制にも尽力します。

また斎藤首相は五相会議というものを設置して、少数の重要閣僚で国策を処理するという新しいスタイルをとりました。首相、蔵相、外相、陸相、海相という五人の閣僚によっていろいろな問題を処理します。これは、当時の荒木貞夫陸相の強硬な予算要求を押さえ込むものとして活用されました。その後の岡田首相も同様に五相会議を開催します。こういったインナー・キャビネットによる重要政策の処理という手法は、その後の近衛内閣や平沼内閣でも多用される。さらに戦後でもそういう構想が顔を出すという、そういう新しいスタイルです。

しかしながら、首相たちがめざしたものは現状維持です。確かに対外関係で斎藤内閣は満州国を承認し国際連盟を脱退するとか、それから岡田内閣ではロンドン海軍軍縮条約から脱退するとかという形で、軍部の要求が徐々に強化されてはいましたが、全体としては現状維持をとったのです。

そして、こうした政権の中軸を担って新しく登場したのが、官僚です。この時期には新官僚と呼ばれる新しいタイプの官僚集団が現れました。もっぱら内務省系統の官僚が農村対策だとか、神道イデオロギーの振興といった施策を通じて内閣で発言権を強めていきました。特に岡田内閣はこうした官僚を糾合する機関として内閣調査局を設置します。そこでは重要国策を審議し、あるいはさらに調査・検討をします。それによって現状を打開することがめざされ、各省から集まってきた新官僚が議論したり、調査したり、立案したりする。これをめぐって陸海軍の軍人や各省にいる通常の省庁官僚たちが連携や対立を繰り広げるというスタイルがとられたわけです。

しかし、こうした時代は陸軍内部の派閥対立が激化することによって終焉を迎えます。統制派と皇道派という二つの派閥が激しく対立したのです。確かに、統制派はどちらかと言うと経済合理性を志向し、皇道派は皇道精神を掲げ、観念的、日本主義的な革新を唱えたと言われています。しかし、対立の実体はかなりの部分が、やはり人事をめぐるものです。斎藤内閣時代の五相会議で、他の閣僚に妥協した荒木陸相が辞任をしたとき、統制派が皇道派の一掃に乗り出し、特に岡田内閣のときに皇道派の真崎教育総監の更迭が起こり、両者の対立が非常に激化します。その頂点が、二・二六事件であったと言えます。

御厨 今の、ちょうど牧原先生が説明された時代に、政党は、どうしていたのかというと、実は犬養が政権をとったときの選挙で政友会は大勝利を収める。三〇〇議席をとってしまうわけですね。対する民政党は一五〇議席以下でした。ということは、仮に政党内閣が続くとしたら、政友会の総裁以外にその首相になる資格はないという状態に事実上なった。それが政党にとって非常に不幸であり、三〇〇議席をとった政友会は三〇〇あるにもかかわらず、結局、中間内閣になってしまって、自分たちに政権がこないという状態になる。これが政党内閣あるいは政党をますます壊していく事態になった。天皇機関説事件がこの時期に起こります。その際イデオロギー的に右に振れたのは何よりも政友会だったのであり、結局、政党に対する信頼感を自ら失っていくことになった。実は二・二六事件の一週間前に総選挙があったんですね。この総選挙の結果は、民政党が政友会を逆転し、そして無産政党が躍進するという事態であった。ですから、ここで実は政権の交代があるかもしれないという期待があった。そこに一撃を与えたのが二・二六事件です。この軍部クーデターによって政党内閣は復帰の可能性を全くなくされてしまったのです。

◆二・二六事件

御厨　二・二六事件は五・一五事件を上回る規模のクーデターで、首相官邸を占拠し、そしていわゆる君側の奸と呼ばれた人たちをいっせいに暗殺するクーデターでした。高橋是清蔵相が暗殺されたのをはじめ、首相の後に内大臣をしていた斎藤実も殺され、岡田首相はかろうじて人違いで助かりましたが、そういったいわゆる権力の中枢部はみなやられてしまった事件です。宮中にとって、これは痛手でした。実は興津にいた元老・西園寺も雪の降る中、一時期、自分の家から逃げなくてはいけないという事態になり、また牧野前内大臣も逃げ惑ったと言われている。こうした状況に対して昭和天皇は非常に衝撃を受け、そして軍に味方をするのではなくて自分の股肱の臣をそういう目に遭わせる軍隊は何事であるかという形で、断固成敗をすべしと言う。もちろん戒厳令が敷かれますが、ここに、昭和天皇は自らの意思で、その後の二・二六事件の収拾を命じることになります。

　しかしこの後、首相の推薦方式が、だんだん変わらざるをえなくなる。西園寺はこの事件に衝撃を受け、そしてその後は徐々にですが、西園寺本人の答申ではなくて、その周辺、前の首相であるとか、あるいは枢密院議長であるとか、そういった宮中に近い人たちが重臣会議というものを開き、そこから次の首相を推薦するように変わっていく。そういうプロセスが見られます。

　そして、そのプロセスの間を担ったと言いますか、その間に力を握ったのが木戸幸一という人物です。木戸は世代的に言うと、のちの首相の近衛文麿とほぼ同じです。この木戸が実はもともとは農商務行政に加わった後、牧野内大臣のもとで秘書官長、そして宮内省の宗秩寮総裁を務める、いわば宮中官僚となります。やがて近衛内閣のもとで文相として入閣し、そののち西園寺が亡くなる直前に最後の（日本にとって最後になりますが）内大臣に就任をして、木戸は宮中における重要な官僚としての役割を果たすことになったと言えます。

◆日中戦争の勃発と拡大

牧原　さて、二・二六事件の後、軍部の政治への要求は強まっていきます。この後に成立した広田弘毅内閣では軍部大臣現役武官制が復活し、軍部は現役軍人を大臣候補者に推薦しないと主張することによって内閣を成立させないことが正面から可能になります。しかし、陸軍の内部は決して一枚岩ではなく、またそういう軍部に対する政党の側からの反発も強く、広田内閣は議会で浜田国松議員が時の陸相・寺内寿一と衝突し、腹切り問答が行われました。それがもとで広田内閣は、総辞職になります。

その後任として、陸軍出身の宇垣一成に大命が降下しました。しかし、宇垣は政党内閣時代に陸相を務めて軍縮を進めたとして、陸軍の中から反対が出て組閣の断念に追い込まれます。この宇垣は日記を書いています。宇垣の日記の中には、この経緯について、このような記述があります（宇垣一成『宇垣一成日記』2、みすず書房、一九七〇年、一一二七頁、一九三七年一月二十八日条）。

寺内、杉山氏等と会談せり。要点は、部内は矢釜敷くて治まらぬから御辞退を願ひたい

このように言われるわけですね。宇垣はこれに対して、次のように、日記に書き記しています。

軍首脳の地位に居らるるあなた方は是なりと御考へならば夫れ等の異論を押へ纏めて行ける訳ではないか、と反問すれば、微力到底私共の力では押さへ切れぬ、と驚くべき弱音を吐き居られたり。

このように陸軍の首脳が軍部を掌握できない、軍の上層、中堅の軍人からのいわば突き上げに対して翻弄されている。そういう状況が続くわけです。

そして一九三七年、北京郊外の盧溝橋で日本軍と中国軍が衝突し、日中戦争が勃発します。戦闘は華北に広がり、さらに上海への派兵が行われるに及んで、いよいよ全面戦争になっていくのです。

御厨　さて、ちょうどこの日中戦争が起こる一カ月前に第一次近衛文麿内閣が成立しました。これは国民の輿望を担って成立したわけですね。しかしながら日中戦争は次第に拡大して、やがて「国民政府ヲ対手トセズ」と近衛が言い放ち、矛盾する政策の連続でなかなか事が解決しない中で国家総動員法が成立します。

結局、第一次近衛内閣は日中戦争を解決することはできず、また国内的にもそれほど華々しい成果をあげることはできず、退陣をいたします。

そしてその後継者として平沼騏一郎、そしてさらには阿部、米内と三代にわたる半年ずつの、文字通りの短命政権になります。なぜそうであったのか。実は日独伊三国軍事同盟、これを結ぶか否か、あるいはその議論ののちに欧州戦が始まるなど、外交的要因がこのとき非常に強く働いて、それに左右されるかたちで日本の政権は短期で交代をするということになりました。

その結果、一九四〇（昭和一五）年、もう一度、近衛が復帰する。第二次近衛内閣が成立します。このときの近衛は日中戦争を解決することを大前提に、そのために国民の力を総結集するということで、もはや政党ではなく、いわゆる政治新体制をめざして、新体制運動というものを起こし、この新体制のもとで、すべてを解決するという触れ込みのもとに首相に就任しました。このときに日本の政党はほぼすべて解党し、新体制になだれ込むという現象を示します。と同時に、近衛はいったんその動きが明らかになると萎縮し始める。どうしてかと言うと、彼は幕府的存在と呼ばれてしまうからです。彼はそれを最も嫌ったのです。結局日米戦がだんだん近づいてくるに従って、近衛はこれをアメリカとの直接交渉によって解決するとかいろいろなことを考えます。しかし、それがうまくいかず、四一年、近衛内閣は総辞職します。

◆太平洋戦争

御厨　近衛が総辞職した後、後継の首相に選ばれたのが、まさに東条英機でした。東条英機を内々に推薦し、そしてこれ以後、東条内閣のもとでの体制を支えていったのが、先ほど述べました内大臣の木戸幸一であったわけですね。では、木戸と東条はどこが似ていたのかというと、これはお互いに官僚的性格でありました。細かいことにこだわり、大局は見えないけれども、小さなところで小さな合理性をもって、事を解決していく、という点においてニ人はよく似ていた。そしてその点において、ある時期は昭和天皇からものすごく信頼されていました。昭和天皇が東条を首相にするときに内大臣・木戸幸一に向かって「虎穴に入らずんば虎児を得ずと云ふことだね」と言ったことはあまりに有名です。

ここで、十二月八日のいわゆる開戦の詔勅について、牧原先生にご紹介いただきたいと思います。

牧原　それでは、**資料6-1**をご覧ください。

開戦の詔勅については、これまでの講義でも、例えば第一次世界大戦の開戦の詔勅などを取り上げてきました。それと基本的な構成は似てはいますが、例えば、ここでは、「今ヤ不幸ニシテ米英両国ト」戦争の状態になる、「洵(まこと)ニ已ムヲ得サルモノアリ」とあって、開戦においてこれがやむをえないところから始まったということに言及しているという意味で、特徴ある詔書と言えるのではないかと思います。

さて、太平洋戦争は、真珠湾の攻撃で始まり、その後フィリピン、シンガポールそれからジャワへと日本軍が侵攻していく。最初の一〇〇日は日本の勝利で非常に有利な戦況と思われました。

しかし兵站(へいたん)が伸び切って補給が細くなり、海のほうではミッドウェー海戦で、陸のほうではガダルカナ

資料6-1　太平洋戦争開戦の詔書（米国及英国ニ対スル宣戦ノ詔書）

天佑ヲ保有シ万世一系ノ皇祚ヲ践メル大日本帝国天皇ハ昭ニ忠誠勇武ナル汝有衆ニ示ス

朕茲ニ米国及英国ニ対シテ戦ヲ宣ス朕カ陸海将兵ハ全力ヲ奮テ交戦ニ従事シ朕カ百僚有司ハ励精職務ヲ奉行シ朕カ衆庶ハ各々其ノ本分ヲ尽シ億兆一心国家ノ総力ヲ挙ケテ征戦ノ目的ヲ達成スルニ遺算ナカラムコトヲ期セヨ

抑々東亜ノ安定ヲ確保シ以テ世界ノ平和ニ寄与スルハ丕顕ナル皇祖考丕承ナル皇考ノ作述セル遠猷ニシテ朕カ拳々措カサル所而シテ列国トノ交誼ヲ篤クシ万邦共栄ノ楽ヲ偕ニスルハ之亦帝国カ常ニ国交ノ要義ト為ス所ナリ今ヤ不幸ニシテ米英両国ト釁端ヲ開クニ至ル洵ニ已ムヲ得サルモノアリ豈朕カ志ナラムヤ中華民国政府曩ニ帝国ノ真意ヲ解セス濫ニ事ヲ構ヘテ東亜ノ平和ヲ攪乱シ遂ニ帝国ヲシテ干戈ヲ執ルニ至ラシメ茲ニ四年有余ヲ経タリ幸ニ国民政府更新スルアリ帝国ハ之ト善隣ノ誼ヲ結ヒ相提携スルニ至レルモ重慶ニ残存スル政権ハ米英ノ庇蔭ヲ恃ミテ兄弟尚未タ牆ニ相鬩クヲ悛メス米英両国ハ残存政権ヲ支援シテ東亜ノ禍乱ヲ助長シ平和ノ美名ニ匿レテ東洋制覇ノ非望ヲ逞ウセムトス剰ヘ与国ヲ誘ヒ帝国ノ周辺ニ於テ武備ヲ増強シテ我ニ挑戦シ更ニ帝国ノ平和的通商ニ有ラユル妨害ヲ与ヘ遂ニ経済断交ヲ敢テシ帝国ノ生存ニ重大ナル脅威ヲ加フ朕ハ政府ヲシテ事態ヲ平和ノ裡ニ回復セシメムトシ隠忍久シキニ弥リタルモ彼ハ毫モ交譲ノ精神ナク徒ニ時局ノ解決ヲ遷延セシメテ此ノ間却ツテ益々経済上軍事上ノ脅威ヲ増大シ以テ我ヲ屈従セシメムトス斯ノ如クニシテ推移セムカ東亜安定ニ関スル帝国積年ノ努力ハ悉ク水泡ニ帰シ帝国ノ存立亦正ニ危殆ニ瀕セリ事既ニ此ニ至ル帝国ハ今ヤ自存自衛ノ為蹶然起ツテ一切ノ障礙ヲ破砕スルノ外ナキナリ

皇祖皇宗ノ神霊上ニ在リ朕ハ汝有衆ノ忠誠勇武ニ信倚シ祖宗ノ遺業ヲ恢弘シ速ニ禍根ヲ芟除シテ東亜永遠ノ平和ヲ確立シ以テ帝国ノ光栄ヲ保全セムコトヲ期ス

御名御璽

昭和十六年十二月八日

各国務大臣副書

ル島で日本は大きな打撃を受け、今度はだんだん戦線を縮小せざるをえなくなってきます。そして、一九四四年六月にサイパンで日本軍が玉砕してしまう。ここが占領されるということで、大きな政治の変化が起こります。というのは軍需生産を担当していた大臣であった岸信介が、これでは空襲にあって軍需生産に責任を持てないということを主張し、東条首相を追い落とすという倒閣運動に入っていくのです。そして、七月、東条内閣が総辞職します。

しかし戦況はますます悪化し、日本の大都市が空襲にあうという中で一九四五年の八月に広島と長崎に原爆が投下されました。広島の原爆ドームの今の様子を見てみたいと思います。

↑ 原爆ドーム（写真提供：稲田良輔）

牧原　この川辺の中に立っていますが、御厨先生、いかがでしょうか。

御厨　これは本当に荒野に立っている昔のフィルムと違って、近くに寄って見ると、あらためて、こんなことになっているのか、と思います。他のまわりの建物が綺麗になっているだけに、逆に、ここの意味がはっきりしてきます。つまり歴史的時間が止まっているという感覚をよりはっきりと感じられるということですね。

牧原　今に残る廃墟として、戦争の記憶がここに形として残っている、そういうことではないでしょうか。

御厨　さて、そこで終戦です。終戦の詔勅についてお願いします。

牧原　それでは**資料6-2**をご覧ください。一九四五年八月十四日の終戦の詔書ですね。ここに「新ニ残虐ナル爆弾ヲ使用シ……惨害ノ及フ所、真ニ測ルヘカラサルニ至ル」というかたちで、原爆の衝撃というものが非常に大きな、ポツダム宣言受諾の原因になったことがわかるわけですね。そして次のページにあるように「茲ニ国体ヲ護持シ得テ」と国体の護持が謳われていることが、終戦後、占領期の政治の一つの大きなキーワードとして残っているということが言えると思います。

◆明治憲法体制の限界

御厨　この十五年戦争期ですね、これをもう一度顧みると、やはりそれ以前の時代に比べると、特異な時代であったなという気がしますね。一つには、ここで大日本帝国憲法の、あるいは明治憲法体制の限界が見えたということです。要はそれぞれに分かれて自己主張を繰り返していた権力機構がますます分裂していくということですね。しかも、そうした権力機構を人や機関で統合することが必要だというときに、近衛新体制のようなものが出てくると、幕府的存在だからいけないと言って、むしろそれが抑制されてしまう。近衛自身も帝国憲法を変えないとできないと思った瞬間に萎縮しちゃうわけです。統合しようとすると憲法改正に踏み込まざるをえないことになる。不磨の大典ですからね。それはできない。ジレンマですね。かくて明治憲法体制の限界が明らかになった。

牧原　世界的にみて、大恐慌の後は、ドイツでナチスが政権を握ったり、アメリカのニューディールも当時の日本では独裁制のあり方だととらえられていた。すなわち、行政権に権限を集めて強力に経済復興のプログラムを進めていくものと考えられていたのです。

資料6-2　太平洋戦争終戦の詔書（大東亜戦争終結ノ詔書）

朕深ク世界ノ大勢ト帝国ノ現状トニ鑑ミ非常ノ措置ヲ以テ時局ヲ収拾セムト欲シ茲ニ忠良ナル爾臣民ニ告ク

朕ハ帝国政府ヲシテ米英支蘇四国ニ対シ其ノ共同宣言ヲ受諾スル旨通告セシメタリ

抑々帝国臣民ノ康寧ヲ図リ万邦共栄ノ楽ヲ偕ニスルハ皇祖皇宗ノ遺範ニシテ朕ノ拳々措カサル所曩ニ米英二国ニ宣戦セル所以モ亦実ニ帝国ノ自存ト東亜ノ安定トヲ庶幾スルニ出テ他国ノ主権ヲ排シ領土ヲ侵スカ如キハ固ヨリ朕カ志ニアラス然ルニ交戦已ニ四歳ヲ閲シ朕カ陸海将兵ノ勇戦朕カ百僚有司ノ励精朕カ一億衆庶ノ奉公各々最善ヲ尽セルニ拘ラス戦局必スシモ好転セス世界ノ大勢亦我ニ利アラス加之敵ハ新ニ残虐ナル爆弾ヲ使用シテ頻ニ無辜ヲ殺傷シ惨害ノ及フ所真ニ測ルヘカラサルニ至ル而モ尚交戦ヲ継続セムカ終ニ我カ民族ノ滅亡ヲ招来スルノミナラス延テ人類ノ文明ヲモ破却スヘシ斯ノ如クムハ朕何ヲ以テカ億兆ノ赤子ヲ保シ皇祖皇宗ノ神霊ニ謝セムヤ是レ朕カ帝国政府ヲシテ共同宣言ニ応セシムルニ至レル所以ナリ

朕ハ帝国ト共ニ終始東亜ノ解放ニ協力セル諸盟邦ニ対シ遺憾ノ意ヲ表セサルヲ得ス帝国臣民ニシテ戦陣ニ死シ職域ニ殉シ非命ニ斃レタル者及其ノ遺族ニ想ヲ致セハ五内為ニ裂ク且戦傷ヲ負ヒ災禍ヲ蒙リ家業ヲ失ヒタル者ノ厚生ニ至リテハ朕ノ深ク軫念スル所ナリ惟フニ今後帝国ノ受クヘキ苦難ハ固ヨリ尋常ニアラス爾臣民ノ衷情モ朕善ク之ヲ知ル然レトモ朕ハ時運ノ趨ク所堪ヘ難キヲ堪ヘ忍ヒ難キヲ忍ヒ以テ万世ノ為ニ太平ヲ開カムト欲ス

朕ハ茲ニ国体ヲ護持シ得テ忠良ナル爾臣民ノ赤誠ニ信倚シ常ニ爾臣民ト共ニ在リ若シ夫レ情ノ激スル所濫ニ事端ヲ滋クシ或ハ同胞排擠互ニ時局ヲ乱リ為ニ大道ヲ誤リ信義ヲ世界ニ失フカ如キハ朕最モ之ヲ戒ム宜シク挙国一家子孫相伝ヘ確ク神州ノ不滅ヲ信シ任重クシテ道遠キヲ念ヒ総力ヲ将来ノ建設ニ傾ケ道義ヲ篤クシ志操ヲ鞏クシ誓テ国体ノ精華ヲ発揚シ世界ノ進運ニ後レサラムコトヲ期スヘシ爾臣民其レ克ク朕カ意ヲ体セヨ

御名御璽

昭和二十年八月十四日

各国務大臣副書

これに対して日本は、やはり明治憲法のもとで天皇に主権があるという仕組みの中で、乗り切っていくときに、二大政党が交互に内閣を運営して問題の処理に当たるのではなく、一つに統合していこうとしました。たとえば議会に対する大政翼賛会のような一つの党を作るとか、あるいは行政にある種の国策統合機関を作るとかいう方式が試されました。そこから先はなかなか強力な仕組みを作れないままに、その時々を乗り切ろうとしてきた。そういう意味で日本の対処の仕方が不徹底であり、特殊であったということも言えるのではないかと思います。

御厨　なるほど。同時に日本の近代が始まって以来の日本の帝国主義ですね。外への膨張とでも言いますか、その膨張の実態もそうですが、膨張の思想の最終的破綻（はたん）ということでもあります。大東亜共栄圏というものがありますね。この大東亜共栄圏と呼ばれるものが、いかに虚しいものであったかが非常にはっきりします。昭和研究会などで三木清たちが懸命に考えた思想的な営みというものが、ついに破綻をきたすということでもあります。この点はどうなんでしょうね。日本にとって戦後、どういうふうに変わっていくということになりますかね。

牧原　もともと明治以来、アジア諸国との連帯を考えるときに提携先として念頭に置かれたのが、中国であり、朝鮮であり、時にはインドであったりしました。このように、アジアの大陸と提携して、欧米に対して一つのアイデンティティを模索するものであったりした。しかし、十五年戦争の時代になると、それが下からの運動として結び付いていくというよりは、軍の侵略、その軍による軍政を支えていくイデオロギーに転化してしまう。確かに、これに対して三木清とか、蠟山政道（ろうやままさみち）とかといった知識人たちが地域レベルでの自己統治の体制を考えましたが、それはなかなかうまくいきませんでした。戦後はそれを断念したところから、新しい政治のあり方を模索していくことになります。

御厨　そして、おそらくこれは結論が出ない問題ですけれども、昭和天皇のこの戦争における役割はどうでしょうか。よく言われるように開戦のときには反対しなかったけれども、どうして終戦のときには彼の一言で決まってしまったのかという話があります。これは、私は開戦のときには日本の国家機構が正常に動いていた。ところが、終戦のときにはもう全く崩壊に近い状態（最後は、宮城内のお文庫の一室しか、権力の館も機能していなかった）で、そこで天皇の「聖断」が下ったのですね。おそらく明治憲法がうまく発動していた時期とそうでない時期との違いというものが最終的にはあったような気がします。その点について、一言、いかがですか。

牧原　終戦のために最後のスイッチを押すという仕組みが動くようにするには、単純な動作が不可欠であり、やはり天皇の一言が必要であったということなのだと思います。

御厨　これで、今回の講義を終わります。

第7章　占領と復興

目標&ポイント
太平洋戦争の敗戦は、海外の領土の喪失だけではなく、国土と経済に壊滅的な打撃をもたらした。アメリカによる占領下で進む民主化と経済復興に焦点を当てて、日本国憲法の成立、朝鮮戦争を経て独立へと至る過程の中で、吉田茂首相の政治指導について検討する。

キーワード
公職追放　日本国憲法　ドッジ・ライン　吉田茂

一　占領下の外交指導

一九四五年八月十五日、日本政府はポツダム宣言の受諾を発表し、第二次世界大戦は終結した。三十日、連合国軍最高司令官ダグラス・マッカーサー元帥は、日本軍精鋭部隊が展開する厚木基地をわざわざ選び、武装解除させて、ここに着陸し、勝者の姿を見せつけた。かくして占領が始まったのである。

国民は、虚脱し、やがて配給が滞る中、おのおのの生活を守るため、空腹をかかえながら、走り回った。

当時、医学生であり、のちに作家となる山田風太郎は、一九四六年三月の日記に占領軍の進める改革とそれにともなう世相の変化を見て、こう記している（山田風太郎『戦中派焼け跡日記』小学館、二〇〇二年、一〇五頁、一九四六年三月六日条）。

> 吾々はマッカーサーを憎む。時局便乗者を蔑む。たとえ便乗者でなくとも祖国の敗北により一点の喜色を示したものを嫌悪する。咢堂（がくどう）のごとき老ぼれは早く死ねばよいと思う。
>
> しかし、日本は変るであろう。
>
> 終戦直後我々の明確に予想し恐れていたことが、一点の謬（あやま）りもなく今や着々と進行しつつある。しかも！　それに反撥をおぼえつつも我々はひきずられてゆく。

改革による社会の急速な変化に巻き込まれていく多くの日本人の中で、占領軍と直接対峙したのは、まずは英語による交渉の可能な外交官であり、さらには外交官出身の政治家であった。戦前・戦後を見渡して官僚出身者が政治家として活躍する場合、内務省ないしはその後継省庁か大蔵省出身者であることが多かったが、この時代には占領軍との交渉の最終責任者として、外相・首相には外交能力が不可欠であった。終戦時の外相であった重光葵、日本国憲法案の作成を手がけた幣原喜重郎、民主化を推進する連合国軍最高司令官総司令部（ＧＨＱ）民政局の意向に忠実であったが、昭和電工事件で逮捕される運命にあった芦田均、そして戦後政治の基礎を築いた吉田茂である。いずれも、外交手腕を発揮し、政界では異なる陣営に身を置きながら、互いを意識し続けた。だが、占領政策に翻弄され、さらには日本国憲法下で、主要な統治主体となった政党の総裁となりながら、時に政党に対する激しい嫌悪にさいなまれた。アメリカとのアンビヴァレントな関係の中で、政党を利用しながら政党から利用される宿命にあったのである。

幣原、芦田、重光は政党総裁に就任し、次第に傘下の党に裏切られる。当初、年齢を理由に首相就任を固辞していた幣原は、内閣総辞職後、戦時議会の議員を糾合した日本進歩党の総裁に就任した。その後、日本進歩党を中心に新たに民主党が結成されたが、一九四七年の総選挙後、幣原は新党の総裁職を芦田に奪われた。「新党の結成について機構のことも問題になつてゐるといふことだが、実は詳細のことは何も知らされてゐない」（芦田均／進藤榮一・下河辺元春編『芦田均日記』第一巻、岩波書店、一九八六年、一八四頁、一九四七年三月三十一日条）と、このとき芦田に語る幣原は、すでに役割を終えていたのである。

芦田は、政党の組織化に情熱を注いだ。鳩山一郎を中心に結成された日本自由党の旧態依然とした体質に見切りをつけて脱党したとき、「目前に迫る危機を突破するために、政党は真剣に救国運動に挺身しなければならない。日本再建の運動は、資本と経営と労力との坦懐な協力に俟つべきものであつて、政党運動は国民大衆との血のつながりを生命とする」のであり、「過去の無気力と封建的色彩とを一掃して、真に民主的に運営せられる新政党の生れることを念願」するとの声明を発表し（同右、一七八頁、一九四七年三月二十三日条）、やがて民主党総裁となった。だが、昭和電工事件で収賄容疑が報道されるにおよんで、自ら組織した内閣を総辞職せざるをえなくなった。

一九五二年、民主党が他の小政党とともに改進党を結成したときに、請われて総裁に就任した重光は、改進党の芦田と自由党の吉田に書面を送り、「二党政治の基礎を固め」ることの意義を強調するが、「小生の政治的行為は自分としては或は危険なる自殺行為かも知れませぬ」とも述べた（重光葵／伊藤隆・渡邉行男編『続 重光葵手記』中央公論社、一九八八年、五三九〜五四二頁、一九五二年五月六日、九日条）。重光の下での改進党は保守第二党に甘んじ、重光ではなく鳩山一郎を戴く日本民主党へと脱皮したときに政権を得たのである。

「日本の政治とは何ぞや。権勢欲に燃えた男が、金をまいて子分を集める。目的は単に政権に在る。馬ノ脚といふ人々は金を貰つて選挙をやる。そして政務官にでもありつかうとする。その目的のために政権欲に燃えたボスを利用するに止る。結局は相互利用の関係に止る。だから正しいマジメな人は、政治界がいやになる」（前掲『芦田均日記』第一巻、一六八頁、一九四七年二月二十七日条）。政治への嫌悪を日記に記した芦田に対して、吉田は、その回想録によれば、自由党総裁鳩山が公職追放処分を受けたときに、総裁に就くよう要請されたが、金はつくらない、閣僚人事に口出しはさせない、いやになったらいつでも投げ出すという条件を出したという（吉田茂『回想十年』第一巻、東京白川書院、一九八二年、一三八頁）。外交官出身の政治家は日本の政治風土になじむには、あまりに貴族的であった。その中でも、芦田の言う「政治界」と一線を画す吉田の心づもりこそ、勝者による占領という過酷な政治状況の中で長期政権を担う条件であった。

二　占領軍と民主化

一九四五年八月十七日、ポツダム宣言の受諾にともない、鈴木貫太郎内閣は総辞職した。大命は東久邇（ひがしくに）宮稔彦（みやなるひこ）に降下した。蔵相就任を東久邇宮から求められた津島寿一（つしまじゅいち）は、「一応引き下がって考慮さしていただきたいと申し上げると、殿下は今回の組閣は非常に急いでおる事情があるから、五分間だけ考慮時間を与へると言われる」と回顧している（大蔵省官房調査課『戦後財政史口述資料　一般　終戦直後の財政金融問題』其の一、一九五一年四月五日、三頁）。停戦命令を各方面の部隊に発し、占領軍を受け入れる準備を至急進める必要があり、組閣は慌ただしく進められたのである。

連合国の側は、最終的に一三カ国で構成された極東委員会とその出先機関として日本に置かれた米・

英・中・ソからなる対日理事会が、連合国軍最高司令官をコントロールするという枠組みをとったが、実質的には最高司令官とその組織であるＧＨＱが占領政策を立案し、実施した。マッカーサーは、来訪した天皇と会見し、天皇から示された占領に対する全面的な協力を受け入れ、この会見時の写真を新聞に報じさせた。天皇に代わる君主として振る舞おうとしたのである。これを支えるＧＨＱを取材したジャーナリストは、一九四五年十二月の雰囲気をこう記している。「東京は今や歴史の焦点に立つ都会だ。総司令部の各部局を一めぐりしてみたが、私と話し合った人は、歴史上最大の実験と将来称されるであろう仕事、すなわち敗戦国の再形成という仕事にみんな没頭していた」（マーク・ゲイン『ニッポン日記』ちくま文庫、一九九八年、一九頁、一九四五年十二月七日条）。

九月に作成された『初期対日方針』では、ＧＨＱの指示の下で日本政府が行政事務を遂行するという間接統治方式をとることが表明され、非軍事化、戦争犯罪人の逮捕、基本的人権の保障、農地改革、労働組合の組織化、財閥解体などが掲げられた。これにもとづき、諸々の改革が急速に進められるが、その中で統治の基本構造を定める新憲法の制定が最大の政治課題となった。終戦直後の当面の処理を終えた東久邇宮内閣は、政治的自由の徹底を求めるＧＨＱとこれに抵抗する内務省との間で機能不全に陥り、総辞職した。その後を担ったのは、戦前の憲政会・民政党内閣で外相として協調外交を進めた幣原喜重郎であった。就任直後にマッカーサーと会見した幣原は、「憲法の自由主義化」と婦人参政権の付与、労働組合の結成奨励、教育制度の改革、秘密警察の廃止、経済機構の民主化という五大改革を指示された。かくして、新憲法の制定作業が進められた。

憲法制定作業は、木戸幸一内大臣が盟友の近衛文麿を内大臣御用掛とし、憲法学の佐々木惣一京都帝国大学教授らによる調査と、政府内の松本烝治（まつもとじょうじ）国務相を中心に美濃部達吉・宮沢俊義東京帝国大学教授らによる調査とが並行して進められたが、近衛が戦犯容疑で逮捕される前に自殺したことで、松本を中心に進められていく。だが、GHQにとり松本案は保守的であり、GHQは急遽作成した主権在民と戦争放棄を柱とするモデル草案を手交した。閣議では、担当大臣の松本を中心に多くの閣僚から強い反発が出たが、マッカーサーは幣原に「松本案の如くであれば世界は必ず日本の真意を疑つて其影響は頗る寒心すべきものがある。かくては日本の安泰を期すること不可能と思ふ。此際は先づ諸外国の Reaction に留意すべきであつて、米国案を認容しなければ日本は絶好の chance を失ふであらう」と言い渡した（前掲『芦田均日記』第一巻、七九頁、一九四六年二月二十二日条）。幣原内閣はこれを受け入れ、天皇も承認を与えたのち、憲法案の作成作業を全速で進めた。三月に発表された憲法案には、マッカーサーから全面的支持が表明されたのである。

だが、この作業過程でGHQは公職追放を指示した。すでに一九四五年十二月に議会は解散されていたが、GHQは選挙前に立候補予定者に対する追放該当者の選別を進めた。特に四二年の選挙における大政翼賛会などからの推薦議員の追放が決定されると、日本自由党、日本進歩党、社会党、国民協同党（国協党）など主要政党の幹部の多くが追放に該当することとなった。幣原内閣の閣僚からも堀切善次郎内相らが追放にあい、内閣は改造で当面をしのいだ。四月に行われた総選挙では、日本自由党が第一党となったが、鳩山総裁が追放されると、かわって外相の吉田が総裁に就任した。大命はこの吉田に下った。自由・進歩両党の連立内閣によって、憲法案は帝国議会で審議され、第九条に「前項の目的を達するため」という条項を挿入し、将来の再軍備の可能性を残したのちに成立したのである。

三　経済復興と政権交代

日本の非軍事化と政治的民主化が進む一方で、敗戦にともなう経済危機は深刻であった。空襲により工業生産力は壊滅的打撃を受け、敗戦とともに臨時軍事費支払いが急増したことにより物価は上昇し、一九四五年の米の不作により、食糧危機とインフレーションが国民の家計を直撃したのである。預金封鎖・新円切り替えなどを柱とする大蔵省の主導する金融緊急措置により、当面のインフレがくい止められたのちに、吉田は首相に就任した。吉田は、マッカーサーに基礎資材・原油の緊急輸入を直接要請し、他方で、有沢広巳（ありさわひろみ）ら「学者グループ」を昼食会に招き、局面打開のための意見交換を進めた。ここから石炭増産のための傾斜生産方式が立案されたのである。

うち続く経済危機の中で高揚する労働運動は二・一ゼネストを計画するが、マッカーサーはその中止を指令し、二月七日に吉田首相に憲法施行前の四月に新憲法にもとづいた総選挙を行うよう指示した。選挙の結果、過半数議席を確保した政党はなく、第一党になったのは社会党であった。天皇の大命にかわって、民政局の影響力の強いGHQは中道政権を求めて、政界に働きかけた。日本自由党を含めて、選挙前に結成された民主党（日本進歩党からの改称）と、三木武夫率いる国民協同党との連立の駆け引きが進む中で、社会・民主・国協の三党「中道連立」による片山哲内閣が成立した。吉田は、岳父の牧野伸顕にあてた書簡の中で、「自由党も第一党たる地位を失ひ候処、此際ニ処してハ淡々たる心境ニて負け振のよいところを見するか大切」と記した（一九四七年五月三日付書簡、吉田茂記念事業財団編『吉田茂書翰』中央公論社、一九九四年、六七五頁）。吉田と自由党に好感を持っていた経営者の小林一三（こばやしいちぞう）は、一九四七年八月に吉田と会い、

「遠からず総理大臣として再び朝に立つ自信を持つて居られた」と観察している（小林一三『小林一三日記』〈二〉、阪急電鉄株式会社、一九九一年、五二六頁、一九四七年八月十四日条）。だが、吉田にとり雌伏の時期は続いた。のちに片山内閣の崩壊を受けて同じ連立の枠組みで芦田内閣が成立したときに、芦田に対して「本当のところ私は君に救はれた。今日自由党が出てもどうしようも無い」と語った（芦田均／進藤榮一・下河辺元春編『芦田均日記』第二巻、岩波書店、一九八六年、五八頁、一九四八年二月二十五日条）。選挙による多数派連合が内閣を組織し、かつての与党は下野するという政権交代が実現した。与党は与党の道を、野党は野党の道を進んでいったのである。

片山内閣では、吉田内閣時代に準備されていたとおり、経済政策の司令塔として、経済安定本部（安本）が拡大強化され、その総務長官には戦前の革新官僚であり、吉田内閣の農相であった和田博雄が就任した。内閣は、傾斜生産方式を推し進め、石炭、鉄鋼、肥料、電力等を増産するために集中投資を行い、インフレーションに歯止めをかけつつ、生産力が一定水準に達したのちに収束させることをめざした。こうした経済安定本部を中心とする経済政策には、閣内から強い反対が生じた。特に右派と左派の対立が深刻な社会党内では、右派の平野力三農相が強く反発し、片山首相から罷免され、さらには脱党したことで、左派の影響力が強まった。閣議では、省務に不慣れな社会党系の閣僚のために官僚が列席し、次官会議で実質的な調整が進められる中（村井哲也『戦後政治体制の起源——吉田茂の「官邸主導」』藤原書店、二〇〇八年、二三八頁）、経済政策の主導権を確保しようとする大蔵省は経済安定本部への反対派に回った。また、社会主義色を出すために社会党が推進した臨時石炭鉱業管理法案には、民主党が反対した。内閣は、多重に生じた亀裂を収拾しえないまま自壊した。物価上昇による労働組合からの賃上げ要求を受け入れようとして、公共料金の値上げによって財源を捻出しようとする大蔵省に、社会党左派が反対して、政府予算案を与党が否決したからである。

自由党は「憲政の常道」にもとづいた政権の委譲を求めたが、与党三党は民政局の支持を得つつ、民主党総裁の芦田首班で党内をまとめ、引き続き中道連立の芦田内閣が成立した。芦田内閣は、安本長官を民主党の栗栖赳夫として、傾斜生産方式を続けた。だが、左右対立が激化した社会党では、西尾末広副総理が献金の届出違反により起訴され、民主党・国協党からの離党者が自由党と合同して民主自由党（民自党）を結成することにより、与党三党は党内の掌握に困難をきわめた。一九四八年度予算は三党の合意形成に手間取り、七月に成立した。GHQ経済科学局のS・ファインは、三党政調会議員に対して、「日本の自力による国務運営能力が世界から注視せられて居る際、この様な政争をくりかへすときは対日援助も困難となるべしと強調」し、叱咤したのである（渡辺武／大蔵省財政史室編『渡辺武日記』東洋経済新報社、一九八三年、二三三頁、一九四八年六月二十四日条）。

さらに、GHQはマッカーサー書簡を通じて、片山内閣が制定した国家公務員法を改正し、公務員労働組合の争議権などの労働基本権を制約するよう命じた。内閣は政令二〇一号を制定して、組合への圧力を強めつつ、法改正に着手したが、すでに傾斜生産方式の核となる復興金融公庫の融資に関する疑獄事件であった昭和電工事件が明るみに出て、関係者の逮捕が始まっていた。事件は、栗栖安本長官と西尾副総理の逮捕、さらには芦田首相にまで疑惑が及んで、芦田は総辞職を決断した。ほどなく芦田も逮捕されたのである。

四　吉田茂と講和独立

芦田内閣後、政権党は民自党になると目されたが、吉田を反動的とみなして忌避する民政局は、民自党内の山崎猛を首班に据える政界工作を試みた。だが、山崎の議員辞職によって、民政局の介入は失敗し、かつての与党三党などが白票を投じたことにより、民自党単独の吉田内閣が成立した。少数与党の吉田内閣は、国家公務員法改正案を成立させたのち、野党の了解による内閣不信任決議案可決を受けて衆議院を解散した。民政局が憲法第六九条にもとづいた内閣不信任決議案の可決による解散しか認めなかったためである。翌一九四九年に行われた総選挙の結果は予想外の民自党の過半数議席確保という圧勝であった。吉田は、第一次内閣で閣議を支える次官会議の主要メンバーであった池田勇人、佐藤栄作をはじめとする各省の官僚を大量に立候補させて当選させ、順次、主要閣僚に彼らを配置していった。こうして戦後初めて安定的な内閣が誕生したのである。

吉田と芦田の政治指導は大きく異なった。吉田は芦田のような社会党との連携は、まったく念頭になかった。経済計画と統制を嫌い、安本に経済計画を作成させず、外資導入と通商政策の強化によって、戦後日本を世界に開こうとした。そして、首相時代の芦田が日本国憲法における象徴天皇制への移行にともない、天皇への内奏を控え、当時日本の内外で注目されていた昭和天皇の退位についても理解を示したのに対し、吉田は天皇の退位に強く反対し、月に数回は内奏に行き（麻生和子『父吉田茂』光文社文庫、二〇〇七年、二〇一頁）、「臣茂」と署名するなど天皇への畏敬の念を明らかにした。また、吉田はマッカーサーに直接書簡を送り、信頼関係をつくり上げて、ＧＨＱ諸部局を飛び越えて懸案の処理を進めた。そもそも吉田は、養父・吉田健三から相続した遺産を一代でほぼ蕩尽し、政治資金は娘婿の麻生太賀吉に調達させており、首相として吉田は、アメリカの巨大な経済力を利用して、経済復興を進めていった。いずれも他者の財を政治目的のために徹底活用しうる才のなせる技と言うべきであろう。

吉田内閣発足時に、アメリカでは占領政策が、民主化から経済自立へと転換していた。背景には、東欧の社会主義国の成立と、アジアでの中国共産党の伸張といった東西間の冷戦があった。アメリカ本国は、GHQを通じて経済安定九原則を日本に示し、その実施のために、デトロイト銀行頭取であったジョゼフ・ドッジをGHQ財政金融政策顧問として日本に派遣した。ドッジは、日本側に「日本経済の復興には財政が極めて重要な地位を占めて居る。この問題の解決には realistic approach が必要である。予算の均衡は文字通りに行はれるべきであり、その為には評判の悪い措置もとらねばならない」と告げ（前掲『渡辺武日記』、三一四頁、一九四九年二月九日条）、歳出の徹底削減を指示したのである。これに従うことで、ウィリアム・マーカット率いるGHQ経済科学局の指示を受けつつ補助金を撒布する安本の経済政策を転換できると、新任の池田蔵相と大蔵省は考えた。池田蔵相の秘書官宮沢喜一はこう観察している（宮澤喜一『東京－ワシントンの密談』中公文庫、一九九九年、一八～一九頁）。

> 私は今度の新しい大蔵大臣の活路は、ドッジの考え方と、今迄のニュー・ディーラー達の行き方とを、少し精を出して分離させてみる、そういうことが面白いのではないだろうかと考えた。
>
> というのは、マアカットという置物と、その下のニュー・ディーラー達には、日本の財政当局はその時までいじめられ続けていた。財政当局の人々は、出来るだけ金を出すまいという根性の長年の習性で養われて来ている方だから、極端に云えば、物価の安定とか賃金引上とかいうことよりは、まず財政の緊縮を主張したいところだった。それを何年かニュー・ディーラー達に妨げられて来たうっぷんを、ここでドッ

ジという、未知ではあるが頑固らしい年寄りの力を借りてやってみようという気持が無かったわけではないのである。

こうして経済科学局から距離をとり、ドッジとの提携に舵を切った大蔵省は、歳出と歳入を均衡させる予算を占領終結まで組み続けた。一九四九年の総選挙の民自党の公約には、公共事業の増額や所得税減税、取引高税廃止といった項目が掲げられたが、すべてドッジの指示で変更させられた。また、行政整理によって大規模な人員削減が進められた。補助金の徹底的削減によって、経済自立がめざされたが、インフレは収束したものの中小企業の倒産が相次ぎ、深刻な不況に陥った。これを救ったのは五〇年六月に勃発した朝鮮戦争による特需であった。

吉田首相は、官僚出身議員を内閣の重要閣僚に任命して政策能力を高め、他の保守系政党とは可能な限り連携することで、保守勢力の結集をめざし、そのうえで講和の早期実現を図ろうとした。社会党が全面講和を唱えたのに対して、吉田はアメリカを中心とする西側諸国との単独講和を掲げた。そして、アメリカの要求に応じて、徐々に再軍備へと踏み出した。一九五〇年に警察予備隊を設置し、占領終結後には、これを保安隊、さらには自衛隊へと改編・拡充していった。また、講和会議の開催を前にした五一年五月には政令諮問委員会を組織して、公職追放解除を皮切りに経済・労働・教育・行政機構などの占領法規を再点検した。この答申にもとづいた一連の法整備は、占領改革の逆行として、社会党・共産党さらには在野の知識人から激しく批判された。

一九五一年九月、吉田首相は全権団とともにサンフランシスコ講和会議に出席し、講和条約に署名した。民主党野党グループと国協党の合併によって成立した国民民主党と参議院緑風会とは全権団に参加したが、全面講和と中立堅持を求める社会党は、全権団への参加を拒否し、十月には左派と右派とに分裂への道を歩んだ。講和条約署名後、吉田は単独で日米安全保障条約に署名した。吉田後の政治指導者に責任を負わせないという配慮であった。防衛力のない日本の安全保障のため、講和後も日本への米軍の駐留を認める条約については、吉田自身にも迷いがあったのである。

五　吉田内閣の崩壊

講和条約締結が近づくにつれ公職追放が次第に解除され、吉田に日本自由党総裁を譲った鳩山など戦前派の政治家が次々と復帰した。三木武吉（みきぶきち）、河野一郎など鳩山を中心とする集団、戦前の自由主義的ジャーナリストとして名高かった石橋湛山（いしばしたんざん）、そして商工官僚であり東条内閣の閣僚であった岸信介は、自由党に入り、吉田の手法を「側近政治」として攻撃した。また敗戦時の外相であった重光は改進党総裁となった。

一九五二年八月、吉田首相は、ＧＨＱの憲法解釈にとらわれず、憲法第七条にもとづいて衆議院を解散した。側近以外にはまったく知らされない「抜き打ち解散」により、鳩山ら党内反対派、野党をおさえて多数議席を得ようとしたのである。だが、自由党（一九五〇年に民自党に民主党連立派が入党して結成）は過半数を維持するも議席を落とし、選挙後に鳩山派が離党することで、吉田内閣の政権基盤は次第に不安定なものになっていった。そして翌五三年には吉田の院内での「バカヤロー」発言に対して、反主流派の欠席によって吉田への懲罰動議が可決され、さらに反吉田派二二名の脱党によって内閣不信任案が可決されると、再度、吉田は解散に踏み切ったが、ついに過半数議席を失った。しかも一九五四年には造船疑獄で容疑を問われた佐藤栄作幹事長を守るため、法相が指揮権を発動し、捜査が打ち切られるにおよんで、政権の終末は濃厚になった。十一月に自由党に復帰していた鳩山が支持グループとともに脱党し、改進党と合流して日本民主党を結成し、両派社会党と共同で内閣不信任案を提出すると、政権には総辞職か解散しか選択肢はなかった。緒方竹虎副総理の強い意志が通り、内閣は総辞職し、自由党は下野した。吉田はすぐに大磯の邸宅に戻ったのである。

一九五二年から五四年にかけて吉田首相の秘書官を務めた大蔵官僚の橋口収は、境光秀というペンネームで、政権末期の大磯での首相を「鄙一」という名の官僚の名を借りて、こう回顧している（境光秀『鄙一君物語』上、財経詳報社、一九九五年、一〇五～一一二頁）。

吉田総理は、閣議にはあまり出席されなかった。3回に1回ぐらいの感じだろうか。しばしば大磯のご自宅にもどられるので、一週間に一度か二度は、書類のはいった風呂敷包を下げて、書類の決裁（花押）をいただきにいくのがつねだった。……表門は堂々たるものだった。しかし、表門はめったに開かれない。われわれは、小さな裏門からはいって、やや鄙びた細い道をしばらくいくと、さほどりっぱでない玄関に到達する。おそらく内玄関だろう。敷地は広大だが、木造の建物は、文字どおり海浜の別荘風であり、手狭で、かなり古くなっていた。総理の居室は、一段高くなった奥まったところであったが、鄙一の伺候するのはそれにつづく庭に面した六畳間であって、居間との間にべつだんのしきりもなく、総理は、いつもそこまで出てこられた。……その後いつごろであったか、二階建ての洋風建築に改築されたのちも、内玄関や客待ち部屋は、以前のままだった。日あたりのいい二階の居室で決裁をいただくようになったが、ここはひろびろとし、四角形の掘りごたつ（?）に坐っておられる総理に右隣りから決裁をいただいた。……しかし鄙一は、むかしの古い居室がなつかしかった。吉田総理は、そのときのほうが機嫌のいいときが多かったように思う。……口を真一文字に閉じて鄙一の差し出す書類にものもいわずサインをしてほうりだすようなこともないではなかった。お付きの婦人が集め役であった。『ありがとうございます。失礼いたします』といっても、ひとことも発しないこともあった。

掘りごたつの部屋は、退陣後、吉田の側近であった池田、佐藤が重要閣僚、首相になるにおよんで、長老吉田の君臨する部屋となる（御厨貴『権力の館を歩く』ちくま文庫、二〇一三年）。東京から離れた吉田にとっての安らぎの場は、ほどなく権力の離れの間となったのである。

▼参考文献

天川晃・増田弘編『地域から見直す占領改革――戦後地方政治の連続と非連続』山川出版社、二〇〇一年。

天川晃『占領下の神奈川県政』現代史料出版、二〇一二年。

楠綾子『吉田茂と安全保障政策の形成――日米の構想とその相互作用 1943～1952 年』（国際政治・日本外交叢書 9）ミネルヴァ書房、二〇〇九年。

升味準之輔『戦後政治一九四五-五五年』上、東京大学出版会、一九八三年。

宮澤喜一『東京-ワシントンの密談』中公文庫、一九九九年。

村井哲也『戦後政治体制の起源――吉田茂の「官邸主導」』藤原書店、二〇〇八年。

吉田茂、マッカーサー／袖井林二郎編訳『吉田茂＝マッカーサー往復書簡集１９４５-１９５１』講談社学術文庫、二〇一二年。

対話編

牧原　今回は、太平洋戦争後の占領と復興、それから講和までの過程を扱います。

御厨　吉田茂が戦後政治について果たした役割などについて闊達に語りたいと思います。

◆敗戦と占領

牧原　それでは、まず終戦から占領までの経緯を見ていきたいと思います（表7-1参照）。一九四一年に始まった太平洋戦争は、一九四五年八月十四日の御前会議で連合国のポツダム宣言の受諾が決定し、翌日に戦争終結の詔書が発表されます。

日本の無条件降伏を受け、連合軍のマッカーサーが来日し、ここから日本の占領がスタートします。敗戦当時の鈴木貫太郎首相は、十五日、辞任を表明し、後任は木戸幸一内大臣のイニシアティブで、フランス語に堪能な皇族の東久邇宮に決定します。東久邇宮内閣は占領軍の進駐と外地にいる日本兵の復員を進めますが、占領政策の進展と官僚機構の保守性との板挟みにあって総辞職し、後任は天皇自らの説得もあり、昭和初期の協調外交を担った幣原喜重郎になります。この内閣のもとで連合軍から五大改革の指令、婦人参政権の付与であるとか労働組合の奨励、教育の自由主義的改革などの指令が出され、さらには公職追放がなされたり、ＧＨＱ憲法案をもとにした新しい憲法案の作成が進められていきます。戦前の憲法のもとで行われた最後の第二二回の衆議院総選挙の後に幣原内閣が総辞職し、この内閣で外相を務めた吉田

表 7-1　終戦から占領へ

年	首相（内閣）	アメリカの占領政策	日本政府の施策
1945	8月　東久邇稔彦	9月　初期対日方針	
	10月　幣原喜重郎	10月　五大改革指令	12月　衆議院議員選挙法改正 労働組合法公布 第1次農地改革
1946		2月　GHQ 憲法案を日本政府に手交	1月　公職追放令
			4月　第22回衆議院総選挙
	5月　吉田茂		11月　日本国憲法公布
1947		2月　2・1ゼネストの中止	4月　第23回衆議院総選挙
	5月　片山哲		12月　臨時石炭鉱業管理法公布
1948	3月　芦田均		7月　政令201号公布
	10月　吉田茂	12月　経済安定9原則	
1949		3月　ドッジ・ライン	1月　第24回衆議院総選挙
1950		7月　国家警察予備隊創設の指令	7月　報道機関のレッドパージ
			10月　1万90の公職追放解除
1951		9月　サンフランシスコ講和会議	

茂が、公職追放にあった自由党総裁の鳩山一郎から請われて総裁に就任し、首相となります。この吉田内閣は憲法案の帝国議会での審議を進め、一部修正をみて、公布へと至りました。

さて、その吉田内閣ですけれども、日本国憲法の公布後、この新しい憲法のもとで衆議院総選挙を行いました。すると、この総選挙で社会党が第一党になりまして、今度は社会党の片山哲、それから民主党の芦田均といった中道の連立政権が誕生していきます。片山内閣では、炭鉱の国家管理に関する法案などが制定されますが、これが党内の内紛で瓦解し、続く芦田内閣では公務員の労働権を制限する政令二〇一号が公布されるなど、徐々に占領政策も民主化から秩序維持や経済復興へと変化するといった兆しが見られましたが、この芦田内閣も昭和電工事件で瓦解し、吉田率いる民自党の内閣が再度成立することになります。

こういった動きの背景には、東西冷戦の進行、東アジアでは中華人民共和国の成立や朝鮮戦争の勃発といった諸事件がありました。吉田は組閣後まもなく、衆議院を解散して大勝します。ここで、吉田はかつての内閣の次官を中心とした官僚を多数登用します。すなわち、池田勇人や佐藤栄作といった官僚が議員になります。これ以後、インフレ政策から経済自立へと転換したドッジ・ラインによる超均衡予算の策定、さらにはレッド・パージ、再軍備など、初期の改革から占領政策の重点が大きく変わっていきます。他方で、吉田は占領終結のためにアメリカ本国との交渉を進めました。その結果が一九五一年のサンフランシスコ講和会議でありまして、西側諸国との講和が成立するわけです。しかし、占領終結とともに今度は公職追放解除を受けた戦前派の政治家が復権して、吉田の権力基盤が揺らいでいきます。

◆占領期の日本政治の論点

御厨　まず、戦後の事態を日本側がどういうふうに予測していたのか。これはなかなか難しいと思うんですね。ただ、多くの人は最低限、この国の全体的な傾向を民主的な方向に戻していかなくちゃいけないということを思ったでしょうけど、具体的な施策として、何をしたらいいかは、これはなかなか難しかったんじゃないですかね。どうなんでしょう。

公職追放令でとにかく支配層の上がみんな吹っ飛ぶという事態が起こりました。これは想定していましたかね？

牧原　特に戦犯の問題がありますから、それとの関係で、追放というかたちかどうかはともかく、ある種の容疑が加わることはわかっていたと思うんですけど、問題は公職追放の規模です。これをどう見るかという問題があったんじゃないでしょうか。

御厨　一方で裁判官はほとんど許されちゃったとかね。そっくりそのまま温存されちゃったところもあるわけですよね。そのへんのところはおそらく、現実とのせめぎあいの中での塩梅だったと思うんです。そうすると、次の問題として、アメリカの占領政策を日本側は押し付けられたのか、それとも受け入れたのかということが問題になります。これは、どうでしょうか。

牧原　労働運動の場合は、占領政策を歓迎する組合は多かったと思います。さらに、こういう組合運動をもとにして、共産党が戦後ある時期までは非常に活発な動きをしたわけで、ある種の解放感をもたらしたのは大きなインパクトだったのではないでしょうか。

御厨　地方分権とか、地方自治とかはどうでしょうね。

牧原　それまで官選であった府県知事が公選となります。市町村長も公選となります。そして集権の象徴であった内務省が解体されます。地方自治の強化が民主化の課題と考えられたのですね。

御厨　それとやっぱり、教育問題がありますね。これは大学、そして特に旧制高校が解体されていくというプロセスが進みます。最近でもいろんな議論があるようですけれども、これはどうなんでしょうね。

牧原　やはり、新しい教育制度をつくるということで、六・三・三制になりましたが、これまたいろいろな議論があったわけです。その中で教育の自治をどういうふうに考えるかが、問題になってきました。教育勅語が廃止され、教育基本法が制定され、「民主的で文化的な国家」を発展させることが謳われました。社会科や家庭科などが導入され、教育内容も抜本的に見直されました。

御厨　そして、一番重要なものは憲法の改正ですよね。憲法改正はとにかくいろんな動きがありました。

一九四六（昭和二十一）年になった段階では、日本政府は独自に憲法改正を行おうとして、松本烝治を担当大臣にして進めていました。そこで一つ、その問題を議論するのに生々しい史料があります。我々の政治史というのは、史料を中心に組み立てていくのですが、なかなか史料はそんじょそこらに転がっているというものではありません。最近では、公文書館というのがありまして、ここに収められている国や地方の公文書、これがけっこう重要であるとよく言います。それから、それ以外に私文書。これは個人の政治家や行政官が持っている私的な性格の文書であります。これを普通は分けて考えているんですが、どうも我々研究してると、そんなに簡単に分けられないなという感じがいたします。

そこで、今回は憲法改正についての当時の国務大臣、松本烝治の文書を一つ紹介したいと思います。松本烝治の二月十三日のホイットニーとの会見に関する文書です（次頁参照）。これは現在、東京大学に所蔵されておりますが、国立国会図書館のウェブサイトでも見ることができます（電子展示会「日本国憲法の誕生」内「資料と解説」「三―一六　GHQ草案手交時の記録」https://www.ndl.go.jp/constitution/shiryo/03/077shoshi.html）。これをちょっと見てみたいと思います。「二月十三日會見記略」と書いてございますね。そこから二行目のところ。「日本政府ヨリ提示セラレタル憲法改正案ハ司令部ニトリテ承諾スヘカラサルモノ（アンアクセプタブル）ナリ」というふうに書かれておりまして、ダメと言われたということが非常にはっきりしております。次のページをめくっていただきますと、「日本政府カ此ノ提案ノ如キ憲法改正を提示スルコトハ右ノ目的達成ノ為必要ナリ。之ナクシテハ天皇ノ身体（パーソン・オブ・ゼ・エンペラー）ヲ保障ヲ為スコト能ハス」。つまり、連合軍との折衝の中で何を言われたかというと、ちゃんとした憲法改正をやんなさいと。それと、要するに天皇の保障というのはバーゲニングである、いわば条件であると。ここに今日の問題の一つである国体護持の問題が出てきています。

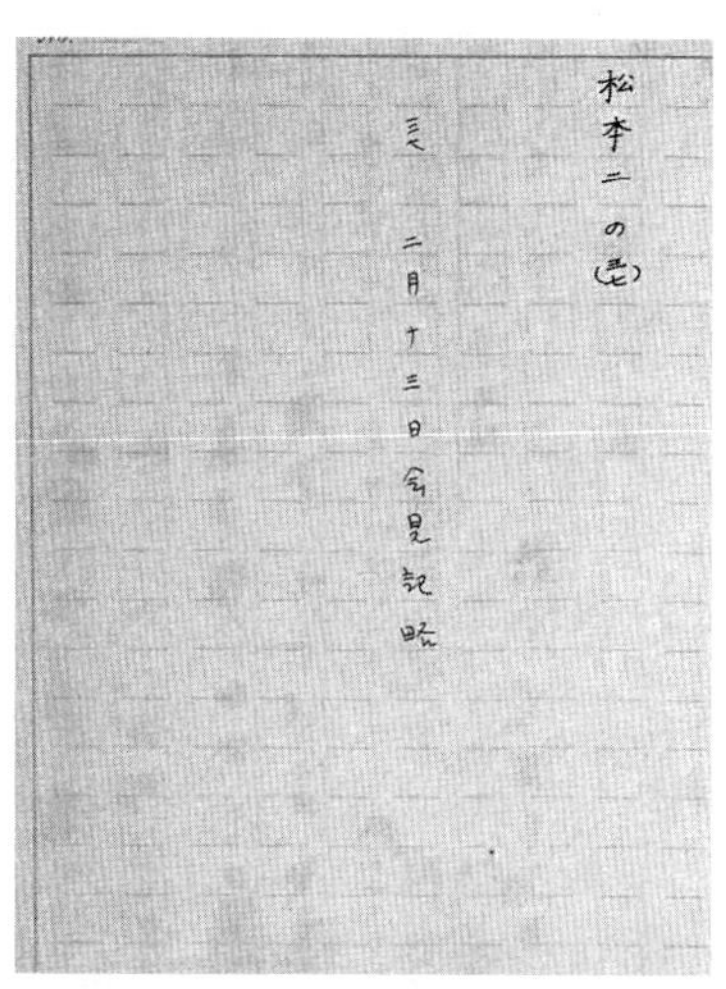

松本二の(三七)
三ヘ
二月十三日会見記略

二月十三日會見記略
ホイットネー」少将手先方提案数部ヲ交付シ極
メテ厳格ナル態度ヲ以テ宣言シテ曰ク一、日本政
府ヨリ提示セラレタル憲法改正案ハ司令部
ニトリテ承認ス(ヘカラサルモノ(アンアクセプタブル)
ナリ)二、此方ノ提案ハ司令部ニモ、米本国ニ
モ又聯合国極東委員会ニモ何レニモ承認セ
ラル(ヘキモノナリ)三、「マクアーサー」元帥ハ兼テヨ
リ天皇ノ保持ニ付深甚ノ考慮ヲ運ラシツツア

リタルカ日本政府カ此ノ提案ノ如キ憲法改正
ヲ提示スルコトハ右ノ目的達成ノ為必要ナリ之
ナクシテハ天皇ノ身体(パーソン、オブ、ゼ、エンペラー)
ノ保障ヲ為スコト能ハス 四、吾人ハ日本政府ニ
対シ此ノ提案ノ如キ改正案ノ提示ヲ命スル
モノニ非ス然モ此ノ提案ト基本原則(ファンダメ
ンタル、プリンシプルス)及根本形態(ベーシック、フォ
ームス)ヲ一ニスル改正案ヲ速ニ作成提示セラレン

⬆「二月十三日會見記略」(1946年2月13日)『松本文書』
(東京大学法学部研究室図書室法制史資料室所蔵)

憲法改正については、佐藤達夫という、その当時、内閣法制局にいて非常に努力をされた方がいます。その佐藤達夫の文書も憲政資料室に残っております。マッカーサー草案について、GHQと逐条審議を徹夜で終えたときの記録です。「三月四、五両日司令部ニ於ケル顚末」と題された佐藤の「メモ」です。

牧原　松本烝治という人は天才肌の、しかも商法学者で憲法が専門でないにもかかわらず、若い憲法学者の説明を聞いて、サラッと頭で咀嚼（そしゃく）して自分の案を作ったわけですね。逆に、GHQから案を渡されると、自負が強いあまりそこで対応できない、そういう状態になってしまったんだということが一方であります。他方で、佐藤達夫は法制官僚で、非常に緻密に法律を積み上げていく。そういう官僚であった佐藤達夫の文書には膨大な法制関係の資料が今残っているわけですね。このメモは、二日かけて徹夜で行われた日・米の憲法草案の逐条審議を記録したものです。淡々と精密に処理をする佐藤が、末尾に「無準備ノ儘、微力事ニ当リ、然モ極端ナル時間ノ制約アリテ詳細ニ先方ノ意向ヲ訊シ論議ヲ尽ス余裕ナカリシコト寔ニ堪エズ、已ムヲ得ザル事情ニ因ルモノトハ云ヘ、此ノ重大責務ヲ満足ニ果シ得ザリシノ罪顧ミテ悚然タルモノアリ、深ク項（ウナジ）ヲ垂レテ官邸ニ入ル。」と自分の感情を吐露しています（佐藤達夫／佐藤功補訂『日本国憲法成立史』第三巻、有斐閣、一九九四年、一五一～一五二頁）。憲法草案をめぐるぎりぎりの交渉を想像すると、いろいろと考えるところがありました。

◆吉田茂と戦後復興

御厨　さて、吉田茂は戦後政治をどういうモットーをもってやったんでしょうか。いろんなことが言われていますが、吉田は、政治外交についてはすべて勘の働きが大事だと言っています。この勘のない人間がやることについて、吉田は一切を認めなかった。吉田茂はのちに、大磯御殿と言われる権力者の館を大磯始終、吉田五十八(よしだいそや)は、その大磯御殿を実際に改築した建築家の吉田五十八は、始終、屋敷の手入れを好んだ吉田茂を、実は「普請道楽」と呼んでいた。常に手入れをおこたらない。これは吉田が戦後政治についてやったことと同じです。つまり常に政治に手入れをする。これが彼の特色だったように思います。

実は吉田は、演説も答弁も、それから説得もすべて下手でありました。上手になろうという気がなかったんですね。先ほど勘がいいということを言いましたけれど、ごく数人の勘のいい聞き手との間にだけ会話が成立するということになります。座談の名手と言われますけど、それでも勝手なことを言う奴はいけないのです。

戦後のところについて言えば、吉田は与えられたデモクラシーを運営していくのが非常に困難であると考えた。彼の頭の中には、戦前からの因縁を引き継いでいる、政友会や民政党にいた政党政治家たち、これが嫌で嫌でしょうがなかった。だから、彼は自分の子飼いの官僚たちを、さっき牧原先生が言ったように、政治の世界に出します。逆に公職追放が終わって政界に戻ってきた政治家とは絶対うまくいかない。あの連中と政治をやるのはこりごりだと思って、彼はだんだん孤高の人になっていきます。吉田の人格に由来する政治のカタチがあったのかなという感じがしています。ただ同時に、彼は明治以来、絶えてしばらくなかった、書簡政治、手紙による政治をやるんですね。手紙による政治をどういうふうにやったのかについて、実際にその書簡とともに牧原先生に紹介していただきたいと思います。

牧原　吉田は大量の書簡を残しているんですね。その中でも今紹介したいのは、岳父の牧野伸顕に宛てたものですね。長い紙に筆で書いていくわけです。この書簡は、吉田が最初の内閣から下野したときの、負けっぷりが大事だと言ってる書簡なんですけれども、こういったものを大量に書いて、自分の感情を書簡

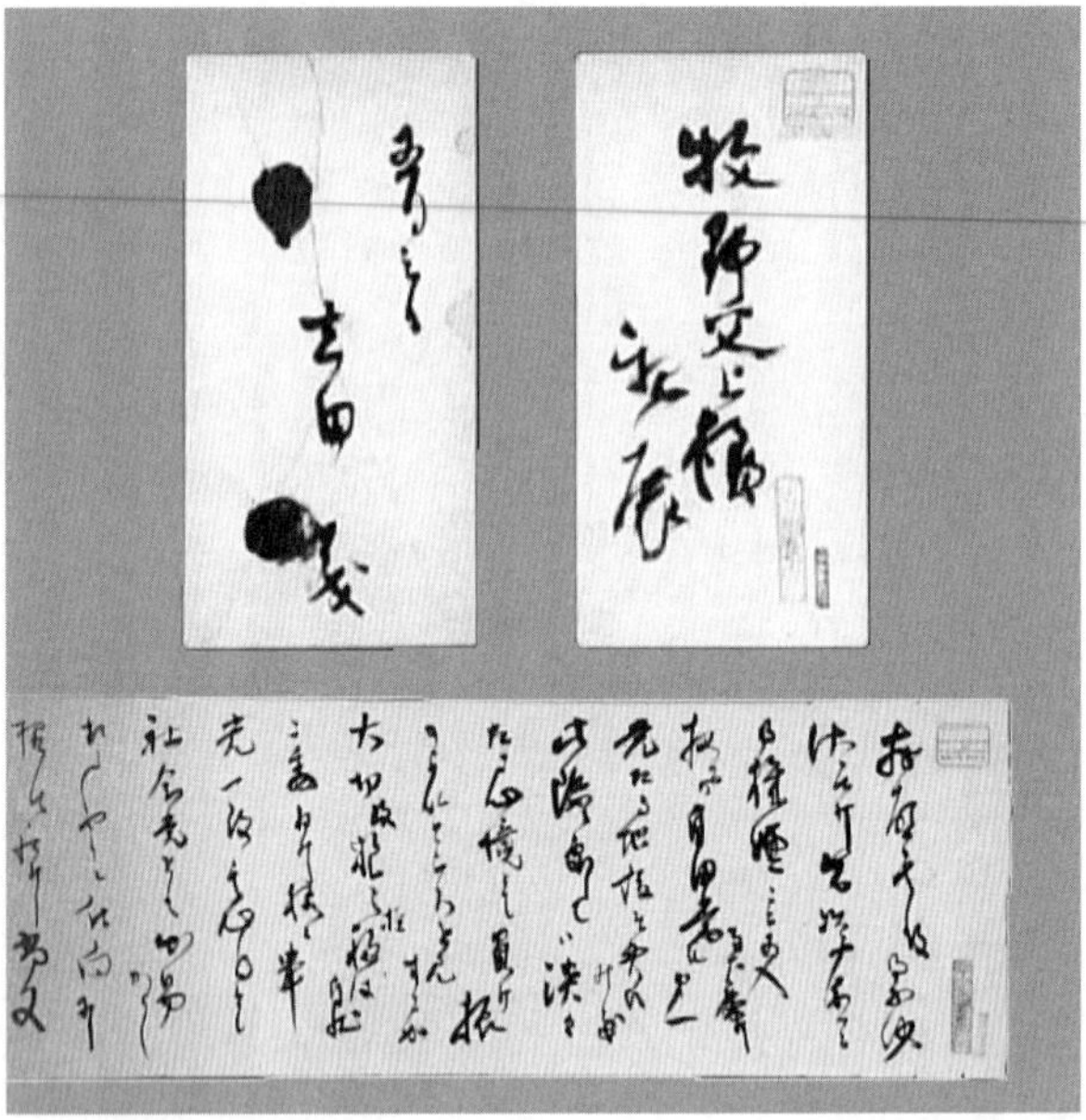

↑ 牧野伸顕宛の吉田茂の書簡（1947年5月3日。出所：国立国会図書館ウェブサイトより）。

の中に残していく。その感情も、割にからっとして威勢のよいものが多いんですね。

御厨　しかも、これは郵便で出してないんですよね。全部書生に持たせて、相手の家にやって、相手がまた返事を書くまで書生を待たせていて、それでまた持って帰ってくる。独自のコミュニケーションツールを持っていたという感じですね。

◆サンフランシスコ講和条約の締結

御厨　そういう吉田政治の一つのエポックメイキング（画期的な出来事）が、講和条約を締結するということでした。サンフランシスコ講和会議（一九五一年）、これは吉田にとっての戦後政治における最大のハイライトであったと思います。

サンフランシスコ講和会議に吉田が全権として行って、そこで調印をする。これは講話条約調印という非常に貴重な場面だろうと思います。彼はそれからまだしばらく政権を維持する意欲満々で、占領期の政治に望むものの、最後は石持って追われるように政権の座を去っていくことになります。このサンフランシスコ講和の流れの中での吉田について、牧原先生から紹介いただきたいと思います。

牧原　占領期の吉田は、特に一九四八年に第二次内閣を組織して以降、経済復興をめざしていく。それは一つには講和のための条件であったわけですね。それと並行して、吉田は蔵相の池田をアメリカ本国に送って、アメリカ本国の日本の独立に向けての感触を確かめています。独立後も、再軍備をめぐってまた池田が渡米して、日本の防衛負担を軽くするための交渉を行います。

このとき池田の秘書官、あるいは通訳であり、実質的に交渉を英語で進めたと言われているのが、当時、大蔵官僚であった宮沢喜一でした。宮沢は吉田内閣崩壊後、吉田内閣時代の自分の交渉にあたった回想録を準備して、一九五六年に、これは自民党が成立した後ですけれども、出版しています。簡潔かつわかりやすい文体で、時に自分の日記の一節も織り交ぜながら、占領下の日米交渉の一端を記録しています。その末尾、いよいよ吉田内閣が崩壊するというところがここにあります。吉田最後の渡米中のニューヨーク・タイムズの記事から始まるのです（前掲『東京－ワシントンの密談』三一二〜三一三頁）。

「東京発十一日AP。占領軍によって追放されていた日本の政治家達は、親米的な吉田内閣打倒の目的で、昨日新たな保守党を結成することを正式に決めた。

第二次大戦中の外務大臣であり、日本の降伏文書に調印した重光葵氏と戦時中の文部大臣であった鳩山一郎氏は、この保守党を十一月二十三日を期して結成することに同意した。吉田首相は十一月十七日に米国より帰国の予定である。

重光、鳩山の両氏は衆議院に於て多くの支持者を得ているので、この人々と両社会党が内閣不信任を提出した場合、与党が敗れる公算が大きくなっている。その場合には再び選挙ということになるであろう。

重光氏は既に改進党の解党に同意し、党員に対し、反吉田の新党に加入することを勧めている。鳩山氏は、現在の吉田氏の自由党の創始者であり、今度の新党に三十名乃至四十名の自由党の不平分子を抱き込むものと思われる」（十一月十一日、ニュー・ヨーク・タイムス）。

ここにあるように、新しい保守党が成立する。つまり、民主党が成立するということでありまして、これによっていよいよ吉田内閣も国会で不信任案が可決されてしまうだろう。そういう見通しを立てています。

結局、このニューヨーク・タイムズの記事は、不信任案が出た場合には再び選挙ということになるであろうと言っています。宮沢はこれを引用した後、さらりと、次のように書いています（同前、三一三頁）。

この電報は当時の情勢を正しく予想している。ただ違ったことは、解散が行われずに総辞職が行われる運命が待っていた点だけである。

宮沢は吉田に随行してアメリカに行って、帰る途中でこの新聞を見たのです。最後、吉田内閣が崩壊するときというのは、日本民主党が結成され、さまざまな政治家のどろどろとした政局が展開されたことが、マスメディアでも、政治に関する記録でも書かれています。しかし、このくだりは宮沢らしいんですね。アメリカから独立を勝ち取り、アメリカと交渉した吉田内閣の終焉を、彼は外国メディアから眺めているわけです。あるいは吉田内閣らしいと言えるかもしれない。やはり吉田にせよ宮沢にせよ、政局の中での立ち居振る舞いをする政治家ではないのです。ここに、一つの吉田政権の性格が出ているのではないかと思います。

御厨　そうですね。宮沢という人は、こういう外からの見方が得意で、自分さえも外において見るという見方になります。もう一つ、今うかがっておきたいのは、なぜこんなに早い時期なのか。一九五六年というのは、まだ政権が終わって一年、二年です。なぜ、こういうときに、こんな本を出したんですかね。

牧原 宮沢にとっては、吉田内閣の後の鳩山内閣の外交に対する非常に強い不満があったんだと思います。また、宮沢は鋭敏な知性のためでしょうが、記録を残しているんだけれども、決してぎりぎりの機密まではふれない。しかし、この本を出すことによって、日本の戦後の出発点の核に日米交渉があるということを彼は言いたかった。それを、やはり同時代に伝えたかったということだったんだと思います。

御厨 やはり同時代的に意味のあることを、今自分が残しておかなければダメだという自覚があった。彼もこの後、政治家になります。そのための一里塚としても、これを必要としたということだったんでしょう。それでは、今回はここで終わります。

第8章　日米安全保障条約の改定

目標&ポイント
　占領終結後の政治的混乱は一九五五年の左右社会党統一と保守合同による自由民主党の結党によって収まり、いわゆる「二大政党制」が成立する。自民党結党を主導した岸信介は、日米安全保障条約の改定によりアメリカとの対等に近い関係構築をめざした。その政治指導の意義を考える。

キーワード
岸信介　日米新時代　アイゼンハワー

一　鳩山一郎という「ブーム」

　一九五四年十二月、吉田茂内閣にかわって登場した鳩山一郎日本民主党内閣は、将来の解散を条件に両派社会党の協力を得て成立した少数与党内閣であった。鳩山首相は、社会主義国との国交回復を含む自主国民外交の展開、総合計画の策定を施策に掲げ、五五年一月に衆議院を解散した。解散前から「鳩山のあらわれるところ、どの演説会場もどよめくような人気である。東京のど真中でさえ、依然として人気はおとろえないのだから、地方遊説などでは容易に想像がつくというものである」という「鳩山ブーム」が巻き起こっており（田々宮英太郎『鳩山ブームの舞台裏』実業之世界社、一九五五年、二一七頁）、結果は日本民主党が過半数に届かないものの一八五、自由党が一一二、両派社会党が一五六議席であった。以後、両派社会党の統一と保守合同への動きが徐々に加速し、十月の社会党統一、十一月の保守合同による自由民主党（自民党）の結成をもって、自民と社会の二大政党が対立する国会の構図が成立した。

保守系政党と革新系政党がそれぞれの陣営内で収斂（しゅうれん）する過程で、鳩山に対して起こった「ブーム」は、以後の政治の底流となる社会状況であった。出版界では、週刊誌が次々と発刊される「週刊誌ブーム」、新書の発刊が続く「新書ブーム」など、手軽に情報を得るためのメディアが登場した。一九五八年の皇太子と正田美智子の婚約は、「テニスコートでの自由恋愛」だとして全国に「ミッチー・ブーム」を巻き起こしたが、その発信源は女性週刊誌であった（石田あゆう『ミッチー・ブーム』文春新書、二〇〇六年）。政治学者の松下圭一は、ここに「大衆天皇制」を見出し、「皇太子妃ブームは、程度はおちても一回かぎりの異常反応ではない」と論じた（松下圭一「大衆天皇制論」『戦後政治の歴史と思想』ちくま学芸文庫、一九九四年、九二頁）。欧米の社会学における大衆社会論を日本の現状に適用してみると、皇室ブームの中から登場したものは、新憲法の下での天皇制を新たに支持する階層だというのである。

一九五六年に経済企画庁が公刊した『経済白書』は、「もはや戦後ではない」という著名なフレーズを掲げた。その含意は、戦後の経済復興から、停滞局面に入る可能性があることへの警鐘であった。政治・経済・社会が、占領の残滓（ざんし）を押し流そうとする時代に、登場したのが岸信介内閣である。

岸内閣は、自民党結党以来の本格政権と目され、「日米新時代」を掲げて、片務的であった日米安全保障条約の改定を政治課題とした。だが、太平洋戦争を開戦した東条英機内閣の閣僚であり戦犯容疑で戦後収監されていた岸には、まったくブームは起こらなかった。むしろ内閣への反対運動こそが「ブーム」を巻き起こしたと言うべきであろう。一九五八年の警察官職務執行法（警職法）反対運動は「デートもできない警職法」という標語を介して高揚し、さらには日米安保条約改定反対運動は、十万人以上の学生・労働者を連日、国会議事堂周辺に集めた。いずれも、「ブーム」の到来が呼び起こした政治現象とも言いうるであろう。

二　社会党統一・保守合同による「一九五五年の体制」

一九五五年の総選挙後発足した第二次鳩山内閣は、自由党から協力を得るのに苦しみ、首相念願の三木武吉の衆議院議長就任を果たせず、多くの重要法案の成立に失敗した。だが、選挙の結果伸張した両派社会党に対する脅威から次第に保守合同論が民主・自由両党から沸き上がった。新党の政策・組織・人事に関する対立は激しかったものの、十月に両派社会党が統一するにおよんで、十一月には自民党が成立し、鳩山は総裁代行委員の一人として第三次鳩山内閣を組織した。社会党では、左派から鈴木茂三郎（すずきもさぶろう）委員長、右派から浅沼稲次郎書記長が就任し、両派のバランスがとられた。自民党では、内閣は日本民主党内閣時代の閣僚が留任し、政務調査会長（政調会長）に水田三喜男が就任するなど自由党系の議員がいくつかの党役職を占めた。両者が徐々に一体化するのは、岸内閣以降である。

ここに自民党と社会党の「二大政党」が誕生したと当時の新聞は受け取った。そして関心は、再軍備と非武装中立という極端な政策対立がどの程度収斂するかに向けられた。さらに国会手続きの合意形成が必要であることについては、両党も十分に意識していた。保守合同直後の対談で、岸幹事長は浅沼書記長に対して、「日本の議会政治も戦後占領下はアメリカのカイライ政治であり国民の信頼を得る姿ではなかったが、これから始めて新しい実質的な民主的議会政治のルールを立てていかねばならぬ」と吉田内閣時代からの脱却を呼びかけ、浅沼は「国会の運営は戦前の各派交渉会のように話合いで決めた方がいゝ」と応じたのである（『読売新聞』一九五五年十一月十六、十七日）。

結党後の自民党では、自由党総裁であった緒方竹虎、日本民主党で鳩山を支えた三木武吉が相次いで死去した。かわって幹事長であった岸信介の影響力が次第に増大していった。旧日本民主党内では鳩山の側近を自任する河野一郎農相が政府機構の一大改革と合理的な農政を進めつつ、存在感を高めた。また旧自由党では吉田派とりわけ池田派が復権し、内閣を牽制（けんせい）する側に回った。

鳩山首相は、憲法改正と再軍備を掲げ、国防会議と憲法調査会を設置し、小選挙区制への選挙法改正をめざした。だが、小選挙区制法案は審議未了となり、一九五六年の参議院選挙で社会党が躍進して、護憲勢力で憲法改正の発議を阻止するための三分の一以上の議席を確保したため、鳩山の憲法改正の構想は頓挫した。脳内出血から復帰したとはいえ体調万全ではない鳩山は、日ソ国交回復を最大の施策に定めた。これは、内閣発足直後に、ソ連側から提案があったものの、重光葵外相が消極的であったために、交渉が中断していたものであった。日ソ漁業交渉でソ連側から交渉再開を求められると、側近の河野農相に支えられ、さらに社会党の了解を得て、鳩山は河野とともに訪ソした。十月に日ソ共同宣言がモスクワで締結された後、帰国した鳩山は引退を表明した。

三　岸信介内閣の成立

鳩山の後任総裁をめぐって、岸幹事長、石井光次郎総務会長、石橋湛山通産相による総裁公選が行われた。第一回投票では、岸、石橋、石井の順位であったため、岸と石橋の間で決選投票が行われた。すでに石橋と石井の間では決選投票で一本化する合意があり、僅差で石橋が勝利した。石橋は岸を副総理兼外相に、池田を蔵相に据えて組閣を完了したが、翌月の一九五七年一月には病気に倒れ、二月には辞任を余儀なくされた。議員総会で岸が総裁に就任し、全閣僚を留任して組閣をすませた。

岸信介を表す言葉には事欠かない。「昭和の妖怪」・「カミソリ岸」・「両岸」・「戦後最大のフィクサー」……ずば抜けた思考力の持ち主と悪辣（あくらつ）な権力者像とが重なり合い、岸はある種の畏怖の念を人々に与えてきた。それはほとんど生理的なものでもあった。たとえば岸番記者の回想「僕はいつもカキを食べるときに岸を思い出すんですよ。生ガキは裏返すと一変するでしょう。顔がね、ニコっと笑ってると、歯をむき出してね、にたりにたり笑ってるかと思うと、なんか形相がすさまじくなってきて、あんなにあいう怖さをもった人ってのは僕は政界ではあんまり知らなかった」（塚本哲也談／中村隆英・宮崎正康編『岸信介政権と高度成長』東洋経済新報社、二〇〇三年、二七八頁）。長州生まれ、東京帝国大学時代の右翼との付き合い、農商務省入省、大臣と衝突して満州に渡り、陸軍と互角に渡り合った革新官僚時代、開戦時の東条内閣の商工相、その東条首相に公然と抵抗し内閣総辞職に追い込んだ戦中期、戦犯としての巣鴨での獄中生活。しかも容疑不十分での巣鴨からの釈放から七年で首相に就任したのである。このとき若手の警察官僚であった後藤田正晴は、「僕は個人的には、戦犯容疑で囚われておった人が日本の内閣の首班になるというのは一体どうしたことかという率直な疑問を持ちました」とのちに回想している（後藤田正晴『情と理』上、講談社＋α文庫、二〇〇六年、一九一頁）。多くの国民も同じ疑問を抱いたのである。

しかし、同時に、岸は首相就任時には、自民党内に数少ない合理的な政策通とも見られていた。作家の伊藤整は、一九五五年十一月に岸を間近で見た印象をこう語る――「その時、私の目の下三、四間のところで、隣席の議員たちに笑顔を向けながら自席に着いたその人物のものごしは、私が保守系の政治家にしばしば見ていた人間とは異質なものであった。また社会運動や演説や入獄などの体験で錬えられた左派の政治家とも違うものであった。つまりその男には、私たち文士とか学者とか、一般に知識階級人と言われている人間に近いものがあった」（伊藤整「岸信介氏における人間の研究」『中央公論』一九六〇年八月号、一六九頁）。

他方で岸には政治への強烈な情熱があった。「私は官僚出身であるけれど、東条内閣の大臣になった当時から、政治家というのは国民の信頼を受けなければいけないと思っていた。それで翼賛選挙があるなしにかかわらず、政治家としてやってゆくには、どうしても選挙に出なければならない、早い機会に立候補しなければいけない」（岸信介・矢次一夫・伊藤隆『岸信介の回想』文春学藝ライブラリー、二〇一四年、七五頁）。翼賛選挙で当選した岸は次のように語ったという――「僕は今までの経験で、小学校の特待生になった時もうれしかった。一高に入った時も、東大に優秀な成績で入った時も、高文に受かった時も、次官になる時も、また商工大臣になった時もうれしかった。しかし代議士に当選した時のよろこびはとてもそれらの比にならない」（吉本重義『岸信介傳』東洋書館、一九五七年、一二一頁）。

経済合理性と政治への情熱は、岸にとり、合併による規模の利益の追求として表れた。商工次官時代に、商工省と農林省の合併をめざした岸は、開戦後に商工省と企画院などを合併して軍需省を組織した。戦後に保守合同をめざして自民党をつくり上げたのも同様の発想である。「何もしない善人よりも、悪くても何かをするほうがいい。悪でも使い道によっては役に立つ」と岸は周囲に語ったという（原彬久『戦後政治の証言者たち――オーラル・ヒストリーに往く』岩波書店、二〇一五年、四三頁）。「何かをする」人間ならば善悪を問わず糾合し、「何か」を成し遂げること――それは岸の行動原理であった。

かくして経済官僚出身として経済通ではあったが、岸自身は必ずしも経済を内閣の主要施策とは考えていなかった。蔵相には、省内に強い影響力を及ぼしていた池田勇人をおさえるために、日本銀行総裁経験者の一万田尚登を登用し、経済政策全般はおおむね側近であった大蔵省出身の福田赳夫にゆだねた。そして、岸自身は外交を担い、とりわけ対等な日米関係をめざした。外交に岸が活路を見出しえたのは、占領終結後に初めて本格的な外交活動を再開した戦後の外務省が組織的に脆弱であったからである。さらに、かつて吉田茂の外相就任後に当の吉田から疎まれていた大野勝巳・山田久就を事務次官に起用し、吉田・重光系の官僚を排斥して、省の掌握に努めた。本来外交経験の少ない岸も、日本民主党幹事長時代から日米交渉に立ち会うことで、すでに占領期に逼塞していた外交官と伍して新しい対外政策を推進することができたのである。

四　日米安全保障条約の改定

岸内閣を眺めると、年ごとに何を政策課題としていたかがはっきりと見てとれる。

一九五七年――東南アジア訪問・訪米を経て外交方針を固める。

一九五八年——五月の総選挙での勝利後、五九年の参議院選挙に備えて内政課題を包括的に立案する。
一九五九年——六月の参議院選挙の公約に「所得倍増」計画を掲げ、勝利を収める。以後は日米安保条約改定交渉と党内調整に費やす。
一九六〇年——一月に安保条約の調印をすませ、国会承認をめぐって野党・大衆運動と激突し、総辞職に至る。

首相に就任した後、予算が成立するまで、岸は石橋内閣の閣僚を全員留任させ、外交については、専任大臣を置かず、首相兼任とした。その上で東南アジア訪問を経た後、アメリカを訪問し、「日米新時代」を演出する。その席で岸は占領期の体制下でつくられ、片務的性格の強い日米安保条約を改定し、対等性を強める条約にするよう主張し、アメリカを交渉の場に引き出したのである。九月には外交政策の基本方針を、『外交青書』の発刊によって内外に訴えた。そこで掲げられた「国際連合中心主義」・「自由主義諸国との協調」・「アジアの一員としての立場の堅持」の三原則は、岸にとって戦後の国際情勢に最大限適応しながら、対米「自主」外交を進めるための基本方針を意味したのである。

内政に目を転ずると、アメリカから帰国後の七月、岸は内閣改造を行い、主流派で閣内を固めた。一九五八年五月の総選挙では、自民党が現有議席をほぼ守り、社会党の躍進を阻んだことによって、国民の支持を得たと判断した岸は、第二次岸内閣を発足させた。このときが岸内閣の絶頂期である。内閣は翌五九年の参議院選挙に向けた内政面でのプログラムを掲げた。すなわち、景気対策、国民年金制度の創設、減税である。これらを主導したのは、側近で大蔵省出身の福田赳夫政調副会長であった。福田の手堅い手法で、予算編成作業が順調に進み出したとき、大きな衝撃が岸内閣を襲う。それが突然国会に提出された警職法改正案であった。過半数の国会議席数で野党の反対を押し切れると踏んでいた岸とその執行部の予想に反して、新聞とりわけ社会部での反発が大衆運動を呼び覚ました。「週刊誌ブーム」・「新書ブーム」が起こる中で、新しく誕生したメディアが抗議行動を支えたのであった。

結局、法案は廃案とされたが、反主流派閣僚が三人辞任し、岸の派閥操作能力は著しく低下してしまった。以後、岸内閣は、反主流派を取り込むために、あらゆる手段を弄して安保条約改定を進めていくこととなった。一九五九年一月に総裁選挙を繰り上げて支持を固めようとし、大野伴睦に後継総理を確約した念書を渡して支持を取りつけた。そして、五九年六月の参議院選挙で予想以上に自民党が健闘すると、選挙後に岸は、池田を通産相に任命し閣内に取り込んだ。その主張する「所得倍増」計画を内閣の施策に据え、安保改定への協力を取りつけたのである。

この時点で、岸は内閣に実弟の佐藤栄作蔵相と、池田通産相という二人の吉田の側近を取り込んだ。吉田は岸に対する書簡をこの改造後から送り続け、安保改定交渉に臨む岸を激励し続けた。その際に吉田は、佐藤と池田に岸と協力するように告げ（佐藤栄作宛書簡一九五九年九月十五日付、吉田茂記念事業財団編『吉田茂書翰』中央公論社、一九九四年、三三五頁。この書簡は山口県田布施町郷土館の岸家文書の中に保存されており、佐藤から岸に渡された模様である）、岸に対しては「数日来池田佐藤両氏とも出会、両氏共相提携して政局之前途之為努力を約され候」と記し、池田と佐藤が岸と協力する心づもりであることを繰り返し伝えている（岸信介宛書簡一九六〇年五月十二日、六月二十三日付書簡にも同旨の表現がある。前掲『吉田茂書翰』、二〇〇、二〇一頁）。ここに長老吉田、首相であり長老としての適格性を得ていた岸と次代を担う首相候補である池田、佐藤、という一九六〇年代の自民党政権の権力構図が成立したのである。

このような体制の下で、安保条約の改定交渉を進めた岸は、一九六〇年一月に自ら訪米して新条約を調印しドワイト・D・アイゼンハワー大統領の六月訪日で合意をみた。新条約の批准国会で強硬に反対する野党をおさえるため、衆議院で強行採決を行ったとき、再び大衆運動が激化した。問題は安保条約改定の是非ではなく、「民主主義の危機」ととらえられたからである。一カ月後に条約は自然承認される。したがって、運動の目的はもはや「安保反対」ではなく、「打倒岸」とそのための「アイゼンハワー大統領訪日阻止」とに絞られていた。連日のデモで警備隊も疲弊し、なす術はなくなっていた。岸に残された政治手段は、安保条約自然承認後の総辞職のみであった。

岸は戦後政界に復帰する当初から、憲法改正を政治信条に掲げていた。一九五八年、五九年の衆参選挙で野党が三分の一以上の議席を確保したとき、この課題は当面の施策から外さざるをえなくなっていた。だが、五八年十月に岸自身はアメリカのNBC記者とのインタビューで「憲法を再検討する時期に来ている」と発言していた。そうした中で、強行採決や審議手続きの省略を辞さない岸の強引な国会運営と、突然の警職法改正案の国会提出に表れる秘密主義的な政策決定過程とは、野党・国民にとって、抑制のない権力欲を持つ政治家というイメージをたえず強烈に呼び覚ました。憲法には権力の自己抑制の精神が体現されている。これを岸は一貫して無視したと言うべきであろう。以後の自民党内閣は、岸内閣の教訓から、在任中に憲法改正を行わないことを形式的に宣言するようになっていく。安保反対闘争の教訓とは、権力が自らを抑制する姿を明確に国民に説明することであったのである。

一九八七年八月七日、岸は死去した。このとき昭和天皇は、岸家に送る勅使の口上に「安保改定につき困難を排して貫く」という表現を打ち出そうとしたが、側近はそれを直接的にではなく「いかに抽象的に表現するか」に知恵を絞った（「富田メモ」一九八七年八月十日条、『日本経済新聞』二〇〇七年五月一日、卜部亮吉『卜部亮吉侍従日記』第三巻、朝日新聞社、二〇〇七年、一六三頁、一九八七年八月十日条）。対等な日米関係を悲願としたのは岸だけではなかった。戦後はまだ終わってはいなかったのである。

▼参考文献

明田川融『日米行政協定の政治史――日米地位協定研究序説』法政大学出版局、一九九九年。

小宮京『自由民主党の誕生――総裁公選と組織政党論』木鐸社、二〇一〇年。

原彬久『戦後日本と国際政治――安保改定の政治力学』中央公論社、一九八八年。

原彬久『岸信介――権勢の政治家』岩波新書、一九九五年。

原彬久編『岸信介証言録』中公文庫、二〇一四年。

牧原出『内閣政治と「大蔵省支配」――政治主導の条件』中央公論新社、二〇〇三年。

升味準之輔『戦後政治――一九四五-五五年』下、東京大学出版会、一九八三年。

牧原　今回は、日米安保条約の改定について考えてみたいと思います。

御厨　五五年体制の成立というところですね。それと岸信介内閣の内政と外交がどうからまってくるのか。そのあたりを中心にお話をしたいと思います。

◆五五年体制の成立過程

牧原　それでは日米安全保障条約の改定に至る過程として、まず一九五五年に成立した政党のあり方、のちに五五年体制と呼ばれるその政党のあり方を見たいと思います。まずは戦後の主要政党の変遷をごく簡単に振り返ってみたいと思います。

図8-1のように、日本自由党、日本進歩党、日本協同党、日本社会党、日本共産党といった政党がある中で、さまざまな離合集散がありましたが、それが最終的には、この一九五五年に自由民主党、それから日本社会党という二つの政党を中心に、ある程度まとまっていきます。五五年十月に、サンフランシスコ講和条約への対応をめぐって分裂していた、右派と左派の社会党がまず統一します。これを受けたかたちにはなりますが、次の十一月には首相の鳩山一郎を総裁とする日本民主党と自由党が保守合同をすることで、自由民主党が成立します。衆議院では過半数の議席を確保した自由民主党と野党第一党としての社会党とが対立する、という議席配分になり、このうえで第三次鳩山内閣が成立します。

図 8-1　主要政党の変遷（1945 年 8 月〜55 年 11 月）

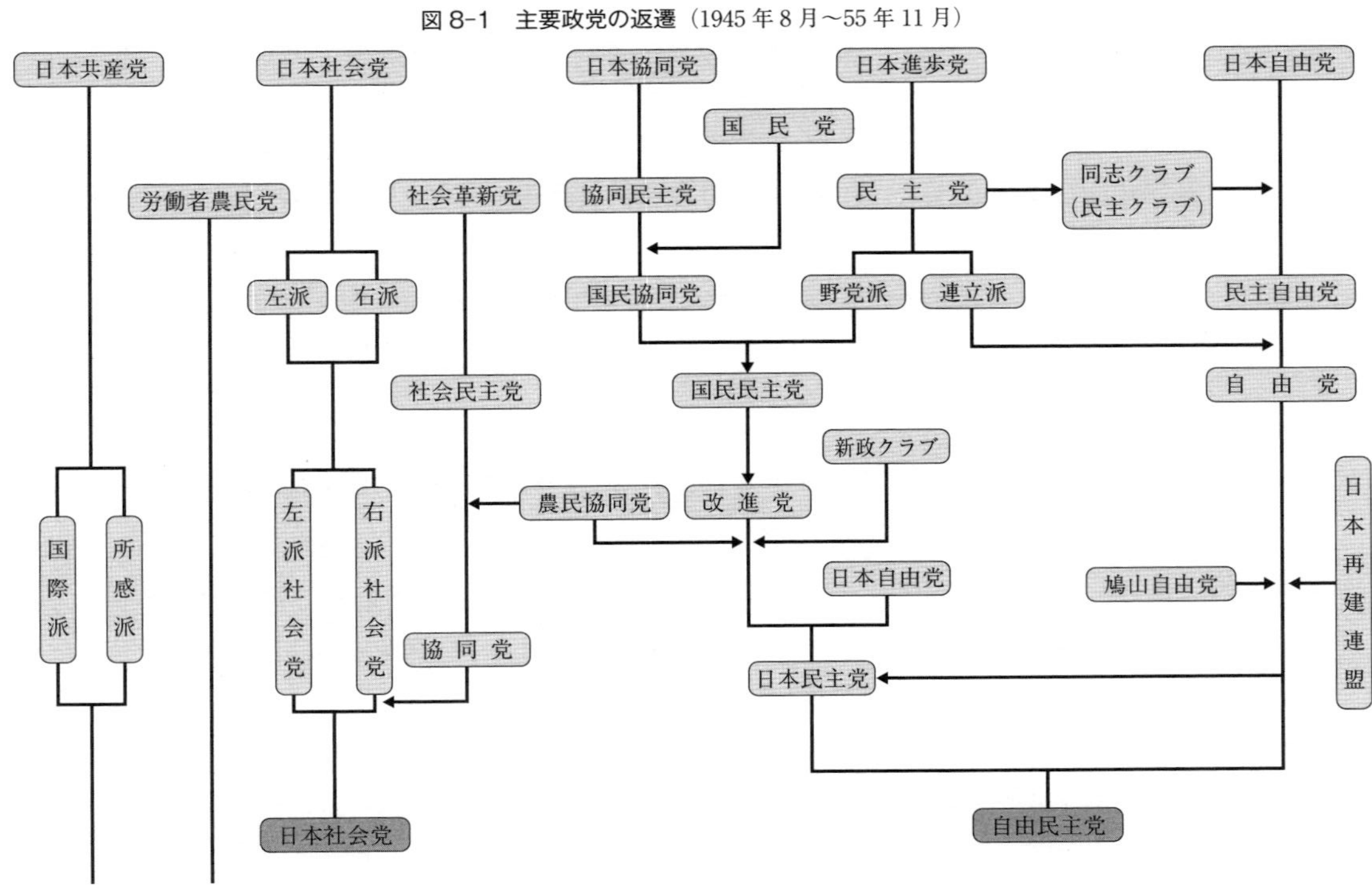

保守合同の直後は、二大政党がどう根づくかということはまだ明らかではないと考えられていました。この頃、自民党初代幹事長の岸信介と社会党の浅沼稲次郎とが新聞紙面上で座談会を行っています。そこで岸は浅沼に対して「社会党が右へ寄り、保守が左に寄ることで政権の交代が今後スムーズに行われることが期待されるのだ」と言っています。しかし鳩山内閣は憲法改正を掲げており、社会党は護憲を全面に掲げるということで、自民党と社会党は政治理念の上でも政策上でも激しく対立していきます。

これが一九六〇年代になると、一九五五年の体制、すなわち五五年体制と呼ばれるようになります。一九六四年の十月に政治学者の升味準之輔はこう述べているんですね（升味準之輔「一九五五年の政治体制」『思想』四八〇号、一九六四年、七五九頁）。

> 講和条約も占領体制も太平洋戦争も、大正デモクラシーも明治維新も、さかのぼれば数かぎりない事件や人間の所産が現在を構成しているにちがいない。しかし、それらが現在になだれこむ大ダムができたのはやはり一九五五年である。……
>
> こうして保守党支配のダムは出現した。これは異った意図の合作であり、耐震計算も水圧計算もなされていない。どこからいつ決壊するかもしれない。しかしまた、十年の風雪はかりそめのダムに耐久力を与えたかもしれない。

自民党と社会党が対峙するこういう仕組みは、その後続いていきます。そのような状況が選挙でどうだったかをまずは確認してみたいと思います（図8-2参照）。この図は保守合同後、最初に行われた参議院通常選挙の結果ですね。自民党と社会党の議席配分は自民党が一二二、社会党が八〇となっています。また、一九五八年に行われた衆議院議員総選挙では自民党は二八七、社会党は一六六というかたちで、基本的に自民党と社会党という、二大政党の対立が五〇年代の後半は続いていきます。

図8-2　55年体制成立直後の選挙

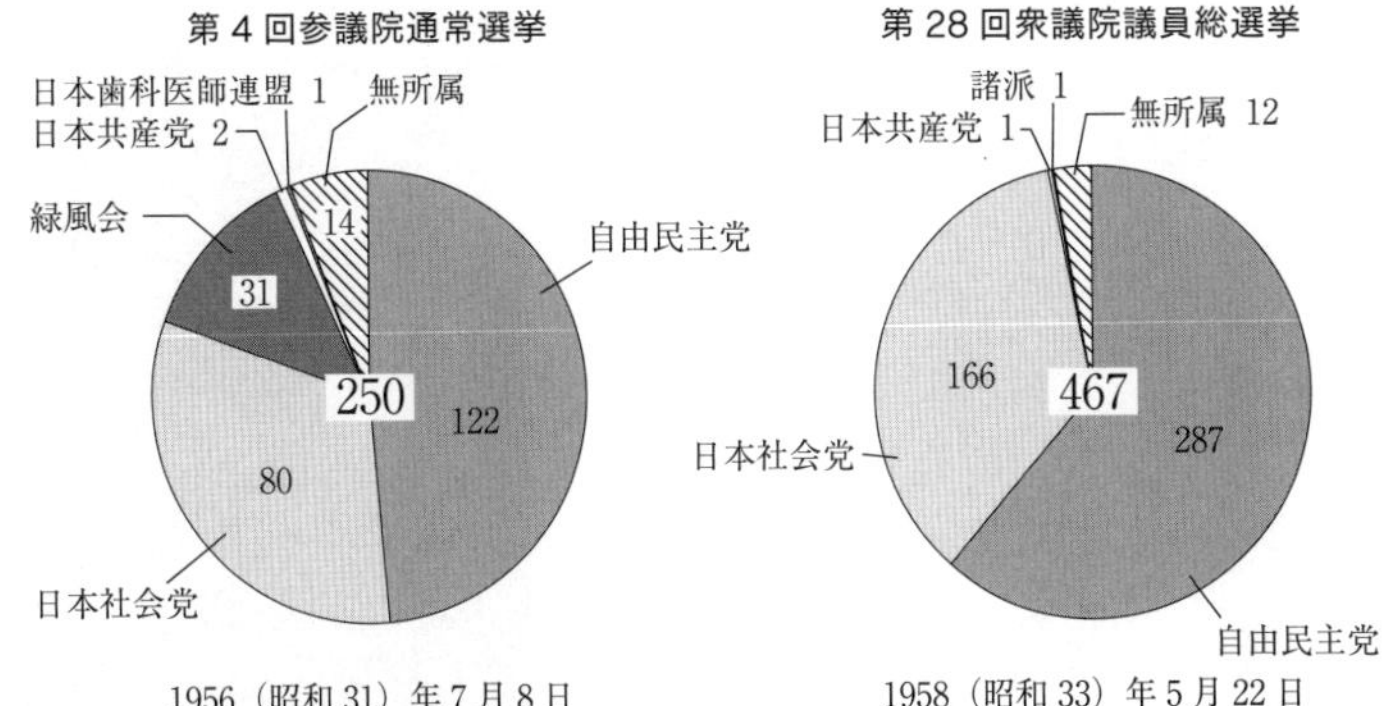

［注］　グラフ中央の数字は議席数。グラフの下の年月日は投票日。

◆保守合同の意義

御厨　保守合同の政治過程を、もう一度、振り返ってみますと、要は吉田時代というのは常に中道の可能性があった。つまり保守二党の左寄りとされた政党は限りなく右寄りの社会党とくっつこうとする、あるいは連立をしようとする動きがあります。とすると、一番右に一つあって、一番左に一つあって、真ん中にある。この真ん中の可能性を消したのが実は保守合同であり、社会党の統一であったわけですね。

では、なぜそれが必要であったのでしょうか。これは一つには、保守が二つに分かれていては絶対に安定多数を得られない状況に吉田内閣の末期からなっていた。鳩山に移っても鳩山の日本民主党は単独では安定多数を得ることができません。その結果どうなったかと言うと、先回りして言うと、いわゆる日ソの国交回復についての一連の動きというものは、社会党の助けを借りなければできない。むしろ吉田の自由党系はこれに反対するという一種のねじれ現象が起きていた。こういうねじれを何とか解決しなくてはいけないというのが、このときの保守の側にはあったと思われます。これは岸も同じでして、なんとか安定多数が欲しいという欲求があった。しかし、なかなかうまくはいかないだろうと思われた。なぜかと言うと、この人たちは戦前は二大政党と言われた同じ保守の中の政友会と民政党に分かれていた。だから、これが同じ政党としてくっついて選挙なんか戦えるわけがないじゃないかという議論がありました。

そんな中で、新党の結成の動きを強めたのが、三木武吉と呼ばれる旧民政党出身の代議士、それから大野伴睦という旧政友会出身の代議士です。この二人の結び付きが、実は保守合同の人間的結合要素になったというのは有名な話です。

三木と大野が話し合うなどということは、当時の常識では全く考えられなかった。この二人は戦前の東京市議会以来の犬猿の仲で、いろいろな利権の争いもあるし、お互いがお互いを認め合わない仲であった。この二人が、この時期に、あることをきっかけに会うことになった。そうすると、これまで犬猿の仲であった二人が、保守合同の大義のために一晩にして親友になりました。信じられない話ですけれども、政治家というものは昔はこのように大義のために戦うということになると化けることがありました。まさに、これがそれを象徴する出来事なのです。こうして、一方で保守合同が進んでいる。それは実は、もう一方で社会党のほうも統一をするという動きがあり、これに並行していました。

社会党統一のほうでは、これまた社会党の左派・鈴木茂三郎と右派・浅沼稲次郎という、この二人の間での交渉がありました。そして、この二人は交渉を進めていき、四者会談と呼ばれる、両党の委員長・書

↑ 三木武吉（左）のタバコに火をつける大野伴睦（1955年。写真提供：朝日新聞社）。

記長の会談が行われて、合同を進めようということになりました。戦後、実は社会党が一番最初にできた政党なのですが、講和独立をめぐって分裂し、その時期が非常に長かったのです。ここで合同をすることによって政権をとろうという話だったのだと思います。

◆日ソ国交回復と「日米新時代」

牧原　次に、講和独立後の外交を考えてみたいと思います。

日本は西側諸国とサンフランシスコ講和条約を結んで独立を達成しますが、ソ連を中心とする東側諸国とは戦争状態が継続したままになります。そして日本は講和条約の締結と同時に、アメリカと日米安全保障条約を締結して、米軍の国内駐留を認めて東側諸国と軍事的に対峙するという道を選択しました。日米安保条約は日本に対する、内乱を含めた、国内外の武力攻撃の場合、それから極東における国際の平和と安全の維持の場合の二つの場合に、日本に駐留する米軍の使用を可能にするという内容を持っていました。しかし、その条件については当初は規定のない簡素な条約であって、その分、アメリカの政策が日本に駐留する米軍に直接反映されるかたちとなっており、日本側の要求をそこに担保する手続きが条約上は用意されていない。そういう点で片務的と言えました。

他方、講和独立前にアメリカが日本に強く再軍備を求めたのに対して、吉田首相は原則としてこれを拒否し、経済自立に専念することで西側に寄与すると主張していきます。これに対してアメリカは、日本の軍事協力なしに、日米安全保障条約の対等性はないのだと主張します。具体的には、駐留に関する日米行政協定においてアメリカに有利な条項を認めさせるということになるわけです。こうして講和条約、日米安全保障条約、そして日米行政協定という二国間合意の枠組みで、講和・独立後の日米関係が成立していきます。

この日米安保条約における日本とアメリカの非対等性を吉田首相自身は強く認識していました。そのため独立後、一九五四年に、吉田内閣は相互防衛援助（MSA）協定をアメリカと結びます。経済援助を得る代わりに協定で求められた防衛力増強義務に基づいて警察予備隊を、改組して五二年に設立されていた保安隊を、さらに自衛隊へと改編し、徐々に軍事力を強化していくという道を進みます。

そしてまた、この問題に強い関心を寄せたのが反吉田勢力です。保守派の反吉田勢力であった改進党であり、自由党内では鳩山一郎、岸信介といった政治家たちですね。彼らは憲法改正による再軍備、日米安全保障条約の改定といった課題に取り組んでいくことになります。

そして日本民主党が成立して吉田内閣が倒れ、鳩山内閣ができます。鳩山首相は組閣時から日ソ国交回復と憲法改正を課題に掲げて、このうち、特に日ソ国交回復に意欲的でした。これは、吉田内閣の外交とは異なる路線を選択するという面もありましたが、独立後の日本にとって国際連合に加盟する際にソ連が障害になっており、それを克服するためにはソ連との国交回復が必要であるという事情もありました。憲法改正がなかなか軌道にのらない中で、鳩山首相とこれを支える河野一郎農相は日ソ国交回復にいわば専念していきます。

この日ソ国交回復の過程は、鳩山首相や河野ら首相周辺によって行われる外交と時の外相であった重光葵の外交とが並行する二元外交となっています。そして、交渉の争点は北方領土の返還の問題にあったと言えます。交渉に対して非常に慎重な重光に対して、河野は積極的にこれを推進していきます。とりわけ病気であった鳩山首相にとっては退陣の前の花道として、日ソ国交回復をなんとしても実現するということで河野が尽力し、最後は、鳩山首相が自らモスクワを訪問して交渉に臨みます。北方領土のうち、歯舞、色丹については将来の平和条約締結時に返還されるという日ソ共同宣言で合意が成立するという結果になります。

そして、鳩山は日ソ国交回復後、病身ということもあって退陣します。その後任総裁について自民党が結党してから初めて総裁選挙を行うのです。ここで派閥という政治の単位が本格的に機能し始めます。選挙は岸信介、石橋湛山、石井光次郎の三者が争い、岸が一位になりました。しかし、決選投票で二位三位連合が組まれ、石橋湛山が岸をおさえて総裁に就任し、組閣します。

しかし、石橋も病気によってすぐに退陣せざるをえなくなります。後継には、石橋内閣の外相であった岸信介が就任します。岸は基本的に石橋内閣の閣僚をそのまま留任させて、一九五七年の通常国会に臨み、これを無難に切り抜けます。

その後、岸は国会が終わった後、東南アジア六カ国を訪問し、次いで訪米します。アイゼンハワー大統領と対談して、日米新時代をキャッチフレーズにして彼の宿願であった日本とアメリカの対等性を獲得する。日米安全保障条約の改定を打診します。そして帰国後、岸はすぐに内閣を改造し、今度は本格的に岸内閣を発足させます。

◆岸信介という人物

御厨　さあ、そこで岸信介という人物についてちょっと見てみたいと思います。

皆さんは日本経済新聞に「私の履歴書」という長い連載の記事があるのをご存じだと思います。あれは功成り名遂げた人が書くものですが、実は岸信介は内閣総理大臣の真っ最中にこれを書いているんですね(『日本経済新聞』一九五九年一月一～十六日)。彼の官界以前、つまり青春期の書き方一つを見ても岸の性格

表 8-1　岸政権期の主要な出来事

年	事　項
1957	2 月　岸信介内閣成立
	5 月　岸首相東南アジア 6 カ国訪問
	6 月　岸首相訪米
1958	5 月　第 28 回衆議院選挙
	6 月　第 2 次岸内閣成立
	10 月　警察官職務執行法改悪反対国民会議結成
1959	4 月　最低賃金法, 国民年金法公布
	6 月　第 5 回参議院選挙
1960	5 月　衆議院, 新安保条約と関連協定を強行採決
	6 月　新安保条約の自然承認, 岸首相辞意表明

がよくわかるんですね。山口中学に通う頃から非常に国家意識が明確化していく。彼の目線は国家とピタリと一致して一高を受ける。そして一高では勉強もするが遊ぶほうも楽しむ。やがて東大の法学部に入り、大学時代は、有名な話で、彼自身も書いてますが、我妻栄（わがつまさかえ）という、のちの民法学者と法律論で議論を戦わせ、一年のときの成績は八九点一分で我妻と同点同分と言っているんですね。さらりと、そう言っているところが凄いんですが、このように、彼のものを読んでみますと、きわめて無理無駄がなくて、必然的に国家と向き合うようになっていくという話をずっと書いている。これは彼の、これから安保条約を改定しようというときの心構えにも、おそらくつながるところだったと思います。

彼はそのあと商工省に入り、そして満州国に出向し、もういっぺん戻ってきて、東条内閣の閣僚になります。そして、ここからがポイントですけれども、いわゆる翼賛選挙のときに彼も立候補します。立候補した人のたいがいは、それで政党政治家になろうとは思わないのですが、岸はそこから、国民の支持がなければ、ということを考えて議会の中における政党というものを考え始める。戦前は護国同志会というものを作りました。

戦後、彼は戦犯容疑で巣鴨プリズンに入りますが、そこから出てくると、たかだか七、八年のうちに幹事長、外相、首相という階梯を駆け上がることになります。その際も彼は社会党を相当意識する。社会党的な政策をやらなくてはいけないのかな、と意識しています。しかし、その中で、この二大政党制の中に溶け込んでいく。自らの国家的役割を常に意識していたというのが、ポイントであろうと思います。

岸は、首相を辞めたとき、六十三歳ですから、それから後も、いろいろな活動をしたいと思うのは当然であります。ここで、岸が首相を辞職したのちに晩年まで住んでいた御殿場市の東山旧岸邸に行ってまいりましたので、そのことをお話ししたいと思います。

御厨　こちらは岸信介元首相が晩年住んでいた御殿場の邸宅ですね（次頁の上の写真）。背景に家が見えると思いますけど、実は岸が首相を辞めて十年経って、一九六九年に建てた家なんですね。その意味で言うと権力を知り尽くした彼が、その後、また権力を駆使するために造られた家です。

岸の権力の館は、心静かに首相復帰への情念をたぎらせた岸が、明らかに現役政治家としての建築を、吉田五十八に頼んだものです。二人はぴたり息が合ったらしい。だから、吉田もまた岸のこうした権力動機を十分に生かすべく設計に心を砕きました。彼はずばり次のように語っていますね（「K氏邸（設計・吉田五十八研究室）」『新建築』四六巻一号、一九七一年）。

政治家の住まいというものには、……私宅でありながら、いつ公的要素が、突如として、はいり込んできて、公式な家に早変りするか、わからないという性格をもっているものである。

こうして岸の館は、「公的使用を主とする接客部門」を右手に、「私的な住宅部門」を真ん中に、左手に「サービス部門」をというように明確に三分割されています。しかしいざという時には壁を取り払い、三部門が連続してダイナミックな使用に堪える造りとなっています。つまり、「接客部門」は、茶室のある日本間を右に、機能的に分ける洋間を手前に置き、ガラス戸をすべて開きますと庭と一体化するのです。一階の食堂からも二階の寝室からも、箱根の山に連なる眺望は、実際にそこに立ってみると決して悪くはないんですね。

牧原先生、どうですかね。岸の性格というものが、やっぱりこの建物、ないしはこの邸宅に反映されていると思われますか。

牧原　装飾的なものをあまり感じない、無駄のない合理的な作りではないかと思います。それから、この別宅からすぐに東名高速道路に入り東京に行けるということで、非常にストレスを感じずに東京とここを往復できます。そういう、岸の東京との距離感も十分に計算された別宅ではないかと思います。

御厨　もう一つおもしろいのは、今我々が立っている後ろの居間のところにソファの如き椅子があります（下の写真）。これは彼が好きな場所だったんですね。この椅子に座って本を読んだり、じっと庭を眺

⬆ **岸信介邸**（静岡県御殿場市。写真提供：LEXUS/PIXTA〈ピクスタ〉）。

⬆ **庭を一望できる窓際に置かれた革張りのソファ**（写真提供：毎日新聞社）。

めている。彼は孤独の人だったんでしょうね、これと対照的なのは鳩山邸です。鳩山の好きな場所というのは、彼の座っているソファの周りに子どもたちが座って賛美歌を歌うというような人が集まる場所なんですよ。ここはそうではありません。さらに言うと、岸が日米安保条約の改定を遂げる前、首相時代に持っていた熱海の別荘、これも御殿場のこの館と同じで、熱海の別荘から熱海の海岸を通して太平洋が見えるところが好きでね。その場所に、座イスが置いてあります。そういうことで、好きな場所が最初は海であったのが、総理を経て、山へと変わったということでしょうかね。

牧原　岸は、佐藤栄作内閣から、例えば首相の特使として外国に派遣されたりして、政界の長老、元老として活躍します。ここが、その拠点になっていったわけですね。

それから岸の日記が山口県の田布施町郷土館というところに保存されています。今現存している日記はちょうどこの別宅に岸が移ってから、一九七〇年代からの部分です。やはり今、御厨先生がおっしゃった、孤独の人、一人でものを考えて日記をつける。そういう習慣がここから生まれたのかもしれないと思います。

◆岸信介に関する記録

牧原　岸については、いろいろな記録があります。まず岸は東条英機内閣の閣僚であって戦犯容疑で巣鴨に収監されていたという、大きな戦後からみるとマイナスというか、そういう点が一つあります。それから、何と言っても、日米安保条約の改定をめぐって改定阻止のデモ隊と対峙して結局退陣します。この二つをどのように考えるかということが、非常に難しい政治家です。

ここに、岸自身の『我が青春——生い立ちの記　思い出の記』（廣済堂出版、一九八三年）という自伝的な本があります。これは、かなり若い頃の自伝です。それから、岸が安保改定阻止運動とぶつかる前に出された『岸信介傳』（吉本重義、東洋書館、一九五七年）、これなどは岸が合理的政策決定者だと言っています。それから、『岸信介の回想』（岸信介・矢吹一夫・伊藤隆、文春学藝ライブラリー、二〇一四年）は昭和史の研究者であった伊藤隆先生が、岸信介と、岸の側近であった矢次の三人で、特に岸に対していろいろ話を聞いています。その中には、獄中日記の一部も収められています。それから、そののちに岸信介に対して長いインタビューを行った記録が、原彬久先生による『岸信介証言録』（原彬久編、中公文庫、二〇一四年）です。そして、同じく原先生がお書きになられた岸信介の評伝（原彬久『岸信介——権勢の政治家』岩波新書、一九九五年）もあります。

◆新安保条約の調印と岸の退陣

牧原　岸内閣は、一九五八年五月の衆議院総選挙で自民党が勝利すると言いますか、議席を減らさなかったということで、岸は第二次内閣を成立して本格的に内政・外交の課題に取り組んでいきます。外交ではもちろん安保条約の改定であり、アメリカと交渉を続けますが、内政では景気対策とか、国民年金法の制定とかを手がけようとします。さらに岸の内政の課題のもう一つのテーマとして治安対策があり、ここで岸がやろうとしたことが警職法の改正です。これに対して大きな反対デモが起こって警職法の改正をとりやめることになります。

そして、岸に対する自民党内の反主流派の動きが非常に活発になります。その後、岸が何をするかと言うと、例えば一九五九年の一月に総裁選挙を繰り上げて実施して支持を固める。そのときに大野伴睦に後継総理を確約した念書を渡して支持をとりつけました。そして五九年六月に参議院選挙があるのですが、そこで予想以上に自民党が健闘すると選挙後に池田を通産相に取り込むというようなことをして、六〇年一月に自らが訪米して新条約を調印します。

この新条約の調印は、アメリカに首相自ら行っての調印となりました。帰国後の批准国会でいよいよ審議をするんですが、強行採決を行う。これによって、条約そのものは自然承認が可能になりますが、大衆運動の激化を招きます。問題は、安保条約改定の是非ではなく、民主主義の危機ととらえられ、打倒岸ということがデモ隊から言われるようになり、国会で非常に大きなデモになる。いよいよ自然承認ということになるのですが、岸は退陣を表明します。そのときテレビカメラの前で岸はこう述べています。

⬆ 自民党両院議員総会で退陣を表明する岸信介首相（1960年6月23日。写真提供：朝日新聞社）。

条約の発効を機会に、国内外の情勢を大観いたしまして、私は人心を一新し、さらにこの体制に基礎を置いた新政策を強力に遂行すべき時機であると考えまして、本日、総理大臣を辞する決意を表明をいたします。

御厨　この辞任表明の場面なんかは、辞めたくないけれど、辞めてやるぞ、と言わんばかりの、むしろ就任演説ではないかと思うような勢いがあります。この権力者が最後に辞めるときのすごみというのは、やっぱり今見てみると非常にはっきりします。権勢の人というか、権力意志にずっととりつかれていた人だということが、よくわかるシーンですね。こういった場面を見て、牧原先生、最後に一言どうですかね。

牧原　やはり岸は政治家として、ここで退陣はするけれども、まだなお返り咲く、あるいは政界でまだいろいろな活動、活躍をするという決意を、岸はここで述べていると思います。他方で、念願を果たしたという達成感もあったのではないかと思います。

御厨　はい。今回は、ここまでにいたします。

第9章　高度経済成長の政治

目標&ポイント

一九六〇年の池田勇人内閣成立と国民所得倍増計画の策定により、高度経済成長が政府の政策として進められた。河川開発、道路事業、港湾建設などの地域開発が列島を覆う。国土の変貌と政治の変容とを追跡していく。

キーワード

経済計画　地域開発　池田勇人

一　高度経済成長

「現在の日本経済の状態は停滞的である」――大蔵官僚でありながら、政府内外から理論的影響力のあるエコノミストとして注目されていた下村治は一九五八年六月にこう述べたが（下村治「期待できぬ自動的上昇要因」『東洋経済新報』一九五八年六月二十一日号）、一転して九月になると「日本の経済はいまや重要な転機にある」としたうえで、「いまや、われわれは充実した供給力をいかにして健全な経済成長として実現するかを問題とすべき時期に到達した」と高らかに経済成長路線へと転換すべきことを表明した〈下村治「経済成長実現のために」〈大蔵省部内参考資料〉『経済成長実現のために──下村治論文集』宏池会、一九五八年〉。いまだ他のエコノミストは、成長と停滞を交互に繰り返す一九五〇年代の景気動向から、六月時点の下村と同じく、悲観的な予測であった。

高度経済成長は、あとから見れば、この一九五八年の岩戸景気から始まっていたと言えるであろうが、これを経済政策として方向づけたのは、六〇年に決定された国民所得倍増計画である。下村が経済動向に対する判断を転換する時期、自民党内では非主流派の派閥領袖であった池田勇人は、「木曜会」という経済政策のブレーン集団を組織しており、これに下村は加わった。ここで、池田独自の所得倍増計画が構想されていく。「木曜会」の設立は、池田にとって新時代の政治家へと脱皮する瞬間であった。占領期にドッジ・ラインを実行するため、蔵相として超均衡予算を編成した池田は、大型予算を組んで財政支出を大盤振る舞いする政治家だとは思われていなかった。下村らの理論的基礎に支えられて、六〇年に成立した池田内閣は六四年の東京オリンピックまでの高度経済成長の前半期に政権を担ったのである。

高度経済成長は、何度か短期の不況をはさみながら、石油危機の一九七三年まで継続する。池田内閣期の実質成長率は、六〇年は一三・一パーセント、六一年は一一・九パーセント、六二・六三年は八パーセント台だったが、六四年は一一・二パーセントという高い数値であった。その間、国土は一変していった。地域開発によって工業地帯が出現し、並行して高速道路と新幹線といった交通網が整備されていく。東京オリンピックを前に、東京都内では首都高速道路など大規模な開発プロジェクトが進められ、東海道新幹線の開通に象徴される太平洋沿岸地域の開発が加速していく。また、工業生産を支えるため、電力供給量が飛躍的に増大した。水力発電を火力発電が上回り、石炭から石油中心へと燃料も変化する。臨海部に高能率の発電所が次々と建設される一方で、採算のとれない炭鉱は閉山した。

また国民生活は激変した。とりわけ一九六〇年代前半は、「三種の神器」と言われた冷蔵庫、洗濯機、テレビが爆発的に普及した時代である。「三種の神器」を造語したと自任し、当時東芝を牽引した平賀潤二は、一九五〇年に国内の家電需要が二〇〇億円を超えたことから、この年を「家庭電化紀元元年」と命名した（エコノミスト編集部編『戦後産業史への証言』二、毎日新聞社、一九七七年、三〇三頁）。五三年の新聞広告で松下電器は、「生活を豊かに楽しくする家庭電化」を謳った。社史は、五六年に自動炊飯器の販売開始など、ここから「電化ブーム」が始まったと誇らしげに語っている（松下電器産業株式会社創業五十周年記念行事準備委員会編『松下電器五十年の略史』、一九六八年、二八二頁）。そして、六四年のオリンピック後の不況を経て、電機業界は海外への輸出に力を注いでいったのである。

こうして、ダイナミックに国土と生活は変わった。そして、池田は経済成長と並んで、「低姿勢」を掲げて、野党との激突を避けることとし、結果として自民党は衆参両院で過半数議席を安定して確保していく。そこで生じたのは政変に結び付かないテロである。一九六〇年七月、首相を退任した岸信介は自民党新総裁就任レセプション後に刺され負傷した。十月、浅沼稲次郎社会党委員長が演説中に壇上で刺殺された。六一年二月には、中央公論社長の嶋中鵬二（しまなかほうじ）社長邸に男が乱入し、家人を殺傷した。『中央公論』に掲載された深沢七郎の小説『風流夢譚』の革命の描写に対する怒りが背景にあった。池田首相も六三年に遊説先で、近寄った男が刃物を抜いたところでとりおさえられるという事態に直面した。いずれも右翼による犯行であった。佐藤栄作は日記に、「左翼の大衆運動が右翼に微妙な影響を与へおる事」と記している（佐藤榮作『佐藤榮作日記』第一巻、朝日新聞社、一九九八年、四三八頁、一九六一年二月三日条）。ここでも「低姿勢」を貫く池田内閣に対して、首相経験者の吉田、岸、そしてこの二人と密接な関係を取り結んだ佐藤は不満を強めていった。他方で、大野伴睦、河野一郎、三木武夫など彼ら官僚出身政治家に反感を持つ党人政治家が池田に接近した。前の岸内閣ほど激しく動揺しないが、次の佐藤内閣ほどは安定していないのが、池田内閣下の自民党であった。

二　国民所得倍増計画と自民党の制度化

池田は、一八九九年、広島県豊田郡吉名村で生まれ、旧制第五高等学校を卒業したのち、京都帝国大学法学部を経て、大蔵省に入省する。とはいえ、東京帝国大学出身者が主流の大蔵省の中で池田は傍流であり、さらに皮膚病により五年間病気療養をする。復帰後の池田はもっぱら主税局で勤務する幅の狭い官僚であったが、同期の有力官僚が公職追放に遭う中で、第一次吉田内閣の石橋湛山蔵相により次官に抜擢(ばってき)された。ほぼ同時に佐藤栄作も鉄道次官に就任し、二人は次官会議の主要メンバーとして、閣議の議事を主導していった。一九四九年には佐藤と同時に当選し、すぐに蔵相となり、秘書官の宮沢喜一の補佐により、独立をめぐるアメリカとの交渉の最前線を担った。保守合同後は、不遇な政治生活が続いたが、一九五九年の内閣改造により通産相に就任し、岸後をうかがう最有力の政治家となったのである。

ただし、池田は大蔵省時代と同様に、大臣・首相としても適任と当初から思われてはいなかった。「貧乏人は麦を食え」「ヤミをやっている中小企業の二つや三つ、倒産しても構わぬ」といった失言も多く、教養人とは対極の「ディス・インテリ」という異名があったほどである。そのような池田は、一九四九年の占領政策の転換によって、超均衡予算を連合国軍最高司令官総司令部（GHQ）に求められる中で影響力を強めていった大蔵省に徹底的に支えられた。第一に、大平正芳(おおひらまさよし)、黒金泰美(くろがねやすみ)、宮沢喜一らの秘書官が、池田の政治的演出を手がけた。第二に、下村治などマクロ経済への視野を持つ経済アナリストの一群が高度経済成長の理論武装を行い、「経済に明るい」池田像をつくり上げた。第三に、出身の税務畑の官僚が、池田の選挙を支えた。そして第四に、戦時中の企画院、戦後の経済安定本部などの内閣調査機関への出向経験を重ねて政治的視野を広げ、もっぱら大蔵省内では官房調査部といったスタッフ組織で池田に政策提言を行った森永貞一郎（もりながていいちろう）・石野信一らが、官房長・主計局長・事務次官として大蔵省内をとりまとめて池田の執務を支えた。宮沢喜一は、池田の政治キャリアを回顧して、「政治にでてから死ぬまで十六年しかない」と要約している（塩口喜乙『聞書池田勇人』朝日新聞社、一九七五年、二九一頁）。この短い期間で急速に池田を首相に押し上げたのは、このブレーン集団、ひいては彼らを結び付ける大蔵省の組織力であったと言うべきであろう。

池田内閣は発足当初、日米安保条約改定反対運動により低落した党の評価を刷新するため、首相のイメージづくりを基本的な戦略とした。そもそも池田は、岸内閣の閣僚として、閣議などの席でデモ隊を鎮圧するための自衛隊出動を主張しており、そのスタンスは岸と近かった。これを修正することが側近の課題であった。大平・宮沢の発案で内閣の「低姿勢」を「寛容と忍耐」というキャッチフレーズにまとめ、記者との懇談の席で首相は好きなゴルフにも待合にも行かないという「公約」が形成された。このイメージの転換により、岸内閣時代にうねりのように現れた内閣と対決する大規模な街頭デモは次第に終息する。池田は安保騒動から五カ月が経過したにすぎない一九六〇年十一月の総選挙で勝利し、権力基盤を確立したのである。

選挙後の一九六〇年十二月に内閣は国民所得倍増計画を閣議決定する。倍増計画の起源は、池田ではなく、五七年に閣議決定された新長期経済計画の策定時に、福田赳夫党副政務調査会長（政調会長）が発案したものであるが、これに対してより高い成長率を掲げることで民間部門の設備投資を誘発させたことが、池田の計画の斬新さであった。

また、岸内閣時代に戦後最大の労使紛争となっていた三井三池闘争も、対話による労政を信条とする石田博英を労相に据え、組閣直後から労使交渉を仲介することで妥結へと導いた。池田は再三にわたって石田に直接電話をかけて激励し、問題の処理に尽力したのである（石田博英「人間の愛情」『池田勇人先生を偲ぶ』一九六七年、二六頁）。以後、労使紛争は職場秩序の近代化・民主化よりは、春期に賃上げ闘争を集中させる方式、すなわち春闘によるベースアップに闘争の重点を移していったのである。

このような中で、鳩山・石橋・岸時代には、派閥も定着せず、総裁の判断で組織が大きく動いた自民党は、次第にルーティンの中で制度化していく。池田内閣は一九六〇年十一月の総選挙後に第二次内閣を組織して閣僚を入れ替えたのち、毎年七月に改造を行って閣僚を交替させた。これらは、ほぼ中堅議員を中心とする内閣と、派閥領袖を含める「実力者内閣」とを交互に組織したという特徴を持っている。とりわけ後者によって、実力者がより深く内閣に取り込まれていき、制度としての内閣の権力的地位が高められた。また、閣僚の交代と同時に、党三役・政調会部会長、特別委員長を交代させる人事をルーティンとしたことによって、党人事と内閣人事とを一体として運用したのである。

また、この間、徐々に党は官僚機構と共生していくこととなった。その一例が、政調会における法案事前審査制の定着である。各省が族議員と結び付いて個別に立法措置をとらないように、政調会が一度了承するという手続きが徐々に確立していく。とは言いながら、当時の資料を見ると、自民党の官僚に対する対応自体が「低姿勢」であった。たとえば、水資源開発関係二法の制定過程の資料を見ると、一九六〇年に関係省庁にヒヤリングと資料作成を求める政調会の文書は「政府関係省庁の概括的説明を聴取することといたしましたので、御了承の上、予め貴省庁御所管に係る夫々の資料調整方（差当り作業可能限度の概活資料）御手配を願い度く、右申し入れます」（愛知用水公団『水資源開発関係二法の経過』一九六一年十二月、二九頁）とある。二〇〇九年の民主党への政権交代直前では、「関係省庁は相互に連絡・調整を行うとともに、財務省は厳正に査定を行うこと」といった表現が党の文書に用いられているのと比べて、池田内閣下の自民党は、いまだ結党十年に満たず権威も高くない組織であった。

三 「低姿勢」の国会と外交

池田の「低姿勢」は、国会運営で野党に対して強硬手段をとらない点に典型的に表れた。それはとりもなおさず、会期終了時に重要法案が成立しないことを意味する。たとえば、浅沼委員長刺殺などのテロが相次いだため、一九六一年に自民党と民社党は、政治的暴力行為防止法案を国会に提出し、他の野党と激突し、さらに院外でも反対運動の激化を招いた。衆議院での法案通過を喜んだ佐藤は、「昨夜深更（十二時前）、田中角栄君等の計らいにより政暴法は委員会を通過。本日はこれをうけて議長職権で本会議を開き、混乱の内に成立。小生等は、岸、石井と共に大磯でセニー伊外相の昼食会に出席し、電話でなり行きを聞く」と記した（前掲『佐藤榮作日記』第一巻、四八八頁、一九六一年六月三日条）。池田の政務の秘書伊藤昌哉は、十月に法案が参議院で審議未了となったことについて、「参議院の議院運営委員会の委員長をやっていた宮沢は、国会対策と党務のヴェテラン塩見俊二の協力のもとに、必死になって各党各派の了解をとりつけ、政防法は審議未了、他の法案はすべて通すことに成功した。……中略……私たちは、ホッとした」と回顧している（伊藤昌哉『池田勇人――その生と死』至誠堂、一九六六年、一三四頁）。こうした「低姿勢」は、大蔵省出身者が多い池田側近が、田中角栄のようには国会運営に手腕を発揮しえなかったことでもある。公務員の労働基本権をめぐって争われた国際労働機関（ＩＬＯ）八七号条約批准問題では、度重なる国会提出にもかかわらず審議未了となったのである。

外交では池田内閣にとり、日米安保条約改定問題で傷ついた日米関係を再構築することが課題であり、池田はジョン・Ｆ・ケネディ大統領との直接会談によって、アメリカとの同盟関係を再確認した。また、中国とは政経分離によるＬＴ貿易を推進するにとどめ、アメリカによる社会主義圏封じ込めの枠の中での経済交流を行った。さらに、韓国との国交回復は大平外相によって積極的に進められ、条約締結直前に韓国国内で起こった暴動によって交渉を中断せざるをえなかった。むしろ内閣は、経済成長によって欧米の先進諸国の経済水準に近づき、関税及び貿易に関する一般協定（ＧＡＴＴ）一一条国、国際通貨基金（ＩＭＦ）八条国への移行を果たし、自由貿易体制の担い手と認められることを目標とした。日本は、一九六三年から六四年にかけて、これらの目的を達し、池田の総裁三選直前に経済協力開発機構（ＯＥＣＤ）加盟を認められたのであった。

自民党の派閥が定着し始め、池田内閣は原則として派閥均衡人事をとった。その結果が金権政治の進展である。岸の辞意表明を受けた一九六〇年の総裁公選、佐藤と熾烈な争いを演じた六四年七月の総裁選挙は金権選挙と化した。こうした状況に対し、岸の影響下にある福田赳夫らが党風刷新連盟を結成し、派閥解消を唱え、池田をゆすぶった。

これに対して、池田内閣は、国家像の再検討を課題として掲げることで応じようとした。一つには、憲法調査会を再始動させ、憲法論議を活発にさせることで、保守派の意向に配慮した。池田自身は、一九六三年に在任中に憲法改正を行わないことを言明し、憲法調査と政局とを切り離した。六四年に憲法調査会は検討結果を報告書にまとめたが、憲法改正ではなく憲法解釈の変更による日本国憲法の定着を進めるものとなった。二つには、六二年の臨時行政調査会の設置による行政の全面的な再点検である。調査会は超党派的な「臨時診断機関」として、自ら他の行政機関に資料の提出を求め、運営状況を調査できるものとされた。最終的に総論と一六の各論からなる『意見』を提出したのである。第三に、経済成長の結果、教育政策の重要性を感じた池田は、「人づくり」を施策に掲げ、六三年には人づくり懇談会を発足させ、「期待される人間像」の検討を促したのである。

しかしながら、池田の「低姿勢」には、吉田・岸はともに大いに不満であり、ことあるごとに佐藤にこれに対する不満をもらしていた（前掲『佐藤榮作日記』第一巻、一九六一年二月六日条、三月二日条、四月七日条、五月九日条、四四〇、四五四、四六九、四八一頁）。「低姿勢」を嫌悪する記事は一九六一年の佐藤栄作日記にしばしば登場する。吉田も、六〇年十一月、六二年七月、六三年十二月に池田に送った書簡に、「低姿勢」を一掃するよう繰り返し促している（吉田茂『吉田茂書翰』中央公論社、一九九四年、七九、八七、九〇頁、一九六〇年十一月一日、一九六二年七月三日、一九六三年十二月二日）。特に、六二年七月の書簡では、わざわざ「岸氏と同見ニ有之」と記しており、岸とともに池田を説得にかかっている。吉田は、六一年五月には佐藤・池田と協力するよう話し（前掲『佐藤榮作日記』第一巻、四八五頁、一九六一年五月十九日条）、翌年七月の総裁選挙に佐藤は出馬しなかった。だが、六四年七月の総裁選挙では、出馬の意思を固めた佐藤を見て、吉田は池田に後継に佐藤を指名して引退するよう勧告した（前掲『吉田茂書翰』、九二頁、一九六四年六月二十一日）。

池田と側近は、佐藤に敵意を燃やす派閥領袖として河野一郎を閣内にとりこみ、大野伴睦を副総裁に任じた。また三木を党組織調査会長に据え、派閥解消を主張する福田に対しては、これを警戒する党人領袖と連携しつつ牽制したのである。さらに、佐藤派の田中角栄を蔵相に起用することで党人派との窓口を若い世代まで広く確保した。河野はオリンピック担当相として、東京の再開発を急速に進め、国民的人気を得つつあった。これは佐藤、そして吉田・岸の池田への不信感を強めたのである。池田は総裁三選後に癌に倒れ、東京オリンピックの開会を見届けて引退し、後任に佐藤を指名した。程なく死去したのである。

四 「オールターネーティブ」のゆくえ

こうした高度経済成長と並行して、社会党では改革構想が登場した。それが、江田三郎の提唱した「構造改革」である。すでに岸内閣時代に、西尾末広派が脱党して民主社会党（民社党）を結成し、野党が徐々に多党化しつつあった。劣勢を挽回するには、イデオロギー闘争以上に、福祉政策を充実させた現実的な政策をとることが主張されたのである。だが、江田は社会党内の派閥対立に敗れ、構造改革が実現しないまま社会党は停滞していく。ハロルド・ウィルソン党首のもと合理的な経済運営と福祉政策の充実を掲げつつあったイギリス労働党を観察していた批評家の萩原延寿は、江田ビジョンを斥けた社会党に対して、「社会党は政権を担当し、日本を統治する意志と準備があるのだろうか、という根本的疑問」を投げかけ（「日本社会党への疑問」『自由のかたち』〈萩原延壽集　第六巻〉、朝日新聞出版、二〇〇八年、五五頁）、片や池田内閣を「日本保守勢力の『進歩性』」の象徴であると評した（「日本の保守主義」同右、七一頁）。

イギリスの保守党と労働党の間の政権交代可能な政治システムに何とか日本を近づけることができないか、という萩原の期待は実現しなかった。一九六二年、吉田の紹介状を携え、その後継として次期首相候補であることを国際社会に印象づけるため、佐藤は欧米訪問に出発した。そして、イギリスで野党・労働党党首のウィルソンとの会談に臨んだ。「労働党は何といっても政権担当の用意と努力をなしおるもので、オールターネーティブな第二党的感覚で行動しおり、実行可能な政策を約束すること」という説明を受け、「仲々面白い会話を展開する」と佐藤は日記に記した（前掲『佐藤榮作日記』第一巻、五二四頁、一九六二年九月二十四日条）。佐藤はイギリス訪問を通じて、「社会政策としての住宅の整備を痛感する」と、グラスゴーやロンドンを見て記している（同右、五二二～五二三頁、一九六二年九月二十三、二十四日条）。六四年に佐藤は自民党総裁選挙の中で、池田内閣の経済政策を批判して、「社会開発」を掲げ、高度経済成長のひずみが生じた社会の改変を政策として掲げた。政権への「オールターネーティブ」が、自民党内に現れるようになるときこそ、自民党長期政権の本格的な幕開けであった。

▼参考文献

池田勇人『均衡財政』中公文庫、一九九九年。
石田博英『私の政界昭和史』東洋経済新報社、一九八六年。
伊藤昌哉『池田勇人――その生と死』至誠堂、一九六六年。
萩原延壽『自由のかたち』（萩原延壽集　第六巻）朝日新聞出版、二〇〇八年。
升味準之輔『現代政治――一九五五年以後』上、東京大学出版会、一九八五年。

対話編

牧原　今回は、高度経済成長の政治、池田勇人内閣の時代について考えてみたいと思います。

御厨　池田内閣の始まりをもって、戦後は終わった、そこで新しい時代が始まったという言い方をすることがあります。それが本当であるかどうかを、ここで議論をしたいと思います。

◆池田勇人内閣の成立

牧原　岸内閣が日米安全保障条約改定阻止の国会を囲むデモ隊との衝突の中で退陣した後に、この内閣の通産相であった池田勇人が、一九六〇年七月、自民党の総裁公選を勝ち抜いて首相に就任します。池田は「寛容と忍耐」を標語として、国民所得倍増計画による高い経済成長を政権の目標に掲げます。こうして池田は政治の時代から経済の時代への転換を積極的に推し進め、一九六四年までの長期政権をつくり上げました。しかし、社会の騒然とした雰囲気はまだ残っており、十月に浅沼稲次郎社会党委員長が講演の最中に演壇に駆け上がった青年に刺殺されてしまう。こういう事件が起こるわけです。池田はこれについて国会で、有名な追悼演説をしたということで、当時話題になったことがありました。

その後、この年に衆議院の総選挙が行われた。あれほど激しい抗議行動があったにもかかわらず、自民党は大勝し、池田政権は安定政権として、まずはスタートします。そして、この池田政権の時代の中で、自民党は選挙で勝利をし続けて、安定政権へと至るわけですね。

図 9-1　自民・社会党両党の票の伸び

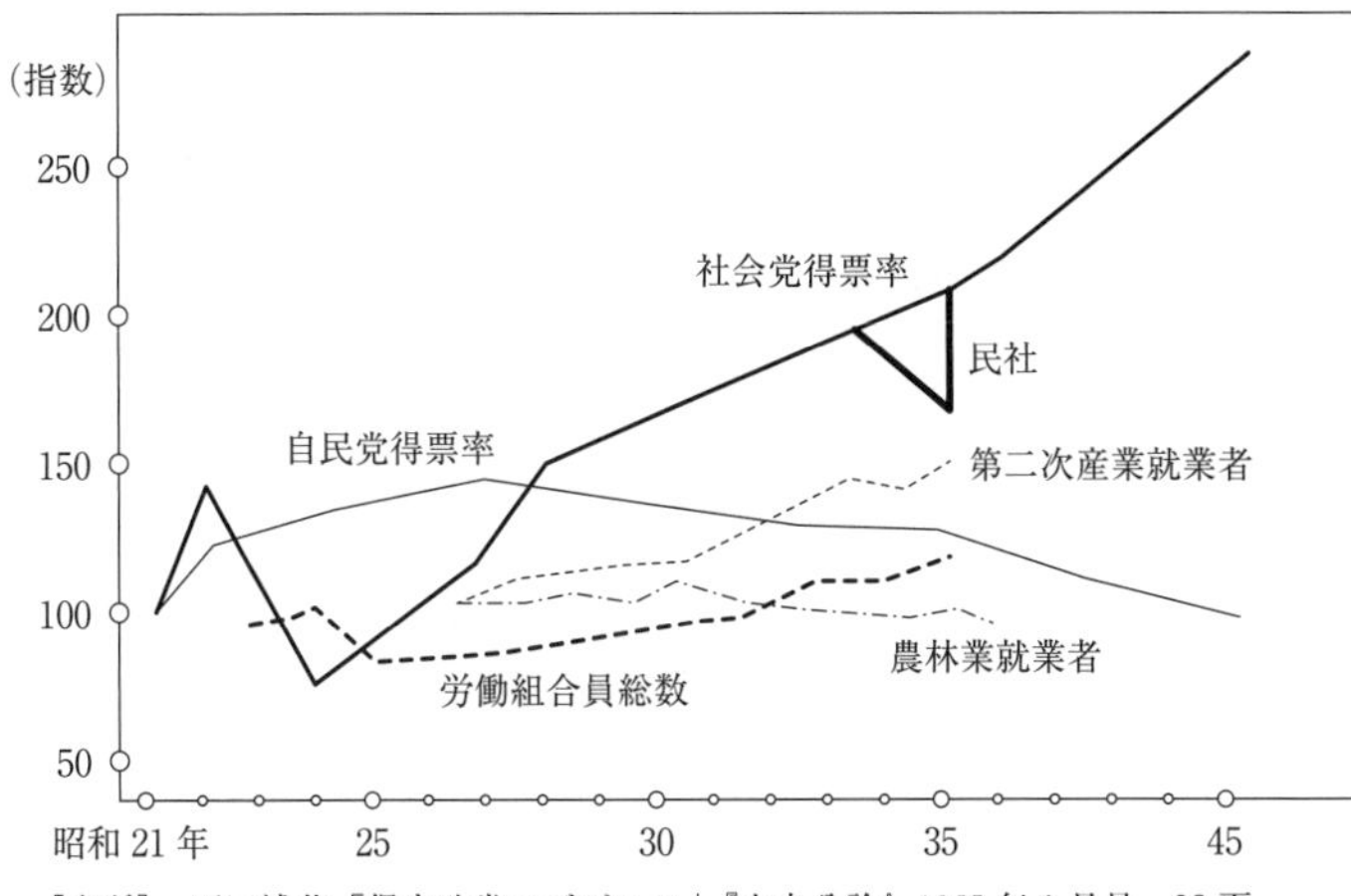

［出所］ 石田博英「保守政党のビジョン」『中央公論』1963 年 1 月号，93 頁。

しかし、この池田政権時代に高度経済成長とともに社会は大きく変わっていきます。池田内閣の成立時に労相となる石田博英は、当時自民党の中でも新しいタイプの、合理的な政策を志向する政治家として活躍します。石田は、一九六三年の『中央公論』に「保守政党のビジョン」という論文を書いています。そこで石田は、一九四六（昭和二十一）年に行われた選挙における各党の得票を基準にして一〇〇として見ると、池田内閣時代、年々得票率が減っていると分析して、もっとこの調子で減っていくかもしれないと言っています。それに対して、この時期、社会党は、統一後、どんどん伸びている（図9-1参照）。民社党が分裂しているけど、伸びていくことが予想されるわけです。しかも社会党の得票の伸び率と、第二次産業の就業者の伸び率とが平行して伸びていると。つまり、高度経済成長で労働者が増えていくと、その票を社会党が吸収するという傾向が見られるのです。これが、このまま続くと、やがて自民党と社会党とは得票率が逆転してしまって、将来、社会党が政権をとる可能性が出てくる。したがって、自民党はより合理的な政策を、労働者の利益になるような政策を今後は実施していかなければならない。こういうような議論をします。経済成長は社会のあり方を大きく変えていったと言えるように思います。

◆池田勇人について——演出された人柄

御厨　さて、その池田勇人は吉田茂によって見出されました。吉田は最初に池田を蔵相に起用したときに、「経験もあり計数にも明るい、真面目な池田勇人くん」と言ってるんですね。それ以上に十分に考えたというわけではないが、という吉田の留保条件もついています。しかし、吉田と池田を共通にしているのは、ある種蛮カラというか、むしろ伝法な物言いであって、吉田内閣のときに池田は二度失言をする。そのうちの一つは、「貧乏人は麦を食え」というものです。もう一つは「ヤミをやっている中小企業の二つや三つ、倒産しても構わぬ」というものです。このように、本音ベースでしゃべってしまう。吉田もまた、そういう本音ベースでしゃべるところが、あるいは戦前派と戦後派の違いはあっても、同じような軋轢を生んだのかもしれないと思います。

ここで、「戦後」ということを問題にしたいと思います。池田勇人の銅像が広島市の中、広島城の跡に建っています。もうほとんど見る人もいないと言うと言いすぎかもしれませんが、これがかつてこの国を率いた総理大臣の銅像であるということは、あまり意識されないように建っています。しかし、ここに見る池田は往時をしのぶ感じがよく出ていると思いますね。もう一つ、そこにあるのは、実は朝鮮から来た灯籠です。池田勇人が非常にこれを愛でていたということで、ここに池田勇人の要請でそっと置いてあるんですね。

灯籠と言いますと、池田の人となりを知るのにこれほどおもしろいものはありません。まず池田は秘書官グループによって演出をされます。彼の蛮カラで好き放題ものを言うところを押さえなきゃいけないということで、秘書官グループが何を演出したか。「寛容と忍耐」、低姿勢ということを演出するわけですね。その池田は家に帰ってくると、実はしたい放題なんですけれども、そこでも家族によっていろいろと規制を受けたりする。その中で池田が自由を求めたのは、実は石を愛でる、灯籠を愛でるということだったんですね。だから、信濃町の自宅にもありますけれども、仙石原（せんごくはら）の彼の別邸には大小さまざまな灯籠があった。灯籠や石を眺める趣味というのが、封じ込められた池田の鬱憤（うっぷん）ばらしと裏腹（うらはら）になっているということも言えるわけです。

⬆ 池田勇人の銅像。左端に見えるのが灯籠（広島市。写真提供：hanako2/PIXTA〈ピクスタ〉）。

そして同時に、ここで考えなければいけないのは、そうやって演出をされた池田勇人の政治が、どのように展開をしたのかということです。これについては、のちほどふれると思いますが、この時代に、実は消費文化というものが初めて国民の目につくように入ってきます。宮沢喜一はそのときに「消費というのは、浪費ではないんです。いまや消費というのは健全でありさえすれば背徳ではない。美徳とはいわないけれども、消費することはいいことなんだ」というようなことをメディアに繰り返し述べています。

これはおそらく岸内閣までの価値観と全く違う。それが不思議と池田内閣の価値観に合って、池田の高度経済成長というのが、国民の生活そのものを豊かにしていくというイメージを与えていくことになります。

宮沢はさらに、「政治におけるリーダーと国民との距離という問題は、いつの時代でもきわめてむずかしい問題である」とも言っているんですね（宮澤喜一『戦後政治の証言』読売新聞社、一九九一年、一一三頁）。これはおそらく、岸は離れすぎたという意味ですね。しかし国民の隊列に埋没してもいけない。池田がそこに入ってしまってはいけないから、我々としては演出をしなければいけないんだということを強調します。そこに見られるように、池田政治というのは、保守の中の当時最も進歩的だった人たちが演出していました。その点で言えば、たしかに、それまで戦後の状況の中で戦後改革と逆コースといった問題や、その他内政や外交のいろんな問題が解決されたからこそ、生活というものにポイントを置き、企業の成長にポイントを置いた政治が、ここで初めて可能になったという言い方ができるんだろうと思います。

寛容と忍耐と、それから消費文化というものを正面からとらえた点で、池田内閣というのは特徴的でした。と同時に、この内閣は低姿勢そのもの、議会の中での話し合いによる政治というのを強く求めた。ですから、当時できあがっていた二大政党制の相手方である社会党と、常に妥協をしながら政治をしていく。議会を尊重するというのは、その点においてまた然りであったということになります。逆に言うと、池田内閣の中で、あるいは自民党の中で、この進歩的な保守というものに反対する勢力がやはり右側にまだ残っていた。この勢力は、対決姿勢を示さない池田にだんだん苛立ちを覚えていきます。それがやがては、池田政治の行き詰まりに結び付いていったのではないかと思うのです。

牧原先生、どうなんでしょう。彼が登場する戦後の背景は、どうなりますかね。

◆大蔵官僚と五高同窓の人脈

牧原　池田は旧制五高を出て、その後、京大の法学部、そこから大蔵省に入省します。大蔵官僚時代は、池田は専ら主税局で勤務したわけですが、大蔵省は一高、東大法学部卒という人たちが多い。大蔵省の中では池田は傍流であったと言えます。しかし、占領後、公職追放などで大蔵省の幹部クラスの人材がきわめて少なくなったときに池田は見出されて、次官に就任します。次官会議では、鉄道次官であり五高の同窓生であった佐藤栄作などとともに、その議論をリードして吉田首相に認められていきます。池田はやはり、大きな人脈として、大蔵官僚の人脈と五高同窓の人脈があったということが言えると思います。

大蔵官僚の人脈については、一つは、今お話ししたように、彼は主税局でキャリアを積んでいくので、全国の税務署の税務行政のネットワークというのは、非常に大きな池田の権力資源でした。また、主税局時代に池田の片腕であった前尾繁三郎という官僚がいます。この前尾が政治家になった池田に続いて、自民党の政治家として池田を支えていきます。それから、もう一つは、池田が蔵相になると、秘書官、あるいは池田をサポートする一部の大蔵官僚たちが出てくる。大平正芳、宮沢喜一らです。そういった秘書官や秘書的な役割をした大蔵官僚たちが、これがまた政治家になって池田を支えていくということになる。そして三つ目は、池田を支えた一群のグループの中に、戦中期それから戦後で、経済計画、統制経済の中で物資をコントロールする、物資動員計画とか物資受給計画とかと言われた経済計画の立案に当たった官僚たちがいました。金融を統制する政策に関与したグループです。こういうグループの官僚たちも池田を支えるんですね。このグループの官僚たちが、やがて国民所得倍増計画の策定を行い、日本で初めて本格的に経済計画を政治の枠組みの中に取り入れられていく。政治を大きくリードしていく、そういう計画の原案を立案するブレーンになっていくということが言えると思います。

それからもう一つの大きな人脈として、五高同窓のネットワークを考えてみたいと思います。熊本にある旧制五高については、現在熊本大学の中で五高記念館としてその建物が保存されています。この建物に、池田と、彼と同窓であった佐藤が通っていたというわけですね。池田は、佐藤と在学時代はほとんど付き合いがなかったそうですけれども、佐藤と同窓です。また、金融界では池田のライバルであった日本銀行総裁出身で蔵相になる一万田尚登であるとか、あるいは官界で言えば池田を支えた森永貞一郎、平田敬一郎といった大蔵官僚たちも五高出身です。この人たちは池田と非常に近い関係であったり、あるいはライバルであったりもするわけですが、やはり旧制高校の同窓ということで、どこか結び付きがあります。

『東京五高会会報』という同窓会誌があります。そこに、「池田総理の想い出」という、ある同窓生が書いた文章があります。「『君のような怠け者がよく大蔵省にはいれたものだ』と云われたのは有名な話である」(下村弥一「池田総理の想い出」『東京五高会会報』第一号、一九七五年、一〇頁)というかたちで、そこではざっくばらんに池田を評してるんですね。また、ある財界人は、「あの放言がなかったら総理にはなれなかったであろう」と評されたなどと書いています。さらに佐藤と池田を比較して、そこではこのように書いています。池田や佐藤と並んで、戦前に活躍した奥村喜和男という官僚がいるんですけど、奥村が戦後に公職追放されたとき、池田に会いに行ったわけですが、池田は何と言ったかというと、「奥村くん、君の出る幕は永久になくなったよ」とのことです。しかるに佐藤栄作には、「君の出る幕はきっとくるよ」と慰められたので、佐藤と親しくなり、池田には含むところがあった。それでも池田が首相を辞めたある日、奥村が池田に挨拶したいから案内してくれと言って、元の親しい間柄に戻ったというエピソードを、そこでは紹介しています。このように、昔、旧制高校で同窓であったり、昔あそこで遊んだねとお互い語り合ったりするような人間関係が、池田内閣時代の一つの政治の基盤となっていたということが言えると思います。

◆派閥の成立──池田派（宏池会）誕生

御厨　さあ、そこで、池田派というか、要するに保守党、つまり自由民主党の派閥の一番最初は、実は吉田派から分かれた池田派と佐藤派と言われています。この池田派の結成について述べてみたいと思います。これはかなり、普通に考えられている派閥と違います。宏池会と呼ばれる池田派の派閥の実体は、実は最初から政治家の集団ではなかったんですね。大蔵省の中でこれから伸びていこうとする大蔵官僚、それから主流ではないけれども、経済理論を勉強している人たちによる、経済政策についての勉強会というのが一方にありました。他方に、財界というものが、この時期でき始めていましたから、財界との橋渡しをする人がここに参加をしてくる。だから、池田勇人そのものの直接的、間接的な応援団というものができて、宏池会はのちに池田を焦点にしてつくられ始めていく。そういうかたちを持っていたということなんです。

宏池会の最初の勉強会としての活動が、そのまま池田支援につながったかというと、どうもそれは宮沢喜一が言うところによると、そうではないと（御厨貴・中村隆英編『聞き書　宮澤喜一回顧録』岩波書店、二〇〇五年、一八五〜一八八頁）。政治家とは最も縁の遠いところから、この派閥はでき始めていて、勉強会があっても、別に勉強するでもなし、しないでもない。財界とも直接つながっていそうでもない。そうでもなくて、そこにだんだんと代議士のグループができてくる。そういう感じなんですね。その代議士のグループのことについて、ここで申し上げたいんですけれども、要は最初にこれが始まったのは、吉田内閣のときに、池田が中小企業に対して放言を放ってしまった。それで、辞めざるをえなくなったときに池田を慰める会として、実は池田邸でスタートをし、やがて、アメリカ大使館の前にあった旧自転車会館の一室に、その事務所ができていくというプロセスになるわけです。宏池会になる前は、その集まりの中になんと佐藤栄作もいました。

この池田・佐藤がいっしょにいたことの意味は何かと言うと、敵対する鳩山内閣の中で事実上執権と言われた河野一郎に対する対抗勢力として、彼らはがんばることになる。はっきり言えば、鳩山の訪ソ反対、あるいは河野派打倒というのが、この代議士グループが最初にめざすものであった。ところが、やがて石橋湛山が自民党総裁になったときの、あの総裁選挙で池田系と佐藤系が割れる。池田系が残って、それがやがて一九五七年六月に池田勇人を首相にする会として「宏池会」という名前もつけて、スタートをするということになるわけです。

今で言う派閥というのは、政治家だけで集まって、しかもその頭目になる人を首相にしたい会だとすぐ思われがちなんですけれども、このプロセスを見ると、池田派というのがかなりいろいろな可能性を秘めて、実はできあがってきたという特色がよくわかると思います。

牧原　そのような池田内閣時代に彼らをかつて政治の場に引き上げた吉田茂が元老として、政界で非常に大きな影響力をふるうようになる時代がきます。吉田は、もともと書簡をいろいろ書く政治家です。池田や佐藤にも書簡を送って、いろいろなメッセージを発しています。特に吉田は、池田が首相になったその次には、佐藤を首相にしたい、自民党の総裁にしたいと考えていました。そこで、池田から佐藤へ円滑に政権が授受されるように、いろいろなメッセージを送っているわけですね。

その一つの例として、吉田が池田に宛てた書簡をここに見てみたいと思います（前掲『吉田茂書翰』八九～九〇頁、一九六三年十二月二日）。

昭和〔三十八〕年十二月二日付

〔封表〕池田首相閣下　　　御直披

〔裏〕大磯　吉田茂

拝啓、過日ハ御疲れのところ御立寄被下難有奉存候、明日の御誕辰を御祝の為粗品敬呈仕候、御笑納被下候得者幸甚不過之候、昨日加屋〔賀屋興宣〕法相ニ面会内外諸状勢ニ付意見承ハり申候、分而台湾問題ハ小生も心配致居候、同氏の意見充分ニ御聞取被下度、尚ほ又直ニ同氏の所見御裁用相成難きに於ては差当り岸〔信介〕前総理台湾一応簡源〔ママ〕御考被下度、何れニしても蔣介石ニも幾分病的ニ相成る昨今此儘ニ放置すへからすと存候、又河野〔一郎〕建相等の行動ニ付非難不少最近撰挙後一層其声を高め来れるか如く今ニ於て押へされハ禍の基たるへきやニ被存候、既ニ御気付とは存候得共此際断然低姿勢ハ一掃せられワンマン振に御変更相成度ものと存候、分而衆議院議長問題も河野の意見なと御才〔ママ〕用相成らぬ様切望致候、思付附加御参考ニ供候、御自愛是祈候、敬具

十二月二日

吉田　茂

池田首相閣下

昭和三十八年十二月二日付となっております。このときに建設相であった河野一郎に対して、強く牽制（けんせい）する。「河野の意見など御才（ママ）用相成らぬ様」と、ここにもあります。それで何と言うかというと、「此際断然低姿勢ハ一掃せられ、ワンマン振に御変更相成度ものと存候」というわけでして、低姿勢ではなくて、池田は断固リーダーシップを発揮して、河野を排斥して、佐藤を登用するように、というメッセージを送っている。このようなかたちで吉田が池田や佐藤に対して強くアドバイスをしたりする。かつての吉田内閣時代の政治が、今度、池田時代にまた別のかたちで復活していくということが言えると思います。

◆国民所得倍増計画

御厨　さあ、そこで今度は池田内閣の内政と外交について見てみたいと思います。とりわけ最初は、国民所得倍増計画という、月給二倍、俸給二倍という国民生活の中にまで入り込んだ、この政策について見てみましょう。

この国民所得倍増計画というのは、実に官僚たちにとっても驚くべき日本のいわば発展を象徴する出来事でありました。下河辺淳（しもこうべあつし）という、のちの開発天皇と言われた官僚は、この頃まだ課長クラスの官僚でありますけれども、彼はこういう言い方をしております。つまり、国民所得倍増計画のために今言ったように、いろんな近代化に資する施策をやろうとしたんだけれども、自分たちが一生懸命作っていたのは、実は赤ちゃんが多少大きくなったような、そういう服を用意していたら、突然向こうからやってきたのは成長期の小学生だった。だから、自分たちが施策をやるよりも、実態のほうがどんどん大きくなってるということを言いました（塩谷隆英『下河辺淳小伝　21世紀の人と国土』商事法務、二〇二一年、五九頁）。

さらに、萩原延寿はこういう言い方をしています。池田はそういう意味では、数字のロマンチシズムが好きだったと（「首相池田勇人論」前掲『自由のかたち』八八頁）。具体的に、これは自民党の大会で三年経ったとき、つまり一九六〇年に組閣をして、六三年になったときに、彼は数字を並べてこう自慢します。「日本におけるテレビ、これは六〇年には四四〇万台だったのが六三年にはなんと三倍、一三七〇万台になった。こんな国が他に、アメリカをのぞいてあるだろうか」と彼が言います。そしてまた自動車。これも六〇年には二四〇万台だったのが、六三年には四五〇万台になった。二倍になったというわけですね。明らかに、企業も発展すると同時に、国民の生活が非常に豊かになっていることがわかります。

しかも、次の問題は、先ほど牧原先生が言われたように、石田博英は、要はこういう動きが全部社会党の得票になって伸びると言いましたが、現実には社会党は組織としてこれを生かすことができず、こうやって大きくなっていくパイを全部自民党が独占していくという結果になりました。自民党を利し、社会党を停滞させたということです。

◆都市開発

御厨　このとき、所得倍増計画と同時に国土総合開発計画もやります。開発は均霑(きんてん)主義と言いますか、発展するところのみならず後進地域も同様に発展していくようにするということで、ここで新産業都市というものを決定しています。そこで工場立地が進んでいきます。

⇧ 京浜工業地帯（神奈川県川崎市。1966年。写真提供：朝日新聞社）。

コンビナートの様子を見てみましょう。これは工業地帯に大きな高い煙突があって、そこから白い煙がモクモクと出ている、そういう景色なわけです。これは後になると高度成長の時代の「公害」というひずみの象徴ではないかということになりますが、高度成長の真っ只中では、これこそが開発の象徴と言われました。ビル街がどんどんできていくことも含めて、このことによって日本の発展が示されているということになりました。アジアの途上国では、こういう日本にあやかりたい、こういうふうに白い煙がモクモク出るような、そういう国になりたいということが本気で言われた時代だったんですね。日本では、これが反転をして、まさに「公害」の象徴。こういうものがあったんだ、いけないことだったと言われますが、あの時代はそういう時代ではなかったことが、実によく理解できる場面だと思います。

そして、東京もこの時期に大きな変貌を遂げることになります。東京オリンピックというのをやりたい。これが戦後復興の象徴であるという。ところが、戦後復興の象徴であった一九六〇年前後には、東京の都市開発はまだまだ遅れていた。そこでまず道路をつくらないといけない。そこで首都高速道路公団ができて、あっという間に今も目にする首都の高速道路ができる。それから衛生面でも、ゴミの収集の仕方が、ここで画期的に変わってくる。すえつけのゴミ箱方式から移動が楽なポリバケツ方式にと変わります。それから上水道、下水道の整備もしなくてはいけない。東京オリンピックを一つの目標にして、この国、特に東京が首都として様変わりをしていく時期に当たります。これがまさに、池田内閣の時代であったと言えます。

◆水資源開発――池田内閣期の政官関係

牧原　このような地域開発、その一つは臨海工業地帯の造成であり、もう一つは、それにともない地方都市をさらに発展させていくことです。一九六二年に「全国総合開発計画」が策定され、日本の国土は大きく変わっていきます。それとのかかわりで、お話ししたいのは、水資源開発についての立法です。これは都市への人口集中であるとか、工業用水の確保、水力発電などといった、水資源が不足する中で河川上流にダムを建設するという構想です。戦中期に、水利統制あるいは電力統制というのが、国土開発の中の非常に大きなテーマでしたが、これが戦後、工業化の流れの中で水資源開発として、さらにクローズアップされていく。その集大成が、池田内閣時代の一九六一年に制定された、水資源開発促進法と水資源開発公団法という二法です。これについて、非常に興味深い資料があるので、ご紹介したいと思います。

愛知用水公団を編者とする、「水資源開発関係二法案の経過」という資料です（表9-1参照）。これは事実上、農林省が作成した資料でして、この二つの法案の作成過程で、農林省やいろいろな省庁が絡み、それらを通じて原案がまとめられ、閣議決定、国会審議、可決成立までの資料が収められているものです。もともと白い表紙で綴じられたものなので、こうした法律作成に関する資料を部内でまとめたものを白表紙などと、かつては言われていました。いろいろな文書が入っているんですが、まず興味深いのが、最初に経過表というかたちで全体の出来事が日程として記されています。これを見ると、何がわかるかと言いますと、関係閣僚委員会、事務次官会議、局長会議、それともちろん、自民党のほうで、このとき政調会につくられた特別委員会があるんですが、特別委員会での会議を繰り返して決めていくということです。御厨先生と私が、かつて大蔵省主計局の担当官僚にオーラル・ヒストリーとしてインタビューを行ったことがあります。その担当の大蔵官僚は、「上げたり下げたりしながら、だんだん議論をまとめていった」と言っていました（『戦後国土政策の検証（上）』総合研究開発機構、一九九六年、八三頁）。まさにその通りに、政府内の意思決定が行われたことが、文書とともにわかるというのが、一つ、興味深いところです。

それから、池田内閣の記録としてもう一つ紹介したいのが、『池田勇人 その生と死』（至誠堂、一九六六年）という本です。伊藤昌哉という池田の政務の秘書が書いた記録です。この記録には、池田の周辺について、いろいろなことが書かれています。何と言ってもやはり、池田のアドバイザー、ブレーンと池田の間柄が見えてくる。また興味深いことに、キューバ危機で池田と当時の閣僚、それから官僚たちが集まって、どういうふうに議論をしたかが書かれています（同右、一四九～一五二頁）。そういった池田の周辺の風景が見えてくるということが、大変興味深い資料であると言えます。

表 9-1　水資源開発関係二法案の経過

年　月	日	事　項
1960 年		
4 月	30 日	自由民主党は，水資源開発利用の基本問題に関する総合的施策を検討するため，党内に根本龍太郎を委員長とする水資源開発特別委員会（以下特別委員会という。）を設置
5 月	10 日	特別委員会は 5 月 10 日の会合で各省に対し水資源所掌事項に関し，概括的説明を求めることとなり，5 月 18 日，19 日，20 日の 3 日間農林，通産，建設，厚生，経済企画庁から聴取した。
5 月	24 日	特別委員会は緊急に用水対策を必要とする利根川，木曽川，淀川等全国 5 地区につき水需要の 10 ヶ年計画等当面の作業要領を示し，経済企画庁においてこれを取りまとめることとなった。
6 月	10 日	しかしながら，経済企画庁は各省の提出した資料につき計数的な調整がつかず調整不可能という事態におちいった。
8 月	5 日	特別委員会は，企画庁の調整作業を促進する意図をもって，各省を招致したが，この時各省は期せずして，各省が予算法案として構想している次の公団構想を披露することとなった。 農林省　水利開発管理公団 通産省　工業用水公団 厚生省　水道用水公団 建設省　水資源開発公団 なお，特別委員会は，各省の構想とは別個に，水資源総合開発の基本構想案（第 1 案）を検討した。
8 月	11 日	特別委員会は，事務局の構想を厳秘に附しながら，農林，通産，建設，厚生の各省関係局長を個別に招集し，各省の意見を打診した。
8 月	13 日	利水 3 省（通産，厚生，農林）は特別委員会の動きに即応して，利水側はその意思を統一する必要を感じ，関係課長を中心とする打合せ会を行った。
8 月	22 日	特別委員会は，第 1 案を発展させた第 2 案を作成した。
8 月	30 日	特別委員会は，4 省局長を招致し，こん談会の形式で話し合いを行った。この席上水資源開発を総合的に行うことについて大方の意見の一致をみた。ただし，建設省はあまり多く語らなかったのが実情である。
10 月	18 日	根本委員長ほか，約 10 名の委員および各省局長（企画庁総合開発局長初参加）が出席して特別委員会が開かれ，産業計画会議の加納氏から沼田ダムの構想および委員長から各省の調整過程および今後の方針の説明があった。
11 月	20 日	衆議院議員総選挙。特別委員会の委員長，根本龍太郎氏が落選した。
12 月		田中角栄氏が特別委員会の委員長となり，構成メンバーにつき若干交替があった。
12 月	9 日	全国知事会議，公団新設に対する意見を公表
12 月	12 日	特別委員会事務局は，水資源開発促進法案大綱ならびに水資源開発公団法案大綱を作成した。
12 月	15 日	農林省は，特別委員会の案に対し，意見をかためた。

12月	27日	全国知事会議は，特別委員会の法案を検討して，「水資源開発促進に関する要望」を決定し，政府および党筋に陳情した。
1961年		
1月	5日	利水3省，用水公団に関する統一意見を公表
	前後	農林省は，この統一意見に，農林省独自の見解を附し，関係議員その他に配布した。
1月	5日	利水3省水資源開発公団法案を作成。
1月	10日	田中委員長，水資源開発関係大臣と個別折衝。 利水側の反論を強引に黙殺して，田中委員長自ら椎名通産，周東農林，古井厚生の各大臣と会見した。その前後に迫水企画庁長官，中村建設大臣とも会談した模様である。
1月	11日	このような情勢の中で，党においても商工部会，社会労働部会，農林部会等それぞれ活発な活動を示し，田中案に対し反対決議を行った。
1月	15日	田中委員長，中村建設大臣，周東農林大臣の3者協議を行う。
1月	16日	特別委員会開催，田中委員長企画庁一元化案に反対の旨の発言を行った。
1月	16日	自民党政調農林部会，企画庁一元化案をもって政調会長に申入れ，田中委員長，柴田建設次官，小倉農林次官，伊藤農地局長等を招集，昨日の三者協議の決定につき会合した。
1月	19日	かくて，農林省は，水資源開発公団設置に見きりをつけ，愛知用水公団法の一部改正により豊川用水事業を行なう案で急きょ予算折衝を行い，18日深夜から19日にかけての予算閣議で，愛知用水公団法の一部改正の方向と水資源開発公団の見送りとが決定された。
2月	1日	農地局建設部長名をもって各都道府県耕地課長あてに，水資源開発公団問題に関する農林省の態度を表明した。
2月	6日	自民党政調会。党小浜調査役は，曾田総合開発局長，伊藤農地局長らを招き水資源開発公団法案の取扱いに関する善後措置を協議。
2月	8日	特別委員会を開催。田中委員長は建設省所管の公団と農林省所管の公団の2つの公団があってもよいと発言。
2月	14日	福田政調会長，名古屋で水資源開発公団に関して，今国会に公団法案を成立させ，公団を1962年度に発足させたい旨等の談話があった。
2月	15日	特別委員会開催 利水各省は15日の委員会を目標に関係部会と協議を行い，商工，社会労働各部会も公団法案に反対の気構えを打ち出した。
2月	21日	商工部会内に水資源小委員会を設置
2月	27日	自民党政策審議会で愛知用水公団法の一部改正案および水資源開発公団法案について協議。
2月	28日	特別委員会開催
3月	3日	衆議院予算委員会第1分科会において川俣議員は，水資源開発公団問題に関して大蔵大臣等に対して質問
3月	3日	特別委員会開催
3月	7日	特別委員会開催
3月	16日	3月7日の特別委員会以降，3月23日の最終決定の特別委員会の間，委員会

		事務局は法案作成にとりかかり，どのような動きか皆目見当がつかなくなった。
3月	23日	特別委員会開催 促進法のもとに2つの公団すなわち水資源開発公団と用水事業公団を設置する案を決定した。 この特別委員会の決定が政調の政策審議会および総務会にかけられ異議なく可決された。
3月	24日	自民党政務調査会長および同党水資源特別委員会長の連名で政府に水資源の開発，利用に関する両公団の新設に関して申入れを行った。
3月	24日	利水3省2つの公団案について打合せ会開催，政府案としては分界を明確にしたものでなければならないことを要求することを申し合せした。
3月	27日	党から政府に対する申入れに対し事務次官会議開催。 二つの公団案について，官房副長官から直ちに法案作業に入り4月1日までに法案の形をもって内閣官房に提出するようにとの話があった。
3月	29日	利水3省法案作業に入る。 ともかく党案に即して利水側の法案をいそぐこととなり3月30日に原案を作成した。 これとともに利水3省予算説明資料等を併せ作成した。
3月	31日	利水3省は，内閣官房に利水事業公団法案および水資源開発構想に対する意見書を提出 建設省も3月31日又は4月1日に水資源開発公団法案を内閣に提出した。
4月	6日	企画庁は，利水3省案と建設省案との比較文書を内閣官房に提出
4月	6日	全国知事会議は，水資源開発促進法案について要望書を関係方面に提出
4月	10日	細谷官房副長官は，10日に通産相徳永事務次官，11日に農林省小倉事務次官を招致して，利水側に妥協を要請した。
4月	12日	利水3省は，法制局に利水事業公団法案を説明
4月	12日	通産省は，利水事業公団法案を新聞発表
4月	13日	小倉事務次官は，文書をもって，細谷副長官に回答した模様。また，徳永事務次官も4月17日頃反論したと伝えられる。
4月 4月	19日 20日	水資源関係事務次官会議開催 両公団法案の権限が重複していることが論議され，この調整がつかず非常に困難視されるにいたった。
4月	21日	水資源関係局長会議開催 前2回の次官会議の結論を一歩も出ることはなかった。しかし，来週，官房長官および企画庁長官に報告して今後の日程をきめることとなった。
4月	25日	池田総理ほか水資源関係閣僚および福田政調会長，田中委員長等をもって関係閣僚会議開催 昨年12月党特別委員会の決定による公団の一本化案を中心としたものに決定。
4月	26日	利水3省は，水資源閣僚会議決定に関して，善後措置を協議。
4月	27日	企画庁は水資源関係各省局長会議を招集

		「水資源関係閣僚会議決定」文書を配布。公団法案に関する問題点を討議した。
4月	28日	企画庁，水資源開発公団法案等に対する各省意見をとりまとめる。
5月	1日	企画庁は各省の意見を参考にして，直ちに法案作業に入り連休を返上して，5月1日各省に公団法案を示した。
5月	1日	利水3省は公団法案に関して打合せを行った。
5月	2日	水資源関係各省局長会議開催 小出企画庁事務次官から法案の立案要旨の説明があり，直ちに法制局審議に入りたい旨の発言があった。
5月	3日	法制局審議開始 企画庁原案を中心に企画庁ほか関係各省が参加して，8日までの6日間行う。この間2日間の祭日，1日の日曜があり，関係者にとっては黄金でなく鉛の週間であった。
5月	8日	農林省，公団法案に関する主要論点を整理 法制局における法案審議も各省権限にしぼられてきた。
5月	9日	公団法案における各省の権限に関して農林省は修正意見を用意，利水3省と協議。 建設省は再び暗躍開始，農地局もこれに対して事務次官，農林大臣，農林関係議員，政調農林部会長に報告，自重を要望した。
5月	10日	企画庁は水資源開発公団法案を各省に提示。 ただし，各省権限の条項は8日案と同じ。
5月	11日	企画庁，第23条（河川法の特例）に関する改正案を各省に提案 12日の閣議を前に農地局は，事務次官，大臣，党の農林部会に資料を用意。
5月	11日	全国知事会，長野県知事等水資源開発公団法案に対する要望書を提出
5月	12日	水資源開発公団法案ならびに水資源開発促進法案閣議決定 いろいろ問題点が論議されたが，この際事務的に調整できるものは調整するとして一応閣議としては了承することとなった。
5月	12日	水資源特別委員会開催
5月	12日	政策審議会開催
5月	12日	企画庁は政審の結論をうけて改正案を練る。
5月	13日	政策審議会開催
5月	13日	総務会開催
5月	15日	各省事務次官会議
5月	16日	総務会開催
5月	16日	閣議決定
5月	18日	水資源関係二法案衆院へ提出。

［出所］ 愛知用水公団『水資源開発関係二法案の経過』7～23頁。なお，ここでは1961年3月23日から5月12日までは原資料通りに，それ以外は日程のみを摘記している。

◆池田内閣期の外交

牧原　それでは、次は池田時代の外交について見ていきたいと思います。池田は一九六一年に訪米して、ケネディと会談をするんですね。池田は、もともと占領時代からアメリカとの関係が深かったのですが、首相としてはアメリカの首脳と議論していくスタイルで、世界の舞台へ出ていきます。それから池田内閣時代は、高度経済成長で自由化が進んで、日本はＩＭＦ八条国に移行します。これが一九六四年、池田政権の末期です。

このように、池田時代の外交は、安全保障と経済協力を分離して推進するということが、大きな特徴でした。たとえば日中関係ですね。中国の本土のほうについて、政治と経済を分離するということで、社会主義国なんだけれども、ＬＴ貿易を推進することで経済的な関係はつくろうとする。それにより、台湾との関係では摩擦を生んで、党内の台湾派からの強い反対を招いたりします。それからまた日韓関係については、韓国は対日請求権を主張しますが、大平外相の尽力で、これに対しては経済協力をするということで事実上応答する。それによって問題がかなり解決します。しかし最後のところで、韓国側の反日運動が高まり、学生デモが起こって、日韓会談が中断することになる。これは、その後の佐藤内閣時代へと積み残すことになりました。

◆秘書官の演出か、時代の流れか——池田内閣の特色を考える

牧原　このような外交とあわせて、内政については、先ほどもお話ししたように、選挙では池田時代に、自民党は安定政権となります。しかし、野党とは対決法案を強行採決することは可能な限り避けようとする。そうなると、たとえば典型的なのはＩＬＯ八七号条約の批准という案件です。これは当時、国会で野

党との間で非常に激しく対立した問題でした。これの審議がなかなか進まず、結局、池田時代にはこの批准が成立しませんでした。

それから池田内閣の特色は、一つには人づくりというキャッチフレーズを掲げて、教育に力を入れようとしたことです。これは高度経済成長の中で国民の心のあり方を教育によって考えていこうとしたということですね。それとあわせて、もう一つは行政と憲法のあり方の再検討です。まず臨時行政調査会を設置して、行政を総点検する。これはかなり活発に調査を行い、政権の末期に多数の意見書を提出しました。と同時に、憲法に関しては、池田自身は在任中に憲法を改正をしないと宣言はしましたけれども、憲法調査を認めて、前の政権時代から設置されていた憲法調査会が本格的に審議を進めている。政権末期には最終報告書を提出します。池田は国家像を模索しますが、これもいかんせん、政権末期の報告ということで、それを実現しないまま政権を終えることになります。

御厨　さて、オリンピックですね。このオリンピックはまさに日本における戦後復興の象徴であり、そしてまた池田内閣によって開始された所得倍増計画の一つの達成点というように国民には認識されました。

今でもオリンピックの映像を見てみますと、抜けるような青空が目にしみます。本当によく晴れていた。実はこれを契機にカラーテレビが普及することになりました。

所得倍増計画を中心に、今日はずっとお話ししてきましたが、これには四つの側面があると言われています。一つ目はまず発想としての側面です。それから二つ目は、計画としての側面です。それから三つ目は、政策としての側面です。そして四つ目が、ブームとしての側面です。この四つの側面がそれぞれ時間差をともないながら、あらわれる。池田内閣はそれらと共に併走（へいそう）していったのが特徴的であると言われます。やっぱりこれは、ブームとしての側面というのが、最終的には一番強かったと言えるでしょうか。

牧原　国民所得倍増計画。これは計画という名前ですけれども、決して何か政府の権限でもって市場を規制するというものではありません。一つの投資のブームをつくって、成長率をとにかく高めていくという意味で、大きなムードをつくったのですね。

御厨　今日ずっとお話をしてきたんですけれども、池田の本来の姿と、それから所得倍増計画を演出していく、「低姿勢」とか「寛容と忍耐」というのは、やっぱりどこかでズレがあったような気がするんです。そのズレを最後まで見せなかった秘書官たちの役割分担は、相当優れていたということになりますかね。

牧原　そうですね。池田自身は決して低姿勢ではなくて、高姿勢だったというふうに言われていますよね。そもそも岸内閣時代、デモ隊に対して自衛隊を出動すべきだと、当時彼は閣議の中で言っていたんですね。そういう池田の高姿勢な面については、とにかく表に出させないようにしていた。そもそも経済とは高姿勢では立ち行かないものです。したがって、経済についての、いろいろなデータを池田に勉強させることで、秘書官やブレーンたちは、池田を経済政策を合理的に決定できる政治家として演出していったし、それを池田自身が受け入れていったことが大きいのではないでしょうか。

御厨　そうなんですね。だから、五五年体制が始まった、まだ初めの頃の池田内閣の存在が、その後の内閣のあり方に、いいにつけ悪いにつけ影響を与えたのではないか。演出されて出てくる池田の、しかもその彼が国民の生活そのものまで実はかかわっていくような雰囲気をつくり出したことが、池田内閣だけの特徴だったのか、あるいは時代の流れだと見たほうがいいのか。その点が私は非常に難しいと思うんですけどね。

牧原　この池田時代に、経済は成長したけれども、いろいろ社会問題が発生し歪みが起こっているということで、今度はその次の佐藤内閣は社会開発という構想を掲げますね。池田が一九六四年に自民党で三選されるとき、佐藤が対抗して出てくる。このときの標語が、社会開発だったわけですね。経済成長だけではなく、今度はもっと社会のあり方を見ていこう、国民生活を変えていこうというか、よりよくしていこうという政治が、今度は内閣の課題になってくるという意味で、やはり池田時代の後半は政治のあり方を変えていったと思います。

御厨　では、今回の講義は、これでおしまいにいたします。

第10章　佐藤栄作内閣と沖縄返還

目標＆ポイント
池田内閣を継いだ佐藤栄作内閣は七年を超える長期政権となった。沖縄返還を実現し、高度経済成長の負の側面である公害の防止のために環境政策に着手する佐藤内閣を、これと緊張関係に立った革新自治体、大学紛争、司法権との関係で検討する。

キーワード
佐藤栄作　沖縄　美濃部亮吉　ニクソン・ショック

一　自民党政権の確立

一九五五年に自民党が誕生したときには、衆議院の過半数議席を占める政党が成立したとしても、その政権が九三年に細川護熙内閣が成立するまで長期にわたって続くとは、想定されてはいなかった。社会党の伸張による自民党からの政権奪取や、自民党の分裂などさまざまな可能性をはらむ大きな政党構成の変化がありうると思われていたのである。ところが、六四年に池田勇人内閣から佐藤栄作内閣に替わると次第に自民党政権は、長期化するであろうという見通しが支配的になっていく。たとえば、「一九五五年の政治体制」と題した論稿で、自民・社会の二大政党の体制を「五五年体制」として理論化した政治学者の升味準之輔は、六四年に次のように述べた。（升味準之輔「一九五五年の政治体制」『思想』一九六四年六月号、五五頁）。

講和条約も占領体制も太平洋戦争も、大正デモクラシーも明治維新も、さかのぼれば数かぎりない事件や人間の所産が現在を構成しているにちがいない。しかし、それらが現在になだれこむ大ダムができたのはやはり一九五五年である。……（中略）……こうして保守党支配のダムは出現した。これは異った意図の合作であり、耐震計算も水圧計算もなされていない。どこからいつ決壊するかもしれない。しかしまた、十年の風雪はかりそめのダムに耐久力を与えたかもしれない。

だが、升味は一九六九年にこれを本に収録する段階でダムの比喩をほぼ削除する（升味準之輔『現代日本の政治体制』岩波書店、一九六九年、一九五～三二四頁）。もはや「保守党支配のダム」が「決壊」するとは思えなくなっていた。つまり、佐藤内閣のただ中で自民党政権が「決壊」しそうにない強固な体制となったことが誰の目にも明らかになったのである。

佐藤栄作は、一九七二年まで七年以上にわたって政権を担当した。この間に自民党政権は、確固とした体制を形成した。国会では、過半数に及ばない野党が対抗する手段はごく限られていた。そのため、反対派は、憲法上「自治」「独立」に守られた拠点から、政権への異議申し立てを強く打ち出した。すなわち、社会党・共産党の支援を受けた首長がまちづくりを推進する革新自治体、全共闘運動の学生が構内を占拠した大学、そして公務員の政治的行為について一度はリベラルな判決を出した裁判所に他ならない。いずれも高度経済成長にともない、急速に変貌した社会から立ち現れる諸問題を取り上げた。そして、佐藤内閣は、これらに対して介入を図りながらも、反対派の要求を徐々に政策に取り入れていく。環境政策はその典型であった。

また、佐藤内閣は、盤石な政治基盤の上に立ち、戦後処理の懸案として、アメリカに対して沖縄返還を働きかけ、これを実現させた。だが、リンドン・ジョンソン民主党政権からリチャード・ニクソン共和党政権への転換にとまどい、ニクソン政権の対中外交、経済外交に翻弄されていく。新しい時代に即した外交政策は、石油危機後の世界経済の転換の中で次期の政権が模索していくこととなった。

二　佐藤栄作内閣の成立

一九〇一年に生まれた佐藤は、岸信介の実弟であり、旧制第五高等学校、東京帝国大学法学部を経て、鉄道省に入省した。戦後、日本国有鉄道（国鉄）の激しい労働運動を処理し、鉄道次官に就任した。退官後の一九四八年に議席のないまま吉田内閣の官房長官に抜擢(ばってき)され、一九四九年の総選挙で池田とともに当選する。池田が以後はもっぱら蔵相などの経済閣僚として日米交渉を手がけていったのに対して、佐藤は政務調査会長、幹事長など党役員を歴任し、大臣としては郵政相・建設相といった、どちらかと言えば軽量閣僚を歴任した。保守合同後には、吉田とともに自民党に属さず、鳩山の退陣後入党し、岸内閣下で蔵相に就任することによって、池田と並ぶ総裁候補とみなされるようになったのである。

池田首相が病気に倒れた後、池田が後継総裁に佐藤を指名したことで、佐藤は自民党総裁に就任し、内閣を組織した。だが、これに先立つ総裁選挙で佐藤は池田との間で接戦に持ち込み、敗北したものの池田政権に代わる最も有力な総裁候補と見られていた。この総裁選挙で、佐藤は池田内閣時代の高度成長の経済政策を批判し、「社会開発」を政策に掲げた。これは、佐藤側近の愛知揆一とサンケイ新聞記者の楠田実などジャーナリスト・官僚らが打ち合わせてつくり上げたものであった。この集団は、佐藤のイニシャルをとって「Sオペレーション」と名づけられ、楠田が佐藤の秘書官に就任すると、さらにメンバーを拡大させて、佐藤内閣を支えるブレーン集団となったのである。

政権発足時の佐藤は、池田への対抗意識をおさえ、閣僚を留任させて、内閣の方針に「寛容と調和」を掲げ、政策としては「社会開発」の方向を明示した。そして、佐藤は池田が処理しえなかった、国際労働機関（ILO）八七号条約の批准や、農地改革で土地を買収された地主に給付金を支給する農地補償法の成立、日韓基本条約の締結などを手がける。野党を国会で圧倒して懸案を処理していったのである。さらに、内政ではネットワーク型の国土像を掲げた「新全国総合開発計画（新全総）」の策定に見られるような国土開発の体系化を進め、対外的には戦後処理としての沖縄返還をアメリカに対して働きかけていったのである。

佐藤は政治指導者として恵まれていた。党の有力長老である吉田と岸の支援を受け、また佐藤に敵意を燃やす派閥領袖であった大野伴睦、河野一郎が相次いで死去することで、総裁選挙で勝利する盤石の体制を整えたのである。そして、吉田内閣下で「人事の佐藤」と言われた佐藤は後進の政治家を首相候補者として順次登用した。秘書官の楠田はさまざまな佐藤の政治家評を日記に記している。福田赳夫びいきの楠田に対して、福田幹事長の国会対策を批判し、田中角栄の「カン」をほめる。また、のちに首相になる鈴木善幸や中曽根康弘について、閣僚を経験して力をつけるべきことをふともらす（楠田實／和田純・五百旗頭真編『楠田實日記』中央公論新社、二〇〇一年、一八四頁、二二二頁、一九六八年二月二十九日条、六月五日条）。派閥内外の有力政治家の力量を絶えず見定めていたのである。

一九七〇年の大阪万博（日本万国博覧会）に象徴されるように、高度経済成長の恩恵が広く国民に享受されたのも佐藤内閣時代の特徴であった。「主婦の店ダイエー」を皮切りに、関西に店舗を開設していた中内㓛（なかうちいさお）は、関東さらには全国にスーパーマーケットを展開するようになる。その転機は、六七年の日本チエーンストア協会会長への就任であった。その際に中内は、田中角栄が政務調査会長であった六八年にとりまとめた自民党都市政策大綱、六九年に策定された新全国総合開発計画の系譜に立って、佐藤内閣末期に田中が通産相として世に問うた『日本列島改造論』に後押しされたと回顧している（中内潤／御厨貴編『中内㓛』千倉書房、二〇〇九年、三二八頁）。公共施設のみならず、大規模小売店が全国に浸透し、都市型の消費生活が地方に及んでいく時代が到来したのである。

三 「自治」の反乱と異議申し立て

佐藤内閣が盤石の政治基盤を見せつけたのは、一九六六年十二月の黒い霧解散であった。大臣の不祥事が続き、また不正融資事件も勃発（ぼっぱつ）し、自民党の敗北が予想されたが、翌年一月の総選挙で安定多数を確保したからである。国会では政権が変わらない状況で、憲法上自治ないしは独立を保障された機関で、政権への批判を強める動きが増していった。この節では、地方自治体、大学、裁判所を取り上げてみたい。

まず、地方自治体では、社会党・共産党の支援を受けた首長が多数登場した。こうした首長は、戦後早い段階では京都府の蜷川虎三（にながわとらぞう）知事などごく少数であったが、一九六〇年代に徐々に増えていった。六三年の統一地方選挙では、横浜市長に前社会党議員の飛鳥田一雄（あすかたいちお）が当選し、大阪、北九州、仙台などの市長が革新系となった。首長たちは、六四年に全国革新市長会を誕生させ、六七年に首都圏革新市長会、六八年には西日本都市問題連絡会議、そして七五年には首都圏革新自治体連合を結成した。

こうした自治体は、「革新自治体」と呼ばれた。その象徴的存在は、一九六七年から七九年にかけて都知事を務めた美濃部亮吉である。もとは経済学者で、憲法学者・美濃部達吉の子という家柄から想起される、柔和な笑顔「美濃部スマイル」で支持を集め、「東京に青空を」をスローガンに掲げ、自民党・民社党の推薦候補を破って当選した。美濃部は、経済学者の大内兵衛、都政調査会の小森武らをブレーンにし、新聞・テレビでの取材を好んだ。また、都民との対話集会に意欲的であり、議会での演説・答弁も長時間にわたった。東京に注目を集める情報発信の手法を身につけた美濃部は、七一年の知事選挙では、自民党公認候補の秦野章前警視総監に対して、「ストップ・ザ・サトウ」を掲げて再選を果たした。革新自治体と政府とが直接対決する構図を演出したのである。政策的にも美濃部都政は、政府の欠点を突く斬新な施策を打ち出した。無認可保育所の助成や老人医療費の無料化などの福祉の充実、公害防止条例、特別区長準公選条例などである。これを理論化したのは、政治学者の松下圭一による「シビル・ミニマム」である。国が定めた「ナショナル・ミニマム」よりも高水準の行政サービスを目標値として掲げることで、当時一般に硬直的と感じられていたナショナル・ミニマムを自治体の側から押し上げることを狙ったものである。東京都が六八年に策定した東京都中期計画は、この理論を採用し、七〇年の「革新都市づくり綱領」は、これを新しい時代にふさわしい政策モデルとした。

松下が期待したのは、革新自治体の掲げる先進的な政策が、強固な自民党の支持基盤を革新系の支持基盤へと変容させ、最終的には国政に政権交代をもたらすことであった。しかし、地方議会の政党構成を保守優位から革新優位に変えることは革新首長といえども果たせなかった。また一九七三年の石油危機によって、国よりも高水準の行政サービスを地方自治体が提供することはできなくなった。都財政の危機が深刻化する中で、東京都は自治省の監督下に入り、美濃部は七九年をもって退陣し、戦後の自治省の前身の組織を長らく主導した鈴木俊一（すずきしゅんいち）が都知事となる。革新首長は全国的にも退潮していった。代わって登場したのは、鈴木のように、自民党の支持を受けて財政再建を担う自治省ＯＢ知事であった。

次は大学である。一九六八年には、日本大学、東京大学で学生が「全学共闘会議（全共闘）」を結成し、学内を長期にわたって占拠・封鎖し、教員は大学から閉め出され、授業が開かれない状態に立ち至った。原因は大学によって異なるが、マンモス大学の管理方針への学生の反発や、学生への誤った処分を認められない教授会を学長が修正できない体制に対する不満が爆発し、最終的には「大学解体」が叫ばれるに至った。運動は全国の大学に拡大した。学生側では、さまざまなセクトが入り乱れ、セクト間の対立は次第に暴力化した。また、大学当局との団体交渉では、長時間にわたる大学側代表者のつるし上げが随所で起こった。さらに学外では、ベトナム戦争反対運動やアメリカに協力する佐藤内閣への抗議行動がエスカレートした。新宿駅に群衆と学生がなだれこみ、電車を全面的に止める新宿騒乱事件は、その頂点であった。

教員と学生との間の信頼関係が失墜する中で、大学の正常化は警察によってもたらされた。一九六九年一月、東大安田講堂を占拠する全共闘学生を排除するために機動隊が導入された。佐藤首相は、二日にわたってＮＨＫの「現場放送に見入」った。機動隊と学生との闘争時の日記の記述は佐藤にしてはめずらしく精細である。闘争を終えた翌日、東大を訪問した佐藤は、「催涙ガスの残りで目や鼻をいためる。ハンカチーフをはなす事は出来ない。三十分ばかり視察して帰る。帰りに明大前を見物した。御茶ノ水駅の交番が破壊されただけで街路はすでに平静。おかしな事だ」と記した（佐藤榮作『佐藤榮作日記』第三巻、朝日新聞社、一九九八年、三八四〜三八六頁、一九六九年一月十八、十九、二十日条）。八月に内閣は大学の運営に関する臨時措置法を制定し、大学紛争の処理のために政府が介入する手続きを整備した。警察庁長官の後藤田正晴は、この法制定に保利茂官房長官が尽力したが、警察は実効性の乏しい罰則強化に反対したと回顧している（後藤田正晴『情と理』上、講談社＋α文庫、二〇〇六年、二七一〜二七二頁）。法律が執行されることはなかったし、佐藤首相自身の関心ももはや高くなかったというべきであろう。

さらに、佐藤内閣下では、一九七〇年前後に自民党が裁判官人事に介入しようとした「司法の危機」が訪れた。自民党からの裁判批判のきっかけとなったのは、六六年の全逓東京中郵事件判決であった。公務員の労働権を広く認めて、制約を最小限度にすべきであると述べた判決は、当の事件が五八年春闘のストライキにかかわるものであったため、労働組合と激しい選挙戦を行っていた自民党議員や、労働運動に敵対的なイデオロギーを持つ議員を刺激した。そして六九年の都教組事件判決では、やはり五八年の教員組合が行った勤務評定反対闘争の結果訴追された組合員について、同様の判断を示した。同じく六九年には、長沼ナイキ訴訟の担当裁判長が、平和運動・人権擁護運動に積極的な青年法律家協会（青法協）に所属していたことが、ことさらに問題視された。これら裁判官を新任・再任すべきではないという意見が公然と主張され、自民党は政務調査会に司法制度調査会を発足させて、調査を開始した。他方で、マス・メディアは、こうした自民党の姿勢は、裁判官の独立を侵すものであると強く批判し、事態を「司法の危機」と呼んだのである。

事態を収拾するため、最高裁判所は、一九七〇年に、事務総長談話を新聞に発表し、「政治的色彩を帯びる団体に加入することは慎むべきである」と裁判官に呼びかけた。さらに石田和外（いしだかずと）最高裁判所長官は記者会見の席で、「極端な国家主義者、軍国主義者、はっきりした共産主義者」は裁判官として好ましくないと述べて、直接裁判官の思想信条を問題視したため波紋を呼んだ。そして七一年三月には、再任を拒否された裁判官、新任を拒否された司法修習生の扱いが問題視された。佐藤栄作首相は日記に「閣議では問題の判事の任命の件。この方は最高才〔原文ママ〕の長官の進達通り発令。而して青法協の問題で一名を再採用しない事と、も一つは青法協の為資格を与へぬ事とした例の研修終〔修〕了を認めない事。当然問題となる事と思ふが、今日の問題にして明確な態度を打ち出す事」と拒否理由を記しているが（前掲『佐藤榮作日記』第四巻、三〇五頁、一九七一年四月六日条）、事務総局は理由を開示しなかったため、措置に対するメディアの批判は一層強められたのである。

なお、佐藤退陣後の一九七三年には、五八年に岸内閣を批判する闘争で逮捕された公務員についての判決である全農林警職法事件判決が、全逓東京中郵事件判決を覆して、公務員の争議権を原則禁止することとした。ここまでの流れからは、司法権は自民党の圧力に屈したと見ることができる。だが、この判決が出る数週間前に、最高裁判所は刑法第二〇〇条に規定された尊属殺人の重罰規定について違憲と判示した。戦後初めて既存の法律に対する違憲立法審査権が発動されたのである。政権からの人事に屈したとしても機会があれば、違憲判決を辞さないというメッセージこそ、自民党長期政権の中で、司法権の独立を維持するために最高裁判所が語らずして掲げた方針であった。

これらのうち、地方自治体は、一九九〇年代の地方分権改革を経て、「国と対等」と法律上規定され、その自治権限は格段に強化された。また、裁判所も司法制度改革による裁判員制度が定着し始めることで、「国民の司法参加」を通じて正統性を高め、独立性を強めている。だが、学生が主体であった大学紛争では、学生が大学当局に異を唱え、教員が政府に収拾を求めたことで、大学の自治は弱まったと言うべきであろう。むしろ、バリケードの中の学生たちから、たとえばウーマン・リブさらにはフェミニズムといった女性運動が生まれ、二一世紀の男女共同参画の組織と政策に受け継がれていったことを評価すべきかもしれない。いずれにしても、佐藤内閣の下で噴出した政権への批判は、「自治」の諸機関と政府との間の長期にわたる相克を経て、政策へと変換されていったのである。

四　沖縄返還と佐藤内閣の終焉

地方自治体の政策革新や学生反乱よりも、佐藤の視線は国際関係にあり、内閣の最大の課題は沖縄返還であった。佐藤は、政権発足直後のジョンソン大統領との会談で小笠原と沖縄の返還について共同声明にもりこませた。そして、沖縄を訪問し、ランディング・ステートメントで「沖縄の祖国復帰が実現しない限り、わが国にとって戦後は終わっていない」と述べ、返還への決意を表明した。すでにベトナム戦争は北爆の開始によって泥沼化しており、戦略的に重要な位置を占めた沖縄の返還はきわめて困難な課題とみなされていた。また、太平洋戦争末期の地上戦で非戦闘員に多くの死者が出た沖縄では、米軍による基地建設のための土地接収に対する抵抗運動、さらには基地反対闘争も時が経つにつれ激化し、アメリカも次第に基地を維持するためには、施政権の返還を選択肢の一つと考えるようになっていった。

佐藤内閣は、首相自らが沖縄返還を内閣の施策と位置づけ、多くの課題を乗り越えて、これを果たしていく。その転機は、楠田実が首相秘書官に就任した一九六七年である。

まず楠田は、総理府総務長官の諮問機関であった沖縄問題懇談会を、首相の諮問機関である沖縄問題等懇談会に再編し、ほどなくその下部機関として安全保障問題を担当する沖縄基地問題研究会を発足させて、有識者による検討を加速させた。一九六八年に、懇談会は七〇年までに返還の目処をつけることを中間報告として提出した。並行して進められた対米交渉は外務省の正規のルートのみならず、非公式のルートも用いられた。特にホワイトハウス高官との個人的な信頼関係をもとに交渉を重ね、最終局面ではヘンリー・キッシンジャー大統領補佐官との直接交渉を引き受けることとなる国際政治学者の若泉敬は、佐藤の指示にもとづき「両三年の内」に返還時期を決定するという合意を得られるよう、アメリカ政府に働きかけた。当初アメリカは難色を示したが、六七年十一月の日米首脳会談では、この点について合意を見た。帰国後、佐藤は、沖縄の米軍が所有する核の取り扱いを確定すべく、まずは本土について「核を持たない、製造しない、持ち込みを許さない」とする「非核三原則」を打ち出した。そして、政府内では、沖縄返還について、「核抜き本土並み」の方針を堅持することを方針に掲げ、それを公式に表明するタイミングをうかがった。

他方、沖縄では、祖国復帰運動が高揚する中で一九六八年に琉球政府行政主席・立法院・那覇市長の三大選挙が行われた。初めて公選が認められた主席選挙では、「即時無条件全面返還」を求める革新系の屋良朝苗が当選した。楠田は「やはり痛い。敗軍の将、兵を語らずと言う心境。都知事選と同じ結果」と日記に記し（前掲『楠田實日記』二八六頁、一九六八年十一月十一日条）、前年の都知事選で美濃部亮吉に自民党・民社党の推薦候補が敗北した件になぞらえた。佐藤は、「復帰問題は一寸むつかしくなるか」と記す一方、初めて屋良と会見した後は「人物は良、保守の人選間違いか」と記し、沖縄返還交渉を推進する展望を開いていった（前掲『佐藤榮作日記』第三巻、三四七、三五九頁、一九六八年十一月十一日条、十二月九日条）。

アメリカでは一九六九年より、共和党のニクソン大統領が就任し、外交はキッシンジャー補佐官が掌握する体制に大きく変わった。佐藤は新政権が民主党のジョンソン政権の沖縄返還交渉を継続する方針であることを確認した後、沖縄を「核抜き本土並み」とする原則にもとづいて交渉に臨むことを正式に表明し、副大統領時代のニクソンと信頼関係を築いていた岸元首相を特使としてアメリカに派遣して、交渉の下地をつくった。返還交渉が外務省ルートで進む一方で、秘密外交を得意とするニクソン、キッシンジャーは、非公式ルートを通じて、核の持ち込みについての密約を作成するよう求め、さらにはニクソンの支持基盤の一つである繊維業界の利益を汲んで日本の繊維産品について対米輸出規制を求めるに至った。佐藤は、当面繊維問題については踏み込まない方針をとったが、密約の作成については受け入れて、十一月の日米首脳会談に臨み、七二年の沖縄返還について合意に至った。

日米会談後の十二月に佐藤は衆議院を解散し、総選挙で野党に圧勝した。そして一九七〇年六月には日米安保条約の自動延長を発表し、これを反政府デモの起爆剤にしようとした野党・労働組合・学生運動の機先を制した。結果として運動は下火になっていった。そして佐藤が新しく掲げたのは公害問題への対応であった。佐藤のブレーンの一人であった国際政治学者の高坂正堯(こうさかまさたか)は環境問題の重要性を早くに説き(楠田実「見識と嗅覚」、『アステイオン』第四二号、一九九六年)、革新自治体もこれに大きな関心を持っていた。また環境問題への対応は、総裁就任前に佐藤が掲げた「社会開発」の理念に即したものとも言えた。佐藤内閣は、関係省庁から多数の官僚を集めた臨時の公害対策本部を設置して公害関係一四法案を立案させ、その後、恒久的な機関として、環境庁を新設したのである。

だが、佐藤内閣は、一九七〇年十月の総裁選挙で佐藤が四選された後は、日米関係で翻弄された。一つには沖縄返還と並行して行われた日米繊維交渉である。ニクソンの選挙対策のために出された、アメリカ側の強い繊維輸出規制の要求に対して、大平正芳、宮沢喜一の歴代通産相は抵抗を続けたが、新たに通産相となった田中角栄はこれを受け入れるとともに、繊維産業に補償金を与えることで、政治的決着を実現した。二つには七一年七月の中国政策における「ニクソン・ショック」すなわち、ニクソン声明におけるキッシンジャーの中国訪問の発表と米中和解の推進である。三つには七一年八月の金とドルの兌換(だかん)停止発表、いわゆる通貨の「ニクソン・ショック」である。これによって、一ドル三六〇円のレートの維持が不可能となっていく。特に、二つの「ニクソン・ショック」は、日本政府への事前連絡なく断行されたため、政府関係者の動揺は深刻であった。佐藤内閣は、沖縄返還を実現した後に退陣する。日米関係、さらには日中関係の処理は以後の内閣の課題となったのである。

佐藤内閣時代にテレビは全家庭に普及していった。退任にあたり、テレビ時代を見越したブレーンからテレビ会見を行うよう進言された佐藤は（浅利慶太『時の光の中で』文春文庫、二〇〇九年、三五三頁）、前日に突如、楠田ら側近にテレビ会見を行うことを告げた。記者会見を行うと思っていた楠田らの準備が整わない中で行われた会見の場で、佐藤は新聞記者と口論し、抗議する新聞記者が退室した後、一人カメラに向かった。すべてをテレビが映し出していた。「どうしてこういうことになったのか。空白な頭の中で、そのことばかり考え続けた」と楠田は自問自答している（前掲『楠田実日記』七四一頁、一九七二年六月十七日条）。佐藤内閣はあまりに長かった。その間の社会の変化は、政権を追い越していたのである。

▼参考文献

太田久行『美濃部都政12年——政策室長のメモ』毎日新聞社、一九七九年。

苅部直『安部公房の都市』講談社、二〇一二年。

楠田實『首席秘書官——佐藤総理との10年間』文藝春秋、一九七五年。

高坂正堯『宰相　吉田茂』中公クラシックス、二〇〇六年。

升味準之輔『現代日本の政治体制』岩波書店、一九六九年。

御厨貴『東京——首都は国家を超えるか』（20世紀の日本⑩）読売新聞社、一九九六年。

御厨貴『後藤田正晴と矢口洪一——戦後を作った警察・司法官僚』ちくま文庫、二〇一六年。

牧原　今回は、佐藤栄作内閣と沖縄返還について考えてみたいと思います。

御厨　佐藤政権というのは七年八カ月続きました。これは第二次以降の安倍晋三内閣が二〇二〇年八月に連続在任日数が最長となるまで、戦後最長の内閣だったんですね。その中で高度成長というものをますます日本は遂げていき、安定政権として落ち着いた雰囲気の中で、しかし、いくつかの社会反乱の面もあったという時代です。

牧原　それではまず、佐藤内閣の成立を見てみたいと思います。

◆佐藤内閣の成立

牧原　佐藤首相は「寛容と調和」をキャッチフレーズにしていましたが、佐藤の前の池田内閣は、「寛容と忍耐」という言葉をキャッチフレーズにしていましたね。

佐藤は岸信介の弟であり、前の首相であった池田と同じ旧制五高の出身であって、東京大学法学部を卒業後、鉄道省に入省し、戦後は池田大蔵次官と同時に、鉄道次官として吉田茂首相を支え、吉田の側近となっていきます。その二人が池田内閣時代に、ライバルとなって争うようになっていく。当時、池田内閣時代に長老として君臨した吉田茂が、再三にわたって池田に佐藤への禅譲を迫るが池田は受けいれない。そういう緊張関係がありました。二人は一九六四年の自民党の総裁選挙で激突し、池田が勝ちます。このとき、佐藤は「社会開発」という理念を掲げて池田に獲得数で肉薄する。ほどなく池田は病気で退陣し、佐藤を後継に指名するかたちで、佐藤内閣が成立します。

この佐藤内閣は、年表（表10-1）にあるように、一九六四年十一月に成立します。七年八カ月という、戦後の日本で二番目に長い政権となりました。自民党はこの間、選挙で過半数議席を安定して確保し、党内では佐藤と対抗できるような政治家はなく、佐藤は安定した政権運営を進めることができました。そして今、「社会開発」という言葉を佐藤が池田時代の総裁選挙で掲げたというように、この「社会」というものの位置づけが大きくなっていくというのが、佐藤内閣の特徴です。つまり、高度経済成長の後半に当たる時代ですが、政治から経済、経済から社会生活に国民の関心が移ります。佐藤内閣の策定した経済計画は、「経済社会発展計画」と呼ばれて、社会という概念が導入されるのは、それを象徴するものだったわけですね。

この社会では、いろいろな問題をはらんだ事件が起こります。東京都議会は自主解散し、結局、革新系の美濃部都知事が当選するということになる。公害問題として、新潟水俣訴訟が提起され、さらには大学紛争ですね。こういった問題が起こります。その中で日本は、国民総生産（GNP）で西ドイツを上回り、西側諸国では世界第二位

表 10-1　佐藤内閣関連年表

年	事　項	
1964	11月	佐藤栄作内閣成立
1965	6月	東京都議会自主解散
	8月	佐藤首相，沖縄訪問
1967	4月	美濃部亮吉東京都知事に当選（15日）
	4月	佐藤首相，非核三原則を衆議院で言明（21日）
	6月	新潟水俣病訴訟の提起
1968	10月	新宿駅騒乱事件
		東大全共闘運動
		日本，GNPで西ドイツを上回る
1969	5月	新全国総合開発計画を閣議決定
	11月	日米共同声明
1970	11月	公害関係14法案成立
1971	6月	沖縄の施政権返還協定調印
	7月	ニクソン大統領訪中を発表
	8月	金とドルの兌換一時停止
1972	2月	浅間山荘事件
	6月	佐藤首相退陣表明

の先進国へとなっていく。こういう状況ですけれども、何と言っても、佐藤内閣の大きな政策課題が沖縄返還でした。当時ベトナム戦争が深刻化する中で、ベトナムに近く、これに事実上かかわっている地域でした。戦後いまだ日本に復帰していない沖縄の返還交渉が最大の政策課題となっていきます。一九六九年の日米共同声明で沖縄返還の方向が決まり、七二年に沖縄が返還される。佐藤はこれを花道に七二年に退陣をする。こういう長期政権が佐藤内閣でした。

◆佐藤内閣の政治運営――『佐藤榮作日記』を中心に

御厨　今、お話がありましたように、佐藤は基本的に安定した政治運営をすることができたというわけですね。「待ちの政治」と言われました。つまり彼は、いろんな政治課題を先取りするのではなくて、それが熟してから、それを実行するというふうに言われました。同時にまた、当時のマスメディアの記者たちの言葉遣いの中に、「淡島(あわしま)に特ダネなし」という言葉があります。淡島というのは、まさに佐藤栄作の自宅があったところで、ここに新聞記者は何かネタはないかと言って探しに行くんですが、佐藤は、決して言質を与えるようなことはしないということです。そういう慎重な性格も相まって、佐藤時代というのは逆に、一般の国民からするとやや物足りない。この内閣ではなくて、もうちょっと変化がある、そんな内閣、政治がほしいと思っていたにもかかわらず、なかなかそれがうまくいかない。つまり、七年八カ月というのは、そういう時間の流れを持っていたということが言えます。

と同時に、今さっき「淡島に特ダネなし」と申しましたが、佐藤は自分の家を持つと同時に、自由人としての時間と空間ということを、割合、真剣に考えた政治家です。彼は政権をとるとすぐに、淡島以外に別邸を求めます。その一つが、週末、彼が通うことになった鎌倉の屋敷です。今、鎌倉文学館となっていますけれども、もともとは宮様の屋敷を借りたわけです。そこに週末行って、鎌倉の文人たちと交わり、そこにはほとんど、いわゆる政治経済の大物は呼ばずに、文人と家族だけで生活を営み、そこでまた、次の政治への英気を養ったということなんですね。

彼はまた、軽井沢にも別邸を持っておりました。夏の軽井沢の別邸、これは全然使い方が違っていました。政治、経済、そういうところのいろんな政治家とか財界人とかを呼んで、社交をするということをやりました。七年八カ月、彼がやった中では、そういう日々の首相としての生活を、きちんと、自宅と二つの別邸を分けてやったということが大きいですね。彼の日記を読んでみますと、毎朝、写経をしていますね。そこに必ずいろんな人が訪れてくる。それを玄関で帰してしまう様子、あるいは、ちょっと入ってきて挨拶をして帰してしまう様子、そういうのが佐藤の日記の中には淡々と綴られているというのが、私が見た感じですね。

牧原　その『佐藤榮作日記』です。現在、一九五二年から七五年までの日記をつけている部分が公刊されています。長期政権で、長期にわたって首相が日々日記をつけているというのは、戦後日本では他にない。そういう史料と言えます。その中をちょっと見てみたいと思います。「淡島に特ダネなし」というマスメディアの世界での評価がありますけれども、日記を読むと非常に淡々と綴られているんですね。今開いているのは、六四年の十一月九日、佐藤内閣の成立の日です。「うれしい事だ」と、一言感想がある、といったような調子です（前掲『佐藤榮作日記』第二巻、一九六～一九七頁、一九六四年十一月九日条）。

十一月九日　月

議員総会が十時なので勢揃いをする。余は私邸にあって、ニュース速報で余に決定したのを見た上で総会に出席。

警戒厳重、会議も準備の上で開いて、至極万端の準備終った感、万［満］場一致、至って平穏裡に終了。二時本会議を開く。二八三票で首班指名を終る。前例を破り一票の散票も白票もない。うれしい事だ。参議院は一四五で緑風及び二女子［史］の援助があったらしい。
その後首相官邸に入り、川島、三木君と会見し、更に河野君を招致して協力を求めた。一晩ねて構想を練る積りで居たが、急に変へて夜八時半から宮中で認証の式を上げる。初閣議を終り帰宅。

ですから、この日記を読み解くのは、なかなか簡単ではない。血沸き肉躍るような史料ではないんですね。しかしそこに、佐藤という人の人柄、まじめで、かつ日々をきちんとこなしていく、という政治のスタイルが見えてくるわけです。

そして、こういう淡々とした日記を読むには、他の史料で補う必要があります。この佐藤内閣時代に関しては秘書官の記録は、いろいろあります。たとえば外務省から秘書官に出向した本野盛幸（もとのもりゆき）という官僚のオーラル・ヒストリーの記録があります。そこには、佐藤について、こう書いてあります（C．O．E．オーラル政策プロジェクト『本野盛幸オーラル・ヒストリー』政策研究大学院大学、二〇〇五年、一二六〜一二七頁）。

あの人は悠然とした人ですからね。時々怒る時には興奮するんだけれど（笑）。興奮しないで怒ることはしょっちゅうありましたけど。

こういう人だというわけですね。つまり、佐藤は怒るわけです。

そして、この佐藤が、マスメディアから、サンケイ新聞の記者から取り立てた政務の秘書官に、楠田実という人物がいます。楠田の日記というのも、これまた別にあります。この日記では、佐藤内閣の政策の立案のしかた、国会での演説の書き方、あるいは佐藤が周囲の政治家について語る、そういう感想がいろいろと記されているんですが、まずここでも、読み出すと最初に出てくるのが、佐藤から怒られる、例えばこう書いてあります（前掲『楠田實日記』四九・一五一〜一五二頁、一九六七年七月七日条・一九六八年一月十一〜十二日条）。

政府与党連絡会議を官邸に設営したことについて、総理から叱られる。

車の中で東京新聞を読んでみると、首相の公私混淆というのが社会面のトップになっている。閣議終って総理に呼ばれ、「〔中略〕。そんなことでは俺の秘書は勤まらんぞ」と言われた。〔中略〕本当に辞めたくなった。

こういう厳格な首相を支える秘書官たちは、お互いメモを作ったりしながら、首相の真意を読み取ろうとする。そういう官邸の記録があるということで、この内閣は、歴史の対象と十分なりうる資料とともに語りうる内閣と言えるでしょう。

御厨　今のお話の続きでちょっと言いますと、佐藤日記は、本当に淡々と書かれているんだけれども、彼はやはり戦後派だな、と思わせるところがあるんですよ。それは、かなり右翼が出入りをしています。その右翼の発想に、彼はやはりついていけない、ということをよく書いています。彼の内閣はもちろん、建国記念日の制定とか、そういうことに賛成を示すんですけれど、それ以上のこと、それ以上、右に行くことを佐藤は嫌っています。それは、淡々とした彼の記述の中に実にはっきりと浮かび上がってくるという点で特色があるんですね。

◆社会の変化とメディアの役割

牧原　この佐藤内閣時代は、長期政権のもとで自民党政権は安定していきました。けれども、これに対する社会の側の異議申し立ては、やはり活発であった。そういう時代です。この時代の社会を映し出すのは何かと言うと、一つはやはりメディアなんですね。社会の大きな変化を政権は汲み取っていって、新しい政策につなげていく、環境問題が起これば、環境政策にやや遅れて取り組んでいくと。こういう時代でもありました。

そうした社会の動きを映し出すメディアとして、一つ、ご紹介したいのは、小和田次郎というペンネームで書かれた『デスク日記』という日記です（小和田次郎『デスク日記』1～5、みすず書房、一九六五～六九年）。これは原寿雄（はらとしお）という共同通信社の社会部の記者が、ほぼ同時代にペンネームで連載していた日記です。通信社の社会部から、どう政治が見えるか、政治部の記事を読むのとはまた違ったものとして見えてきます。その一つの例として、第二次佐藤内閣が成立してほどなく、佐藤は「内遊」と称して小学校や老人ホームを視察します（小和田次郎『デスク日記3――マスコミと歴史』みすず書房、一九六七年、一五五～一五六頁、一九六六年九月十四日条）。こういうパフォーマンスをするわけです。これに対して、社会部の記者の側から反発が出てくる。「こんなものでPR記事を書かせようというのは、新聞人がバカにされている証拠だ」。こういうくだりが日記の中にあります。そういう異議申し立てが新聞から出てくるんですね。佐藤の側は、先ほども述べたように、新聞記者としての楠田を秘書官に起用します（一九六七年三月）。政権が新しい時代に正面から取り組んでいこうとする姿が見えるのです。

◆革新首長の登場と自民党の反省

牧原　そういう社会の動きがいろいろ吹き出ますが、まず最初に取り上げてみたいのは、社会党や共産党といった革新系の政党の推薦、あるいは公認を受けて登場した、知事や市長という革新首長の登場であります。その象徴的なケースが美濃部亮吉・東京都知事です。学者出身で、温和な美濃部スマイルを浮かべるという新しいタイプの首長が登場します。これは東京都だけではありません。全国に広がっていくことになります。

一九七一年の統一地方選挙では、美濃部都知事が再選されたり、黒田了一大阪府知事が当選したり、飛鳥田一雄横浜市長が再選されたりといったかたちで、革新系の首長が全国に広がり、政権として確立していきます。こういった首長たちは、全国で革新系の知事や市長の団体を作ります。こうした団体が、長期安定政権であった佐藤内閣に対して一定の異議申し立てをしていきます。どういう異議申し立てをしたかを挙げるならば、たとえば老人医療費の無料化であるとか、あるいは公害問題に対する新しい対応であるとか、そういったことをするわけです。

また、こういった首長は、それ以前の戦後の首長たちが戦後の復興に尽力していたのに対し、高度成長の新しい社会のニーズに応えて、既存の法律を再解釈するという手段を使います。たとえば横浜の飛鳥田市長は、米軍に対する反対運動として、輸送トラックの通過を阻止しようとします。メディアに出るのは座り込みをしたということですけれども、彼は当時の法令を再解釈して、輸送トラックが重量オーバーしているから通行できないと主張します。これに対して、政府は、法令を改正して、そういう解釈が起こらないようにするわけです。新しいタイプの地方の政治や行政が登場したということが言える。法令の新しい解釈と適用が新しい首長の、リーダーシップのかたちであることを訴えました。それは、一九七〇年代の新しい地方の時代にもつながります。あるいは、九〇年代、政権交代で首相や官房長官になった細川護熙、武村正義という知事出身の政治家の国政での活躍を生み出したと言えるのではないでしょうか。

御厨　他方で、こうした革新自治体が登場するという事態に対して、やはり保守党側、つまり自民党の側は深刻な反省を迫られる。そこで田中角栄が会長になって、自民党の都市政策大綱というものを作ります。さまざまなことを言っていますが、ここで一番画期的だったのは、土地についての公益優先の原則を打ち立てたということです。田中角栄が事実上、頭に座って書かれたこの大綱は、実に二十年間にわたって静かなベストセラーとして、版を重ねていくことになります。

そしてまた同時に、いわゆる「新全総(しんぜんそう)」、第二次全国総合開発計画が策定をされました。これは下河辺淳という開発官僚が中心となって作られました。その中でも、過疎と過密の同時解消であるとか、あるいは全国を新幹線、あるいはそれ以外の鉄道網、道路網、ひいては、やがてそこを航空網で結んでいくといったことを考え、田中・下河辺はそれを協力しながら、佐藤政権のもとで実現したいと考えました。そのときの一番象徴的な言葉で、「日本列島を丸くする」という言葉が使われます。日本列島を丸くするって、なんだろう。要するに北海道と九州というのは、実は時間と距離との関係をどんどんどんどん縮めていくと、丸くなるように見えるんだという、発想なんですね。今は全くそういうことは言わなくなりましたが、当時はこの言葉が流行しました。

さて、そういう時代の中で、一番象徴的なのは、佐藤栄作はこの「新全総」の計画にかなり懐疑的であって、つまり全国津々浦々にまで鉄道網や道路を敷く必要があるのか、ということを考えます。そこで田中角栄がとめどもなくおしゃべりをしながら、全国にこういうふうに交通網を作ったらいいと言ったのに対して、一言、佐藤が言ったことは有名です。「そんなところにまで鉄道を作ってどうするんだ、狸でも乗せるのか」と言ったそうです。これに対しては、さすがに田中角栄も二の句が継げなかったと言われています（下河辺淳の直話）。そんなある種の緊張状態を保ちながら、開発路線というのは進んでいきます。牧原先生、これも一種の、社会というものをとらえるということになりますか。

牧原　やはり戦後日本の国土というものが、列島という海岸線で見えてくるわけですが、それを交通網、あるいは公共事業とか社会資本で覆っていくことで、より充実した国土に仕上げていったという意味で、やはり日本人にとって、敗戦後、四つの島を中心に、日本という国が列島として緊密に組み立てられていることを自覚させたと思います。それは同時に、当時、列島に入っていない沖縄を、どのように考えるのかという問題も導き出したと言えるのではないでしょうか。

◆社会反乱の時代

牧原　そして、実は、今申し上げたような問題状況の中で、社会反乱というものが起こってまいります。大学生の反乱、全共闘運動に象徴される、都市のある種の破壊運動が起こります。一九六八年から六九年にかけて、東大紛争が起こります。

御厨　やがてこれは日大紛争等々、全国の大学紛争につながっていくことになります。そこでさまざまな要求が出されます。やがてそれは暴力化していき、そして、その果てに、いわゆる赤軍派が登場し、浅間山荘事件（一九七二年二月）というものをもって、この一連の社会反乱というものは終わります。

じゃあなぜ、この時期にこうした運動が起こったのか。それは、大きな意味では、この社会は安定していたんですけれども、小さな反乱を起こすことによって、その安定状況に異議申し立てをしたかった、ということの一つの表れです。たとえば、この時期に、庄司薫という作家が現れて、『赤頭巾ちゃん気をつけて』（中央公論社、一九六九年）という、当時においては有名な小説を書きます。この中に出てくる、おしゃべり的な文体というものは、やがてその当時あった、これまた当時の若者が聞き入っていたラジオの深夜放送と連動して、反というよりは半社会的であるというニュアンスを持っていました。そういうものとも、実はつながっていくというお話になります。

全体として、もう一つ、言っておきたいことは、社会反乱を中心とするこの時代は、今でも時々振り返られることがあります。たとえば、それが数年前にいくつかの作品になりました。一つは、浦沢直樹という漫画家が描きました『本格科学冒険漫画 20世紀少年』(『ビッグコミックスピリッツ』連載、一九九九〜二〇〇六年)という漫画があります。これはまさに一九七〇年の大阪万博と、その前年のアポロ一一号の月面着陸という二つの出来事を通底にして、ある事情で日本人がゲットーに押し込まれていく。そのゲットーの向こうには、高度経済成長以前の日本の、楽しかった、貧しいけれども心豊かだった生活が描かれるという、そこに対する一つの憧憬の念、というのが実はあるわけです。もう一つは、『クレヨンしんちゃん』というアニメーションがあるんですね。このアニメの劇場映画シリーズの中に、非常に特徴的なものとして『クレヨンしんちゃん 嵐を呼ぶモーレツ! オトナ帝国の逆襲』(二〇〇一年)というものがあります。これは団塊の世代の人たちが、二一世紀なんかきてほしくないと、自分たちが一番楽しかったのは、一九七〇年の少し前の時代だと主張するという、こういう時代懐古というものがあります。

さらに、もう一つ、言っておきたいのは、この時期に、人々は社会的反乱・騒乱の中でも、科学技術信仰を衰えさせなかった、公害問題も科学技術の問題によって解決するんだ、それによって社会は発展していくんだと。社会発展のモデルというものを、ついに、この時代というのは脱することができなかった、そこに夢を託したという特色があると思います(御厨貴『表象の戦後人物誌』千倉書房、二〇〇八年、参照)。

◆沖縄返還と日米関係

牧原　それでは、佐藤内閣の主たる課題であった沖縄返還について考えてみたいと思います。戦後、沖縄がどのような統治のもとに置かれたかについて、年表（表10-2）を見てみたいと思います。

講和条約の後、琉球政府が発足します。アメリカの統治下に置かれていますが、祖国復帰運動が起こり、「沖縄の自治は神話である」といったアメリカの高等弁務官の権力剝き出しの発言がある。こうした状況を経て、佐藤は政権獲得後、一九六五年にまず沖縄訪問を果たします。沖縄の祖国復帰が実現しない限り、日本の戦後は終わらない、という趣旨の演説を行う。そして一九六九年に、ニクソンとの会談で、三年内に沖縄を返還するという合意を取り付け、七二年に沖縄が日本に返還されます。

表10-2　戦後の沖縄（1951〜72年）

年	事　項
1951	9月　サンフランシスコ講和条約
1952	4月　琉球政府発足
1953	12月　奄美群島の日本復帰 アメリカ民政府，土地収用令を公布
1960	4月　沖縄県祖国復帰協議会結成
1963	3月　キャラウェイ高等弁務官「沖縄の自治は神話である」と発言
1965	8月　佐藤首相，沖縄訪問
1968	11月　琉球政府主席公選
1969	11月　佐藤・ニクソン会談
1970	11月　国政選挙の実施
1972	5月　沖縄の施政権を日本に返還

このプロセスは、非常に複雑な過程をたどりましたが、一九六九年の佐藤・ニクソン会談の大きな課題は、沖縄における核の持ち込みをどうするかということでした。佐藤は、核の持ち込みはしないと言い続けていましたが、アメリカは一定の保証を求める。そのときに、密使という外務省の正規ルートではない交渉担当者が活躍しました。国際政治学者の若泉敬という人物が、このとき、佐藤とニクソン政権との間をとりもちました。その若泉が、この核の持ち込みの問題を、佐藤とニクソンの会談の直前にどのように処理したか。彼はこれを死の直前、記録に残しました。そのときの、佐

藤と若泉とのやり取りをみてみたいと思います（若泉敬『他策ナカリシヲ信ゼムト欲ス〈新装版〉』文藝春秋、二〇〇九年、三八六～三九〇頁）。

二十七日、総理との会談は、いつもどおり公邸で、朝の九時二十五分から十時少し過ぎまでの四十分間ほどだった。

「来月の六日に、極秘裏に出発することにしました。会うのは、十日になると思います。向うは、総理の返事を待っていますが、その後の状況はどうなっておりますか」

「コミュニケの全文について、いくつか手直しの指示をしたんだ」

と言いながら、外務省「共同声明案」の最新版を私に手渡した。「極秘　無期限」という印の押されたこの書類は、十月十六日付になっていた。

……中略……

総理は、続けて、

「新聞にはまだ洩れていないが、財政問題がかなり大きな問題になっている。しかし事務レベルで、俺が行くまでに解決がつくだろう」

「核抜きは、どうしますか」

「外務当局が用意した業で、まあ一応はいいだろう。しかし、もっと明確に核の撤去を謳えるとなおいい」

「おっしゃるとおり、できるだけ明確に謳った方がいいですから、一案考えて下さい。それをぶつけてみますから」

「うん、君が発つまでにもう一度会いたいから、君も考えてきてくれないか」

「十月三日にお渡しした緊急非常事態の核の持ち込みについて、ニクソン大統領が最小限の確実な保証を求めてきているのは、どうしますか」

「書いて署名したところで、それは相互信頼がなければどうしようもないだろう。特別の取り決めはないようにしたいな」

「もちろん、そんなものはないにこしたことはないいんですが、向うは大統領自らが、何か書いてくれ、と言っているんです」

「うーん。（しばし、一考のあと）

ニクソンがどうしても、それが必要だというのなら、会談の記録をまとめたものにして、それにサインしてもいい」

「形式その他はどうしますか」

「向うの考えも入れて、まとめてきてくれ」

「私がキッシンジャーと交渉していいんですね」

「結構だ。やってきてくれ給え」

「ポスト・サトウ（佐藤以降）を、どう保証してくれるか、とも言ってますが」

「そんなことを言ったって、君。それなら、ポスト・ニクソンはどうするんだ。アメリカとの力関係で決まるんで、向うがやればいいんだよ。そんな大変な緊急事態になれば、事前通告で押し切ればいい。仕方ないではないか」

……中略……

この日の私との会見について、『佐藤日記』には、なんらの言及もない。

二十七日付の関係部分の記述は、次のようになっている。

「いつもの様に十時出勤。十時四十分福田大蔵大臣、保利君と三人で日米財務とりきめの報告をうける、沖縄に於ける米側施設その他の財産処分の問題は極秘裡に交渉をすゝめ、米側当初の云い分六億五千万弗、段々と中味を整理した結果三億五千万弗見当で話がうまく行きそう。一、二点未定稿の状態だが渡米前に大綱がきまりそうとの事、しかも米側も至極満足の由、残りは『せんゐ』の輸入問題か」

沖縄返還の過程では、この若泉の回顧録にあるような核持ち込みの問題、それはさらに、日米安全保障条約を基礎とする日本とアメリカとの安全保障上の関係のあり方を特徴づけるという、きわめて重要な争点があります。たとえば、二〇〇九～一〇年に行われた外務省の調査によって、沖縄返還で、密約があったということが明らかになりました。日本政府は、それまで密約はないと主張していました。やはり、その主張が成り立たないことが、今はわかったんですね。しかし、その密約があったとして、それがどの程度実効的であったかということになると、実はよくわかっていません。こうして、日米関係の戦後の実像の一端が見えてきたのが近年の状況だと思います。

◆沖縄から見た沖縄返還

牧原　そして、この沖縄返還を沖縄の側から見たらどうか、ということで、当時の琉球政府の主席であった、屋良朝苗の日記を見てみたいと思います。

この屋良朝苗は、教員から一九六六年、初めて主席に公選されて、復帰のときも主席でした。この屋良の日記のコピーが沖縄県の公文書館にあります。この屋良の日記を見てみましょう。復帰の前の日ですね（本として編集されたものとしては、琉球新報社編『一条の光――屋良朝苗日記』下、琉球新報社、二〇一七年、三二六～三二九頁、一九七二年五月十五日条）。インタビューやいろいろな行事があると、忙しい状況が書かれています。で、いよいよ五月十五日、復帰の日です。この日もいろいろインタビューとかがあって、式典が行われていきます。屋良の感想が、そのあと記されています。「今日は二時間位しか休んでいない」。しかし、「今日から主席ではなく沖縄県知事となった」と記されており、そのことの感慨を屋良は噛みしめています。そして、「終戦以来〔沖縄の〕復帰を希求し……一仕事、一仕事を地道に計画し実践して来た」という感慨もあわせて記されています。こういった史料とともに、私たちは沖縄の復帰というものを見ることができると思います。

◆ニクソン・ショック

牧原　さて、この後、今度は日米関係がどうなっていったかを見てみたいと思います。沖縄返還交渉の合意の取引として、アメリカは日米繊維交渉を取り上げていきます。つまり日本の繊維業界の輸出規制を働きかけていく。これがニクソン大統領の一つの戦略だったわけですね。こうして日本とアメリカの関係が、ぎくしゃくする、そういう状況の中で、一九七一年の夏、ニクソン・ショックが起こります。日本政府に事前の通告のないニクソン大統領の見解というものが、公にされるんですね。

まず一つ、中国とアメリカとの関係です。一九七一年七月十五日、ニクソン大統領はテレビで中国訪問の計画を発表し、翌七二年には訪中します。米中が国交を回復する。これは、今までアメリカに配慮して台湾との関係の維持を基本方針とした日本の外交政策を根幹から揺るがすものでした。日本政府にとっては大きな驚きであり、不快を禁じえなかったということが言えます。そして、もう一つのニクソン・ショック、すなわちニクソン大統領が、金とドルの兌換を一時停止するというドル防衛措置を、八月十五日に発表します。アメリカの国際収支の赤字が続き、国外に流出した大量のドルを金と交換する、それだけの準備が整わないということが、明らかになったというわけなんですね。

当時、この状況の中で、円はやはり価値が上がることが予想されて、東京外国為替市場では、瞬く間に円が買われるということになる。そして、この年の十二月のスミソニアン協定で一ドル三〇八円に、いったんは固定されることになります。これは輸出産業にとっては打撃になるかと思われて、政府はさまざまな支援措置をとります。こうやってアメリカの一方的な対応に日本は追われていくという状況が、佐藤内閣の末期です。佐藤政権は、中国との国交回復ができないまま、一九七二年、沖縄の返還が無事済んだ後に、退陣します。

◆佐藤の退陣

牧原　佐藤の退陣では、一つ、ハプニングがありましたね。その場面を見てみたいと思います。佐藤は、テレビでの記者会見をしようと思ったんですが、新聞記者がいるということで追い出しました。次ページの写真は、その後の記者会見の場面です。

御厨　記者がいない所で会見をする佐藤首相は、非常に怖い感じがしますね。国民はこうして、一番最後の場面で、佐藤の本質を知ってしまう。彼のある種の権威主義、彼はもちろん、それを自分の周辺で、怒ったり叱ったりし、そういうことをやっていました。おそらく彼は、自らが気に入られようとする、そういうタイプの政治家ではなかったということを最後に証明したことになるんだろうと思います。

この風圧ですね。何とも言えない怖さ。これを持っている、どうなんでしょう、牧原先生、不器用な感じもするんですけれども、この佐藤がおそらく一番近年では風圧を感じる最後の「首相」になりますかね。

牧原　やはりテレビが普及して、テレビを前提に政治家が自分の存在を考えるようになる、そういう時代にだんだん入っていきます。そして、その佐藤をテレビでどう映し出すかを考えたのが、実は秘書官の楠田だったんですね。楠田は新聞記者でしたが、佐藤をどうテレビに映し出すかを考えて、「総理と語る」という番組を企画していました。その集大成だった引退テレビ会見が、こういうかたちで終わった。楠田は深く嘆くわけで、日記にこう書いています（前掲『楠田實日記』七四一頁、一九七二年六月十七日条）。

どうしてこういうことになったのか。空白な頭の中で、そのことばかりを考え続けた

自問自答するわけですね。いくら楠田が演出しようとしても、佐藤は佐藤独自の、そういう「風圧」のスタイルで応えるしかない。これがやはり佐藤政権の一つの特徴です。秘書官と首相の存在のギャップと言うんでしょうか。そういうものがあり続けた。それが長く続いたということが、佐藤政権の特徴ではないでしょうか。

御厨　前任者の池田もかつては同じように、怒る、叱るというタイプでしたが、それを「演出」によってずっと抑えていた。佐藤の場合は、最後の最後に本質が出たというところに特色があるんでしょう。同時に、その後に出てくる田中角栄は、彼が佐藤内閣の官房長官になれと言われたときに、絶対に嫌だったというのは、この「風圧」を感じたからだというのは、なかなか考えさせられる話だというふうに思います。

これで、今回の講義を終わります。

退場表明の記者会見を行う佐藤栄作首相（1972年6月17日。写真提供：朝日新聞社）。

第11章　列島改造と保革伯仲の時代

目標＆ポイント
日本列島改造計画を掲げて首相に就任した田中角栄は金脈政変により退陣し、保革伯仲の時代を招来した。この時代の自民党政治の特質を検討する。

キーワード
派閥　日本列島改造計画　ロッキード事件　椎名裁定

一　派閥政治と自民党改革

一九七二年七月、佐藤栄作首相の退任を受けた自民党総裁選挙では、田中角栄と福田赳夫との間で激しい選挙戦が行われたが、本命と思われた福田が田中に敗れ、田中内閣が成立した。だが、田中は金脈問題で辞任せざるをえなくなり、続く三木武夫内閣時代にロッキード事件で逮捕された。田中派への世論の激しい非難の中で、田中派は、三木派・福田派への敵意を燃やす。ここに田中の盟友・大平正芳と、弱小派閥の領袖ではあったが、総裁候補の一人とされた中曽根康弘も加わり、党内は激しい派閥抗争が続いた。

金権批判と派閥批判がメディアの主題となる中で、自民党内では、三木・福田による党改革が課題となる。党改革に消極的であった大平は、これにかわる政治の革新として、行政改革を考え出す。党であれ官僚制であれ、一九六〇年代までの自民党政権の根幹にある制度を変えなければならないというのが、一九七〇年代の石油危機後の政治の特徴であった。

石油危機による高度経済成長の終焉は、社会と経済をも大きく変えていく。インフレと不況というスタグフレーションが先進国を席巻する。日本は西ドイツと並んで比較的早期に景気回復へと転ずるが、そのために他国の経済を牽引する役割を担うよう期待された。経済問題を議論する先進国首脳会議（サミット）は一九七五年に始まり、七七年のロンドン・サミット、七八年のボン・サミットで、日本は経済成長の公約を負うこととなった。こうして日本は名実ともに先進国となったのである。

他方で、高度経済成長が終焉を迎えたこの時期に、旧来の保守的な中間層とも、労働者階級とも異なるホワイトカラーが大量に出現したという議論が登場した。小さな所得格差、ほぼ等しい教育水準、マスメディアの発達による共通の生活様式を特徴とする「新しい中間階層」は、一九五〇年代に登場したとされる「大衆」よりも政治に対し自覚的であるという。すなわち、既得権を守ろうとする保守性を持ち、テクノクラートに政治的決定を「委任」する傾向を持つが、社会問題を無視しえない「心のうづき」を抱え、社会問題に積極的にかかわろうとする「関与」の傾向もあるというのである（政策構想フォーラム『脱「保革」時代の政治ビジョン』一九七六年）。金権・派閥批判には、こうした「新しい中間階層」の「心のうづき」が含まれていた。金権政治は許しがたいが、政治家田中への共感も捨てがたいといった心情である。この階層の大部分は、地方から都市部に移住した人々であり、雪深い新潟から中央政界へと飛躍し、成長の果実を遅れた地方に配分することを唱えた田中には、少なからぬ共感があったからである。

二　田中角栄と三木武夫

佐藤の後を襲った田中角栄とはどのような政治家だったのだろうか。一九一八年に新潟に生まれ、中卒後の学歴はなく、土建業で財をなし、戦後に民主党から立候補し、当選する。片山哲内閣の臨時石炭鉱業管理法案に反対して離党し、民主自由党入りした後、吉田側近の一人として佐藤派に属した。岸内閣で郵政相、池田内閣で政務調査会長・蔵相、佐藤内閣で幹事長・通産相を歴任した。佐藤派内で事実上の派閥をつくり上げ、総裁選挙では大平派と結んで勝利した。岸信介は、スリランカ訪問の際に、「田中そっくり」の首相を見て、手帳にこう記している（田布施町郷土館所蔵『岸信介手帳』一九七九年、末尾の自由記載頁上の十月三十日条）。

学歴尤もなく出身も名家の出ではなく、党内長老の信望もなく大統領も信任していないようだが、党内の実力者であり選挙で与党たる国民党の圧倒的勝利を作り上げた中心実力者であり、総理となりたる由なり……（中略）……打てば立ち響くような頭の働きの早い鋭いものを持っている。

ここには田中の性格が余すことなく示されているが、注意したいのは「党内長老の信望」という言葉である。首相経験者として有力な長老であった岸と佐藤は、岸・佐藤内閣の政策形成を支えた福田こそが本来は首相にふさわしいと見ていた。福田は、東京帝国大学卒、大蔵省主計局でキャリアを歩み、主計局長時代に昭和電工事件で大蔵省を去ったものの、岸の側近、佐藤内閣の党役員・蔵相・外相として活躍していた。これに対抗するために、田中は、長老との接触をできるだけ避け、かつ岸とも佐藤とも遠い位置にある大平との提携を強めた。

田中は外相に任命した大平とともに、組閣後すぐに中国との国交回復に取り組んだ。岸、佐藤などと異なり、台湾との関係が薄い二人は、アメリカが中国との国交回復を進めている情勢の中で、一気呵成にこれをなしとげた。そして、田中内閣は、佐藤内閣の「スタッフは一切使はぬ事にした」(佐藤榮作『佐藤榮作日記』第五巻、朝日新聞社、一九九七年、一五一頁、一九七二年七月十五日条)。結果的に政権中枢での経験の少ない政治家と官僚によって官邸が運営されることとなった。そのため、一つには、田中のイニシアティブで性急に推進された小選挙区制への選挙制度改革は、党内の反対で頓挫(とんざ)した。二つには、「列島改造」関連の政策は、国土利用計画法の制定と国土庁の設置に代表される案件に矮小化された。三つには、石油危機後の急変する政治・経済情勢に内閣は十分対応できなくなったのである。

石油危機が物価騰貴にはねかえり、インフレが昂進(こうしん)する状況下で、一九七三年に愛知揆一蔵相が急死した後、田中は総裁選挙で激しく争った福田を後任の蔵相に据えて融和を図り、政策的にも「日本列島改造論」で唱えた積極財政による公共事業への予算配分を中止し、緊縮財政へと転じた。だが、七四年七月の参議院選挙では、折からの企業ぐるみ選挙批判などにより、自民党が敗北し、参議院で保革伯仲が生じた。以後の自民党は若手から金脈問題への疑問が噴出し、閣僚中では福田、三木らによる田中批判が強まり、「党内長老」からも不満が表明された。各世代の政治家から田中への批判の声が上がったのである。

田中の辞任発表を受けて椎名悦三郎副総裁は、三木、中曽根、大平、福田の候補者と個別に会合を持つとともに、当選回数別に議員グループから意見を聴取し、党則上二十五年以上勤続の国会議員などからなる顧問会議を開催したのである。最終的に椎名が指名したのは、三木であった。

三木は、戦前に政界入りし、翼賛選挙では非公認で当選し、戦後は修正資本主義を掲げた国民協同党の書記長として、片山・芦田均内閣の中道政権の一翼を担った。自民党に属するも、党内最左派の少数派閥を率いながら、他の有力派閥の間を遊弋（ゆうよく）し、各内閣で党役員・主要閣僚を務めたのである。そして官僚に対する警戒心が強い三木は、緩やかにブレーンを組織しており、たとえば一九五〇年代から経済学者との意見交換を続けており、六〇年代以降は、中央政策研究所を足場に政策ブレーンと交流していた（土屋清『エコノミスト五十年』山手書房、一九八〇年、九三頁）。三木内閣では、これらブレーンが、独占禁止法改正や自民党改革の三木私案を作成していく。中でも重要なのは、彼らが作成した「生涯設計計画」である。高度経済成長後の人々のライフサイクルとして、誕生から成年、就職から持ち家取得、定年退職という各段階に応じた政策を考えるべきであるという計画は、やがて企業のホワイトカラーを中心とする「新しい中間階層」論へと結実し、こうした議論に参画した有識者は、政策構想フォーラムという集団となり、大平内閣以降の政府の諮問機関で大きな役割を演ずるようになる。三木は、意図せずして、有識者を以後の内閣の施策に結び付ける役割を果たしたのである。

だが、三木の政治手法はいかにも素人めいたものであった。当時、内閣法制局長官であった吉国一郎の回顧を見ると、内閣発足の初期に深夜に三木から突然電話が鳴り、法案について法制面からの意見を求め、また日を置いて電話で確認を求めるという顛末が見られる（東京大学先端科学技術研究センター『吉國一郎オーラル・ヒストリー』Ⅰ、二〇一一年、二五四・二六七頁）。確かに、三木内閣の混乱は、参議院選挙の敗北によって、参議院が保革伯仲となり、国会審議が停滞するという状況に起因していたが、そもそも三木の掲げる重要政策が自民党とも各省とも真っ向から衝突しかねなかったことが大きな原因であった。

第一に、独占禁止法改正問題である。政権発足翌日の閣議で三木は独占禁止法改正案の国会提出を指示した。三木は、ブレーンの助言を得つつ、公正取引委員会の権限を強化する改正案をとりまとめ、国会に提出した。商工省出身であり、公正取引委員会の権限強化に反発する椎名副総裁ら党内から反対の巻き返しが強くなると、三木は衆議院では全野党と交渉して合意案を可決に持ち込み、参議院に送付した。参議院では廃案となったが、あわせて酒・たばこ値上げ法案も廃案となった。

第二に、スト権ストへの対応である。三木は、政権発足当初、公務員に法律上禁じられていたスト権の付与に傾いていた。だが、田中派・大平派がスト権付与反対を強く主張し、場合によっては総裁の交代までも視野に入れた動きを見せ、一九七五年十一月に公共企業体等労働協議会（公労協）がスト権獲得を目的に十日間連続ストに突入してからは、スト権の付与を拒否する姿勢を明確にした。

そして一九七六年二月に、アメリカ上院外交委員会多国籍企業小委員会で、ロッキード社から日本の政界に航空機売り込みのための贈賄があったことが証言されると、三木は事件究明に全力を振り向けると発言した。これに対し、まずは椎名副総裁を中心に、福田・大平・田中を巻き込んだ三木退陣を狙う「三木おろし」が進行した。これがマスメディアにリークされると、世論からの「ロッキード隠し」への反発が強まり、椎名中心の運動は挫折を余儀なくされた。だが、六月には事態に批判的な若手議員の中から河野洋平らが離党し新自由クラブを結成した。そして、七月には田中前首相が逮捕され、これを機にさらなる三木によるロッキード糾明に危機感を抱いた中堅以上の議員は、挙党体制確立協議会（挙党協）を組織して三木おろしを本格化させ、党内対立は沸騰点を迎えた。

反三木の側に立つ福田・大平が断続的に三木に辞任を迫ったが、三木から逆に説得されたため、挙党協は、臨時国会前の党の刷新を決議した。だが、党分裂を恐れる保利茂や船田中（ふなだなか）ら長老政治家が厳しい要求を三木に突きつけることを躊躇（ちゅうちょ）している間に、九月になると三木は解散をせず臨時国会を開会することで妥協に持ち込んだ。九月十五日に三木は反三木の閣僚を更迭し、官邸スタッフも入れ替えて新しい体制で国会と任期満了の総選挙を乗り切ろうとした。だが、十一月四日の国会閉会後、福田は副総理を辞任し、反三木派は福田を事実上の総裁として分裂選挙に突入した。ロッキード事件への自民党不信はきわめて強く、自民党公認では二四九議席という大敗を喫した。これを機に三木は辞任の意思を固めたのである。

だが、三木は退陣に際して「私の所信」と題する党改革構想を公表した。そこでは、第一に、「『保守本流』といった意識が『長老政治』と結び付いて、党の動脈硬化をきたし」た現状の打破、第二に「金権体質と派閥抗争」の一掃、第三に総裁公選を改革し、「各地区の全党員による総裁候補の推薦選挙と、その結果に基づく上位候補者の両院の議員による決定選挙の二段階方式」の導入が謳われていた。田中は「党内長老」の不満に直面して、できるだけ直接の会見を回避したのに対し、三木は組閣当初の党改革構想に最後まで執念を燃やし、自分を総裁の座から引き下ろそうとする「長老政治」と正面から対決しようとしたのである。

三　福田赳夫内閣

総選挙前に挙党協から総裁候補に指名されていた福田は、田中・三木内閣時代の経済危機の中では、蔵相・経済企画庁長官として、経済政策の責任者を務め、その政策手腕を発揮した。こうした実務能力に加えて、「昭和元禄」・「狂乱物価」といった卓抜な造語能力でも知られていた。

福田は党改革については三木と同様に積極的であった。池田内閣下の一九六二年一月に、派閥解消、総裁選挙の自主投票、政党本位の選挙制度の実現などを掲げて、派閥横断的に中堅クラスの議員を糾合した党風刷新懇話会を発足させ、総裁再選を狙う池田を牽制(けんせい)した。総裁選挙後、党風刷新懇話会は党風刷新連盟へと改称し強化を図ると、池田は党近代化のための党組織調査会の設置を余儀なくされた。調査会長に就任したのが三木であり、派閥の無条件解消、政党本位の選挙制度改革、総裁・議長経験者などからなる党顧問の推薦による総裁の選任を最終答申とする報告をとりまとめた。主張の多くが重なる党風刷新連盟も、これに同調する姿勢を見せた。このような経験とロッキード事件への厳しい批判をふまえた福田は、三木の提示する党改革を継承する立場を明確にした。

三木は、首相辞任時に、本来は実力者総退陣を構想していたと言われていたが、結果的には福田の総裁就任を黙認し、「所信」においても椎名・船田・保利らを念頭に「保守本流」意識と結び付いた「長老政治」に対する批判を主張するにとどめた（中村慶一郎『三木政権・七四七日』行政問題研究所、一九八一年、三〇七頁）。もっとも、福田内閣以降、三木は「党内長老」として次第に発言を強めたため、一面では三木は「所信」に反した行動をとったと見られている。だが、三木年来の主張は、首相経験者ないしは議長経験者による少数からなる会議で総裁・党幹部人事を協議するという構想であった。岸内閣発足直後に三木は幹事長として、これを提案し、日米安保条約改定問題が次第に激化する中で、河野一郎も同様の提案を石橋に試みている。池田内閣時代の組織調査会の答申において、顧問が総裁候補を提案するという項目があるのも、こうした三木らの発想にもとづくものである。

これに対して福田は内閣の政策決定のために、党則に規定のない「党内長老」との会合を活用した。岸内閣時代、一九五九年一月に活動を休止していた政府・党連絡会議の代替として、福田幹事長の発案で長老会議が開会された。だが、長老を限定するのが困難であることから、少数議員による会議とするために当時は党則上適格者が少なかった顧問会議を開催し、日米安保条約改定などの外交課題の解決に理解と協力を求めた。内閣と党の長老政治家との協力による外交・内政の政策を円滑に立案するというスタイルは、福田自身が首相として、再度試みていったのである。

福田内閣の施策を見ると、第一に政権前半での大平幹事長との連携により着実に法案処理を進め、第二に三木前首相が提唱した党改革課題を継承して政権の浮揚に努め、第三に佐藤のブレーンであった楠田実らの支援を受けて「全方位平和外交」を推進した。

福田内閣は、衆参両院で与野党伯仲でありながら、国会運営に意を払い、通常国会での内閣提出法案の成立率は、八五・五パーセント（八〇国会）、九〇・二パーセント（八四国会）ときわめて高かった。また、予算審議では、与野党伯仲を背景に野党から出された強硬な予算修正要求をさばいた。内閣および自民党は、一九七七年度予算では、政府統一見解「国会の予算修正について」を出して、国会の予算修正が政府の予算提案権を侵害しない範囲で認められるという内容を野党に受け入れさせ、野党の一兆円減税に対しては、税額控除方式による三〇〇〇億円の追加減税を行うことで妥協を見た。だが予算成立が新年度にずれこみ、暫定予算を組まざるをえなかった反省から、七八年度予算では、所得税減税五五〇〇億円を中核とする野党の修正要求に対して、三〇〇〇億円の所得税特別減税を認めたが、状況に応じて国債発行を視野に入れるとし、予算修正をせず、さらには暫定予算も編成せずに年内成立を実現させたのである（財務省財務総合政策研究所財政史室編『昭和財政史　昭和四九～六三年度』第二巻予算、東洋経済新報社、二〇〇四年、一五〇～一五三頁、二〇三～二〇五頁）。

そして福田は組閣前の記者会見で「党名を変えるぐらい、解党新党ぐらいの心づもりだ」と述べて（『朝日新聞』一九七六年十二月二十四日）、党改革実施本部を設置し、自ら本部長に就任して、三木の「私の所信」をもとにした党改革に本格的に着手した。一九七七年三月に党改革実施本部は、総裁予備選挙の導入、党員を多数獲得して党財政を強化すること、派閥を解消し情報連絡の場として当選年次別、地域別議員連絡会を設けることなどを答申した。これらはすぐに実行に移されていった。七月の参議院選挙で自民党は、大方の予想に反して保革逆転を許さず、六三議席を確保した。選挙後の記者会見で、福田は党改革の実績を取り上げて「国民は自民党に対し昨年と違ったまなざしで見てくれている」と述べ、党改革が選挙での自民党への支持をもたらしたという自負をのぞかせた（『朝日新聞』一九七七年七月十二日、夕刊）。

福田内閣は一九七〇年代ではもっとも外交に意を注いだ内閣であった。田中とは異なりアメリカとの関係に十分配慮し、就任直後のカーター大統領と首脳会談を実施して相互信頼を得つつ、七八年八月、日中平和友好条約の調印にこぎ着けた。また、七七年五月のロンドン・サミットでは実質経済成長率六・七パーセントを公約し、西ドイツとともに世界経済の牽引車となるという「機関車論」に協力した。さらに、東南アジアを訪問し、ベトナム戦争後アメリカの影響力が格段に弱まったこの地域に、体制の違いを超えた平和共存を提唱し、一〇億ドルの資金援助などを約束した。こうして、東側と西側諸国、さらには発展途上国との関係を見据えた福田の外交は、「全方位平和外交」という方針として繰り返し表明された。佐藤内閣末期に混乱した外交は、即断即決の田中内閣時代では収拾されず、三木内閣時代に外相を務めた宮沢喜一の下で軌道修正が図られていた。福田内閣は、これを「全方位平和外交」の下で再編することに成功したと言えるであろう。

四　長老政治から行政改革へ

このような内政・外交をリードするために、福田は党改革実施本部の答申提出後、一九七七年四月に顧問会議を開催し、岸ら四十五名の顧問に対して党改革案の審議経過を説明した。だが、これ以後、福田は顧問会議を開催せず、七七年十一月の改造後は、これに替えて少数の長老からなる長老会議を断続的に開催した。まず七八年三月に日中平和友好条約交渉について協力を求めた。また七月には、ボン・サミットで対外公約とした七パーセント経済成長を実現するため、サミットの事後報告を兼ねた長老会議を開催した。さらに日中交渉について八月にも長老会議で説明と協力を求めた。

一九七八年十一月に実施された総裁予備選挙で、福田は、田中派の強力な支持を得た大平に敗北し、内閣は総辞職する。この前後で選挙の公正な実施を求めて集まったのは、鳩山・岸・佐藤・田中の各内閣が総辞職したときのように、顧問ではなく、長老であった。ここに、長老という非公式の制度を実効的にした福田の実績を見て取ることができるであろう。

もちろん長老だけでは政界は動きはしない。派閥対立がうごめく党内には、対立感情を燃やす闘士もいれば、派閥間を遊弋する中堅世代の政治家もいた。大平派の鈴木善幸、田中六助、福田派の園田直(そのだすなお)らがその典型である。こうした政治家を最も数多く抱えたのは、田中派であり、その代表格が竹下登であった。だが、田中派以外で、こうした政治家は数少なかった。政界のフィクサーと言われ、椎名が官房長官時代に秘書官を務めていた福本邦雄は、三木内閣成立時の椎名裁定のときの大平派について、こう語っている(福本邦雄『表舞台裏舞台　福本邦雄回顧録』講談社、二〇〇七年、八〇～八一頁)。

(大平に)「立とうと思ったら『田中参り』なんかしないで、立てばいいじゃないか」と言ったら、「俺のところでそういうことが出来るのは田中六助しかいない。あとは、みんな宮仕えした役人上がりで、『行って、交渉してこい』と言っても、誰も、ようしない。情けない派閥だよ」と言ったよ。

同様に、福田派について、福田内閣で官房副長官を務め、のちに派閥の事務総長に就任する塩川正十(しおかわまさじゅう)

郎は、「結束が固いように見えているんだけれど、田中派みたいな鉄の結束じゃないんだね」と振り返っている（塩川正十郎氏へのインタビュー、二〇〇八年十一月二十日実施）。自民党の派閥は、「鉄の結束」という組織としての強度では、田中派と他派閥とでは圧倒的な差があったと言える。だが、ロッキード事件で公判中の田中自身は総裁選挙には立てず、福田に対抗するために大平を擁立し、対する福田は再度政権を得ようと執念を燃やした。ここに、田中・大平対福田・三木という派閥間の対立構図が姿を現すのである。

派閥抗争が激化する大平内閣では、当面は三木内閣以後の懸案であった党改革が政治課題となるかに見えた。大平が総裁予備選挙に勝利した翌日の二十八日に、党基本問題・運営調査会は、総裁選挙を再検討すべきという結論を出した。党員資格の調査・確認の実施、人事を派閥次元ではなく全党的に行うこと、総裁・副総裁・両院議長経験者を「常任顧問会議」として党則に規定すること、の三点が確認され、大平新総裁に提言されたのである。だが、大平は、党改革をめぐる派閥間交渉には期待せず、政治理念を問い直し、これまでの政策を総点検することで、政策の一大転換を図ろうとする。それは、池田内閣が、福田ら党風刷新連盟に対抗するために、臨時行政調査会を設置したのを半ば意識したものであった。ここに、行政改革の時代が幕を開けるのである。

▼参考文献

伊藤昌哉『自民党戦国史』上・下、ちくま文庫、二〇〇九年。

後藤田正晴／御厨貴監修『情と理――カミソリ後藤田回顧録』上、講談社＋α文庫、二〇〇六年。

福本邦雄『表舞台裏舞台　福本邦雄回顧録』講談社、二〇〇七年。

村上泰亮『新中間大衆の時代――戦後日本の解剖学』中公文庫、一九八七年。

牧原　今回は、列島改造と保革伯仲の時代を取り扱ってみたいと思います。

御厨　「三角大福（さんかくだいふく）」と言われた、ポスト佐藤の、非常に個性的な首相を輩出した時代であるということになりますね。

◆「三角大福」の時代

牧原　それではこの時代を、年表（表11-1）を見ながら、まとめてみたいと思います。八年近い政権を担って退場した佐藤栄作首相の後の内閣で、表にあるように、田中、三木、福田、大平と、四代の内閣が一九七〇年代は続きます。ところが、この時代は、非常に内外が混乱した時代でもあります。まず佐藤の後、総裁選挙などで派閥間の対立が激化して、自民党の党内が混乱します。そして二度の石油危機というのがあるんですね。これで石油の価格が国際的に急激に上昇して、インフレと、物価上昇と、さらに経済が不況になると、そういう経済が非常に過酷な状態になっていきます。

そして、この非常に苦しい中で、日本の政治では、田中内閣時代の第一〇回参議院選挙と、それから三木内閣の最後の時代に、この第三四回衆議院総選挙という、二つの選挙で自民党が敗北をして、野党との議席差が縮小します。つまり保革伯仲の時代になります。この中で、自民党の政治は混迷していきます。そして、この四代の内閣について、やはり田中・三木の時代と福田・大平の時代というように、大きく二

表 11-1　1970 年代

年	首相（内閣）	内外の情勢
1972		6 月　田中角栄通産相，日本列島改造論発表。
	7 月　田中角栄	9 月　田中首相訪中。日中国交正常化を実現。
1973		10 月　国際石油資本，原油価格の 30% 値上げを通告（第 1 次石油危機，始まる）。
1974		7 月　第 10 回参議院選挙。
	12 月　三木武夫	
1975		
1976		7 月　東京地検，ロッキード事件で田中前首相を逮捕。
	12 月　福田赳夫	12 月　第 34 回衆議院総選挙。
1977		
1978		8 月　日中平和友好条約調印。
	12 月　大平正芳	
1979		1 月　国際石油資本，石油供給の削減通告（第 2 次石油危機）。 6 月　第 5 回先進国首脳会議（東京サミット）開催。 10-11 月　自民党内の 40 日抗争。

つに分けることができると思います。

まず、田中の前の佐藤栄作首相は、自民党政権の体制のイメージを持っていました。政府の人事の体制であったり、あるいは日米関係のような国際情勢についても一定のイメージをもっていました。それを、田中ないしは後継の内閣に引き継ごうとしました。で、彼の本命は田中ではなくて、福田であったと、当時から思われていました。周りも皆そう思っていましたが、その福田を破って、田中が総裁選挙で勝利します。で、この田中、その次の三木、この二人は、自民党の中でも党人出身であって、一九六〇年代の佐藤や池田のような官僚出身の政治家ではありません。二人はやはり、自分の個性を政治にぶつけようとしますので、独自のスタイルで内閣を運営しようとしました。特に田中は意図的に佐藤内閣とは異なった体制を作ろうとしました。

そういった中で、佐藤時代のような安定した政治ではない、イレギュラーな事態が起こってきます。やはり大きいのが、派閥対立の激化です。これは田中が首相になるときに、田中と福田、この二つの派閥の対立が起こります。田中が金脈で退陣して、ロッキード事件で逮捕されます。こうなると今度は、田中逮捕を黙認したと言いますか、それを利用するかのごとくさらにロッキード事件の解明をめざすと言明した三木と田中との関係が悪化する。派閥の対立が非常に激化していきます。

こうして、佐藤政権の安定した体制が崩れていくのが、田中・三木時代であると言えます。そして、なんとかこの事態を収拾しようとしたのが福田であり、大平であるということが言えます。この二人は最初提携して、安定した福田政権をスタートさせるんですけれども、やがて二人の間で対立が激化していく。福田内閣時代に、党員・党友が投票する総裁予備選挙を行うわけです。福田は勝つと思っていたんですが、これを大平が田中と組んで破りました。総裁が総裁予備選挙に負けてしまうということで、福田は辞任するわけですね。このあと福田と大平との対立を軸に、派閥対立は激化します。こういう政治の風景というものが見られます。

このような全体の流れを踏まえたうえで、まず、田中角栄内閣について見ていきたいと思います。

◆列島改造と田中角栄内閣

牧原　先ほどもお話ししましたように、一九七二年七月五日、自由民主党の総裁選挙で佐藤栄作の後、田中角栄が福田赳夫を破って総裁の座に就きます。

御厨　総裁選挙で田中角栄が勝ちます。彼は何でもって戦ったか。実は、『日本列島改造論』（日刊工業新聞社、一九七二年）という本なんです。これは、田中角栄が、その周辺の人たちの協力を得て、総裁選挙に間に合うように出した本なんですね。これまでの総裁選挙でも、池田は所得倍増論で戦ったわけですけれども、別に本にするということはなかった。この一冊の本でがんばろう。そういう気概を持って田中角栄はこの本を書きました。ちょっと覗いてみたいと思いますが、「序にかえて」のところで、彼はこう言っています。

国民がいまなによりも求めているのは、過密と過疎の弊害の同時解消である。工業の全国的な再配置と知識集約化、全国新幹線と高速自動車道の建設、情報通信網のネットワークの形成などをテコにして、都市と農村、表日本と裏日本の格差は必ずなくすことができる。

この本でもって勝負をしたというのは、田中のある種の学歴コンプレックスからもきていたわけですね。福田は東京大学法学部を出た大蔵官僚、彼はそういう大学とは全く縁がなく、ずっと土建業あるいは建設業に従事したという違いがある。その彼が、本でもって勝とうと思ったところが、この時代の一つの特色であろうと思います。

そして彼は、同時に、彼のしゃべりの中に、やや浪速節調の、国民大衆に受けるしゃべり方で語りをするということで有名でした。ただし、彼の話をずっと聞いていると、実は、テープに録(と)って繰り返してみると、全く論理的でない。つまり、雰囲気としてはわかるんだけれども、論理的でないしゃべり方をしているという点に特色がありました。それはおそらく、福田とも、大平とも、三木とも違うところだったと思います。

じゃあ、なぜ、彼がこういうしゃべりをしたのか。それはもちろん、彼自身のパーソナリティによるところもありますけれども、彼の基本的なものの考え方も影響していると思います。情報というのをストックとフローで分けるならば、佐藤にしても池田にしても、これまでの首相はストック、それを全部、ある坩堝の中に入れて、そして熟成させて情報を出していくという方法でした。それに対して、田中はおそらく、全部フローでとらえる。金銭管理もそうだったと思いますけれども、情報というのは常に流れている。その流れている情報の中から、適切なものを出していくというやり方をとったわけです。

彼にとって一番特徴的だったのは、要は、彼は対話したり、陳情を受けたりするときに、カード一枚に何々の件と書きなさいと。そして、その理由を三つだけ書きなさいと言ったのは、有名な話であります。つまり何々の件と書いて、三つだけ理由がある、そういう紙をフローのように飲み込んでいくのです。フローですからね、流れているわけですから。彼の有名な話がもう一つあって、物事には三つだけは、きちんとした理由があると。だけれども、それ以上の理由というのは余計なものだ。余分なものは省いて、それを全部自分のものとしていったという点に彼の特色があります。そして、彼の政治もまた、そういう意味で非常にフローで流れていく政治であったと言えます。だから、この列島改造論みたいなのは、彼の最も得意な分野であったのです。

◆石油危機

御厨　ところが、彼がこういう政治をやっている間に、大きく国際状況は変わる。先程の牧原先生の説明にもありましたように、日本はここで石油危機（オイル・ショック）というものを受けることになるわけですね。そこで、この石油危機と、日本の世相を表わす写真がありますので、それを見ることにしたいと思います。

産油国が、いわゆる、これまでの国々、つまり成熟した国々に逆襲を試みるわけですが、次頁の上の写

⬆ 灯油を買い求める長い列（埼玉県浦和市。1973年11月18日。写真提供：毎日新聞社）。

⬆ 山のように積み上げられたトイレットペーパーを行列して買い求める人たち（東京都北区。1973年11月24日。写真提供：朝日新聞社）。

真にあるように、みんな灯油缶を、ぶら下げているんでしょうかね。みんなこうやって灯油をもらわないと、なかなか自己調達ができないという状況をここでは示しています。この灯油缶をみんな持って帰るという姿でありますが、それ以外にも実はこのとき、大きな問題がありました。このとき、必死になって多くの人たちが買い求めたのは、ちり紙とトイレットペーパーだったんです（下の写真）。当時の国民にとって必需品と言えるちり紙とトイレットペーパーがなくなるという噂が流れ、そして現実にそれがなくなったということで、日本国内に大騒動が起きたのが、このときの一つのポイントだろうと思います。

政府はこれに対して、当然対応しなければなりません。そして国民生活安定緊急措置法の施行令の一部を改正する政令というのを、このときに作りました。**資料11-1**をご覧ください。内閣総理大臣は田中角栄、そして通商産業大臣は中曽根康弘だったということがわかりますね。その改正をした部分というのは、ここなんです。ここにはっきりと、改正案の中に「ちり紙」と「トイレットペーパー」というふうに書い

資料11−1　政　令

国民生活安定緊急措置法施行令の一部を改正する政令をここに公布する。
御名御璽
　昭和四十九年一月二十八日
　　　　　内閣総理大臣　田中　角栄
政令第十七号
　国民生活安定緊急措置法施行令の一部を改正する政令
内閣は、国民生活安定緊急措置法（昭和四十八年法律第百二十一号）第三条第一項の規定に基づき、この政令を制定する。
国民生活安定緊急措置法施行令（昭和四十九年政令第四号）の一部を次のように改正する。
第一条に次の二号を加える。
　三　ちり紙
　四　トイレットペーパー
　　附　則
この政令は、昭和四十九年二月一日から施行する。
　　　　内閣総理大臣　田中　角栄
　　　　通商産業大臣　中曽根康弘

てある。なんだかこれは今日から見ると、非常に滑稽なように見えますけれども、国民生活のこういった一つ一つの問題に、やはり政府が入ってきちんと解決するという点に、この時の特色があるのではないかと思います。

これは阪神・淡路大震災あるいは東日本大震災のときにもあったかなという、そういう風景ではあります。しかし、地震の後、まだ本当に希望が見えていないときの話と違って、このオイル・ショックというのは、まだまだ高度成長がこれで止まるかなと言われながらも、安定成長に完全にいかなかった時代の話ですので、国家にもまだまだゆとりがあった時代の、一つのエピソードだったなという感じがいたします。

◆田中内閣の外交

御厨　さて、田中内閣は内政面だけではなくて、外交面でも特筆すべきことをやっていました。それについて、今度は牧原先生からご説明をお願いしたいと思います。

牧原　田中角栄は、今、御厨先生からお話もあったように、フローで決めていくスタイルでした。それはとりもなおさず、即断即決という面がありました。田中自身が自分でわかっていて、即断即決するというのはいいんですけれども、周囲に前もって十分に根回しをしないで決めていくという面が、濃厚にあります。内閣を組織していくときに、それが非常にプラスに働く面と、マイナスに働く面がありました。

そのうちプラスに働く面だと当時から思われていたのが、田中が取り組んだ中華人民共和国、すなわち、大陸のほうの中国との国交の正常化でした。これは、田中の盟友である大平とともに、政権成立後、早急にまとめ上げたものでした。当時、日本は中華民国（台湾）と国交を保持していましたが、大陸のほうの中国と国交を正常化するとなると、台湾との関係が問題になるわけです。佐藤政権期は台湾にシンパシー（共感）を感じる政治家たちが非常に強くて、なかなか大陸の中国との間の国交正常化に踏み込めませんでした。田中や大平はそうしたしがらみが少ない政治家であり、ここは即断即決ではないにしても、果断に処理しました。ところが、それはアメリカとは十分な調整をせずに行ったということが当時から指摘されており、日米関係に潜在的な緊張関係をもたらしていったということが言えます。

それからもう一つ、オイル・ショックです。田中は石油の輸入が難しくなるという状況を危惧して、産油国に対して資源外交を展開したわけです。資源外交という言葉自体は、一九七〇年代の初頭からすでに通産省や外務省で模索され、使われていた言葉ですけれども、田中はこれをオイル・ショックのもとで本格的に行おうとしました。副総理だった三木武夫をアラブ諸国に派遣して、日本を非友好国扱いしないよう説得するということをしました。また、田中自身、東南アジアを訪問した際、特にインドネシアとの間で石油の確保を図りました。これもやはり場当たり的であり、日米関係を含めた、広く世界を見渡した外交とは言えないという面があり、その後の田中内閣の行き詰まりの原因の一つになったと言えると思います。

◆田中政治の特徴と派閥の制度化

御厨　そうした中で、やっぱり一つ語っておかなければいけないのは、なぜ田中が即断即決であり、しかもフローであったのか、ということです。つまり彼はしゃべりまくることによって、周りを圧倒して、そして、その周りを規定していく政治家。前任者の佐藤は表現にならない表現力を持った、つまりじっと寡黙であって、彼自身の顔つきとかその全体の表情とかによって相手を圧倒していく。

そういう意味では、ある種の「風圧」を感じさせる政治家とも違うし、それから吉田のように、これは前にもお話ししましたけど、自分の考えを書簡に書き付けて、その書簡を出すことによって相手を規定していく書簡政治でもない。こういう田中のような存在というのは、どうなんでしょうね、やっぱり、なかなかすべてをわからせるという点では、難しかったんでしょうね。

牧原　やはり田中は状況の政治家ですから、状況の中で、田中にとって最良と思われる判断を中心に、いわばまくしたてるというか、大量の言葉を吐き出します。ですので、田中以外の政治家たちが、特に官僚出身の政治家、池田にしろ、佐藤にしろ、あるいは福田、大平にしても、合理的にしゃべろうとするのとは、かなり違った言い方をする。しかし、官僚たちがよく言うのは、田中にいろいろ提案するときに、難しいときは難しいとはっきり言うとかあるわけで、やはり彼自身の中で一定の筋の立った判断をしています。

ただ合理的な判断とまでは言えないということは、先ほどの外交関係で問題となりました。田中は、国際関係を広く見渡して、あるいは状況を広く見渡して、今の自分の位置取りを明確につかんで、そういう全体像の中でしゃべるということではないと思うんですね。常に一点突破で進めていくというかたちになる。これを内閣として行っていくとなると、次第に収拾がつかなくなります。オイル・ショックというのは彼にとって最終的にはそういうものになっていったし、金脈問題もそうだったと思うんですよね。

御厨 なるほどね。ただ、彼自身は高度成長の政治家であって、右肩上がりが決定的なときに、どうやったらこの国を豊かにできるのかということを考え出せる人ではあったんだと思いますけれどね。牧原先生のさっきの話にありましたように、この時代に、派閥の制度化がだんだん進んでいく。派閥というのは、要するに、当初はこの人を首相にしたい、ということで集まってくる集団ですが、やがてそのポストの争いも含めて、それをきちんと、実は、単なる人間集団ではなくて、それはやがて田中派は総合病院であると言われるように、陳情もいろんなものを扱って、しかも自分の派閥だけではなくて、他人の派閥のものまで扱っていくというかたちで、派閥が非常に制度化、組織化されて大きくなっていきます。そのきっかけも、実はこの頃からですね。

牧原 田中が、多くの政策領域で省庁との関係を強めた議員を抱えた総合病院と言われる派閥をつくるわけですね。しかし田中以前の政治家たちもやはり派閥をつくる。佐藤派とか池田派とかがありますが、池田と佐藤の上には吉田茂という長老がいて、その中の重鎮が派閥領袖になるという構図がありました。田中自身は長老との関係は非常に断絶している。その独立独歩の姿勢は彼がエリート出身じゃないというところからきているわけですね。

例えば岸信介が外遊して、そこで会ったある国の首相を見て、田中角栄そっくりだと言うときに、頭の働きが鋭いことと党内長老の信望がないことを指摘するんですね。逆に田中は自分より若い人間を子飼いのように育てて、彼の派閥を作っていった。これが田中派の特徴ではないでしょうか。

◆三木武夫内閣とロッキード事件

牧原　この田中が総裁を辞任した後に、今度は三木武夫が自民党の総裁、首相になります。三木はこのときに、「青天の霹靂」と自ら言ったように、あまり総裁になるとは思われていなかった政治家でした。占領期、国民協同党という中道政党を率いていて、自民党の中では傍流であり、小派閥であり、しかも社会党のような革新政党とイデオロギー的にも近いと見られていました。では、この三木内閣がどのように発足したか、その辞任までを見てみようと思います。

田中首相の退陣後、総裁選出をめぐって、当時副総裁であった椎名悦三郎が、大平、三木、福田、中曽根の四人の候補の中から三木を総裁に指名する。この「椎名裁定」により、一九七四年十二月に三木内閣が誕生します。しかし、その翌々年、あの金脈政変の発信源であった田中が、ロッキード事件で逮捕されます。この田中逮捕を受けて、ロッキード事件の真相究明を進める三木に対して、党内では三木おろしが激化します。この三木おろしに対して、三木のほうもしぶとく粘るわけですね。しかし、彼は衆議院の任期満了を迎えて、七六年十二月五日、総選挙で敗北してしまう。

御厨　まあ、この三木というのは、とにかく「理想主義者」であり、官僚をあまり信用しなかった。だから彼の基本的な政治のやり方というのは、自分を中心として、その周辺のごくごく少数のブレーンでやっていくという、そういうやり方でした。一九七五年十一～十二月にはスト権スト（ストライキ権を奪還するためのストライキ）があったり、いろいろなことがありましたが、「左」に対して開放しようとする彼の政策は、このときに、見事に制せられてしまいます。彼が人気取り的に記者にやったのは　首相官邸を記者に開放するとか、そういうことであって、国民全体に対して三木がしっかりとした施策をすることは、ほとんどなかったという感じがいたします。

◆吉国一郎のオーラル・ヒストリーを読む

御厨　さて、そこで、田中・三木という、この二つの内閣を見ていくときに、実はオーラル・ヒストリーが結構役に立つことを、申し述べたいと思います。オーラル・ヒストリーというのは、公の人、公人に対して、まあ我々のような専門家が質疑応答をする。そして、研究者や一般市民を含めた、万人のために口述の記録を作っていく。この一連の作業をオーラル・ヒストリーと呼んでいます。まず、ここでお話をしたいのは、田中・三木両内閣において内閣法制局長官を務めた吉国一郎のオーラル・ヒストリーなんですね。

⬆ オーラル・ヒストリーの現場（2006年3月3日）。

では、オーラル・ヒストリーの現場はどうなっているのかというのを、この報告書の中から写真で見ていただきたいと思います。これは、吉国一郎が一番真ん中にいて、何やら資料らしきものを持っていますね。そして、私と牧原先生が、それに対して質問をしているという、めったにないオーラル・ヒストリーの現場の写真であります。ここで吉国が手にしているのは、実は、彼自身の日記なんですね。吉国はここで自分自身の日記を読み上げながら、それにさらに注釈をつけて、そしてその時の状況を語るという、独得のやり方を通したというのが印象的であります。では、吉国のオーラルについては、牧原先生からご紹介をいただきたいと思います。

牧原　それでは『吉國一郎オーラル・ヒストリー』を紹介していきたいと思います。これは吉国一郎の法制局長官時代、つまり佐藤内閣の最後の頃から三木内閣の半ばまでという時期について、自身の日記をもとにした吉国の話に対して、御厨先生や私が質問をして、それを記録したものです。

その中の一部を、ここで紹介したいと思うんですね。これは、法制局長官が内閣というものをどのようにとらえるかということについての、いわば息詰まる瞬間とも言えるものです（東京大学先端科学技術研究センター『吉國一郎オーラル・ヒストリー』二〇〇一年、三二九頁、一九七四年十一月二十一日条）。

一〇時三〇分、官邸総理大臣室。田中総理が自分で書いたメモを持っていて、「これでいいか」とのこと。それは、総理が辞意を表明する、総理が辞職すれば「総理が欠けた時」になり、憲法七一条で内閣が総辞職をするのは当然だが、それ以後は内閣法九条の臨時代理がすべて総理の代行をする、という趣旨であった。総理は「これからもまだ公式の行事は多いけれど、これだけ新聞・雑誌等に書かれてはやりきれないから、後継内閣ができるまではすべて臨時代理にやってもらうことを考えているのだ」ということであった。

そこで、「総理の単独の辞職というものは憲法上は考えられません。旧憲法では、国務各大臣が直接天皇の御任命でありましたから、事実上は別として、理論上は総理だけ辞めるということはあり得ましたが、新憲法では、総理だけが国会の指名に基づいて天皇に信任されるのであって、その総理が国務大臣を任命するので、総理がいわば内閣の中核であります。したがって、中核たる総理の辞職はすなわち内閣の総辞職であります。総理が病気入院ということにすれば別ですけれども、そうでない限り、内閣法九条の臨時代理が出てくる余地はありません。その点は学説上異論はないと思いますが、念のため調べてみる」という趣旨のことを述べた。田中総理は「病気入院ということを言う人もあるが、いまは考えていない。メモにした点は、そうか、うまく行かないか」と言って、自分で火をつけて灰にしてしまった。

これは田中内閣の末期に、田中首相がメモを持っていて、「これでいいか」と。で、首相が辞意を表明するときに、まず自分だけ辞めてしまって、臨時代理がすべて首相の代行をするということができるかと聞きます。これに対する法制局長官の答えが次に書かれています。「臨時代理が出てくる余地はありません」と。その点は学説上異論はない、というわけですね。で、田中は「うまく行かないか」と言って、自分でメモに火をつけて灰にしてしまった。やりとりをいわば記録から消したと言います。つまり、首相だけ辞めてしまって、閣僚だけが残り、臨時代理を置くという状況は、田中から見れば、うしろに退いてリモート・コントロールできるような状態にもなります。しかし、これは憲法上認められないと法制局長官が言ったときに、田中はそれを、そうかと言って受け入れて、やめてしまうのです。

このような場面が、戦後政治の場面では何度もあるんですね。実は三木内閣のときにも似たような局面がありました。それも見てみましょう（同右、二九一頁、一九七六年九月九日条）。

一五時三〇分、真田、角田氏が訪ねてきまして明日の閣議の手続きについて内閣官房から相談があったとのことで、閣議は九月十三日召集ということで、臨時国会の召集決定の案件を出す予定だが、反三木派の閣僚は反対することが予想される。その閣僚では辞表の提出を求め、提出がなくても罷免し、残留する六人の閣僚に兼任を命じ、閣議決定は済ませておく。そしてなるべく早期に（国会開会前が望ましい）閣僚の補充をして新内閣が発足をする。段取りは以上のようになるだろう。

これは、三木内閣の改造のときです。反三木派の閣僚が反対すると、その閣僚に辞表の提出を求めて、提出がなければ罷免し、罷免して空いたポストは残留する六人の閣僚に兼任を命じ、閣議決定をすませていくというかたちで新内閣が発足をする。これは可能だということを、吉国ら法制局は回答しているわけですね。このように、今度は三木内閣で、最後に解散するかどうかが問題になったとき、三木は、反対する閣僚を罷免して、自分が兼任したり、あるいは残った閣僚が兼任したりして解散をするということを模索する。その一つの伏線になっているものなんですが、どうやらそれは法制局としては可能であると判断を固めているかのように読み取れる。そういう記録です。このように官邸の現場が、オーラル・ヒストリーから息遣いとともに伝わってくるということが、わかる史料ではないでしょうか。

◆派閥の提携と対立

牧原　さて、三木をおろすということで、福田も大平も、三木のところに行くのですが、三木に逆に説得されて帰ってきます。そういう中で、事実上福田に後継を一本化することが了解されていきました。

そこで福田が首相になって、大平が幹事長としてこれを支えるかたちで、三木のあと、まずは福田内閣が登場するんですね。福田のほうは佐藤、岸の流れを受けた福田派の領袖であるけれども、大平は池田派からきている。池田のあとに前尾繁三郎という派閥の領袖がいましたが、前尾を半ばクーデターのように追い落として大平が派閥を率いる。こういう二人であり、二人とも大蔵省の出身である。福田は大蔵省の中では主計局長を務めて、いわば一流の大蔵官僚でしたけれども、大平は苦労をして、どちらかと言うと傍流なんだけれども、池田のもとで自民党の中で力をつけていく、そういう政治家でした。そして大平は、田中とは盟友なんですね。福田はしかし、佐藤の後の総裁選挙で、田中とは対立している。こういう構図の中で、しかし福田と大平が提携して福田内閣は出発するんですね。福田内閣は当初は支持率は高くないんですけれども、この体制の中で比較的安定した国会運営のもとで、懸案を手掛けていくことになるんですね。

しかし福田は党改革ということを打ち出して、自民党の中で、総裁選挙を予備選挙というかたちで党員も投票できるという仕組みを作りました。この予備選挙で、福田は勝てるとふんで立候補する。大平は福田の後を自分に禅譲してくれると思って待っていたんだけれども、それがない、ということで大平も出る。ここで二人が対決するわけでね。

田中派が今度は大平を支持して、結局、福田は負けてしまう。そこで福田は、総裁として予備選挙で勝てなかったために、首相を辞任して、大平内閣が成立しますが、ここで遺恨が生まれてくるわけですね。大平は今度は、彼独自の構想でいろいろと新しい政策を打ち出そうとします。また、一般消費税の導入を唱えて、これをもとに解散をして支持を集めようとするんですが、これがうまくいかない。とうとう国民の反発を浴びて、選挙で負けてしまう。この選挙で負けた大平に対して、福田を中心とした諸派閥は、大平は辞任すべきだと主張するが、大平は辞めない。そこで、四〇日抗争という、自民党は割れながら、なおかつ、大平は総裁を辞めないという事態のまま、結局、首相を指名する特別国会で、自民党の中で大平と福田で割れて指名選挙が行われます。その結果、大平が勝ち、第二次の内閣を作るということになり、派閥対立が激化する。こういう時代になります。

◆福田内閣と大平内閣の違い

牧原　この大平内閣とその前の福田内閣、これをどう見ればいいでしょうか、御厨先生。

御厨　そこは一つ、密約みたいな話があって、実は大平が譲ったんだと。つまり一期だけ福田がやるというのを譲ったんだけれども、まあ福田のほうはそれを知りながら、とても二年では自分の思ってることはできないということで、本当は「大福一体餅（だいふくいったいもち）」とか言っていたわけですけれども、それが一体でなくなるということになります。では、政策的な違いが、あったのかどうか。これを牧原先生とちょっと議論したいところです。この二人の間に、決定的な政策的な違いがあったんだろうか。どうでしょうね。

牧原　実はオイル・ショックの後で、赤字国債を発行するという時代になっていて、財政再建をしなければいけないわけです。その意味で、これは大きな課題だという点は一致しているけれども、他方で、石油危機、あるいは第二次石油危機ということで経済がなかなか好転しないので、財政支出をしなければいけないという、矛盾の中での立ち位置の取り方というのが違うと思いますね。

　それから、福田は自分で「世界の福田」と言っていましたから、やはり、一九七七年のロンドン・サミットとか七八年のボン・サミットで、いわゆる「機関車論」という、日本と西ドイツが世界経済を牽引するという独自の方針を出す。それから「全方位平和外交」と言って、福田は日米関係を基軸としながらも、たとえば東側諸国であるとか、あるいは東南アジアとか、世界の全体を見渡して「全方位平和外交」という新しい外交理念を打ち出そうとしている。大平は内閣を継ぐわけですけれども、福田のように、外交を「全方位平和外交」と銘打ったりしない。大平はむしろ環太平洋の枠組みを考える。国際関係、とりわけソ連との関係が緊迫したりするという状況がありました。

御厨　なるほど。そうすると、そういう政策的な違いもあり、しかしそれが政局の争いの中でより熾烈になるという、そういう状況だったんだろうと思いますね。ただ、今から思うと、四〇日間も抗争していて、それでみんなから何をしているんだと言われながら、しかし、その抗争をそれぞれがやり抜くという、これはやっぱり政党に元気があった時代だというふうにも言えますよね。

牧原　やはり、派閥の力ですよね。これは、田中角栄が、特にロッキード事件で逮捕されてから、党内で自分の力を温存するために、あるいはその後の裁判で勝ち抜くために、派閥の一体性を強めていくわけですよね。これに対して、福田はむしろ派閥解消が一つの持論であって、派閥を解消したほうがいいと主張します。福田自身も派閥の維持に対して田中ほど熱心ではなかったと言われています。しかし、総裁選挙があり、人間的な対立が強まっていくとなると、福田派も、あるいは大平派も、中曽根派も、三木派も、それぞれが派閥を締めつけて団結しなければいけない。そうすると頑張ろうという下からの団結も生まれるし、そうでなければ、かつて大平が前尾を追い落としたように、派閥の領袖の地位を失うというのもあるでしょうから、そういう派閥の集団としての力が元気だったというのは、あるんじゃないでしょうか。

御厨　間違いないですね。同時に、付け加えて言うと、派閥同士の争いが盛んになると、派閥自体が制度化をしていくと。ここに会長を作ったり、局長を作ったり、いろんなかたちで制度化されていきました。また、これまでの派閥は、たいがい首相が退陣すると、その派閥は衰退していくか、あるいは分裂するということが、よく見られたことでした。しかし、田中以降は、田中が後ろにいて、オーナーになって辞めないという事態があり、三木もいちおう首相を退いてから、三木派をしばらくは退かないというふうに、辞めた首相というのが派閥の領袖として残ることによって、依然として、その間での争いが激化していくという面もあったんだろうと思いますね。

◆大平正芳の死と自民党の大勝

御厨　それで、大平内閣が無念にして敗れるのは、その後なんですね。一九八〇年に、国会が終わるときに恒例のように社会党が不信任案を出すと、これはだいたいいつも野党が不信任案を出して、これを否決することによって終わるという、暗黙のルールができていました。しかし、このときに福田派と三木派、そして一時期は中曽根派が（中曽根派は最後はそのときに、福田ではなく大平につくわけですけれども）、ここで、また同じような抗争を行って、実は不信任案が通っちゃう。そして不信任案が通ることによって、大平は当然、議会を解散する。そして、また、田中が大平側について、この選挙に勝たなければいけないということで、このとき初めて衆参同時選挙が行われました。その結果がどうであったかと言うと、なんと大平がそのとき、選挙戦の只中で、病を得て亡くなってしまうということがありました。そうすると、これは、日本人特有の感覚ですけれども、いよいよ弔い合戦であるという話になって、福田も三木も苦戦はしますが、要はここで、自民党が大勝するという結果になる。

つまり、これまでの争いは一体なんだったのか。一人の政治家、もしくは一人の首相が、その生命の炎を燃やし尽くすことによって、党を全部一挙にまとめてしまうという効果を持つ。よく言うように、この弔い合戦というのは、こういうふうにして、これから後も、この自民党の、あるいは自民党のみならず日本の選挙の一つの特徴になっていきます。新聞記事にもそのとき、非常に大きく出ましたけれども　大平が病気で病んでいるという姿が出たりして、これはかなり、生々しいものだったという気がします。牧原先生、やっぱりこういうのを見ると、政治の残酷さみたいなのを感じますね。

牧原　自民党はなんとか衆議院で保革伯仲の状態を打開したかったわけですよね。そこで大平は一般消費税で解散を打って出る。勝てると思ったら、これがまあ苦戦してしまう。当時、日本鉄道建設公団（鉄建公団）のカラ出張のような不正経理とか、国際電信電話株式会社（ＫＤＤ）の政界接待事件とかがあったりして、勝てないわけですよね。それで、四〇日抗争が起こって、その後、大平は何とか内閣を組織するんですが、今度は積極的に海外訪問するんですね。これで体力が蝕(むしば)まれていく。しかも外にいるから、国会への対応ができないということになっていくわけで、やはり大平内閣が四〇日抗争の後は息切れをしてしまったということなんですね。ここはもう行き詰まっていたというのがある。

しかし他方で、大平はいろんな政策構想をあたためていたわけですね。これがその後の、例えば、政治家がどう政策を作るか、独自の政策をどう内閣や世論に投げていくかという新しい政治につながっていく面があります。大平自身は病で亡くなってしまいますが、そういう、今度は「政策構想の政治」いわば「アイディアの政治」といったものが残っていくという意味で、大平はやはり新しい時代を切り拓いたと言えるんじゃないでしょうか。

御厨　やっぱり、そこが一つのポイントになりますね。政策を、どうやって、国民にも知らしめていくか。かなりいろんな人の意見を聞いてやるということになると思うんですけれども、そうした事態について、また次回、お話をしたいと思います。

第12章　地方の時代と東京一極集中

目標&ポイント

派閥抗争が続いた一九七〇年代後半の自民党政治は、一九八〇年代の中曽根康弘内閣によって、ひとまず安定化する。他方、一九七〇年代には国からは大平正芳首相の「田園都市構想」、地方では独自の政策形成が進む。この国と地方の重層的な政治指導を検討する。

キーワード

大平正芳　中曽根康弘　田園都市構想　民営化

一　党改革・行政改革から政治改革へ

佐藤内閣の終焉(しゅうえん)後、石油危機、金脈政変、保革伯仲の中で、自民党政権は不安定さを増した。三木・福田の提唱した党改革、これに反発した大平の行政改革を経て、鈴木善幸首相は、行政改革と並行して参議院の選挙制度改革に着手した。改革はやがて竹下登内閣時代に発生したリクルート事件によって「政権交代の可能性」を持つ政治へと変わる政治改革、すなわち小選挙区制に比例代表制を組み合わせた衆議院選挙制度の改革へと流れ込んでいくことになる。その間、自民党は、大平の死後一九八〇年の衆参同日選挙で勝利したが、ロッキード事件の第一審判決後の八三年の総選挙では過半数議席を割り込み、新自由クラブと連立を組んだ。だが、八六年の衆参同日選挙で自民党は大勝し、ここに野党が政権を奪取する可能性は大幅に遠のいたのである。

一九八〇年から続いた不況は、八三年には好況へと転じた。八五年にはプラザ合意によって円高が国際的に是認され、政府は低金利政策によって円高不況を回避しようとした。その結果、不動産・株式が高騰した。バブル経済の中で、「新しい中間階層」が新しい消費文化を積極的に受け入れていった。八〇年代前半に「不思議、大好き。」「おいしい生活。」といった生活の新しさを訴えるコピーで注目されたのは西武セゾングループであった。この二つの広告を制作したコピーライターの糸井重里（いといしげさと）は、八七年にセゾングループ代表の堤清二、批評家の吉本隆明（よしもとたかあき）との鼎談（ていだん）の中で、「豊かさ」の質が変わり始めたという実感をこう語っている――「いわゆる豊かさというようなものが獲得目標のある豊かさではなくなってしまったおかげで『目的もなしに拡大していく、不思議な無目的性』みたいなものが出てきて……」。これに応じた堤は、パルコを九州に出店したときに、「広告をだしたらね、女子高校の校長会が『あれは不良のいくところだから(笑)、父兄付き添い以外では行かせないように』っていう連絡をしたっていうんですね(笑)」と述べた後、広告制作の実情を次のように述べている（堤清二ほか『堤清二＝辻井喬対談集』トレヴィル、一九八八年、七一～七四頁）。

番組をふたつつくってるんですよ。つまり東京や大阪の場合は糸井先生にお願いするけども、そうでないとこは会社の宣伝部でつくるとかね。そうしないと叱られちゃうんです。

東京の都市文化が急速に地方を巻き込み、地方のそれぞれに応じた形で都市文化が浸透していく。「地方の時代」を経た後の東京の一極集中とは、そのようなものであった。

二　大平正芳内閣の「政策研究会」

大平首相は、一九七九年一月より田園都市構想研究グループの発足を皮切りに、七〇年代の内閣では初めて本格的に首相の私的諮問機関を活用した。人的には、三木内閣と接点を次第に深めた「政策構想フォーラム」に属する経済学者・政治学者をはじめ、若手の大学研究者や各省庁の課長・課長補佐クラスも会議に参加させる形で討議を進めた。その特徴としては、一つには、日本社会の特性をふまえつつ、世論調査や統計データの解析による合理的な経済政策の立案を促した。二つには、「新しい中間階層」を受け皿とする政策が模索され、「文化の時代」の下に「田園都市構想」のような新しい地域像と生活スタイルが提言された。三つには、その結果として、時代に適合した行政改革を行うべきことが主張された。

政策研究会の目的は、以上のような新しい政治課題を打ち出すことで、「党近代化」による世論の支持をめざす三木・福田の発想を乗り越えることでもあった。福田の「党改革」に消極的であった大平は、内閣補佐官の長富祐一郎に「党の近代化をしっかりやらにゃいかんというとる。わかっちゃいないな」「近代を超えなければならないときだというのに」と漏らしたという（長富祐一郎『近代を超えて』上巻、大蔵財務協会、一九八三年、一頁）。「党近代化」を含むあらゆる「近代化」を、大平独特の「文化の時代」に置き換えることが大平の構想であった。

このように、太平は、非主流派とつばぜり合いを続けつつ、新しい政策形成の手法を開発しようとしていた。他方、政策研究会の「田園都市構想」と並行して、地方の側では革新自治体が退潮する中で、数少ない革新首長であった長洲一二神奈川県知事が、地方が政策を主導すべきとする「地方の時代」というキャッチフレーズを提示し、これに保守系の知事も共鳴するといった状況が生まれた。国・地方の構想は互いに影響を与え合いつつも、国の施策は大平内閣の機能不全によって、構想の提示で終わってしまう。だが、「地方の時代」の構想は、これに共鳴した知事の中に細川護熙熊本県知事や武村正義滋賀県知事がいたことで、一九九〇年代の政治改革に連なり、また村山富市内閣以後に進展する地方分権改革に受け継がれていく。

一九七九年九月の解散まで大平は、国会審議ではほぼ一貫して野党に対して挑戦的な政治姿勢をとった。七九年度予算の国会審議では、金丸信国会対策委員会（国対）委員長が公明・民社と修正の合意を得たにもかかわらず、両党の形式修正の条件を受け入れるのを大平は拒否し、野党の議席数が上回る衆議院予算委員会で否決、本会議で逆転可決という過程を経て成立させた。

他方、大平は、一九七九年四月の統一地方選挙で、東京都知事に鈴木俊一を、大阪府知事に岸昌を公明・民社と協力して当選させるなど、中道政党との連携の選択肢も探っていた。そのうえで、大平は、党内の反対をおさえて九月に解散を断行し、安定多数をめざした。だが、私案として提示した一般消費税導入への反発や日本鉄道建設公団（鉄建公団）の不正経理事件などの不祥事報道によって、解散前よりも一議席減の二四八議席しか得られない惨敗を喫した。選挙敗北後、総裁辞任を求める福田・三木に対し、辞任を拒否する大平との間で「四〇日抗争」が続き、結局は福田と国会の首相指名で決選投票を行い、勝利した大平は再度内閣を組織した。党内融和に努めなければならない大平は挑戦的な政治姿勢をおさえ、非主流派の要請に応答せざるをえなかった。懸案であった幹事長に中曽根派の桜内義雄を充て、首相指名で大平に投票した新自由クラブに文相ポストを割り振ろうとしたが、非主流派の反対で首相兼任となった。

党内の亀裂を抱えた第二次大平内閣は国会審議で一層苦しんだ。一九八〇年一月の自衛隊スパイ事件、三月の浜田幸一（衆議院議員）によるラスベガス賭博事件などで審議が停滞する中で、八〇年度予算に対して、野党は強硬な修正要求を突きつけた。内閣はこれに可能な限り応じた修正案を再提出して国会通過にこぎつけた。また会期末には、外遊中の大平は国会審議を指揮できず、自社公民の国対委員長会談で四党が合意するもの以外は廃案と決定された。そして社会党提出の内閣不信任決議案は、福田派など非主流派が欠席したために賛成多数で可決された。大平は解散を断行したが、選挙戦に突入した後、狭心症で倒れ、死去したのである。総裁のいない自民党は、衆議院で二八四議席、参議院で六九議席を得て、安定多数を確保した。

三　鈴木善幸内閣と第二次臨時行政調査会

急死した大平のあとを受けて、大平派の中では田中派と近く、田中派の支持を得た鈴木善幸が自民党総裁に就任した。鈴木は、自民党では総務会長を長く務めたが、閣僚経験は少なく、首相候補とは考えられてはいない政治家であった。「挙党態勢」をとる鈴木内閣は、田中派と福田派のバランスをとる閣僚人事を行った。そして鈴木は経済企画庁長官に河本敏夫を、行政管理庁長官に中曽根を充てて、総理府外局の長官を小派閥の領袖のためのポストとした。

衆参両院で多数の議席を確保したために、鈴木内閣下では予算と法案の成立が容易になった。そのうえで鈴木が進めたのは次の二つの課題である。第一には、参議院選挙制度改革である。鈴木は福田内閣下で総裁予備選挙の実施を果たし、大平の勝利に貢献した竹下登を党選挙制度調査会長に任命し、後藤田正晴前自治相を同席させたうえで全国区制改革を検討するよう指示した（竹下登『証言　保守政権』読売新聞社、一九九一年、一三一頁）。一九八一年十一月の改造で竹下が幹事長代理に就任すると、鈴木は後藤田を後任の選挙制度調査会長に充てて内閣と一体となって竹下と連携して検討を続けさせ（後藤田正晴『情と理』下巻、講談社＋α文庫、二〇〇六年、三九〜四〇頁）、八二年八月に公職選挙法改正案の国会通過を果たした。こうして総裁選挙の改革としての党近代化は、選挙制度改革へと変容し始めた。そこに田中派の竹下・後藤田を充てたことに大平・鈴木内閣への田中派の影響力を読み取ることができる。

第二には、第二次臨時行政調査会（第二臨調）の設置による行政改革の推進である。行管庁長官という軽量閣僚として失意の中にいた中曽根は、行管庁事務次官らから行政改革の推進を内閣の課題にするというアイディアを受け、これを積極的に利用した（中曽根康弘『天地有情——五十年の戦後政治を語る』文藝春秋、一九九六年、三三七頁）。一九八一年三月に発足した第二臨調では、大平内閣の政策研究会に参画した有識者を動員し、財政再建、日本国有鉄道（国鉄）・日本電信電話公社（電電公社）の民営化、行政制度の簡素化など行政について抜本的見直しを進めたのである。

他方、外交については、首相が未経験であったために周囲からの不信を招いた。アメリカでは一九八一年にソ連との力の対決を辞さない姿勢をとるロナルド・レーガンが大統領に就任し、西側諸国に協力を求めていた。だが、鈴木はこれに違和感を持っており、最初の訪米で、日米共同声明の中に日本側の主張が盛り込まれていないことや、軍事同盟の要素が含まれないと繰り返し述べたことで、抗議の意味をこめて伊東正義外相が辞任した。これには、特に岸、福田ら外交を重視する「党内長老」から警戒されたのである。

一九八一年十一月に鈴木は内閣改造を行った。主要閣僚は留任したが、ロッキード事件で灰色高官と報道された二階堂進を幹事長に起用し、田中派への傾斜を強めた。岸は「鈴木内閣改造行はる。鈴木首相中々ずるしゃも振りを発揮し福田君体よく無視さる」と感想を記している（『岸信介日記』田布施町郷土館所蔵、一九八一年十一月三十日条）。これに反発した福田派は副総裁の設置でバランスをとるよう要求したが、鈴木・田中両派がこれに難色を示した結果、鈴木は長老としての地位を党則上保証する最高顧問に、福田を後援する岸を任命することで、福田派の主張を汲んで妥協を試みた。党則を改正して議席のない岸もこれに就任できることとしたのである。八二年二月十九日、岸は日記に次のように記した（同右、一九八二年二月十九日条）。

8．30総理官邸に於て最高顧問の朝食会。余の最高顧問就任の披露のようなもの。主人側鈴木総理、宮沢官房長官の外党三役並に竹下幹事長代理。最高は余の外三木、福田及安井（灘尾君は風邪のため欠席）。鈴木総理の挨拶の後、竹下君より参議院全国区選挙法の改正問題、宮沢君より貿易摩擦に関し市場開放等の問題の説明あり。三木君より派閥解消、余より行政改革断行の問題に付意見をのべる。

鈴木首相の挨拶の後、居並ぶ最高顧問に対して、実質的な説明として、宮沢から外交問題を、竹下から選挙関係の内政問題を説明している。行政改革断行についての岸の返答にも伏線がある。すなわち、前年の八月に岸を訪問した中曽根との応答であった。中曽根は刊行されたばかりの談話記録『岸信介の回想』について、「憲法改正につき『中曽根にやってもらう』の一節に電撃にふれた感がありました。これ正に先生の御初心であり、小生の初心であります。この様に憲法改正を先生方から托されましたのは、徳富蘇峰先生と岸先生のお二方であります。方法戦略は別として私は今回の臨時行政調査会の如く国民的舞台を設定し、国民的人士に登場していただき、軌道設定を心掛けたく念じます」と書き送り、憲法改正を行政改革に置き換えて推進するという政治的意思を伝えていたのである（岸信介宛中曽根康弘書翰〈一九八一年八月二十八日〉〈『岸信介関係文書』田布施町郷土館所蔵、一〇一四〉）。占領期から池田内閣、三木内閣の外交を担ったとも言いうる宮沢と、一九九〇年代に野党にも影響力のある政治的長老として君臨することになる竹下が同席し、岸が行政改革について意見を述べて中曽根を支援したのは、自民党長期政権を幾重にも象徴した瞬間と言うべきであろう。

岸の最高顧問就任後は、鈴木は最高顧問会議の月一度の開催を約束しており、最高顧問の側からも開催への期待が強まっていた。首相がヴェルサイユ・サミットに出席する前の五月に最高顧問会議が開催され、外遊から帰国した後の六月には首相が最高顧問を個別に訪問し会談を行った（前掲『岸信介日記』、一九八二年五月二十一日条、六月十九日条）。また九月には宮沢官房長官と二階堂幹事長がそれぞれ最高顧問を分担して個別に訪問している。新聞報道からは内閣は、会議を開催することで、他派閥に近い最高顧問から直接批判されるのを恐れ、個別訪問を行っていると見られた（『朝日新聞』一九八二年九月十四日）。

だが、十月の総裁選挙が近づくにつれ、全最高顧問が会議を開催するよう主張した。岸は、来訪した宮沢官房長官との会見の模様をこう記している（前掲『岸信介日記』一九八二年九月十日条）。

宮沢官房長官来訪。教科書問題の経緯の報告並に財政状況に付国民の理解を得る為め近日記者会見をなすとの報告あり。余は財政の逼迫は官民共に一大奮起を要する状況なるが故に、記者会見等にて国民の理解を求むるが如き姑息の手段にては駄目、議会制民主主義の本意に基き国会に於て真剣に討議して国民の理解と協力を求むべきことを強調し、且つ最高顧問会議の開催を要望す。

鈴木が辞任を表明したのは十月十二日であるが、このような最高顧問会議ひいては他派閥からの圧力と田中派との調停に心理的に抗し切れなくなったのも一因であろう。最高顧問会議は、鈴木の後任総裁の選出に際して、話し合いでの一本化をもくろむが、中曽根の強硬な反対で予備選挙を実施することとなった。田中派と鈴木派の支持を得て圧倒的多数の票を獲得して勝利したのは中曽根であった。

四　中曽根康弘内閣

戦中期に内務省に入省した中曽根は、敗戦後に政界へ転身したが、非自由党系の保守政党に属し、吉田茂に対して強い違和感を抱き、改憲・再軍備を唱えた。保守合同後は、河野一郎の派閥に属し、河野の死後、派閥の一部を継承したが、弱小派閥の領袖でありながら、閣僚・党役員を歴任しつつ、首相の座をうかがっていた。

中曽根が首相に就任しえたのは、一つには鈴木内閣で行政管理庁長官に就任し、ここで第二臨調における民営化の行政改革を主導することによって、後継内閣の主要施策を方向づけたことである。二つには、田中派との連携を得て、総裁選挙で他候補に対して優位に立ったことである。そして三つには、当時実質的に最有力の党長老であり、中曽根と同様の改憲志向を持つ岸信介が中曽根を支持し、折にふれて対抗勢力を押さえ込んだことである。

発足当初、官房長官に後藤田正晴を抜擢（ばってき）するなど、田中派から多数の閣僚を任命した中曽根内閣は短命政権と見られた。だが、施策の着実な処理を図った内閣は、内政では、すでに提出されていた臨調答申にもとづいた国鉄・電電公社の民営化による財政再建を図り、以後も行政改革を継続的に進行させる基礎を築いた。また鈴木内閣時代に冷え込んだ日米関係を修復し、サミットでの議論にも積極的に参加することで、日本の存在感を高めた。政権後半には、土地投機の進行や売上税導入の失敗など、以後の内閣に課題を残した。内需拡大と民営化の延長で、「民活」による開発を進めた内閣の下では、都市部の再開発が進んだ。たとえば、東京湾横断道路は、「民活」の下で、日本道路公団ではなく民間業者の請負で行う事業として、特別法を制定して開発が進められた。当時の建設省の担当課長は、のちに小泉純一郎内閣下の道路公団改革で、日本道路公団総裁として改革反対の先頭に立つことになる藤井治芳(ふじいはるほ)であったが、藤井は道路局の先輩に当たる公団総裁から強い非難を浴びながらも、首相案件として省内で法案作成を強行したという(東京大学先端科学技術研究センター『片桐幸雄オーラル・ヒストリー』二〇一三年、四四~四八頁)。

中曽根にとって首相とは公選、ないしはそれに近い選出方法で任ぜられるものであった。早くから首相公選制を唱えた中曽根は、「国会を支配する政党が執行権にまで干渉しすぎる弊害があ」ると述べたように、国会・政党の現状に対して厳しいまなざしを注いでいた(憲法調査会編『憲法調査会報告書付属文書第一号　憲法調査会における各委員の意見』一九六四年七月二十五日、二九七頁)。したがって、「スカラピーノ教授がいう政党人の『封鎖的互助政治企業体』たる現在の政党を国民的なものにするかという点に改革基点はあるのである。封鎖的互助政治企業体と思うから、請負的買収や、利益誘導、圧力団体の存在が出現するのである。之を政策を中心とした真の国民的な政党に発展させるためには、いわば、同族会社的存在を、株式を公開して大衆株主中心の上場会社に転換させなければならない」と述べ(憲法調査会編『憲法調査会第八十二回総会議事録』一九六二年七月四日、三四頁)、自民党の近代化手段として首相公選制を位置づけていた。その具体的な根拠として、戦後に導入された首長公選制を取り上げて、「昔東京市会が市長を選んだために東京市会というものはガスをのんだり、じやりを食つたりしたところであるけれども、ところが今は市長と市会との関係、知事と都会との関係は非常に変つて、合理主義になつております。私は一歩前進したことを認めるんです。これは公選の成果と私は思います。……（中略）……今の府県や何かで、県会議員で選ばしておつたら、必ずボス的な年とつた七十才以上の連中が大てい出てきます……（中略）……全国の市町村でも、二十代、三十代の若い市町村長が出てくるというのは、公選の力で、私は非常にいいところだと思います。そういう若返りをやるモメントを政治に作つておかないと絶対いけないと思います」と指摘した（同右、六一〜六二頁）。つまり、党改革ひいては伝統的な地域社会の近代化の促進要因として、首相公選制を位置づけたのである。中曽根の改憲構想や教育改革構想には復古的な面も見られたが、高度経済成長後の段階では、むしろ「新しい中間階層」の支持にもとづいた「合理主義」的な自民党と首相をめざす傾向が強くなったと言えるであろう。

こうした政治指導を中曽根は「大統領的首相」と呼んだ。改革において審議会・私的諮問機関を活用して、国会審議や与党調整以前に、世論を誘導しつつ政策の方向づけを図った。また、自身がテレビに頻繁に映ることで、国民へのアピールに努めたのである。

さらに、党内長老に対しては、中曽根は、サミットなど首脳会談の前に、恒例のように最高顧問会議を開会して、岸らの意見を聞く姿勢をとった。最高顧問とりわけ岸は、政界への影響力を確保する田中を牽制しつつ、中曽根を支持した。一九八三年の総選挙敗北に際して、中曽根にロッキード事件で有罪判決を受けた田中の「政治的影響を排除」する声明を出すよう働きかけ、八四年に二階堂進自民党副総裁が総裁選挙に出馬しようとしたときには、岸がこれをおさえ、反対する三木を一喝したのである。

中曽根は閣内でもよき補佐役に恵まれた。それが二度官房長官に就いた後藤田正晴であった。臨調答申を受けた内閣機能の強化のため、内閣官房が増員され、従来の内閣審議室が内政審議室と外政審議室に分かれ、後者の室長に外務省出身者が起用され、国際化に対応しうる官邸が整備された。ところが、この改革に対して中曽根は不満であった。なぜなら、警察庁出身の後藤田は、伝統的な行政組織の原理から首相の指揮命令権を限定し、各省からの出向者からなる内閣官房を自らの補佐機構として、各省の企画機能を尊重したうえで、官房による政策調整を担おうとしたからである。したがって、イラン・イラク戦争時のペルシャ湾掃海艇派遣問題で、派遣を主張する中曽根に後藤田が頑強に反対して、これを断念させたように、官房長官は首相の「トップダウン」を排することを辞さなかった。確かに、中曽根が大統領的首相として振る舞うためには、後藤田官房長官とそれを支える内閣官房の補佐が不可欠であった。だがそれは、政策調整を官房長官に委任し、ときにそれに従うことも意味していたのである。

世論を見定め、ブレーンと官僚集団に支えられた中曽根は、同時に孤独を好む政治家でもあった。首相として公邸に住んだ中曽根は、別邸の中でも東京八王子の日の出山荘を用いて、都心からほどよく離れた邸内で構想を練り上げた（御厨貴『権力の館を歩く――建築空間の政治学』ちくま文庫、二〇一三年、一五二～一六〇頁）。一九八三年十一月十一日に中曽根は、ここにレーガン大統領夫妻を招いて首脳会談を行った。本来は中曽根が自然に囲まれて週末を過ごすだけの質素な山荘だが、馬を乗りこなすレーガンにはもってこいの演出だとこれを強く勧めたのが、劇団四季の浅利慶太であった。「いろいろ山荘内を整えなければならない。仕方ないから劇団四季の小道具倉庫から屏風などを持ち出した」（浅利慶太『時の光の中で――劇団四季主宰者の戦後史』文春文庫、二〇〇九年、二六八頁）。浅利は、佐藤内閣のブレーンの一人であり、中曽根首相にとっては「私が出たテレビ番組はみんな収録して、それを見て、発言や演出方法をいろいろ私に助言してくれていた」存在であった（前掲『天地有情』四六七頁）。中曽根自身、首相就任にあたって、「NHKテレビ活用」と政策メモに一項目を記していた（同右、三五三頁）。中曽根内閣とはブレーン、メディア、世論、官僚といった要素が中曽根という一面で孤高のリーダーに結晶した政権であった。中曽根自身は、首相引退後にこの日の出山荘を国際舞台に使おうとする。だが、リクルート事件という大きな波が中曽根の後継政権を襲ったとき、疑惑にさらされた中曽根は離党せざるをえなくなった。以後、自民党政権はメディアの強い批判を浴びることになるのである。

▼参考文献

後藤田正晴／御厨貴監修『情と理――カミソリ後藤田回顧録』下、講談社＋α文庫、二〇〇六年。

佐々木毅『いま政治になにが可能か――政治的意味空間の再生のために』中公新書、一九八七年。

佐藤誠三郎・松崎哲久『自民党政権』中央公論新社、一九八六年。

竹下登『政治とは何か――竹下登回顧録』講談社、二〇〇一年。

中曽根康弘『天地有情――五十年の戦後政治を語る』文藝春秋、一九九六年。

牧原　今回は、地方の時代と東京一極集中をテーマに、考えてみたいと思います。

御厨　この時代は、基本的に、中曽根首相の時代であり、同時に東京都政で言えば、鈴木俊一知事の時代である。ともに、財政再建でがんばったということでしょうね。

◆高度経済成長の終焉と新しい政策の模索

牧原　前回、一九七〇年代の政治を扱いましたが、この七〇年代というのは、高度経済成長が石油危機によってやはり終焉し、成長ではなくて、インフレと不況の時代に入っていきます。こういう経済状況の悪化は、政治の場面ではやはり、たとえばロッキード事件のような金脈の政治批判によって自民党が退潮していき、保革伯仲になります。その中で、自民党は党改革と派閥解消、総裁選挙の改革といったことをいろいろ手がけました。

他方、社会の側では、高度経済成長が終了すると社会の成熟が進んでいく。つまりホワイトカラーという、当時、新中間層（新しい中間階層）と呼ばれた新しい階層が、大量に出現しました。それ以前、保守と革新、すなわち自民党と社会党・共産党といった革新政党との対立とは、一方で自民党や保守側についてては、地域の名望家を中心とする旧中間層がこれを支持し、他方で革新勢力については、労働組合が支持していました。こういう保守と革新の対立だったんですが、そうではない新しい階層が登場したと見られるようになりました。

こういう新しい状況に最初に気づき始めたのが、やはり大平首相です。大平首相は、それ以前は、特に福田首相が言ってきた党改革に対して、新しい政策を打ち出しました。党改革は党の近代化を唱えましたが、大平はこの「近代」を超えるということを考えて、内閣発足直後に政策研究会という新しい機関を作りました。政策研究会の会合には人類学者の梅棹忠夫とか劇作家・批評家の山崎正和とか、当時の知識人、それに現役の官僚の、しかも課長補佐とか、当時としては若い層の官僚が、首相も出席する会で、新しい時代に即した政策について議論していきます。大平内閣の政策研究会は、いくつも部会がありました。「田園都市構想」という新しい都市計画や都市のあり方であるとか、家庭基盤の充実とか、総合安全保障とか、さらには大平自身はこれからは「文化の時代」だということを国会で述べており、文化の時代についての研究会がありました。いくつものグループが作られて、新しい政策構想を議論しました。

しかし結論がまとまる前に、大平自身は急死してしまいます。大平はすでに解散を断行しており、ここで衆参同日選挙になるのですが、これが自民党の大勝という結果になり、保革伯仲の時代が終わります。この新しい、安定した政権基盤の中で、大平の後は、同じ派閥の鈴木善幸が内閣を組織していくんですね。鈴木首相は財政再建のために、第二臨調という新しい、これも先ほどの大平首相の政策研究会に近い、諮問機関を作りました。この諮問機関は、行政管理庁長官だった中曽根が主宰するというかたちになります。ここで、知識人だけではなくて、今度は財界人のような経済人も入って、財政再建のための新しい政策を考えるようになっていきました。この財界人として当時著名だったのが、土光敏夫です。第二臨調の会長であったんですね。清貧な生活の「メザシの土光さん」というキャッチフレーズもあった、そういう人物が財政再建をすることになりました。彼自身は企業再建で知られていた経営者でした。ここで議論されたのが、国鉄や電電公社の民営化という新しい政策手法でした。

こうした第二臨調の手法は、鈴木内閣の後の中曽根内閣でいよいよ本格的に発展していきます。中曽根は、臨時行政調査会を継いだ、臨時行政改革推進審議会（行革審）という審議会、あるいは臨教審という臨時教育審議会、さらには法令の基盤のない私的諮問機関といったさまざまな審議会を作って、国会審議をいわばバイパスするかたちで、自分独自の審議会を作って、そこでさまざまな新しい政治の場を作っていくということを考えていました。こういった審議会には、財界人だけではなく、先ほどもいろいろな知識人が入ったと言ったように、政権ブレーンが入っていく。ブレーンを登用するという手法です。これはすでに一九六〇年代の佐藤栄作内閣がめざしたものとも言えますが、やはり石油危機後、高度成長が終焉し、新しい政治、社会、そして経済状況の中で、新しい政策が模索されたということになるわけですね。

「改革の時代」にいよいよ入っていきます。

御厨先生は、この「改革の時代」をどうご覧になっていますか。

御厨　やっぱり、牧原先生が強調されたように、ブレーンとして知識人を多用する。大体一九六〇年代のある時期までは、日本の知識人というのは基本的に反体制であって、統治には関与しませんでした。それを佐藤内閣の時代から、一人また一人というように、その政権の中に招き入れて、そして、現実の政策を作るときに、それのいわば深み、あるいはそれぞれの射程距離の長さみたいなものを、それにつけていきます。先ほど言われた大平のときの政策研究会のメンバーというのは、おそらくそれから二十年の間、二一世紀になるくらいのところまで、この国の、論壇あるいは言論界をもリードする人材でした。そういった意味では、日本国一体となって、日本の国の一つのあり方をきちんと議論していったということが言えるんじゃないでしょうかね。

◆「地方の時代」

牧原　このような中央で起こった改革の政治は、地方によって先取りされていた、あるいは地方ではまた別のかたちで発展していったとも言えるのではないかと思います。これからそのケースとして、滋賀県の知事だった武村正義の場合と、東京都知事の鈴木俊一の場合という、二つのケースを取り上げながら、今度はこの「改革の時代」が地方でどういうような展開を見せていたかということを、考えてみたいと思います。

その地方の問題について、一九六〇年代、特に高度成長が進む後半になりますと、経済成長によって配分する財源のパイ（総額）が膨らむと、より豊かな、より充実した行政サービスを行うことができる状況の中で、「革新自治体」というものが登場するようになりました。ここでは、社会党や共産党といった、革新系の政党の支援を受けた首長ですね。知事であるとか市長であるとか、そういう人たちが全国で続々と登場するようになっていき、老人医療費の無料化であるとか、環境問題であるとか、ごみ問題であるとか、そういった新しい問題について政策革新を行っていく。

ところが、オイル・ショック後、経済状況が非常に悪化しますと、革新自治体では行政サービスの充実のために財政支出が非常に大きくなりがちな構造を持っていたので、財政状況が悪化していきました。これで革新自治体が退潮していきますが、その結果現れるのは必ずしも単純な保守ではなくて、総与党化という現象です。保守にも革新にも支持される新しいタイプの首長が出てくるんですね。そういう首長の中から、これからは「地方の時代」であるというキャッチフレーズが登場するようになります。先ほど話した大平内閣の政策研究会においても、「田園都市構想」という構想が唱えられます。やはりこれも地方の側から登場する「地方の時代」というキャッチフレーズや政策のあり方に対する、国の受け止めであったと言えるんだと思います。
この時代を一九七〇年代から見ていた政治学者の高畠通敏先生が、『地方の王国』という本を八六年に出版しています。その中で彼は、「文化主義的な〈革新〉政治が、旧来の保守と革新の対立をこえて唱道されるようになる」と述べたうえでこう言っているんですね（高畠通敏『地方の王国』講談社学術文庫、二〇一三年、二七四頁）。

「地方の時代」や「住民本位の政治」は、まさにその合言葉として、中央直結的な利益誘導政治や、福祉ばらまき政治に対置された。そしてそれが、従来のエリート官僚とは違う自治省出身官僚によって主導されたとき、それまでの保守と革新の対立の溝は埋められ、日本の各地に、大連立型の地方政府、協調主義的な地方政治が生まれはじめたのだった。ここで取り上げた滋賀県は、まさにその先駆にほかならない。

◆滋賀県の例——武村正義知事時代

牧原　滋賀県では、一九七四年に、当時自治省の官僚から八日市市長になっていた、武村正義が革新政党の候補として当選し、以後三期知事を務めます。この武村は、二期目の選挙から、自民党からも支持され、二選三選時は無投票でした。武村は、当時の大きな問題として、琵琶湖が赤潮で非常に汚れてしまったという状況に立ち向かっていきます。この原因が有機リン洗剤であることがわかってきまして、この有機リン洗剤追放運動という市民運動とともに、いわば手に手を携えるかたちで、こういった洗剤を禁止する条例を作成することになります。
そうみると、彼は革新出身で市民運動と非常に連携した知事という一面が見えるかもしれません。実際、武村は東京大学の学生時代は日本民主青年同盟（民青）の学生運動もしていたという面を持っているんですね。ところがその後、彼は自治省に入り、自治官僚時代に田中角栄の知遇を得て、彼の列島改造構想にも参画してそれに若干の助言をしたりするということもありました。また福永健司という滋賀県出身の自民党政治家との関係も深く結んでいくというような、保守政治家、自民党とも連携する幅の広さを持っていました。さらに、司馬遼太郎とも交流するし、梅棹忠夫という先ほど大平内閣の政策研究会に出ていた京都大学の教授ですが、滋賀県のお隣ということで、梅棹など京都にいた知識人とも交流する。保守から革新まで在野のいろいろな人たち、知識人、作家、非常に幅広い人脈を持つ。そういう人が総与党化の知事として、県政を担うようになる。これが一九七〇年代から八〇年代の流れであります。

武村について、御厨先生、いかがですか。

御厨　非常に意欲的な知事だったと思いますね。特に琵琶湖の問題なんかのつかまえ方と言いますかね。これは間違いなく争点になると。しかも、これを解決することが知事としての仕事だと。それを直感してやったというところが彼のすごさです。中央官庁の下請けではいけないという、そういう意識が出てきた。それもですね、革新知事時代のように、要するになんでも中央政府のやっていることに反対するというのではなくて、具体的なことをやりながら、中央からもう少し権限もほしいだろうし、しかし、なかなかくれない。お金もくれないという中で、じゃあ地方でできる知恵を出していこうという、そんな動きだったような気がします。

牧原　武村はその後、特に保守にも革新にも支えられるような総与党のもとでの知事時代に、「草の根県政」ということを言って、革新県政ではなくて草の根県政ということで、広く県民の支持を受けた知事をめざします。しかもその後、国政に転身しまして、自民党に所属し、さらに政治改革の時代は新党さきがけ（以下、さきがけ）を結成して、先ほどちょっと名前の出た細川護煕と一緒に、連立政権をつくります。やはり、こういう地方と中央との政治が、非常に大きく連関していくというのが、一九七〇年代の終わりから八〇年代にかけて出てきて、これが九〇年代の政治改革という大きな流れにつながっていくということが言えるのかもしれません。

◆東京都の例——鈴木俊一知事時代

牧原　今度は、東京では何が起こっていたかということで、東京都政の問題を考えてみたいと思います。

御厨　はい。これは、なかなかユニークでありまして、東京のこの時期、都知事を四期十六年にわたって務めたのが、鈴木俊一なんですね。この鈴木の前の知事が、美濃部亮吉です。美濃部は、いわゆるオリンピックを主導した東（龍太郎）都政の後を受けて、革新自治体のはしりということで、社会党・共産党の協力をもって、当選をした知事なんです。

ところが、この美濃部がやった革新都政というのは、もちろん少数に光を当てるという意味で、これまでの都政になかったことをやったんですが、基本的に高度成長期の知事でありましたから、結果これがばらまきに終わるというかたちで、財政が非常に逼迫してきた。その財政逼迫の状況の中で、一九七〇年代のまさに終わらんとしているときに、自治省出身というよりはむしろ生粋の内務官僚といったほうがふさわしい、鈴木俊一が登場します。

鈴木はすでに長く東京に住んでおり、そしてまた旧自治庁の次官から、実は東都政下の副知事に転出をし、その東都政下の副知事時代に、すでに、新宿をどうするかとか、あるいは高速道路をどうするかとか、そういった問題をずっと手がけていました。そして、残念ながら美濃部のときには、彼は佐藤首相にどういうわけかあまり好かれておらず、結局、知事候補にならないまま涙をのみました。しかし、その美濃部都政十二年が崩壊したのち、彼がまさに満を持して知事としてやってきて、十六年間やるわけです。

そこで彼がやったのは、「マイタウン東京構想」とかですね。「マイタウン東京構想」というのは、東京は高度成長期で、地方から出てきた人でいっぱいになってしまった。彼らに、本当に東京を故郷だと思わせようという構想でした。そこからやがて、都庁を有楽町から新宿に移転する。あるいは、臨海副都心を開発するというふうな発想に転じていきました。

しかも、それをやる際に、これがこれからの中曽根政権の話とやや似てきますが、どういう手法をとったかと言うと、中曽根の審議政治に先立って、いわゆる懇談会を作る、あるいは審議会を作る、その中で議論したものをもういっぺん都議会に投げ返すという、かなり手間暇をかけて、知識人に議論をさせるということをやった。シティホールの構想懇談会ということで、これをやって、さらにこれに議員を交えた懇談会をやって、そして最終的に議会で決める。このように、かなり手順を追っていくかたちで、一九八五年に三分の二の多数でもって都議会は新宿移転を決めます。これは画期的な出来事であったと言われています。この鈴木知事の懇談会方式をまねる形で、中曽根の審議会方式というのはできます。それから鈴木知事のこの財政再建というのを学ぶかたちで、やはり中曽根の行革というものがなされました。こういうことを考えるならば、どうやらこの時期の東京都政と、それから中曽根政権期の国政とは、ある意味で並行して進んでいっていたということが言えるのではないかと思います。

ここで、かつて私が鈴木知事にインタビューした際の彼の発言を見てみましょう（鈴木俊一／聞き手・御厨貴・村松岐夫「鈴木俊一東京都知事インタビュー　都政半世紀への回顧」御厨貴編『都庁のしくみ』（シリーズ東京を考える3）都市出版、一九九五年、二六頁）。

知事が、自分で考えて自分で部下に命じて案をつくらせてそれをやるということではなく、やはりそこに都民代表の学識経験者の人を中心にした案をつくってもらって、それを実行していくという形を取ったほうが、都民参加である。

この「都民参加」というのは本当は革新自治体の言葉であったんですが、それを見事に彼なりに換骨奪胎して、こういうやり方、つまり審議会政治というのがいわゆる都民参加だ、民主政治だという言い方をしている点に、特色があると思います。

◆鈴木善幸内閣から中曽根康弘内閣へ

牧原 それでは、地方のこういう動きに対して、中央のほうはどういう展開を見せたのか。大平内閣の後の、鈴木善幸、中曽根康弘という、一九八〇年代の二つの内閣を見てみたいと思います。

年表（表12-1）をご覧ください。まず大平首相が突然死去した後、自民党が、衆参同日選挙で大勝し、大平派の鈴木善幸が話し合いで自民党の総裁になり、内閣を組織します。鈴木という人を、このとき官房長官だった宮沢喜一が、こう言っています（宮澤喜一『戦後政治の証言』読売新聞社、一九九一年、二〇六頁）。

ハイカラなことがきらいで、いわゆるパフォーマンスめいたことは一切しなかった。

これが、鈴木さんのことを言い表しています。これは、ちょうど中曽根内閣時代であり、中曽根と全く正反対。ハイカラなことが好きで、パフォーマンスめいたことをよくするのが、この中曽根で、非常に対照的な首相が並びます。

鈴木首相は、どちらかというとハト派でした。例えば日米関係でも、日米同盟に軍事的関係は含まない

表 12-1　1980 年代

年	首相（内閣）	内外の情勢
1980	7 月　鈴木善幸	
1981		3 月　土光敏夫を会長とする臨時行政調査会初会合。
1982	11 月　中曽根康弘	
1983		1 月　中曽根首相訪米。「日米は運命共同体」と表明。 10 月　東京地裁，ロッキード裁判で田中角栄被告に実刑判決。
1984		8 月　臨時教育審議会発足。 9 月　全斗煥，韓国大統領来日。
1985		4 月　NTT と JT が発足。 9 月　G5，プラザ合意。
1986		4 月　男女雇用機会均等法施行。 7 月　衆参同日選挙。 12 月　政府予算案で，防衛費が GNP 1% 枠を突破。
1987		4 月　国鉄が分割民営化。JR 7 社発足。 6 月　IMF の統計で，日本の 4 月末の外貨準備高が西独を抜いて世界一に。

というような説明を自ら行おうとこだわって、当時の外相が辞任してしまいました。こういったかたちで、日米の同盟関係というのを非常に警戒していました。それが、混乱を生んでいくという内閣でもありました。他方で、先ほどもお話ししましたように、第二臨調による行政改革がここで始まります。ですが鈴木首相は、突然辞任する。その前に、いろいろな派閥、それから自民党の長老が鈴木に対して、非常に圧力をかけるということもあったんですが、辞任するということになる。この鈴木の後の中曽根が総裁になるときには、話し合いではなくて、総裁選挙が行われます。そこで中曽根が勝ち、首相になります。

中曽根は、訪米をして、危機に陥っていた日米関係の安定化を図り、さらに、先ほども話しましたが、臨時教育審議会なる審議会を作ったり、さらには、第二臨調の審議の結果として、NTT（日本電信電話）、JT（日本たばこ産業)、さらにはJRの発足というかたちで、民営化の政策を実行していきます。また、私的諮問機関ということを言いましたけれど、防衛費が国民総生産(GNP)一パーセント枠を突破してよいか、ということが問題になったときには、平和問題研究会という私的諮問機関で審議させて、新しい政策に取り組んでいきました。

こうして、大平首相の後、鈴木善幸首相がその後を継ぎましたが、中曽根内閣時代に、いよいよ自民党政治が安定していきます。その一つの大きな頂点が、一九八六年七月の衆参同日選挙であり、自民党が衆議院で三〇〇議席を確保するという大勝利の結果となります。こうして中曽根時代という一つの大きな自民党政治の頂点とも言える長期政権になるというのが、この時代です。

◆中曽根政治の特徴——大統領的首相

牧原 では、御厨先生にちょっとお聞きしてみたいんですけれども、この中曽根政治、あるいはその前の鈴木善幸首相のリーダーシップも含めて、お考えをお聞きしたいと思います。

御厨 はい。鈴木首相はね、宮沢が官房長官だったことからわかるように、ほぼ宮沢の演出によって行われた政治ですね。だから、先ほど牧原先生が言われたように、その後の中曽根とはきわめて対照的な政治配置であったということが言えます。中曽根は中曽根でまた、これは「三角大福中(さんかくだいふくちゅう)」と呼ばれた、その世代の一番最後にやってきて、そしてその最も大きな果実を、得ることができた。

彼は、昭和二〇年代から実は首相になろうと思ってずっと勉強してきて、彼の勉強したノートが、たくさん積まれていると言われたくらい。そこに彼のアイデアはみなあった。首相になったらこうやろうああやろうと思ってきて、しかも彼は、自ら大統領的首相と言ったように、司(つかさ)司に任せるのではなくて、逆に自分ですべてを抱き込むかたちで、官邸や官房に集中して政治をやれるような仕組みにするということも彼の理想でしたし、そういうやり方ですべてをやっていったという点に、特色があるような気がします。後藤田という官房長官は、それを田中派にいながらにして支えていくという話になります。

そしてもう一つ、牧原先生に返す前に言っておきたいのは、彼は運もよかった。つまり一番最後にきて、しかも最大の当時の政治の悩みであった田中角栄、いわゆるロッキード事件にずっと引っかかり続けた田中が、病気になって倒れ、そこに権力の真空状態ができました。中曽根は、自ら今度はその若い後継者を育てるという、そういう役割も担ったという。このあたりに特色があるんじゃないでしょうかね。

牧原　中曽根は首相を辞める際に、「大統領的首相」という自分のスタイルについて、こういうふうに言っているんですね（中曽根康弘「総理官邸を去るに際して——五年の回想と、なぜ私は竹下君を指名したか」『文藝春秋』一九八七年十二月号、一〇三〜一〇四頁）。

「大統領的首相」という発想に立って見ますと、首相自らアイデアを出し、政策を考え、イニシアチブをとっていく場合に、さまざまなチャンネルを設けて、国民一般から意見を聴くという姿勢が必要になってきます。……私はそう考えて、審議会をつくり私的研究会をつくりました。いずれの場合でも、問題の本質をあらかじめ国民に知らせ、世論を誘発し、国民の反応を見ながら、それをどういう形で法律にまとめ、政策として展開するかを図るための、一種の予備機関としての狙いがありました。

このように「世論を誘発する」と自分で言っているところが、私は非常におもしろいと思うんです。やはり国民の関心を一定の方向に誘導することも辞さないかたちで、審議会というものを作って、その上に立つ大統領ということであると。大統領ですから、国会に対していわば対等であり、むしろ国民の支持や国民の関心のある首相のほうがむしろ国会をもリードしうるというようなスタイルをとりました。こういう中曽根首相のスタイル、大統領的首相というのは、御厨先生からはどう映るでしょうか。

御厨 やっぱり、それなりにメリハリはあります。メリハリはありますが、同時に、パフォーマンス過剰というところもありましてね。そのパフォーマンスについて、彼は実は昭和三十年代から、権力者になったら、人に囲まれていると必ずしも正しい決定ができない、だから、自分一人になることが大切だと考えます。彼は、実は、東京都の山奥にある日の出村というところ（現在は日の出町）に日の出山荘というのを持っていて、週末は必ずそこに行って、自ら一人で沈思黙考するということをやっていました。

その日の出山荘を、実は、レーガン大統領がやってくるときに、ここを使おうというふうに考えた。まあ発想の逆転であります。彼は日の出山荘でレーガン夫妻を招いて、お茶を点てたりしているわけですね。「アメリカのレーガンは、西部出身だから、土の匂いがわかるだろう」と言っていました。徹底的にレーガンに、日本の思い出を土の匂いというもので満たすことによって、自分たちとの日米関係を忘れえないものにさせるというのが、彼の作戦でした。一緒に植樹をしたり、まあ要するに、ここでお酒を飲んだりいろいろなことをやって、レーガンに、一つ非常に大きな思い出を残したというのは大きいことです。日米関係というのはもちろん、個人的関係ではないんだけれども、こういうかたちで一つ固めをやったというのも、彼のやり方の特徴の一つだったという感じがしますよね。

牧原 中曽根は、一九五三年という戦後のかなり早い時期に、アメリカのハーバード大学で講演をして、ここで首相公選制というアイデアを述べているんですね。当然これはアメリカの大統領制をモデルにしたものです。その後彼は長い間、首相というのは公選すべきだと、首相公選制というか大統領制に近いアイデアをみがき、憲法に関する審議会でも、そういう発言をしているんですね。しかも、首相の公選制ということを考えるうえで、戦後に、市長とか知事とかいった首長が公選になったことを取り上げます。例えば戦前のように議会から互選されるような首長であるとするると、高齢の首長しか出ないところが、若い新しい発想を持った首長が今、全国に生まれているということを、彼は一九六〇年代に言います。

やはり日本の社会の近代化を中曽根はかなり早い時期から考えていて、そのうえでどういう新しい保守政治が成り立つかという問いを立てている。もちろんこれは、伝統的自民党の支持基盤の上に立っては、なかなか中曽根派という派閥が大きくなれないということはあるんだと思います。しかし、それがちょうど石油危機後の新しい日本社会の動きに何か合ってきているというのは、一つの彼の時代の産物ということが言えるのかもしれないと思います。

◆後藤田正晴オーラル・ヒストリーを読む

御厨　さあ、そこで、先ほどもちょっと話に出ました、後藤田に着目してみたいと思います。我々はこの後藤田のオーラル・ヒストリーを、かなり早い段階で実施をしました。これについて、ちょっと見てみたいと思います。まず牧原先生からご紹介いただけますかね。

牧原　『情と理』という本が、上下巻で二冊、鮮やかな装丁で出ているんですね。この「後藤田正晴回顧録」として、一九九八年に講談社から出ているこの本は、御厨先生や私が、昔、後藤田に対して行ったオーラル・ヒストリーの一部をブックフォームにまとめたものです（現在は、講談社＋α文庫）。前回、吉国一郎のオーラル・ヒストリーで、いろいろオーラル・ヒストリーについてお話をしました。ここでも後藤田正晴のオーラル・ヒストリーについてちょっと話してみたいと思います。とりあえず、どういうものかということで、徐々に彼のオーラル・ヒストリーの中身に入っていきたいと思います。

後藤田正晴は、戦前、東京帝国大学法学部を卒業後、内務省に入省し、戦後は主として警察庁でキャリアを重ねて、佐藤栄作内閣時代に警察庁長官を務めます。田中角栄内閣の下で内閣の事務の要である官房副長官に就任し、その後、衆議院議員に転身し、中曽根内閣では田中派でありながら官房長官、その後も法相や副総理も務めるという、日本の戦後政治で重要な役割を果たした政治家です。この後藤田は、中曽根内閣の官房長官時代、あるいは中曽根首相をどう見ていたのか。この点について、彼のオーラル・ヒストリーの一節を見てみたいと思います（前掲『情と理』下、三五～三七頁）。

月に一回、中曽根康弘行政管理庁長官と、中曽根さんが始終利用されていた赤坂のこぢんまりした料亭で、二人っきりで行政改革についてどう考えるか、どうすればいいのか、といったような話し合いをずっとしていたわけです。

中曽根さんにこう言いました。「行政改革というのは、大変な難事業ですよ。誰もかれもこれには反対しますよ」と。現在のように役人が四方八方から叩かれている時期じゃないですから、これは容易じゃない。役人というのは非常に強い社会集団ですからね。ですから、「本当にあなた、おやりになりますか」と聞いたんですよ。同じことを大平さんにも聞いたことがあるんですよ。そうしたら大平さんは、これは後藤田君、できないよ、と言って終わりでしたな。

ところが中曽根さんがそのとき言ったのは、「この仕事は国の基本にかかわる重要な政治の課題だと思う、それだけに、財政再建という立場はもちろんあるけれど、それだけではないんじゃないですか、その立場だけではなく、もっと広い見地から取り組むべき課題であると思う、政治家として私は是非やりたい」とおっしゃった。それで僕は、あなたがそう言うならおやりになったら結構です、できるだけのことは協力しますよ、と言いました。

これは中曽根が鈴木内閣時代の行政管理庁の長官だったときに、中曽根と行革に関してどういう話をしたかというところです。行政改革というのは大変な難事業だと、これは難しいと、あなたは本当にやれますかと、大平はあきらめちゃったと、言うわけですね。中曽根は、この仕事は国の基本にかかわる重要政治の課題だと思うと、それだけに財政再建という立場はもちろんあるけれど、もっと広い見地から取り組むべき課題であると思うと、政治家として私はぜひやりたいと言ったと、いうふうに言います。こうして後藤田と中曽根との行政改革などの協力関係がスタートして、中曽根は後藤田を官房長官に据えるわけですね。

⬆ 首相就任の記者会見を行う中曽根康弘首相。右は後藤田正晴官房長官（1982年11月27日。写真提供：朝日新聞社）。

もう一つ、またオーラル・ヒストリーを見てみたいと思います。後藤田という人は、これはもう直言の人でした。後藤田は、田中派に所属し、田中角栄に非常に恩義があったということになるんですが、田中角栄に対してもずけずけとものを言う、「カミソリ後藤田」というわけです。中曽根首相の下の官房長官で首相を支えるとは言っても、かなりずけずけと言います。その関係について、これは宏池会の田中六助、これも当時非常に政界の派閥間を駆けめぐったような政治家ですが、この田中六助に注意されたという一節があるんですね（同右、一〇五頁）。

僕はあの人に注意を受けて、これはいいことを聞いたなと思ったことがある。僕が総理と話す席にときたま田中六助さんも同席していることがあるんですよ。そういう席でも、私が中曽根さんの意見と違う時には、それは違います、とやるわけだ。そうしたら、あるとき六助さんが僕に、官房長官、ちょっとあなたの部屋へ行くからな、と言って話をしにきた。そして、後藤田さん、あなたは総理の前で他の人がおるときに平気でそれはいけない、とかやっつけるだろう、あれはよせ、と言うんだな。二人だけならいいよ、と。ああ、いいことを聞いたといって、僕はそれからは、よほどのことでないと第三者がおるときには言わなくなった。

彼がちょっと言ったと。「総理の前で他の人がおるときに平気でそれはいけない、とかやっつけるだろう、あれはよせ」「二人だけならいいよ」と、そういうふうに言われた。それほどまでに中曽根に対して直言をする。田中にもしていたんですが、二人に対して直言をするような政治家だったんですね。もう一つ、その後藤田が中曽根に直言をしたという例を見てみたいと思います。これは、イラン・イラク戦争のときに、ペルシャ湾に掃海艇を派遣するかという問題がありました（同右、二二四～二二六頁）。中曽根首相から話があったときにどう言ったかというと、「他国の交戦海域まで自衛隊などが入っていって、それで自衛だと言っても通りますか」と言って反対したと言うんですね。

九月二十一日に日米の首脳会議がニューヨークであったんですね。これは私の推測ですが、どうもそのときに外務省、それから中曽根総理も、ペルシャ湾の安全航行については日本としても何らかの貢献をするという考え方を表明されておったのではないかなと思います。もちろん艦艇派遣ということではなしに、何らかの協力をしたい、ということだったと思いますね。

その頃、中曽根さんから私に、海上保安庁から武装した巡視艇、あるいは海上自衛隊の掃海艇を派遣したいという相談がありました。

中曽根さんからのお話があったときに、私が言ったのは、ペルシャ湾はすでに交戦海域じゃありませんか、その海域へ日本が武装した艦艇を派遣して、タンカー護衛と称してわれわれの方は正当防衛だと言っても、戦闘行為が始まったときには、こちらが自衛権と言ってみても、相手にすればそれは戦争行為に日本が入ったと理解しますよ、イランかイラクどちらかがね。そうすると、他国の交戦海域まで入っていって、そこで俺は自衛だと言ってみても、それは通りますか、と言った、それがひとつです。

それからもう一つは、次のような場面です。

もうひとつは、「あなた、これは戦争になりますよ、国民にその覚悟ができていますか、できていないんじゃありませんか、憲法上はもちろん駄目ですよ」と言った。そして、「私は賛成できません、おやめになったらどうですか」と申し上げたんです。しかしなかなか強硬でした。外務省も強硬だし中曽根さんもそうでした。それで私は最後に、それでは総理、この問題は日本の武装艦艇を戦闘海域のペルシャ湾まで出すということの重大な決定ですから、当然閣議にかけますな、と言ったんだ。すると、もちろん閣議にかけなければいけません、と言うから、そうですか、それでは私はサインはいたしませんから、と言った。

それで中曽根さんも最後に、それじゃあ後藤田さん、やめます、ということで、これはやめたんです。

「これは戦争になる」と。「国民にその覚悟ができていますか、できていないんじゃありませんか」「私は賛成できません」。中曽根首相はかなり強硬にこれをやろうとします。で、最後、なんと言ったかと言うと、「閣議にかけなければいけません」「そうですか、それでは私はサインはいたしません」と言います。つまり、サインをしない自分がいて、なおかつ、これをしたいのであれば自分の首を切れというのです。これにはさすがの中曽根も撤回すると言ったという。中曽根は外に向けて大統領的首相とは言うんだけれども、官房長官は非常にそれに対して強い発言権を持っていました。

これをどうみるか。御厨先生、いかがでしょうか。

御厨　二人とも内務官僚の出身者で、しかも入省時期も大きくは違わない。だけどもやっぱり、中曽根のほうが総理として上だから、そこはきちんと「総理」と言わなきゃいけないよと田中六助に注意される。そうした細かいエピソードの積み重ねの中で、最終的に中曽根の枠の中に後藤田は入ります。しかし、そうは言っても大統領的首相と彼が言っている部分について、後藤田はかなり抵抗しているというね。かなりそういう意味では綱の引き手としてはどちらも強いという感じを、ここに見て取ることができるのではないかと思います。

◆オーラル・ヒストリーの可能性

御厨　それからやっぱり、この後藤田オーラル・ヒストリーについては、僕はずいぶん使いましたけれども、前回出てきた吉国のオーラル・ヒストリーとクロス・チェックをすると、一つのオーラル・ヒストリーだけを見ていてはいけないなと思うことがあります。例えば、後藤田が田中内閣の官房副長官のときに、吉国は法制局長官です。後藤田は自分が全部やったように言います。しかし、吉国のオーラル・ヒストリーを読んでみると、いやいやなかなかそんなもんでもない。いろんな部分でそれを実はきめ細かく吉国が支えているっていうことがわかります。あのときの内閣の官房の姿が、オーラル・ヒストリーのクロス・チェックをすることによって、非常によく見えてきます。これは、オーラル・ヒストリーをどんどん重ねていくと見えてくる歴史の真実の部分ではないかという気がします。

牧原　後藤田正晴オーラル・ヒストリーというのは、かなり早い段階で行われたオーラル・ヒストリーと言ってよいと思うんですね。で、吉国一郎のオーラル・ヒストリーというのは、二〇〇〇年以後の時代に行われたものです。このように、時代もちょっと違います。昔は日記であるとか書簡であるとか、その場で書いて残ったものを後世からみて歴史を考えていました。そこに、テレビが出てきて、新しいメディアが出てきて、そういう時代に、日記ももちろん残っていますが、実はその瞬間々々を思い出すのは必ずしも日記ではなくて、このオーラル・ヒストリーだというのは、本当におもしろいですよね。

御厨　これからますますそういうものが重なって、たぶん、新しく歴史を見る目が育っていくのではないかという気がいたします。

第13章　政治改革と細川護熙内閣

目標&ポイント
竹下登内閣は盤石の基盤があるかに見えたが、リクルート事件に端を発する政治不信を生み出し、それは一九九三年の細川護熙非自民連立内閣の成立に至る。この冷戦後の政権交代を追跡する。

キーワード
湾岸戦争　小沢一郎　武村正義　連立政権

一　政治改革の時代

一九八七年、中曽根康弘首相の後任に名乗りを上げた「ニューリーダー」三名すなわち竹下登、安倍晋太郎、宮沢喜一は、その政見を総合雑誌『中央公論』十月号で語った。後継総裁に指名された竹下の内閣時代にはリクルートコスモス社の未公開株が政財官界に広く譲渡された問題がテレビをにぎわせた。政治資金制度改革が叫ばれ、やがて小選挙区制の導入による政権交代可能な政治の仕組みをつくる「政治改革」が提唱された。八九年の参議院選挙では、自民党政治を強く批判する土井たか子委員長が率いる社会党が女性議員を擁立した「マドンナ旋風」とともに勝利を収めた。ここでもテレビが大きな役割を果たした。総合雑誌とテレビはともに政治を報道する二大メディアであった。

一九九二年の参議院選挙の前に雑誌『文藝春秋』誌上で「自由社会連合」の結党宣言を発表した前熊本県知事の細川護熙は、党名を公募して「日本新党」とし、参議院選挙に自ら出馬し、政界再編を唱えた。また、合意形成をことのほか重視する自民党に疑問を抱いた小沢一郎は、九三年に『日本改造計画』（講談社）を発表し、内閣主導、規制緩和、軍事貢献を含む国際貢献を掲げて、注目を集めた。自民党を離党して新生党を結成した小沢は、九三年の総選挙後に細川を擁立して、七党一会派連立内閣を発足させ、自民党を野党へ追いやった。この選挙では「新党」が繰り返しテレビで放映された。「私どもがすべてのニュースとか選挙放送を通じて、やっぱしその五五年体制というものを今度は絶対突き崩さないとだめなんだという、まなじりを決して今度の選挙報道に当たったことは確かなことなんです」とテレビ朝日の報道局長は、民放連放送番組調査会で発言し、のちに政治問題となった（『朝日新聞』一九九三年十月二十三日）。テレビは意図したかどうかは別に、自民党政権の非をあぶりだす報道を行い、首相候補者は、総合雑誌と著書を通じて政治改革を訴える。二種のメディアが並走しながら、「政治改革」を進めていったのである。

しかも、一九八九年にベルリンの壁が崩壊し、冷戦が終結した後、イラクのクウェート侵攻への対抗措置として九一年一月にアメリカがイラクを空爆して勃発（ぼっぱつ）した湾岸戦争では、日本の国際貢献のあり方が厳しく問われた。九〇億ドルの支援がまったく評価されないという一件は、軍事貢献をなしえない日本の国家のあり方、また国際社会でアピールできない日本外交に対する不満を強めたのである。また、日本の対米貿易黒字が増加するにつれて、アメリカの日本に対する貿易交渉も厳しさを増し、日米構造協議ではぎりぎりの折衝が続いた。

日米構造協議、湾岸戦争で党内の異論をおさえて、対外政策をとりまとめた小沢は、その著書の中で「グランド・キャニオンには柵がない」ことにアメリカの自由主義を見出し、日本社会で進行する「国際社会化」に対応するために、政治指導の強化を求めた（小沢一郎『日本改造計画』講談社、一九九三年、一～六頁）。同じ政治改革を唱えながら、小沢とは正反対に、地方のコミュニティづくりと環境政策から、自民党の利権構造を打破する改革を主張したのは、滋賀県知事出身で新党さきがけを結成した武村正義であった（武村正義『小さくともキラリと光る国・日本』光文社、一九九四年）。二人は細川連立内閣を担うが、大きく対立していく。

政治改革は、このように国際社会と地域コミュニティの変動の中で登場したのである。それを象徴するかのように、首相として小沢と武村の間に立って苦慮することになる細川は、日本新党結成時には、祖父近衛文麿の「悲劇的体験」を一瞥して「声をあげるべき時がきている」と述べ（細川護熙「『自由社会連合』結党宣言」『文藝春秋』一九九二年六月号、一〇六頁）、熊本藩主であった細川家の出である自身を「一市民であるとともに、かつての封建領主の末裔」と名乗り、熊本県知事時代に痛感した中央官庁の統制を地方が乗り越えることを主張し、二一世紀の社会を先取りするかのように洗練された物腰で、テレビの前に立ったのである。

二　竹下登内閣と自民党政治改革大綱

中曽根の指名によって首相に就任した竹下登は、島根で青年団の活動をした後、県議会議員を経て、一九五八年に衆議院議員に当選した。佐藤派・田中派に属し、佐藤・田中両内閣の退陣時の官房長官を務めた後、建設相などを経て、中曽根内閣下で蔵相を長く務めた。八五年に田中派内で総裁候補を擁立すべく結集した議員集団「創政会」を立ち上げて、田中派から事実上分派した。田中が病気で倒れると、正式に独立して党内最大派閥の「経世会」を組織したのである。金丸信が竹下と並んで派を主導し、若手では、小沢一郎、小渕恵三、梶山静六、橋本龍太郎、羽田孜など、以後、党・政府の要職を占める有力政治家が支えた。

　田中派内で竹下が田中の影響力を脱していったのは、両者の政治家としてのスタイルの差異にもとづくものでもあった。竹下を支えた政治家の一人である野中広務は「大きな指揮者というのが田中さん、人の心に入ってきめ細かくするタイプが竹下さん。田中さんは先頭を切って、『お前ら、ついて来い』という迫力のある指揮者。それを埋めていったのが竹下さん。」と述べる（御厨貴・牧原出編『聞き書 野中広務回顧録』岩波現代文庫、二〇一八年、四三頁）。同様に、政界のフィクサーと言われた福本邦雄は、竹下が「大上段」をふりかざさない点を取り上げつつ、田中が「自分で『田中角栄』と書いた金を渡す」のに対して、竹下は「自分から渡すと、失礼になる」他派閥の場合は、第三者に言づけて渡す「金配り、気配り」であったと証言している。ポストを歴任する政治家を眺めわたして、「客観的に事実を見つめて、それに基づいて自分の現在あるポスト、現在ある地位、将来の布石、そういうものを、非常にクールに考えていた」という（福本邦雄『表舞台裏舞台 福本邦雄回顧録』講談社、二〇〇七年、一七三、一八二〜一八三頁）。感情の起伏が激しく人情味あふれる田中に対して、クールに周囲を見渡した竹下は、ロッキード事件で政界の前面に立てない田中に代わる派の指導者として、若手から期待されたのである。

　竹下内閣は、中曽根内閣が果たせなかった間接税としての売上税導入を、消費税導入という形で実現した。また、一九八九年一月の昭和天皇の死去に伴う平成への改元に際しては、日本国憲法下の最初の事例であったところを、円滑に進めた。その強力な党内基盤から、本格的長期政権とも思われた。だが、リクルート事件で、宮沢蔵相が辞任し、竹下自身もリクルート社からの借り入れについて当初の説明を撤回するなどの不手際を露呈した。支持率が急落する中で、竹下は自民党に政治改革委員会を設置し、政治資金問題、選挙制度問題などを検討させた。竹下は、国会で予算案が成立し、党では五月に政治改革委員会が「政治改革大綱」を決定したのち、六月に辞任したのである。

七月に参議院選挙が迫る中、竹下が後任に指名したのは、外相の宇野宗佑（うのそうすけ）であった。だが、宇野内閣は、首相のスキャンダルが発覚し、リクルート事件と消費税導入で世論の強い反発を受け、参議院選挙で過半数割れの惨敗を喫し、二カ月で退陣した。続いて、リクルート事件とは遠い政治家として、派閥の領袖ではなく文相しか閣僚経験のない海部俊樹（かいふとしき）が竹下派の支持を得て総裁に就任した。海部とこれに続く宮沢内閣時代は、自民党内では経世会の全盛時代であり、その中では当初若手の派閥代表候補者と見られた小沢一郎が次第に竹下に反発する「改革派」の旗手となっていく。さらに、一九八九年十一月に組織労働者の三分の二の約八〇〇万人を結集して誕生した日本労働組合総連合会（連合）が、社会党と民社党を中心とする「社民結集」によって自民党に代わる政治勢力の形成をめざしはじめると、政治改革についての議論は、野党内でも加速した。

海部は、憲法改正には否定的であり、政治資金を集めることに熱心ではなく、リクルート事件とも女性スキャンダルとも縁遠い政治家であった。それは裏から見れば、危機の中で自ら政治的決着を図る手段がなく、閣内では橋本龍太郎が蔵相に、党では幹事長に小沢一郎が就任することで、竹下派の議員が要職を固めて懸案の処理に当たるということでもあった。一九九〇年二月の総選挙では、自民党は安定多数の議席を確保し、政権の国内基盤は安定していたが、国際的には激動の時代に突入していった。政権発足直後の八九年九月に海部はアメリカを訪問し、日米構造協議が開始された。十一月にはベルリンの壁が崩壊し、十二月にはアメリカのジョージ・H・W・ブッシュ大統領とソ連のミハイル・ゴルバチョフ書記長とが首脳会談後の共同記者会見で冷戦の終結を表明した。九〇年八月にはイラクがクウェートに侵攻し、翌年一月にはアメリカを中心とする多国籍軍がイラクへの攻撃を開始し、湾岸戦争が勃発した。

日米構造協議は、日米の貿易不均衡を是正するために構造的要因を解消することが目的とされ、アメリカは大規模小売店舗法（大店法）の廃止や、独占禁止法の強化など、各省に広く関係する事項について要求を出した。これには官邸と党とが密接に連携して対応する必要があった。そこで、官邸では石原信雄官房副長官が各省と調整し、党では小沢幹事長が各省と連携する党政務調査会部会のメンバーであった族議員に対応し、九〇年の六月に合意を見た。石原はこう回顧している（石原信雄／御厨貴・渡邉昭夫インタビュー・構成『首相官邸の決断——内閣官房副長官石原信雄の2600日』中公文庫、二〇〇二年、七二頁）。

党をクリアするには小沢さんがキーパーソンだということをよく知っていて、小沢さんのところにしょっちゅう行ってました。はじめは日米構造協議の関係で小沢さんと非常に親しくなったんですが、それが湾岸戦争のときに非常に有効に機能するんですね。

一九九一年一月に勃発した湾岸戦争で日本が直面したのは、軍事貢献が可能か、可能でないならば軍事貢献に代わる国際貢献策をどう編み出すか、であった。軍事貢献は従来の憲法第九条への政府解釈から見て、まずはきわめて困難であり、海部首相自身が否定的であった。代わる貢献策は財政支援であったが、大蔵省が貢献額を厳しく査定した結果、アメリカの要望とはほど遠い一〇億ドルという最初の支援額が決定され、アメリカから多大な失望を招いた。最終的に橋本蔵相がアメリカのニコラス・ブレイディ財務長官からの要望を受けて、九一年一月に九〇億ドルの追加支援を決定し、一応の納得を得られたものの、国際的にはほとんど歓迎されなかったのである。

日本に対する厳しい国際世論に直面して、政府・自民党は日本に可能な軍事貢献策として国連平和協力法案の作成を進めた。小沢幹事長は当初から自衛隊の派遣を方針とし、政府に対して集団的自衛権についての憲法解釈の見直しを求めた。海部首相はこれに応じず、自衛隊員の海外派遣に難色を示した。だが、与党の強い要求に屈して、自衛隊を条件つきで海外派遣するものとする法案を国会に提出した。しかし、法案が法律として十分な検討を重ねた結果とは言えず、参議院で多数の野党の反対に遭い、廃案となった。

最後に海部首相がこだわりを見せたのは、政治改革であった。すでに、竹下内閣時代の政治改革大綱が、資産公開、政治資金規制の改革を打ち出し、さらに、従来の中選挙区制のもと「与野党の勢力も永年固定化し、政権交代の可能性を見出しにくくしている」として、選挙制度の抜本改革に取り組むことを宣言していた。以後、政治改革とは、与野党を問わず、派閥政治と自民党一党優位制の基盤であった中選挙区制を廃して、小選挙区制と付加的に比例代表制を導入して、わかりやすい対立軸の下で政権交代を可能とする政党システムをつくり出そうとするものとなっていく。宇野内閣は、党に政治改革推進本部を、政府に第八次選挙制度審議会を設置して、改革の具体化に努め、これらを海部内閣も継承した。一九九〇年四月に政府の選挙制度審議会は、小選挙区比例代表並立制、比例代表は地域のブロックごとに選出するという答申を提出したが、党政治改革本部・選挙制度調査会の合同総会では異論が噴出した。九一年五月に、党・政府は小選挙区比例代表並立制と比例代表を都道府県単位とする政治改革関連法案要綱骨子案を決定した。だが、八月からの臨時国会では、与野党の反対から政治改革特別委員会で廃案が決定された。海部首相は、解散を辞さない考えを示したことで、逆に竹下派から反発を買い、辞職を余儀なくされた。

海部の後任総裁を選出する際には、やはり竹下派の見解が鍵であった。まず金丸会長は小沢会長代行に出馬を求めたが、小沢はこれを拒否した。ついで、小沢が宮沢喜一、渡辺美智雄、三塚博の三候補を呼んで個別に会談し、竹下、金丸との三者協議で宮沢を擁立することを決めた。これは、自民党内外で竹下派の影響力を誇示する瞬間であった。総裁選で圧勝し、内閣を組織した宮沢は、一九九〇年に株価が暴落してバブル経済が破綻したことを受けて、景気回復に努める一方で、国連平和協力法案を練り直した国際平和協力法（ＰＫＯ法）案を成立させた。九三年五月にカンボジアＰＫＯに派遣された文民警察官が狙撃された事件について、宮沢はこう回顧している（御厨貴・中村隆英編『聞き書　宮澤喜一回顧録』岩波書店、二〇〇五年、三〇一頁）——ＰＫＯからの撤退に傾く「周囲の雰囲気に対して、私としては総理大臣としての決断をしたわけです」、「はっきりと継続を決断する、ということに決めました」。首相の決断をあまり強調しない宮沢であったが、ここでは断固として国際協力を進める方針を貫いたのである。

当初、国会運営に苦しんだ宮沢内閣は、金丸を副総裁に、梶山静六を国会対策委員長に任命し、竹下派の協力を仰いだ。だが、一九九二年八月に金丸は東京佐川急便事件で五億円の資金提供を受けたことから副総裁を辞任し、十月には議員辞職を表明した。これを機に竹下派は、竹下の意向に忠実な小渕、梶山らと、小沢を支持する集団とで事実上分裂した。宮沢は、政治改革の継続によって政権の維持を図ろうとし、梶山を幹事長として、九三年四月には単純小選挙区制を柱とする政治改革関連法案を国会に提出した。野党は当初、社会・公明が共同で小選挙区比例代表併用制の対案を提出し、民間政治臨調（政治改革推進協議会）が小選挙区比例代表連用制を提唱すると、これにあわせた妥協案を自民党に示した。だが、梶山は自民党内の異論を警戒して党原案の修正を拒否し、結局は廃案にもちこんだ。野党が提出した内閣不信任案には、小沢グループが賛成して可決し、宮沢は衆議院を解散した。若手議員数名で政治改革を実行するための政党づくりを構想していた武村正義は離党を発表して、さきがけを結成した。直後に、小沢グループも離党して新生党を組織した。新党ブームの中で行われた総選挙の結果、自民党は過半数割れの二二三議席となり、社会党は七〇議席に落ち込み惨敗した。

三　細川護煕内閣の成立と崩壊

総選挙の結果、連立政権の枠組みづくりが必要となった。日本新党とさきがけは選挙前に統一会派をつくることで合意し、「穏健な多党制」を掲げて二大政党とは別の第三極づくりをめざした。二党には自民党の一部から連立の呼びかけがあったが、小沢は細川を首相に擁立し、公明党など諸会派を引き入れた非自民党政権をめざした。細川は、武村を官房長官に据え、小沢からは新生党と社公民の閣僚リストを受け取り、一九九三年八月に七党一会派の連立政権を発足させたのである。

こうした、党外に首相候補者を求め、他党を分裂させようとする手法を、以後の小沢は繰り返す。内政では政治改革を、外交では経済力に応じた国際貢献を推進する「普通の国」をめざすことを強烈に打ち出した小沢は、他方で首相のリーダーシップに対してはシニカルな視線を投げつけ、「自分のやりたい政治を実現するためには、むしろ総理にならない方がいい」と述べて（小沢一郎／小林泰一郎構成『語る』文藝春秋、一九九六年、二二五頁）、政権にいる間は決して総裁・党首に立たず、党役員ポストに終始した。その小沢が強い影響力を発揮した細川内閣は政府と党の双方が決定を行う仕組みで連立政権を維持しようとした。政府では閣議を中心に決定されるが、党側は新生・公明・民社・社会・さきがけの与党代表者会議が開催される。閣議では党の代表・委員長が出席し、幹事長など党役員が与党代表者会議に出席し、随時、政府与党首脳会議が開かれ、最終的な意思統一を図った。

七党一会派の政権内には、二つの対立軸があった。一つは、社会党の対応であった。選挙の敗北の責任をとって連立推進派の山花貞夫委員長が辞任し、村山富市が委員長に就任した。だが、村山は本来連立にも選挙制度改革にも消極的であり、これに不信を抱く小沢らにより政府与党首脳会議の出席を求められないままであった。小沢は党内の混乱を抱える社会党を決定の中枢から遠ざけようとした。

二つには、武村と小沢の対立であった。組閣作業中の細川の日記にはこう書かれている(細川護熙『内訟録――細川護熙総理大臣日記』日本経済新聞出版社、二〇一〇年、二四頁、一九九三年八月七日条)。

組閣の作業。小沢一郎、武村正義氏らと協議。これに先立ち、官房長官就任を打診した武村氏が新聞にリーク、一部の新聞に報じられたため、小沢氏不快感を隠さず。ただでさえ武村氏起用に反発強きところに、誠に心外なことなり。

武村は連立政権内の調整を新聞にリークすることで、報道を見極めながら議論を方向づけようとした。また、官房長官でありながら、日本新党の細川とは同格のさきがけ代表として振る舞おうとした。「自民党との連絡調整役は大事だ、と判断して、かなりの人とたいていはこっそりと会いました」と回顧するように、自民党との会合も独自の判断で進めていった(御厨貴・牧原出編『聞き書　武村正義回顧録』岩波書店、二〇一一年、一五七頁)。田中派・竹下派で一致団結し、最後はグループ幹部への決定の一任をとりつけ政治問題に当たってきた小沢とは、対極の手法であった。小沢は、社会党を無視し、武村を攻撃し続けたのである。

野党に転落した自民党では、宮沢が選挙敗北の責任をとって辞任すると、後任総裁にかつて自民党を離党して新自由クラブを率いた河野洋平が就任した。自民党は一方で党再生のための党改革に着手するが、他方で国会では与党を攻撃する材料を探していった。

細川内閣が発足して以来、最大の課題は、政治改革関連法案の成立であった。連立与党は、小選挙区二五〇、比例代表二五〇の並立制の政治改革関連法案を国会に提出したのに対して、自民党は、小選挙区三〇〇、比例代表一七一の並立制を対案とした。両者の折衝は、社会党が妥協に強硬に反対したために、法案の衆議院通過後に膠着（こうちゃく）し、参議院で社会党から反対票が続出して否決された。両院協議会での折衝が合意を見ないところで、一九九四年一月に細川首相と河野総裁の会談で、小選挙区三〇〇、比例代表二〇〇とする点で合意を見て法案が成立したのである。

法案の国会通過後の二月、細川首相は突如深夜の記者会見で、国民福祉税創設の構想を発表した。しかし、七パーセントの税率の根拠を説明できないなど、十分に検討した案ではないことがすぐに明らかとなった。小沢一郎の了承を得て大蔵省により作成された案を首相が受け入れた結果であった。これに強く反対したのが社会党とさきがけであった。構想はすぐに撤回されたが、以後政権内では、小沢と武村の対立が激化していく。細川首相は武村官房長官を更迭するための内閣改造を断行しようとするが、社会党とさきがけから連立離脱を辞さないと言われて断念した。

他方で、自民党は細川首相の金銭スキャンダルを徹底的に攻撃し、予算委員会の審議を事実上止める手段に出た。「力のない自民党が起死回生のチャンスと思って団結しました」と自民党で細川を攻撃する側に回った野中広務は回顧している（前掲『聞き書　野中広務回顧録』一六九頁）。細川は、自身の政治資金に違法の疑いがあると自ら認めて辞任したのである。

細川自身は、首相就任時に、内政から外交まで施策を検討するなど、政権を長期にわたって維持することに意欲的であった（前掲『内訟録』二六～二九頁、一九九三年八月九日条。前掲『首相官邸の決断』一八八頁）。九三年十二月にはガット・ウルグアイ・ラウンドでコメの部分的開放を決断し、九四年二月には日米首脳会談で北朝鮮問題では率直に意見交換をしたものの、日米新経済協議の決裂を辞さず、「成熟した大人の日米関係」を強調した。また内政では、行政改革委員会を設置し、首相の年来の政策構想である規制緩和を方向づけたのである。

そのため、一九九四年四月の突然の辞任は周囲を驚かせた。新生党代表の羽田孜が首相に就任したが、さきがけは閣外協力に転じ、小沢は社会党に事前の協議を行わずに、統一会派「改新」を結成しようとしたことで、社会党も連立を離脱した。少数与党の羽田内閣は、九四年度予算の成立を見て、六月に総辞職した。政党間の駆け引きの末、自民・社会・さきがけによる村山富市連立内閣が発足した。政治改革は、自民党の野党への転落と与党への復帰という二つの政権交代を生み出した。九七年の衆議院議員の任期満了までに、初めての小選挙区比例代表並立制の総選挙が行われる。与党としての基礎を固めたい自民党と、生き残りをかける他の小政党とが競合する時代に入るのである。

▼参考文献

石原信雄／御厨貴・渡邉昭夫インタビュー・構成『首相官邸の決断――内閣官房副長官石原信雄の2600日』中公文庫、二〇〇二年。

小沢一郎『日本改造計画』講談社、一九九三年。

北岡伸一『自民党――政権党の38年』中公文庫、二〇〇八年。

佐々木毅編『政治改革1800日の真実』講談社、一九九九年。
御厨貴・中村隆英編『聞き書　宮澤喜一回顧録』岩波書店、二〇〇五年。
御厨貴・牧原出編『聞き書　武村正義回顧録』岩波書店、二〇一一年。

対話編

牧原　今回は、政治改革と細川護熙内閣について考えてみたいと思います。

御厨　まあ、政治改革っていうのはね、今日までまだ完結していない課題ですけれども、我々にとっての原点、オンリー・イエスタデイの時代かもしれません。

◆リクルート事件から政治改革へ

牧原　それではまず、今回の流れについて考えてみたいと思います。一九八七年十一月に、竹下登内閣が発足します。このときは、竹下登、安倍晋太郎、宮沢喜一という、三名の派閥リーダーの中から、そのときの首相であった中曽根康弘が後任を裁定して、竹下に決まるというかたちになります。これによって、竹下派の時代が始まります。

この竹下内閣は当時盤石のスタートだと言われていました。この総裁の座をめぐって争った安倍晋太郎とは盟友関係であり、与党対策は官房長官であった小渕恵三、野党対策は官房副長官であった小沢一郎というような、派閥の有力メンバーが支えていました。さらに、霞が関、行政では大蔵省との関係が非常に強く、盤石の態勢でスタートしたと言われていたのです。

さて、その後の展開を年表（表13-1）とともに見ていきたいと思います。まず竹下内閣は、消費税を導入します。それによって財政再建をすることが、至上命題でした。ところが、リクルート事件が起こりま

表13-1　1990年代前半

年	首相（内閣）	内　　政	国　　際
1987	11月　竹下登		
1988		2月　リクルート事件	
		12月　消費税関連法成立	
1989		5月　自民党政治改革大綱党議決定	
	6月　宇野宗佑	7月　第15回参議院選挙	6月　天安門事件
	8月　海部俊樹		9月　日米構造協議開始
		11月　総評解散，連合発足	11月　ベルリンの壁崩壊
1990		4月　選挙制度審議会第1次答申	
1991		1月　多国籍軍への90億ドル支援決定	1月　湾岸戦争
	11月　宮沢喜一		12月　ソ連解体
1992		6月　PKO法成立	
1993		7月　第40回衆議院総選挙	7月　東京サミット
	8月　細川護熙		9月　日米首脳会議
		12月　コメの部分開放を閣議決定	
1994		3月　政治改革関連法成立	
	4月　羽田孜		
	6月　村山富市		

す。これは、リクルートコスモス社の未公開株が、多くの政治家に渡っていたということです。たとえば、当時の宮沢蔵相であるとか、竹下首相自身もそうで、さらにはそれ以外の多くの政治家に渡っていることが明らかになったのです。これによって、消費税関連法は成立するものの、内閣が次第に失速していきます。

しかし、そうであっても、やはり盤石の体制でしたから、例えば昭和天皇の崩御と平成への改元という、日本国憲法の制定以来初めての天皇の代替わりを滞りなく済ませるといった業績も挙げられます。しかし、今、言ったように、リクルート事件の追及が非常に激しくなってくると、やはり政治を変えなければいけない、すなわち政治改革ということが、その後の非常に大きな課題になっていきます。

一九八九年五月、自民党は、「政治改革大綱」を党議決定します。これも、竹下首相の発案を一つの出発点としていました。やはり、この政治改革大綱を決めて、竹下は退陣します。この決定に沿って、以後、政治資金制度改革と選挙制度改革が進んでいきます。そして、この政治改革大綱では、「政権交代の可能性」という言葉が入っているように、自民党一党優位の下でも政権交代というものを考えていく、という時代になっていったわけです。

しかし、政治改革の行方はその後に持ち越されます。次の、続く宇野宗佑内閣下で行われた、一九八九年の参議院選挙で自民党は大敗します。これも、政治改革、リクルート事件の影響ととらえられ、参議院で自民党は過半数を失います。さらに、その後自民党は公明党との連携を探る方向へ向かいますが、この政治改革の流れが、自民党内、野党との関係でもうまくいかないまま、海部内閣が倒れ、宮沢内閣も倒れます。そして一九九三年の総選挙で自民党が負けて、いよいよ、細川連立内閣という、自民党が与党ではない内閣が誕生します。

他方で、この時代は、世界が大きく動いた時代でもありました。すなわち、冷戦の終結です。ベルリンの壁が崩壊して、社会主義体制が崩壊へと向かっていきます。政治的自由の価値が高く擁護されると同時に、資本主義というものが世界大に広がっていきます。そして、冷戦に代わる地域紛争が勃発する。その例が、この湾岸戦争です。イラクのクウェート侵攻に基づいて、それによってアメリカがイラクを空爆し、地上軍が侵攻すると。そういう戦争になりましたが、この戦争に対して、日本はどのような国際貢献が可能かということが問題になりました。

◆竹下登のリーダーシップ

御厨　さて、そこで、竹下登という首相のリーダーシップについて考えてみたいと思います。竹下さんのリーダーシップの特徴は、おそらく三点に分けて考えられますね。一つは、彼が、偉大なる調整家であった。長期多角決済と言われていますが、一対一の関係で事を解決するのではなくて、それを時間をかけ、さらに、多角的に、いろんなものを介在させながら、落としどころに落としていく。これの、彼は名人であったということなんですね。

それからもう一つは、彼の思想の中に、意外にも、声低く語れという部分があります。それは、彼がこういうことを回顧録の中で言っているんですね（竹下登『政治とは何か――竹下登回顧録』講談社、二〇〇一年、三二〇頁）。

> 冷静に見なきゃいかんのは、マスコミも含めて声の大きいのが世論だと思う。（話の）わからん人が、『これは……』と演説してるでしょ。僕は心の中で最大限軽蔑しているわね。軽蔑したような顔をしないで、ほんとうは軽蔑している。そして、それを聞いてあげる。ただ、自分が軽蔑しているようなところへ政策判断がいっちゃいかんと。

これは、なかなか名言だと思います。彼の消費税導入についての、基本的な考え方はまさにここに根差していることがわかります。竹下が粘り腰だったことは、大平、中曽根と、二代にわたって消費税の導入に失敗した後、その失敗の経緯を学習して、自らの内閣のテーマとし、リクルート・スキャンダルで退陣する際、自らの辞任によって消費税導入を果たすという、用意周到、かつ首相辞任と引き換えに消費税をとにかく実現したことに表れています。このリーダーシップは、忘れてはならないと思います。

それからもう一つ、三番目として、竹下は、自分と田中角栄を比較している。田中角栄は、猛烈に勉強して決断が早いんだけれども、自分は、ハーモナイゼーション（調整）もガバナビリティ（統治能力）の一つだと思って、ハーモナイゼーションでやってきた（同右、三二一～三二二頁）。そして、彼が一番のポイントとして、話の詰め方ということを言っている。ここについて、ちょっと見てみたいんですが、話を詰めるときは、相手のところへ下がると言っています。実際は相手を引き上げながら話をするんだけれど、「お前、それは間違いだよ」とは絶対に言わない。「俺は昔こう思っておった。聞いてみたら俺の考えが間違っておった」と、相手と同じ間違いを自分もしていたと言って、「いやあ、恥ずかしかった」と言えば、相手は、そんなに恥ずかしいことを言っているのかな、と思う。だから、タフネゴシエーターというのか、ここがポイントですが、実は強烈なネゴシエーターじゃないんだ。本当は、相手の立場まで下がる、あるいは、相手の立場を引き上げていく、そういう能力があるということなんだと（同右、三二六頁）。

この三点ですね。これが、竹下という人の特徴だと思います。そしてこの竹下首相は、今言いましたように、消費税の問題を解決すると同時に、リクルート事件という、スキャンダルと並行して進んでいく、そういった内閣になったわけです。そこでまず、消費税について見てみたいと思います。

牧原　当時、野党や世論に強硬な反対意見が多かった税制改革関連法案でしたけれども、自民党は強行採決で可決をさせ、一九八九年四月から消費税が導入されることとなります。

御厨　与野党がかなり対立している状況だった。その中で、何が一番大事か。つまりそれは竹下という人が、他の多くの政策を捨てても、消費税導入だけは通すと決めて、そのために全力を尽くしました。この点に特色があると思います。

◆リクルート事件の発覚と自民党の大敗

御厨　さあ、そうすると、消費税といわば並行して起きたリクルート事件について、次は見てみたいと思います。

リクルート事件の発覚後、多くの政治家が関与していたことにより、政治不信が高まっていきます。そしてその疑惑の追及は、竹下首相本人にまで及ぶことになります。

さて、この竹下内閣を支えていた竹下派の有力な政治家として、先ほども出ましたが、小渕恵三が官房長官を務めていました。そして小沢一郎が官房副長官でありました。小渕恵三は、忠実な竹下の家臣として、このの ちも、その道を歩んでいくことになります。竹下は、彼を、本当に有力な自分の後継者と考え続けているということが、その後の、小渕の登用によってわかっていきます。逆に、小沢一郎は、竹下型の政治、すなわち調整ですべてやっていくという政治を非常に嫌います。いわゆる決断というものをし、そして、白黒をはっきりさせる政治という方向に、つまり竹下の手法への反発で、一九九〇年代を過ごしていくことになります。

竹下内閣が退陣した後、後継の首相には、中曽根派のナンバー2と言われた宇野宗佑、当時の外相が就任することになります。これで参議院選挙を迎えるという体制にしましたが、自民党には、消費税、リクルート事件、そして、実はこの宇野首相自身の女性問題などで、逆風が吹くことになります。結局、参議院の応援演説に、宇野首相は一回も行けないで終わったというエピソードを残します。そんな中で、一九八九年七月に、第一五回の参議院選挙が行われました。

牧原　この選挙で躍進したのは、土井たか子委員長率いる社会党でした。多くの女性議員を当選させ、大幅に議席を伸ばしました。他方、自民党は、総議席で過半数割れとなってしまう、大惨敗を喫しました。

御厨　このときの土井委員長の発言、「山は動いた」というのは、これは当時、名文句として、何度も使われました。社会党の躍進の、これが最後の輝きであったことが、のちの歴史でわかってきます。

◆石原信雄オーラル・ヒストリーを読む

御厨　さあ、それでは牧原先生、石原信雄のオーラル・ヒストリーについて説明いただけますか。

牧原　はい。竹下内閣から、以後長くにわたって、内閣を支える官僚のトップである内閣官房副長官を務めたのが、石原信雄という自治省出身の官僚です。彼は、『首相官邸の決断』（中央公論社、一九九七年。のちに中公文庫）という表題のオーラル・ヒストリーの記録を残しています。その中では、先ほど私が言いましたように、例えば竹下内閣がなぜ盤石かと言うと、安倍との盟友関係であるとか、小渕、小沢が支えているとかといったことが語られています。が、ここで、ご紹介したいのは、外交関係でいかに官邸が動いていたかということです。特に湾岸戦争。これは宇野内閣が退陣した後の海部俊樹内閣下で起こるのですが、この海部内閣下でどのような困難があり、あるいは決定がなされたかということに関する記述というか、談話があるんですね。

一つは、民間との関係で、いかに湾岸戦争に対して輸送協力を行うか、ということです（前掲『首相官邸の決断』中公文庫、七六〜七八頁）。輸送協力について、まず飛行機を送りたいということで、まず日本航空に運輸省を通じて協力してくれと頼んだのです。ところが、これが全然だめ、と書いてあります。日本航空のパイロット組合が湾岸戦争については非常に非協力的だったんです。ですから、日本航空をチャーターして、アメリカの希望する物資を希望する場所に送ろうとずいぶん頼んだようです。しかし、日本航空の経営者は「わかりました」ということなんですが、具体的な話になったらパイロット組合が「あの地域は危ないから行かない」となるわけです。本当にイライラしましたけれども、最後はアメリカの民間業者が「やります」と言ってくれた。エバーグリーンという個人の運送会社があるんですよ。それがアメリカ本土の米軍基地から現地の基地まで、「とにかくご指示の所からご指示の所までどこでも運びます」と言うんです。それで値段は日本航空の半分。はじめは日本の輸送協力だから、できれば日の丸のついた輸送機で物資協力をしたかったのですが、結局ダメだったというのが一つです。

それからもう一つは、そのあとに、人的貢献の問題が出てくるんですね。自衛隊が関係した国連平和協力法案の問題です。ここの部分で、今度は海部首相と党が、党には小沢一郎が執行部にいますが、これとの大きな対立が出てきます。石原はどう書いているかを見てみましょう（同右、八七〜八八頁）。

当時、海部総理は予定していた中東訪問を取りやめましたが、評判が悪く、その後また行くことにしたんです。その中東訪問中に、この法案のとりまとめを私たちが命じられたんです。しかし、総理から指示された案では与党が全然ダメなわけです。そこで、どうしようかと総理と国際電話するのですが、埒があかなくて結局、総理が帰ってくるまで話がつかなくて、帰国後、最後の最後には、陸上自衛隊も海上自衛隊も航空自衛隊も、それぞれ自衛隊として一定の条件をはめて使う、ということになったんです。そこに至るまでに大変な紆余曲折があったわけです。

結局それは、与党側――小沢執行部は早い段階から、自衛隊は自衛隊として協力するしかないという考えだったんです。一方、海部総理は、自衛隊はどうしても使いたくない。どうしても自衛隊員を使うのであれば、総理府事務官の身分にして行くという考え。総理や外務省が考えていた案と与党や防衛庁の考え方が全然食い違い、私はなんとかこれをまとめなければと思って、調整に苦慮したんです。

このように、湾岸戦争の時代、ポスト竹下と言いますか、竹下内閣の後に入っていくと、実に官邸の調整というのが、対民間でも、対与党との間でも難しくなってきているということがわかる、貴重な記録と言えると思います。

御厨 今の紹介でわかりますように、石原のオーラル・ヒストリーは非常に生々しい。これは、私が渡辺昭夫先生（東京大学名誉教授）と一緒に、思い切って現在進行形のものに挑んでやったオーラル・ヒストリーです。今読んでみても、石原信雄が、国内調整と国際調整の、その両方に出なきゃいけない。そういう時代がやってきたということが、よくわかると思います。

◆政治家・小沢一郎

牧原 その国際調整において、党の側から非常に重要な役割を果たし、そして国内調整にも大きな役割を果たした政治家が、小沢一郎です。剛腕と呼ばれ、若くして竹下派幹部の竹下と金丸という政治家の信頼を得て、若いリーダー格の政治家となっていくのが小沢一郎です。このあと、この小沢対反小沢という軸ですね、いわば政治の友敵関係を自ら作り出す。そういう政治家として一九九〇年代の政治を大きく動かしていきます。この小沢について、考えてみたいと思います。

小沢は一九六九年に衆議院議員に初当選します。父親は、小沢佐重喜（おざわさえき）という自民党の有力政治家でした。そして当選後、田中派に入り、田中角栄を非常に慕います。そして、田中を政治の一つのモデルとしていきます。そして、一九八五年に、中曽根内閣で自治大臣に就任しますが、もっぱら党務に尽力します。竹下派が田中派から分離して経世会を結成するときには、竹下を支える有力政治家となっていました。この小沢は、海部内閣で幹事長となります。そして、特に湾岸戦争、そしてその後深刻になる日米経済摩擦の対米交渉で、非常に重要な役割を果たします。

こうした中で、竹下型の調整型の政治というものに対して非常に強い違和感を持ち、決断が必要であると非常に強く唱えるわけです。いかかでしょうか、御厨先生。

御厨　小沢もそうですけれど、このとき竹下を支えていた連中は、自分たちが親父と呼ぶのは、要するに田中だけだと。だから、竹下というのは「つなぎである」という意識を多くの人が持っていたのも事実です。小沢は竹下政治の限界というものを悟って、今、牧原先生が言われたような、とにかく緊張感のある政治をもたらさなければいけないと。彼は有名な言葉ですけれども、「五一対四九がいい。それで五一を取るかどうかというのが自分の政治だ」と言ったことがあり（小沢一郎の直話）、だんだんそういうかたちになる。それがまさに、小沢対反小沢というかたちで展開をしていくことになるんだと思います。

牧原　そして、この竹下派の政治家は多くを語らないという傾向がありますが、小沢は一九九三年に『日本改造計画』という著書を出版し、当時一躍有名な本になります。この本の中で小沢は、アメリカのグランド・キャニオンを取り上げ、そこには柵がない、つまり、危険だからといってわざわざ柵を作ったりはしないと（前掲『日本改造計画』一～六頁）。アメリカのそのような自由こそがモデルだというふうに言い、さまざまな規制の撤廃を図らなければいけない、個人の自立が国家の自立の基盤となる、そうした国家は、「普通の国」として、軍事貢献を含む国際貢献に積極的であり、日本をそうするには、強い政治的リーダーシップが必要であると。こういったことを、中で述べたわけですね。御厨先生、いかがでしょうか。

御厨　政治家の中でも、田中角栄も似たような名前の本を出しましたが、その流れを引く小沢がまた、こういう本を出したというのは、非常に象徴的であります。この中で自分は何をしたいかを明確にした。彼がしたいと言ったものの中では、今日でも問題になっているものが多いですね。例えば、首相官邸の機能強化であるとか、あるいは与党と内閣の一体化であるとか、小選挙区制がなぜよいかであるとか、あるいは全国で地方分権を進めていくとかです。それから今、牧原先生が言われたように、普通の国になる、国連中心主義の実践とか。保護主義の罠から救えというような話も展開している。そういう意味では、いまだにこの内容は、決して古びていない。二十年間、内容的には、これが常に話題になったということです。

そして、この本の最後に書いてあること、これは今日でも通用すると思いますが、こう言っています（同右、二五八頁）。

> もちろん改革には痛みがともなう。痛みのない改革は存在しない。しかし、人はなぜ痛みを覚悟で手術台に横たわるのであろうか。生きて、より充実した明日を迎えるためである。明日のために今日の痛みに耐え、豊かな社会をつくり、それを子や孫たちに残したいと思うのである。

ここは、今読んでみると、右肩上がりの社会ではなくなりつつあったんですが、まだそれが完全にそうなってはいないという事態の中で、やや楽観論ではあります。しかし、痛みを伴う改革ということは、この二十年ずっと言われていることなんですね。そういう意味では、継続性のある課題、話題を小沢は提供したと言えるんじゃないでしょうか。

◆政治改革の時代へ

牧原　そして、小沢は、金丸が逮捕されたことを契機に、竹下派から徐々に離れ、若手の政治家とともに「改革フォーラム21」を結成します。この中で、やはり政治改革のあり方が問題になり続けます。竹下内閣から始まった政治改革です。その背景には、次のようなことがあります。派閥の領袖クラスがリクルート事件で打撃を受けて、自民党の中で年功序列というものがあまり機能しなくなっていきます。そして、竹下、安倍、宮沢といった政治家はニューリーダーと言われました。なぜニューリーダーと言われたかというと、それは派閥を円滑に継承して徐々に世代交代が進む、その中でニューリーダーだったのです。こういったメカニズムが機能しなくなり、当選回数の少ない若手政治家が非常に活発になりました。後で出てくる武村とその周囲の政治家たちは、さきがけという政党をつくる前に、ユートピア政治研究会をつくります。そういった諸々の動きが活発になるのが、この政治改革です。

この政治改革の中で、選挙制度改革では、中選挙区制が自民党の一党優位体制を生んだものとして排され、小選挙区制がめざされる。それによって、政権交代可能なシステムを作ろうとします。問題は、この小選挙区制と比例代表制をどういうふうに組み合わせて運用するか。そして、小選挙区と比例代表の選出議員数をどう割り振るか。あるいは比例代表の単位を都道府県単位にするか全国単位にするか。こういった論点について、いろいろな案が出ます。そして決まらない。海部内閣では原案が出されますが、廃案となって、海部首相は辞任する。それを継いで現れたのが、宮沢喜一内閣でした。

◆遅れてきた政治家・宮沢喜一

牧原　宮沢喜一は、占領期から池田蔵相の秘書官などで活躍した、その意味では非常に重要な政治家であり、ようやくここで首相として登場します。宮沢はやはり政治改革を掲げますが、本人は必ずしも積極的とは言えない部分がある。宮沢自身は、しかし、教養に裏打ちされた政治批評、英語力に象徴される国際性、経済に明るくケインズ主義経済政策を彼の身上としていました。そして、池田の下では秘書的な身辺の世話がきわめて上手な政治家でありながら、自民党の派閥政治には徹底的に違和感を持つ。それで、いよいよこの段階で、宮沢が総裁になります。そのときには、竹下派の小沢一郎が、宮沢ら候補者を派閥に呼んで、いろいろな話をして誰を支持するかを決めました。こうして、竹下派の支持も得ながら宮沢が内閣を組織するということになり、宮沢自身のイニシアティブは非常に難しい状況にあったと言えます。

しかし、宮沢は、ＰＫＯ法の制定を非常に重視し、カンボジアＰＫＯに派遣された文民警察官が殺害され、派遣をとりやめるかということが議論されたときに、断固として派遣の継続を決断し、彼の国際性を示す。そういう面もありました。御厨先生、いかがでしょうか。

御厨　宮沢という人はやっぱり遅れてきたという印象が否めないです。しかし、おっしゃるように、国際的な問題に関してはかなり筋を通したということがはっきりと言えるのではないかという気がしますね。

牧原　しかし宮沢内閣の下で政治改革関連法案が、時の幹事長・梶山静六らの判断で継続審議と決まってしまう。これで、いよいよ不信任案が国会に出されたときに自民党の中で造反議員が出る。これが小沢グループなんです。さらに、それと同時に、武村正義たちのグループが不信任案には反対するんだけれども、自民党を離脱してさきがけという政党を結成する。こういう情勢の中で、不信任案が可決されます。

そして、解散されて衆議院が総選挙になります。自民党は過半数議席を維持できず、ここに、細川護熙を首相とする七党一会派連立内閣が成立します。

◆非自民連立内閣の誕生——細川護熙内閣の内実

牧原　細川内閣は、日本新党、さきがけ、新生党、社会党など、七党一会派の連立でスタートします。政治改革が、最大の課題でした。この細川内閣については、日本新党の細川と、さきがけの武村、この二人の選挙前の盟友関係に、小沢一郎が絡んでくる。小沢が細川の擁立を働きかけるというかたちで、自民党を除いた七党一会派連立内閣がスタートします。そして、内閣の番頭である官房副長官は石原信雄が留任

⬆ 連立与党代表者会議に出席した細川護煕首相。左から，市川雄一・公明党書記長，久保亘・社会党書記長，細川首相，小沢一郎・新生党代表幹事，園田博之・新党さきがけ代表幹事（1993年11月2日。写真提供：朝日新聞社）。

します。その意味で、自民党時代の政策を特に外交では継承し、しかし政策面では政治改革の成立を最重要課題とするわけです。

しかしながら、武村と小沢の間の微妙な対立が、だんだん激しくなっていきます。それから小沢一郎は、閣僚ではなくて、党の代表として、連立与党代表者会議という閣議とは別の会議のほうにいて、むしろこの連立与党代表者会議が閣議をリードする、という構想を立てました。そういうことで、対立が徐々に激化していきます。

そして、この内閣についてはいくつかの記録が残されています。まず細川首相自身が日記を刊行しています。その一部を見ていただきたいと思います（前掲『内訟録』二二九～二三〇頁）。

十二月十六日（木）晴

午後　会期延長のお礼に衆院議長、参院議長をそれぞれの公邸に訪問。参院議長公邸にて田中角栄元首相の訃報に接す。

夜　田中角栄元首相宅弔問。十年ぶりに田中邸の門をくぐる。二階の居間で亡骸と対面、往時を偲び感慨一入なるものあり。元首相にとって、人生は果たして最後まで緊密で充実せるものでありたるや否や。

昔記山川是　今傷人代非――『唐詩選』張説

その後公邸に小沢一郎氏。市川氏も来邸の予定なれど、小沢氏によれば今日は来ぬとの話なり。田中元首相が亡くなりしショックからか、あるいは別の理由によるものか、小沢氏はいつもと違い極めて機嫌悪し。予算の編成時期並びに補正の打ち合わせに入る前に、小沢氏が切り出せしは、またもや武村氏のことなり。「武村氏が政権内にいること自体が問題であり、自民党に通じている彼がいれば政治改革は不可と断ぜざるを得ず。山岸氏などにも予算の年内編成を邪魔しているのは小沢だなどと言っている。

十二月十六日ですね。この日、田中角栄元首相の訃報に接し、田中首相宅を弔問します。多くの政治家がここに現れ、細川自身も感慨に浸りますが、田中首相がなくなり、ショックからか、小沢一郎がやってくる。ここで、武村を批判します。そして、更迭にイエスかノーか、心中を悩ませて申し訳ないが、その返事があるまで自分は休ませてもらうと言います。ここで、小沢はもう武村を更迭しなければ自分はどこかへいってしまうという。細川は、連立与党の崩壊につながるということで、小沢を説得しますが、十五分程で席を立ちます。このあと、小沢は本当に、武村の更迭がないということで、居場所がどこかわからなくなってしまいます。

この細川の記録をいわばクロス・チェックできるのが、官房長官だった武村正義のオーラル・ヒストリーの記録になります。武村はここで、どういうふうに言っているかというと、その後、細川に呼ばれて、さきがけのメンバーと共に細川のところに行きます。彼はどういう風に書いているのか（前掲『聞き書　武村正義回顧録』一六四頁）。

そのとき細川さんが、「小沢さんというのは小さな人ですね」と言ったのを覚えています。わりあい冷静で、小沢さんのそういう言動を批判的に見ておられたのは事実です。

このように言っています。批判的かどうかという部分は、確かに細川の日記にもそう書いてあるし、しかもその細川を、冷静と武村がとらえているというあたりに、この問題に対する、細川サイド、それに近い武村の位置取りがわかります。しかし、このあと、どちらかと言うと、細川首相は、小沢一郎に近づいていきます。こういうことになるわけです。

御厨　今、小沢一郎の雲隠れという話がありました。これを聞くと、私なんかは、明治時代の伊藤内閣の下で、やはり井上馨という外相が、自分の気に入らないことがあると突然、全国行脚に出て絶対に東京に戻ってこない、いなくなっちゃうもんですから困って、結局は彼の言うことを聞くという話になります。ですから、今回の場合も、やっぱり小沢一郎の雲隠れというのは細川首相にとっては相当ショックだったんだろうと思います。また、そういう意味では、それが一つの大きなリアクションを生んでいくということになるのかもしれません。

この時期は実は、政治改革関連法案をめぐる議論が進んでいます。その余波で予算の成立が遅れます。翌年には、結局、自民党案を丸呑みするかたちで政治改革関連法案が成立します。そして、アメリカに細川首相が行くというその直前に、実は、国民福祉税の構想というものが出されることになりました。この構想に対しては、政府与党内で猛烈な反発を買い、結局、翌日には撤回することになりました。

◆政治におけるテレビの役割

御厨　細川の政治は、やはり彼のたびたびの記者会見に見られるように、テレビというメディアを使って、これを動かしていこうというところがありました。しかし、最後はそれをもってしても、むしろ逆に、テレビによって内部の分裂状況が出てしまったということになります。このメディアというものと政治というものは、この頃から随分大きく関係するようになったと思いますけれどもね。牧原先生、どうでしょう。

牧原　リクルート事件以来の自民党の政治に対する国民の拒否反応というものがあって、総選挙のときには非常に手ごたえがよかったと、武村も言っています。また、日本新党ブームをはじめ、新党ブームというのがありました。それをテレビというメディアも、ある程度は後押ししたような部分もあったというふうに見ることもできます。

しかしながら、テレビによって作られた支持をどのように固めていくかということになると、それは簡単ではない。一つにはやはり、具体的な政策を積み上げていくしかないということになります。細川内閣は、規制緩和であるとか、あるいはウルグアイ・ラウンドで、米の輸入の部分開放を実現したりとか、当時の中では思い切った決断をしている部分もあります。しかし、特にこの予算編成とのかかわりで、税制の問題となったときに、なかなかそれはテレビでは国民をすぐに説得することは難しかったということではないかと思います。

御厨　それと同時に、このときに注目しなくてはいけないのは、大蔵省主導型であったということです。斎藤次郎という大物次官が出て（一九九三～九五年）、彼を中心とする勢力で、これをなんとか実現したい。そのときに、細川首相だったら、ああいうテレビの説明も含めて、うまくやってくれるという、期待があったと思うんです。やっぱり、牧原先生が今言われたように、テレビを使うとしても、使い方にはいろいろなやり方があって、すべてにおいて細川が成功したわけではない。

ここで、もう少し、特に、国民を説得するのにテレビが有効かどうかという点について、議論を続けるというのは、どうでしょう。

牧原　やはり、細川内閣は、国民のある種の、政治の変化とか、あるいはクリーンな政治への期待とかというものに応えるという意味で、新しい変化を生み出しました。それがテレビを通じて国民にも伝わったという意味で、いわば国民がテレビを介して政府との間である種のコミュニケーションを行えたという部分が、政権発足当初はあったんだと思います。細川自身も日記の中で、内閣の支持率というものを定期的に記載して、非常に意識していました。

しかし、例えば税制のような大きな変更の場合に、どのようにこれを伝えていくか。特にあのときには国民はそういう税制の改革があるということを前もって知らされていないし、なにせ閣僚たちも知らなかったわけです。この場合に、どうやって状況を作っていくか、環境作りをしていくかということになると、やはり、テレビ以外の、新聞とか雑誌とかといった活字メディアが有効です。もちろんこの時期にはインターネットというものはほとんどない状態ですから、まずは新聞、雑誌というものがやはり重要であるということではないかと思います。

御厨　そういうことなんでしょうね。今だったら、インターネットとかいろんなものが使えますが、そうではない。でもテレビを使うというところで言うと、この時期に一つ言われているのは、テレビのいわゆるニュースショーとか報道番組とかの中で政治が作られていくということです。久米宏であるとか田原総一郎であるとか、有名なキャスターたちが、宮沢首相。あるいは細川首相の様子をとらえるということをして、ある程度テレビの中で、政治を誘導していくという面もあったと言われています。この点はどうでしょうか。

牧原　一九九〇年代に有力になっていく自民党の政治家に野中広務がいます。野中広務に話を聞いたときに、このことを聞いたことがあるんですね。テレビに彼も出るようになりますが、「どうでしたか」と聞くと、野中の場合は、例えば「嫌だったらその場からすぐスタジオを出るというふうに言ってから自分は出る」と言って、出るほうもやはりテレビへの出方っていうのはいろいろ考えている。あるいは、考えるようになっている。ですからテレビというメディアとの間の駆け引きもありながら、テレビの重要性を、徐々にみな、考えるようになったということではないでしょうか。

御厨 そうすると、のちになると、テレビでむしろ発言することのほうが先で、それを活字メディアが後から追うということになるんですけれども、この時代はまだそういう相互関係っていうのは成り立っていないということになりますかね。

牧原 そうですね。一九九四年の一月に、武村は『小さくともキラリと光る国・日本』という本を出します。それは、小沢の『日本改造計画』のアンチテーゼです。軍事的な国際貢献を批判し、途上国援助と環境政策を柱とする日本のあり方がいいんだと、普通の国ではなくていいと。これがまた当時話題になり、彼もテレビに出たりします。キャッチーな言葉のある本を出し、一定のメッセージを出すことで、さきがけという小さな政党の影響力が大きくなっていったのは見逃せません。小沢自身も、テレビには出ないけれども、やはりいろいろな影響力がありましたので、影響力の放出の仕方としては、旧来のものもあり、テレビもあり、あるいは本や雑誌メディアもあり、さまざまであったということなのかもしれません。

御厨 この時期はまだ、さまざまなメディアがあって、テレビはその最先端なんだけど、メディアの使い方みたいなものを、政治家が学習する過程でした。その学習する過程で、政治が劣化していくのではなくて、むしろもっとよくなるのではないかという、幻想があった時代と言えるかもしれません。

今回の講義はここまでです。

第14章　小泉純一郎内閣と自民党政権の崩壊

目標&ポイント

橋本龍太郎内閣・小渕恵三内閣を通じて、自民党政権は復権したかに見えた。また、小泉純一郎内閣は自民党を壊す身振りを示しながら、二〇〇五年の総選挙で大勝した。しかし安倍晋三内閣以降自民党政権は急速に失速し、〇九年の総選挙で敗北する。橋本行革、沖縄問題、経済構造改革の失敗といった諸課題に対応しえなくなった自民党政権の変質を検討する。

キーワード

省庁再編　構造改革　官邸主導　参議院

一　自社さ連立政権から自公連立政権へ

一九九四年六月に村山富市内閣が成立したとき、連立に尽力した新党さきがけ代表の武村正義は、「自民党と社会党との関係がいわれるが、細川、羽田両政権の反省に立ち、絶えず話し合いをし、信頼関係を大切にしていきたい」と小沢一郎の手法に対する批判を述べた。野党に転落した細川護熙元首相は、「日本はいま政治的焦土と化した。自社なれあいの五五年体制の最後のあがきという印象だ」と、敗戦直後の日本の光景を思い出させる表現とともに、強く非難したのである（『朝日新聞』一九九四年六月三十日）。

細川内閣以前の自民党政権時代を連想させる自社の連立という枠組みは、一九九六年十月の初めての小選挙区比例代表並立制による衆議院総選挙を機に変化した。このとき、さきがけと、社会党から党名変更した社民党とが退潮し、自民党が二三九議席を確保し、第二次橋本龍太郎内閣はさきがけ・社民が閣外協力の自民党単独内閣となったのである。だが、九八年の参議院選挙で、折からのアジア通貨危機にともなう景気後退によって、自民党が惨敗して過半数を失うと、参議院で多数派を形成するための新しい連立の枠組みづくりが課題となった。村山内閣成立後、来る総選挙が小選挙区制のもとで行われるとなることを念頭に、自民党以外の政党は、離合集散を繰り広げた。まず、新生党、日本新党、公明党など羽田孜内閣を支えた政党は新進党を結成し、自民党と拮抗する第二党となった。小党の消滅に危機感を抱いたさきがけ、社民党の中堅・若手の議員は民主党を結成した。だが、新進党内は対立が激化し、九七年に小沢は新進党を解党し、自由党という少数党の党首に就く。自民党は、小渕恵三内閣時代に、この自由党と連立を組み、その先に公明党との安定的な連立政権の樹立をめざした。小渕内閣崩壊とともに自由党は連立を離脱し、森喜朗内閣は旧自由党内連立派の保守党と公明党との連立内閣となるが、保守党が自民党に吸収された小泉純一郎内閣時代に、自公の連立の枠組みは強化されていったのである。

自社さ連立の村山内閣の成立から自自公連立政権の成立という時代を支えたのは、自民党時代から党内他派閥・野党との深い関係をつくり上げていた竹下登であった。だが、小渕恵三首相が在職中に死去し、ほどなく竹下も死去した。竹下は自民党の「長老政治」の最終走者であった。竹下という調整型のリーダーが不在となる中で、かわって登場したのが小泉純一郎首相であった。小泉は、「自民党をぶっ壊す」と街頭で絶叫し、マスメディアの関心を引き、高い支持率を保ち、派閥と各省の意向に左右されない「官邸主導」を標榜し、五年を超える長期政権を主導した。いずれも竹下の手法とは正反対の政治指導であった。こうしてメディアで党の先頭に立つかのように振る舞う政治指導が首相の条件であるかのようにとらえられていく。安倍晋三、福田康夫、麻生太郎の歴代首相は、それぞれ小泉のスタイルとの違いを際立たせようとする。だが、年金問題に代表されるように、自民党長期政権の矛盾が噴出する中で、支持を失い、二〇〇九年に自民党は野党に転落したのである。

この時代は、バブル破綻（はたん）後の金融機関の不良債権問題が政権に重くのしかかり、とりわけ一九九七年のアジア通貨危機は日本経済を回復し難い不況へと落とし込んだ。住宅金融専門会社（住専）への公的資金注入、山一證券や日本長期信用銀行の破綻など、企業経営の行き詰まりは従業員の解雇というリストラを生み出し、中高年の自殺者の急増が社会問題となった。小泉内閣は、「構造改革」によって不良債権処理と経済成長を果たして、これを克服しようとした。しかし、非正規雇用者の増大や社会的セーフティネットの不備による「格差」問題が深刻になると、以後の自民党政権は有効に対応することができなかった。

二　自民党の政権復帰

村山内閣は、政権に復帰したいが首班を自らはとらない自民党と、議席の上では小政党であるさきがけが、社会党の村山委員長に首相就任を認めさせたことで成立した。外相に自民党の河野総裁、蔵相にさきがけの武村代表が就任した。村山は就任にあたって、自衛隊に関する従来の政府の憲法解釈を踏襲（とうしゅう）すると述べ、自衛隊に対する社会党の政策を転換させた。

「自民党の多くの議員は、手練手管に馴染んできて、建前と本音を使い分けたりする。対有権者との関係でもそういう人が多いんだけれど、村山さんはそういうことがない人でした」（御厨貴・牧原出編『聞き書　武村正義回顧録』岩波書店、二〇一一年、二〇四頁）と評されたように、村山の人柄を自民党の多くの閣僚が認め、これに協力した。与党三党の間では、政策合意の際には、自民三、社会二、さきがけ一という割合の委員会で決定する「三・二・一ルール」が機能した。これにより、自民が単独で決定することが難しくなり、また自民党も独断専行を自らおさえた。

しかし、村山政権は危機管理で試練に直面した。一九九五年一月の阪神・淡路大震災、三月の地下鉄サリン事件とオウム真理教への強制捜査、九月の沖縄での米兵の少女暴行事件といった事件が起こったが、政権は自民党の与党経験でこれらに対処した。

村山自身は、社会党の年来の主張として、一九九五年の戦後五〇年にあたって、アジア諸国へのメッセージを発することを考えた。これに外務省も呼応して修文を重ね、九五年八月に植民地支配と侵略によってアジア諸国に損害と苦痛を与えたことを「お詫び」するという村山談話を発表した。これは以後のアジア外交の出発点となった。また、地方分権推進委員会を設置し、「地方の時代」に叫ばれた国と地方を対等とする地方分権改革を進めた。これは九九年の地方分権推進一括法で成立を見たのである。

だが、財政金融問題は政権の足かせとなった。まず政権は九六（平成八）年度予算の編成に向けて、頓挫した国民福祉税構想をふまえて、税率五パーセントとし、うち一パーセントは地方自治体に充当するという消費税増税を決定した。自民党からは、細川・羽田政権に協力して国民福祉税を秘密裏に立案しようとした大蔵省への不満が高まっていたところに、大蔵官僚の過剰接待が問題となり始めた。それに加えて、住宅金融専門会社（住専）への公的支援をめぐって世論は強く反発したのである。

村山首相は、一九九六年一月に辞任を表明した。前年七月の参議院選挙で一六議席しか獲得できなかった選挙結果への責任を感じつつ、続投したところで年明けが限界と見たためであった。後任には、同じ連立の枠組みをとり、前年に河野から党総裁を奪った橋本龍太郎が就任した。

竹下派の政策通として、党役員と重要閣僚を歴任していた橋本は、政権発足後、まず日米安保条約の再強化を図り、反米感情が高まっていた沖縄の要望を聞き取り、アメリカに普天間基地の返還を認めさせ、日米安保共同宣言を発表して、朝鮮半島の有事をにらんで日米関係のパートナーシップの重要性を内外に訴えた。

一九九六年に橋本は衆議院を解散し、改選前議席を二八上回る勝利を収めて、社民、さきがけの閣外協力を得て、第二次内閣を発足させた。ここで橋本は財政構造改革、行政改革、社会保障構造改革など「六大改革」を掲げて、二一世紀に向けた抜本的な改革に取り組もうとした。まず財政構造改革では、歴代首相経験者、蔵相経験者を委員とする財政構造改革会議を設置して、財政健全化のため歳出の徹底的抑制を図る方針を固め、財政構造改革法を成立させた。また、行政改革会議を設置し、内閣機能強化と全面的な省庁再編を進める最終報告を提出させた。ところが、金融機関の破綻とアジア通貨危機とによる景気後退の中、九八年七月に行われた参議院選挙で、自民党は過半数割れの敗北を喫した。橋本は責任をとって辞任したのである。

橋本に辞任を促したのは派閥の事実上の長である竹下であった。後任を、竹下はその忠実な部下である小渕恵三と目した。派内の梶山が対抗して出馬し、橋本と総裁選挙を争った小泉純一郎もこれに加わったが、小渕が圧勝して総裁となり、組閣に臨んだ。

景気対策を最大の課題と見た小渕は、首相経験者である宮沢喜一を蔵相に迎え、大規模な財政支出による景気浮揚をめざした。また官房長官には竹下の推薦とともに野中広務を任命して、閣内の強化を図った。自民党は衆議院では離党議員の復党によって過半数を確保していたが、参議院での審議がきわめて困難であった。その最初の関門は、破綻したいくつかの金融機関に対処する金融再生関連法案（金融機能の再生のための緊急措置に関する法律案）であり、野党第一党であった民主党の要求を大部分受け入れて合意に達したのである。以後、小渕内閣は、自由党党首の小沢一郎との関係修復をめざし、その先に元来竹下派としての関係が密接であった公明党との連立をめざした。まず、一九九九年一月に自自連立政権が発足し、小沢党首の主張である閣僚数削減を受け入れた小渕改造内閣が発足した。だが、自由党は衆議院比例区定数の削減、選挙協力など次々と自民党の受け入れにくい政策協議を申し入れた。他方、公明党とは、その主張する地域振興券の導入で配慮を見せつつ、九九年五月に日米ガイドライン関連法を公明党の協力を得つつ成立させた。これにより、自自公連立の条件が整い、九九年十月に自自公連立政権が発足したのである。だが、埋没をおそれる自由党は、衆議院定数削減を突きつけ、それが成立すると、自民・自由両党の合併がなければ連立離脱すると主張し始めた。小沢との党首会談を繰り返した末に、二〇〇〇年四月、小渕は病に倒れ、死去したのである。

小渕が後任に指名したのは森喜朗幹事長とされたが、小渕の発病と死去が突然であったため、その指名の過程も不透明であり、森内閣は発足時から低い支持率に苦しんだ。しかも、森首相はメディアと対立することが多く、度重なる失言を報道され、政権は次第に失速していく。二〇〇一年二月、ハワイで水産高校の実習船えひめ丸がアメリカの原子力潜水艦と衝突して沈没した一件を聞いていたにもかかわらず、森はゴルフを続けていたことで国民から強く非難された。森は七月の参議院選挙で勝利する見通しを持てず、三月に自民党総裁選挙の繰り上げ実施を表明し、退陣を明らかにしたのである。

三　小泉純一郎内閣の政治指導

二〇〇〇年十二月に森喜朗内閣は、翌年一月の省庁再編にあわせて内閣改造を行っていた。橋本元首相は、このとき行政改革担当相に就任し、内閣官房に手足となる行政改革推進事務局を設置した。当時、森内閣はほとんど死に体となっており、橋本は、首相時代に行政改革会議を通じて自ら手がけた省庁再編を完成することを目標に、再度首相に就任することを狙った。だが、森の退陣が決定した時点では、旧小渕派の橋本派は国民の怨嗟（えんさ）の的（まと）となっていた。橋本内閣時代の経済失政への反感や、小渕首相から森首相への政権委譲を橋本派幹部が密室で決定したことへの嫌悪感が原因であった。そこで、〇一年四月、国民からの圧倒的な支持を受けた小泉純一郎が党内でも橋本を圧倒し、自民党総裁・首相に就任したのであった。発足直後の内閣支持率は七〇パーセントを超えていた。党員・国民からの圧倒的な支持に支えられて、小泉内閣は「構造改革」を推進し、長期不況によって疲弊（ひへい）した経済の再建に取り組んだ。

おそらくは森がそのまま政権を維持すれば、従来の自民党政権とかなり近い形で府省を運営したであろう。また、橋本が政権に就いたならば、自ら諸々の会議に出席し、陣頭指揮をとったであろう。首相時代、「優秀な課長補佐」「中隊長」「主計官」「危機管理官」などと官僚から評されたように（船橋洋一『同盟漂流』上、岩波現代文庫、二〇〇六年、一二頁）、橋本は行政官の長としての首相、いわば「行政官的首相」をめざしていたからである。

これに対して、小泉がめざしたのは「大統領的首相」であった。小泉は、就任当初から公選された首相であると自任し、二〇〇一年七月には「首相公選制を考える懇談会」を設置した。これは、小泉内閣が設置した数多くの諮問機関のうち、ほぼ唯一小泉が全回出席した諮問機関であり、翌年八月まで首相公選制の実現可能性をめぐって検討を続けた。結果的に首相公選制へ向けた改革は行われなかったが、この懇談会は二つの効果をもたらした。一つには、この懇談会が開催されていた一年間は、小泉が事実上公選によって選任された首相であることを絶えず印象づけた。二つには、自民党内では、首相公選制は中曽根康弘元首相の持論であり、中曽根が自称した「大統領的首相」を、小泉もめざしているであろうことを示唆したのである。

小泉は実質的な政策決定の多くを官房長官に任せた。その点で、小泉が「大統領的首相」ならば、福田康夫官房長官は「首相的官房長官」であった。小泉は、ブレーンに「自分は政策をよく知らない」と語ったと伝えられており、政策の細部にかかわらない姿勢を一貫してとり続けたのである。当初は、森内閣からの留任の官房長官であった福田は、次第に政策決定者としての存在感を強く打ち出していくこととなる。その契機は、田中真紀子外相が外務官僚と正面衝突を起こして更迭されたため、外務官僚と協力しつつ対外政策を推進する役割を福田が引き受けたことである。小泉も福田もアメリカとの協調をことのほか重視した。田中外相更迭後、福田官房長官の主導で、〇一年九月十一日のアメリカ同時多発テロ事件後、アメリカのアフガン戦争を支援するために、テロ対策特別措置法が制定された。また、小泉はジョージ・W・ブッシュ大統領と個人的な信頼関係をつくることに成功した。

むろん、このような「トップダウン型」の決定を行うには、従来の手法を大きく変える必要があった。小泉は「自民党をぶっ壊す」というスローガンを掲げて、閣僚を派閥の推薦とは別に自分の意思で任命し、政策決定では周到な合意形成を重視した自民党の決定手続きを無視した。改革への反対派を「抵抗勢力」とみなして、これを排撃する姿勢をメディアに示すことで、国民の関心と支持を集めた。

そして制度改革は多彩であった。改革がとぎれることなく提出され、その処理が加速されたためでもあった。福田官房長官は記者会見の席で「改革はきりがない。一つ進めば、次が出てくる。次が出れば、また次が出てくる」と述べた（『朝日新聞』二〇〇四年四月二十八日）。IT化（情報化）による事務処理速度の加速と、企画権限を持つ官邸のイニシアチブによって、新施策が次々と打ち出されていく。また、選挙の直後に、新政策を発表し、国民が政策立案に関与したかのような感覚を与えるという手法もとられた。

改革の司令塔は、首相が出席し、経済閣僚と民間議員とが同数の経済財政諮問会議であった。竹中平蔵経済財政政策担当相と民間議員との間で事前に原案が検討され、民間議員提出ペーパーに対して各省大臣が異論を唱えつつ、最終案を確定するという手法がとられた。会議終了後、すぐに竹中大臣のコメントが経済財政諮問会議のウェブサイトに掲載され、関係資料も公開される。情報化とグローバル化に対応した機動的な意思決定が重視されたのである。会議は、まず、予算編成の基本方針である「骨太の方針」を内閣発足直後の六月に決定することとなった。予算編成手続きの突然の変更によって、経済財政諮問会議は、財務省を含めた各省に対して、主導権をとることにある程度成功した。さらに、不良債権処理、規制緩和、グローバル化への対応、道路公団民営化、郵政三事業民営化など、「構造改革」の諸施策は、関係機関での検討状況も含めて、ここで検討されたのである。

かくして、従来の自民党内閣とは異なる政治指導のスタイルが出現した。第一に、大臣の政策能力、党、業界との調整力が極限まで試された。福田官房長官は「かつての官邸は政局対応7、政策3だった。今は政局対応が3、政策7。政策はしんどい」と周囲に洩らした（『朝日新聞』二〇〇四年四月六日）。当選回数を重ねれば派閥の推薦で力量のない政治家が大臣に就任することは、もはや不可能となった。第二に、「抵抗勢力」と改革派との論戦が、テレビ・新聞・ウェブサイトで明らかになった。国民から見れば、いかなる勢力がいかなる理由で構造改革に敵対しているかが明確になったのである。

二〇〇五年、小泉首相念願の郵政民営化関連法案は参議院自民党から造反議員が続出することによって否決された。小泉は、間髪入れずに衆議院を解散し、郵政民営化に反対する候補を公認せず、その議員の選挙区に、新人女性候補者を擁立し、メディアの話題をさらった。結果は、三〇〇議席に及ぼうかという自民党の圧勝であった。小泉は郵政民営化関連法案を成立させ、翌年に総裁任期満了をむかえて退任した。総裁選挙では、小泉内閣の官房副長官・官房長官を務めた安倍晋三が勝利したのである。

四　自民党長期政権の崩壊

小泉は、時代の先を読んではいたが、半歩先であったと言うべきであろう。小泉内閣を支えた重要な施策は、森内閣時代に決定されたe-Japan戦略の実施、すなわちネットワーク・インフラの整備や電子政府によるIT社会の実現であった。小泉内閣は内閣のメールマガジンを発表したり、政策会議の議事概要を会議終了後すぐにウェブサイトに掲載したりするなど、インターネットを使った情報発信に意欲的であったからである。しかし、小泉自身は、あくまでもテレビを活用し続けた。ニュースや記者会見のほんの数十秒の映像で、視聴者を引き付けたのである。それは内閣の高い支持率の源泉であった。

だが、小泉後になると、インターネットが一層発達し大量の情報の送受信が容易になった。国会演説にせよ、街頭での風景にせよ繰り返し動画が再生され、政治家は赤裸々に自らをさらけだしてしまう。等身大の人物にカリスマ的な支持が集まることはもはや期待できなくなり、小泉のような高支持率を首相が常時得ることは、きわめて困難になった。

しかも、小泉以前の竹下が誇ったように、与野党・各省・国と地方に網の目のように調整の輪を広げる自民党長期政権の手法は、小泉が継承しなかったために消え去った。一九九〇年代に進められた省庁再編、地方分権改革、規制緩和、司法制度改革といった新しい統治機構は、新しい手法のもとで運用される必要があったと言うべきであろう。

加えて、二〇〇六年七月にNHKが放映した「ワーキングプア」のドキュメンタリー番組が典型であったが、格差是正が社会的課題と認知され始めた。小泉以後の自民党内閣は、規制緩和を含む構造改革による市場競争の活性化によって経済成長を進め、その果実で格差是正を果たすか、規制を新しく強化して格差是正を行うか、で揺れていた。

そこに登場した安倍晋三、福田康夫、麻生太郎の首相たちは、岸信介、福田赳夫、吉田茂という戦後を代表する首相たちの子または孫であった。「二世政治家」たちは外交に強い関心を持ち、安倍は小泉内閣時代に冷え切った中国との関係改善を果たし、福田はテロ対策特別措置法を延長して、日米関係を重視する方針を明確にした。さらに麻生は外相時代に「自由と繁栄の弧」という中東欧、中東、インド、東南アジア、東アジアというユーラシア大陸の外縁に沿って日本が主導して民主化を進めて支援をするという構想を掲げた。だが、いずれも格差是正という内政の課題に対して、敏感に対応することはできなかった。

第一次安倍晋三内閣は、再チャレンジを掲げることで、格差是正と構造改革とを同時に進めようとした。内閣は経済財政諮問会議で構造改革を進めながら、郵政民営化に反対して除名された議員を復党させ、世論の反発を招いた。さらに安倍内閣は、小泉内閣から官邸のスタッフを一新したために、本来官邸で必要な各省、国会、宮中などとのスケジュール管理や実質的な調整に困難をきわめた。ここに「消えた年金問題」（多数の年金納付記録の不備により、支払ったはずの年金の支払いが認められないという社会保険庁の不祥事事件）が政権を直撃し、事態を収拾しえないうちに参議院選挙に突入した自民党は惨敗し、過半数を割った。失意の安倍は、体調不良で退陣したのである。

続く福田内閣は、参議院対策に苦しんだ。憲法上は衆議院の三分の二以上の賛成で法案の再議決が可能であり、福田首相は、野党民主党の反対を振り切って、テロ対策特別措置法の延長を機に再可決を活用した。活路を求めた福田は、小沢一郎代表と極秘会談を行い、民主党との大連立を図ったが民主党内の反対で頓挫した。連立を組んでいた公明党の反発で福田は退陣を余儀なくされたのである。

二〇〇八年九月、福田を継いだ麻生内閣は、衆議院の解散の機会をうかがったが、ここにリーマンショックが日本経済を襲った。景気対策を優先した麻生は、〇九年七月、任期間際の解散に追い込まれた。格差是正も経済成長も達成できず、年金問題などの不祥事が自民党長期政権の決定的な弊害とみなされ、自民党は惨敗した。自民党長期政権は終焉（しゅうえん）した。自民党政治改革大綱が作成され、政治改革が本格的に議論され始めてから二十年が経過していた。

▼参考文献

竹中治堅『首相支配――日本政治の変貌』中公新書、二〇〇六年。

牧原出『行政改革と調整のシステム』（行政学叢書⑧）東京大学出版会、二〇〇九年。

御厨貴・牧原出編『聞き書　野中広務回顧録』岩波現代文庫、二〇一八年。

御厨貴『ニヒリズムの宰相　小泉純一郎論』ＰＨＰ新書、二〇〇六年。

御厨貴編『変貌する日本政治――90年代以後「変革の時代」を読みとく』勁草書房、二〇〇九年。

御厨貴『宮沢喜一と竹下登――戦後保守の栄光と挫折』ちくま文庫、二〇一六年。

牧原　今回は、小泉純一郎内閣と自民党長期政権の崩壊について、考えてみたいと思います。

御厨　本当に、我々の記憶している時代になりました。記憶している時代を歴史として俯瞰(ふかん)するのは難しいのですが、何とか頑張りたいと思います。

◆自民党の政権復帰と竹下登

牧原　それではまず年表（表14-1）で、この時代について見てみたいと思います。

まず、村山内閣から森内閣までを見てみたいと思います。この時代は、まず細川政権が崩壊し、そして続く羽田内閣も少数与党ということで行き詰まり、自民党、社会党、さきがけの連立による村山内閣が成立します。それから連立の枠組みを維持しながら、自民党総裁の橋本龍太郎が首相になると。以後、連立政権の枠組みが変わりながら、小渕、森と内閣が続きます。

この時代の大きな論点として、第一に、政治改革は村山内閣の下で小選挙区区割り法が成立し、一九九六年に最初の小選挙区比例代表並立制の衆議院総選挙が行われます。そして、第二に、日米関係をどうするかです。これは、沖縄で米兵少女暴行事件が起こり、日米同盟をどうするかという、問題がありまして、普天間基地の返還合意、それから新ガイドラインを日米で合意するというかたちで、日米同盟の再定義が行われます。そして第三に、いよいよ金融問題ですね。住専処理法が成立し、北海道拓殖銀行（拓銀）・

表 14-1　1990 年代後半

年	首相（内閣）	事　項
1994	6 月　村山富市	11 月　小選挙区区割り法成立
1995		1 月　阪神・淡路大震災
		3 月　地下鉄サリン事件
		9 月　沖縄米兵暴行事件
1996	1 月　橋本龍太郎	4 月　沖縄普天間基地返還合意
		6 月　住専処理法成立
		9 月　民主党結成
1997		11 月　拓銀・山一證券破綻
		12 月　行政改革会議最終報告決定
1998		7 月　第 18 回参議院選挙
	7 月　小渕恵三	
1999		1 月　自自連立内閣発足
2000	4 月　森喜朗	6 月　第 42 回衆議院総選挙
		7 月　九州・沖縄サミット

山一證券が破綻して、金融機関の不良債権の問題が深刻化していきます。

そういった中で、さまざまな改革が行われますが、何と言っても橋本内閣で行われた省庁再編の行政改革です。これが森内閣の下で二〇〇一年にスタートする。この間は新しい省庁の枠組みが変わるというさまざまな議論が行われた、そういう時代になります。そして、このような多様な変化のあった時代の中で、自民党においては竹下登が非常に重要な役割を果たします。

竹下は、参議院の自民党を掌握し、小沢グループが離党した後、竹下派をさらにまとめ直して、自民党だけではなくて自民党以外の党に対する影響力を発揮していきます。また党内では、阪神・淡路大震災のときにつくられた阪神・淡路復興委員会について、こんなことがありました。竹下は、自民党の後藤田正晴に働きかけて、委員になってほしいと依頼しています。そういうことを後藤田正晴はオーラル・ヒストリーの中で語っています（後藤田正晴『情と理』下、講談社＋α文庫、三五一～三五二頁）。いろいろな人事に立ち会っているんですね。あるいは、橋本内閣が参議院選挙で敗北して総辞職するときも、竹下が橋本に辞任するように働きかけたと言われています。そのとき、小渕内閣が誕生します。そして、これも一つの典型的な例かもしれませんが、小渕首相が野中広務に官房長官の就任を打診し、野中が固辞していると、そこに電話が鳴って、とると竹下が電話の向こうにいて、野中に官房長官を引き受けるように頼むんです（御厨貴・牧原出編『聞き書 野中広務回顧録』岩波現代文庫、二〇一八年、三二〇頁）。しかし、この小渕首相の死とほぼ同時期に竹下も死去し、そこに小泉純一郎という新しいリーダーが登場するということになる。そういう時代だということが言えます。

◆村山富市内閣の成立

御厨 さて、細川、羽田非自民連立政権の後、自民党はなんとか政権に復帰するということを考えまして、社会党の委員長、村山富市を首相にします。そういう奇手妙手を使って、政権を奪還することに成功します。

当時、自民党総裁であった河野洋平は、連立与党を離脱していた社会党の村山委員長に新党さきがけを含む自社さ連立政権構想をもちかけます。村山はこの構想に合意し、自社さ連立の首班となります。片山内閣以来、四十六年ぶりに、社会党委員長を首班とする内閣が誕生しました。

さて、先ほどの牧原先生の説明の中で、竹下の役割ということが言われましたが、実は、この村山内閣の裏にも、竹下の働きかけがあったことは、有名な話です。彼は、自身の回顧録の中でこう言っています（竹下登『政治とは何か——竹下登回顧録』講談社、二〇〇一年、二六頁）。

村山富市さんは、僕より五日年下なんだ。僕は二月二十六日で彼は三月三日だから。ただ、眉毛が長いから貫禄は向こうがあるけれども（笑）。

つまり、村山富市と同世代と明かし、続けて、次のように語っています。

社会党左派と経世会は、国会対策委員会その他で近い存在だった。しかも、戦中と戦後に同じような体験をしていたという事情も手伝って、村山と竹下は昔から親しかったのだと、盛んに言います。つまり、自社二大政党制の中で、いざというときには党派を超えて、ツーと言えばカーと言える関係性を作っていました。これが、このときの自社さ政権を作るときに、非常に役に立ったということです。

と同時に、しかし社会党に対しては、非常に危惧の念を自民党も、そしてアメリカも持っていた。なぜならば、日米安全保障条約の問題と自衛隊の位置づけの問題というのがあるからです（石原信雄『首相官邸の決断』中公文庫、二〇〇二年、二〇四〜二〇六頁）。村山首相は、今言いましたように左派の出身ですし、社会党は日米安保廃棄論を党の方針としていました。自衛隊については、もともと違憲論がありました。この二つの方針を変えてもらわないと、内閣は運営できないと。村山首相は石原官房副長官の直言を聞きまして、内閣が成立してすぐに、実はそのことを自分の口から言う。で、石原に言わせれば、本人が公式に言った見解は、安保条約堅持、まさにそれをきちんと守るということですから、これ以上ないくらい、アメリカもそして自民党も安心をした。つまり、社会党は、これまで政権をとれなかったいくつかの理由のうちの一つ、その日米安保の問題とそれから自衛隊の問題を、ここで政権をとることによって、乗り越えてしまったわけですね。

その村山内閣が、次に直面をしたのは、いわゆる危機管理を有する問題です。一つは阪神・淡路大震災（一九九五年一月十七日）であり、もう一つはそれと踵（きびす）を接して起こったオウム真理教による地下鉄サリン事件（同年三月二十日）です。阪神・淡路大震災のときは、実は、自衛隊の出動が遅れたとか、あるいは、府県と国との調整が遅れたとか、いろいろな反省点が出ました。他方、オウム真理教による地下鉄サリン事件は、これ自体、宗教団体、特に新しい宗教団体というものが、いったい今後この国にどのような影響力を及ぼしていくのだろうかという不安を国民に残したという点で、印象に残るものでした。

◆さきがけが果たした役割

御厨　さて、ここで一つ「自社さ」というときの、このさきがけの役割を中心に、ちょっと牧原先生にお話をうかがいたいと思います。

牧原　はい。さきがけという小政党ですね。やはり一定の役割を果たしたと思います。それを武村正義の回顧録、オーラル・ヒストリーから見てみますと、いくつかのことが言えます（前掲『聞き書　武村正義回顧録』第七・八章）。第一に、社会党との関係なんですね。自民党の側から見ると、社会党に自民党が近づき、さきがけも、もともと自民党なので、両方をつないだというストーリーになります。それは確かに事の一面をとらえています。武村の回顧録を見ても、自民党からさまざまな働きかけがあったと。しかも、それも等質的というより、いろんな人がいろいろに働きかけあったという話です。しかし、さきがけから見ると、やはり細川内閣のとき、小沢と対立し、ここから社会党と非常に近くなったということも強調される。そして、自民党と組むにしても社会党とさきがけがいわば提携するということが一つの重要なファクターになっていました。

第二に、そのときの自社さ連立政権の意思決定の枠組みですね。三・二・一ルールが政策調査会議にあったと武村は言います。つまり、自民党が三、社会党が二、さきがけが一という、そういう構成でいろい

⇧ 閣議前の村山富市首相。左は武村正義蔵相，右は河野洋平副総理・外相（1994年7月1日。写真提供：朝日新聞社）。

ろな政策調整を行うと。自民党で過半数はとれない。自民党と、社会党・さきがけが同数になるように、そういう組み合わせにした。自民党はそれに対して強く出なかったと彼は言っていますが、やはりそういうルールはあったと思いますので、その意味でさきがけの役割は、全体の六分の一ですから、実際の議員数から見れば、さきがけの比重が非常に大きいと言いますか、役割を発揮できたというのがある。

第三に、小政党にとり、今後近づいてくる小選挙区制による選挙での難しさが、だんだん見えてきたということがある。そして、第四に、武村は蔵相になるわけですね。大蔵省との接し方というのは、やはりさきがけというのが、もともと行政改革であるとか、あるいは政治家がある程度リードして政策決定をしていくというようなものに意識的であるがゆえに、非常に難しかった。なんといっても国民福祉税に対して、武村は官房長官として、細川内閣時代に非常に強く反対したということもあり、さらに自民党が、特に大蔵省の事務次官であった斎藤次郎をはじめとする、幹部たちに対して非常に強い圧力をかけている。つまり、いったんは小沢側についたのではないかというかたちで圧力をかける。それをどうコントロールするかという問題が出てきて、自民党と大蔵省との間で板ばさみになった武村は非常に難しい役割を背負っていくということが、言われているんですね。

そのような意味で、実はやはり自社さ連立政権というのは、自民党側から見ると、自民党がまとめて橋本内閣に至ったという道でもありますけれども、さきがけ側から見ると、細川内閣以来の政治改革の魂をもち、社会党と結びながら、さらに自民党をむしろ変えていくかたちで、引き継いでいくというようにも読めるのではないかと思います。

一九九五年の後半になってきますと、参議院選挙での敗北もありまして、村山首相は辞任を考えるようになります。これが九六年になって、いよいよ辞任を決断します。自社さの枠組みを維持するとした場合に、後任の首相は、今度は自民党の総裁であった橋本龍太郎であるということで、三党の合意も得られ、橋本内閣が発足します。

◆橋本龍太郎内閣の発足

牧原　一九九六年二月、橋本首相は、アメリカのクリントン大統領と首脳会談を行い、日米同盟の問題に取り組んでいきました。普天間基地の返還を要求し、全面返還で日米政府は合意に至りました。そして、第二次内閣時には、行政改革、財政構造改革など、一連の六大改革を提唱します。とりわけ財政構造改革には大変意識的でした。

橋本首相という人は、非常に細かく行政を知悉(ちしつ)しているという評判でした。ですので、六大改革（行政改革、財政構造改革、経済構造改革、金融システム改革、社会保障構造改革、教育改革）の中でもやはり行政改革に、特に熱心に取り組んでいきます。行政改革会議という諮問機関を立ち上げて、自らその議長として、議事を主宰し、この国のかたちを再編することに取り組んだんですね。結局、二〇〇一年の一月に、新省庁の体制がスタートします。この間、霞が関は改革圧力にさらされていました。党の影響力に対して非常に弱い立場に置かれていました。もしそれに反抗すると、立場を失墜させてしまうという危機のもとに置かれていたのです。その意味で、政策形成を円滑に行う、そういう仕組みとして、行政改革は機能したと言うことができます。

それから日米関係では、普天間基地の返還合意、さらに新しい日米防衛協力のための指針（ガイドライン）について、日米で合意をみて、日米間の同盟を再定義します。また周辺事態法を制定しました。日本の有事だけではなくて、周辺事態への対応に向けた情報共有と防衛協力について、日本の中でも一定の対応をするという方針をとったんですね。これは朝鮮半島核危機であるとか、台湾総統選挙に際して中国が軍事演習を行ったとか、こういった事態を背景にしたものでした。しかしながら、アジア通貨危機が及んできて、経済不況に突入した中で、参議院選挙が行われました。これの敗北で辞任することになります。こういった橋本内閣について、御厨先生、いかがでしょうか。

御厨　本当に橋本っていうのは、そういう点で言うと、たぶん、自民党のこういった政権の中では、のちに述べる小泉を除けば、最後のリーダーシップらしいリーダーシップを発揮した首相でした。しかし、残念ながら、宇野内閣と同じことになっちゃった。つまり、一九八九年の宇野内閣は、参議院選挙に敗北して、退陣しました。今回もまた、参議院選挙で敗北をして退陣しました。そういう先例を踏襲してしまったんですね。このときもまた、実は竹下の意図を受けて、野中が動いて、あっという間に退陣に追い込んでいきました（前掲『聞き書　野中広務回顧録』三一一～三一二頁）。竹下の影響力がまだ残っている時代の、一つの事例であったのかなという気がしますね。

牧原　そして竹下が後任にしようとして目していたのは、彼のいわば弟子である小渕恵三であり、小渕恵三内閣がここに成立するということになります。

◆小渕恵三から森喜朗へ

牧原　小渕内閣は、宮沢喜一元首相を蔵相に任命する。これは景気が非常に悪化する中で、景気対策のために蔵相に大物の政治家を起用するという、戦前で言えば高橋是清が、かつての首相から犬養内閣で蔵相になったことを、モデルにしたとも言われていました。それによって、大規模な公共事業予算を組み、財政赤字を拡大させながらも、景気の回復に努めようとしたのです。

ただし、参議院選挙で敗北していますから、参議院では少数与党になっている。これをどうするかということが問題になりました。もちろん、社会党やさきがけは、このとき連立のパートナーではなく、そこで小渕内閣が考えたのは、公明党との連立なんです。しかし、やはり公明党との連立はタダでは組めないと。間にもう一枚座布団が必要である。そういうことで、まずは自由党との連立を行い、それから自自公連立というふうにしたわけですね。このときに、連立のパートナーであった自由党の党首・小沢一郎は、イギリスをモデルとして、例えば、副大臣、大臣政務官というものを設置すべきだということを主張する。それが決定され、省庁再編の流れの中でも、政府のメンバーとなる議員の数を増やしていくという構想が実現するという変化もありました。

さて、この小渕内閣について、御厨先生、いかがでしょうか。

御厨　そうですね。まず小渕自身はもう明らかに、いわゆる竹下が決めた出世のコースをはみ出ていた。竹下は、自民党で総理・総裁のコースというのが一つあるとすると、もう一つは、衆議院議長・副総裁のコースであって、これは相互に、要するに路線としては平行であるということを言い続けた。つまり、副総裁になったり衆議院議長になったりした者はもう総理・総裁にはなれないよ、という話だった。しかし、小渕さんは実に副総裁だったんですね。党の副総裁を経験したにもかかわらず、首相になったという点で、もう竹下自らがこしらえていた、いわゆる自民党政治家の出世双六(すごろく)を、自ら変えていく。そういうきっかけの一つになった首相であったという気がします。

牧原　その小渕内閣は、自自公連立で政権基盤は安定したかに見えましたが、やはり、自由党の小沢一郎から、連立の枠組みについて、さまざまな要求を突き付けられ疲弊していきます。結局、小渕と小沢の二人の会談で、自由党の連立離脱という交渉がなされていた直後に、小渕首相は亡くなってしまいます。

これが、あまりにも急で、後任の総裁を選出することが、非常に不透明なかたちとなった。そのときの自民党の幹部の中で決めざるをえなくなり、森喜朗が後任の首相になりました。この小渕の死という時期は、竹下自身も病状が悪化して、死去するときでした。いよいよそうなりますと、この竹下の派閥から、総裁候補が出せなくなるということで、かつての安倍晋太郎が率いた清和会出身で、派閥の中でも小渕、竹下に近い森が首相になるというかたちで、新しい時代に入りかけるのです。

しかし、森は首相になる準備が足りなくて、失言が多いということ、それから総裁候補となる経緯が不明確ということで、内閣支持率がどんどん低下していきます。二〇〇一年に入り、支持率が極端に低下するということで、この年の参議院選挙を控えて、森は総裁選挙の不出馬を決断します。こうして、森内閣は終焉を迎えます。

◆小泉純一郎内閣の成立

牧原　この森内閣が終焉を迎えるにあたって、次の総裁選挙で誰が出馬するかということになります。一人が、橋本龍太郎だったんですね。元首相であり、このときに行政改革担当相に就任していて、首相時代の行政改革を自ら実現して実行していきたいと。そういう意欲があったものと思われます。そしてもう一人が、旧安倍派ですね。清和会の小泉純一郎だったのです。この小泉という人は、どちらかと言うと、それまでも総裁選挙に出ていたけれども、必ずしも票を集めていたわけではないんです。けれども、このときは、激しい選挙戦の末、小泉が圧倒的な勝利を収めました。

小泉内閣はあっと驚かすことが多かったんですが、まず閣僚人事が官邸主導で行われました。小泉は、たとえばかつて竹下が行っていたような周到な合意形成による政治ではなくて、「自民党をぶっ壊す」というスローガンを掲げて改革を推進する。改革に反対するのは抵抗勢力だとみなして、国民の支持と関心を集めて、政治を行っていくと。こういうことをこの後、続けます。

表 14-2　2000 年代前半

年	首相（内閣）	事　項
2000	4 月　森喜朗	
2001		1 月　省庁再編
	4 月　小泉純一郎	6 月　「骨太の方針」閣議決定
		7 月　第 19 回参議院選挙
		10 月　テロ対策特別措置法成立
2002		9 月　日朝首脳会談
		12 月　道路関係 4 公団民営化推進委員会最終報告決定
2003		3 月　イラク戦争
		11 月　第 43 回衆議院総選挙 三位一体改革で地方への補助金削減決定
2004		7 月　第 20 回参議院選挙
2005		9 月　第 44 回衆議院総選挙
		10 月　郵政民営化関連法成立

年表（表14-2）で、どういうことがあったかをまず整理してみたいと思います。まず二〇〇一年の一月、森内閣時代の省庁再編で新しい省庁の体制ができますが、これをもとにまず活性化したのは、経済財政諮問会議です。そこで「骨太の方針」という経済財政の大方針を決めて、これが閣議決定されます。新しい取り組みとして、道路関係四公団の民営化、三位一体の改革（国と地方の間の財政関係の改革）。そして、郵政事業の民営化という一連の改革が行われます。また、〇一年九月に、

アメリカで九・一一同時多発テロ事件があった後、テロ対策特別措置法によってアメリカが主導するテロとの戦争を支援します。その後、二〇〇三年にイラク戦争があると、やはり同じように、アメリカを支持して日米関係を非常に強固にする外交政策をとります。では、この小泉純一郎について、御厨先生、いかがでしょうか。

◆小泉政治の特色

御厨　そうですね。小泉政治の特色は、たぶん四点くらい挙げられるんですね。一つは、今、牧原先生がちょっと言いましたテレポリティクスですね。テレビ、映像、それをフルに使うと。これで世論を沸かせようということが一つあります。彼は、手振り身振り、要するに身体的要素を十分に使って訴えるという点に優れている。これは、かつてテレポリティクスを最初にやろうとした細川首相の場合とは異なります。すなわち、細川は、ほとんど要するに静止画のように、止まっていることの美しさを表現しようとしましたが、小泉は動きがあります。それから、歴代の自民党の総裁、例えば、このときも対抗馬として出た橋本の場合、彼は常に、笑みを浮かべることはない。何となく重々しい表情でいて、政治を率いていくというイメージがある。つまり、首相らしい重厚感があると言えば、そういうことなんですね。ところが、小泉の場合は、そういう意味での重厚感はない。常に楽しげであって、そして軽みがあるという親しげな発言によって、みんなを巻き込んでいくという、こういう要素が一つありました。

第二に、彼は、これまでの自民党の文法、官邸を含めて、政治の文法というものを、ほぼ無視することができた。普通なら無視したら政治はできませんが、あまりにも、これまでの間に自民党を中心とする政治の決め方というものが、もう何も言わなくても自然に動くようになっていますから、それをむしろ壊すということが、逆にうまく作用するということになったのですね。

それから、第三に、首相の権力というものをフルに使う。つまり彼は、首相公選論というのを、ある時期までずっと言っていました。その裏にあるのは、今の首相でも、やろうと思えば、先ほど私がちょっと言ったような、これまでの政治の文法によって、やってはならない、あるいはやれないとされたことができるということを示していく。それが一種の改革のように、国民には映っていました。

そして第四に、ビジョンは特にあったわけではない。もちろん彼にはいろいろ掲げた政策があるわけですが、ビジョンらしきものを掲げて、それを彼特有の、いわゆる丁か半か、つまり勝つか負けるかという二値(にち)論理的な世界に投じていくことによって、必ず勝利に結び付くように演出をするというですね。そういう特色があったと。この四点の特色が、彼のリーダーシップを支えていたんだと、そんな気がしますね。

牧原　小泉内閣の特徴と、やはりまず当時言われたのが、大統領のようだと。大統領的首相であるということなんですね。小泉首相も首相公選制を多少は意識して、それを検討する懇談会をつくったりしているんですね。中曽根が一九八〇年代に大統領的首相として振る舞いました。それについて中曽根は、リズムとテンポがこれからの政治で大事だと、辞めたときに言っていますが、まさに小泉の行った政治というのはそういう性格があるんですね。それが端的に表れるのが、構造改革であり、経済財政諮問会議という機関を使った経済政策であったと言えます。大統領的首相であり続けるためには、誰かが支えなきゃいけないんですね。官房長官の福田康夫がこれを支え、そして、有力閣僚がこれをさらに支えていくということが必要になるんですね。経済財政政策担当相は、慶応義塾大学教授であった竹中平蔵が就任します。彼が、ここで大きな活躍をしました。

◆制度的背景と小泉の個性

牧原　そしてその前提にあるのが、二〇〇一年一月に行われた省庁再編です。ここで、内閣官房と言いますか、官邸が従来以上に大きな権限をもつことになったんですね。それまでは、官邸というものは自分で政策を作らないで、各省に政策を作ってもらっていたのですが、自分で政策を作れることになった。これによって、首相の判断で、いわば官邸に人を集めて新しい法律を作ることができるようになったということですね。そして、もう一つは経済財政諮問会議のような民間議員と大臣が同数の、そういう会議が、審議会ではなくて、大臣も首相も入って、そこで議論する中で、いわばそこで政策ができあがる。つまり、諮問機関であり、かつ決定機関であるというものがいくつかできたのです。その代表例が、この経済財政諮問会議でした。

そして、そこでどういう議論が行われたのか。まずは民間議員ペーパーというものが出てくるんですね。しかしそれは竹中大臣の十分な事前の根回しがあり、そこで作られた民間議員ペーパーが大臣を引っ張っていく。民間議員は主に財界人、経済人なので、やはり経済合理主義的に会議が進む。これが当時、構造改革と言われたものでした。

そして、竹中大臣はその前から、インターネット、IT化を強く主張していたという評論家でもあったんですね。事実、彼は、経済財政諮問会議のウェブサイトを徹底的に活用し、議事過程を速やかに公表するということをしました。これは、それ以前には見られない画期的なものだったんですね。そしてこれによって、森内閣時代はいわばその懇談の場であった会議が、意思決定機関になっちゃうということになるんですね。

しかしながら、当時、決して情勢は明るくなかった。日本の経済不況は非常に深刻でありまして、二〇〇二年の年末くらいに経済は底を打ったと言われていますけれども、やはり〇一年に内閣が登場してどんどん経済が悪くなっていきます。バブルの後遺症で不良債権が大量に蓄積しているという状況であり、政権としては、経済をどう舵取りするかというのは非常に難しい。危機と隣り合わせのような中で、先ほどお話しした経済財政諮問会議の新しい政策が機能したと言えます。結果的に、世界経済の成長もあり、構造改革も一定の効果があったと言えます。また、不良債権が徐々に減少していって、構造改革が一定の成果を上げ始めます。先ほどお話ししました道路関係四公団の民営化であるとか、あるいは三位一体の改革、そうした諸々の改革が行われて、小泉内閣期の日本というのは、世界経済のグローバル化、それに伴う経済合理的な意思決定のできる、そういう国として見られるようになっていったと言えます。

そして最後に、やはり重要なのは、小泉自身は、もともと郵政事業の民営化を前から唱えていたんですね。首相になる前の小泉の著作というのは、郵政民営化に関する小さな本があるだけでした（小泉純一郎・松沢しげふみ『郵政民営化論――日本再生の大改革！』ＰＨＰ研究所、一九九九年）。この郵政民営化を小泉は、内閣の施策に掲げるんですね。それが、どうなったか。

参議院で法案が否決されたのに際して、衆議院を解散したのです。そして、党内の反対する候補の選挙区に、主に女性の候補者を本部主導で擁立する。党内対立が、マスメディアを席巻することになりました。結果は、自民党の圧勝でした。

こうして小泉内閣は、改革という意味では非常な成果を上げたように見えますが、御厨先生、どうご覧になりますか。

御厨　やっぱり一つは、郵政解散に見られるような、禁じ手を使う。これ、普通の人だったら到底通らない。だけれども、彼のそれまでのいろいろな成果の上に立っていますから、これが世の中を通してしまう

⬆ 2005年総選挙で，演説する小泉純一郎首相（神奈川県川崎市。 2005年8月30日。 写真提供：朝日新聞社）。

結果になった。ただ、これは、実は二度と使えないトリックなんですね。小泉内閣っていうのは、冷静に見てみると、小泉本人がやったり言ったりしたことの意味はあまりないんですよ。しかし、改革が行われてしまった、あるいはすべてがそれで済んでしまったっていう印象を小泉がパフォーマンスで与えた点では、すごく見事な内閣だったんじゃないかという気がします。その点、どうでしょうね。

牧原 そうですね。いろんなことが、そこで一つ終わったように見えるというか、終わらせたというか。それは、やはり小泉内閣の関係者の回顧録の性格もあると思うんですね。それ以前の内閣だと、政治家とか、新聞記者・政治部記者とかのものが多い。ところが、小泉内閣に関しては、政策立案にかかわる人のメモワールが多いんですね（たとえば、竹中平蔵『構造改革の真実──竹中平蔵大臣日誌』日本経済新聞出版、二〇〇六年、猪瀬直樹『道路の権力──道路公団民営化の攻防一〇〇〇日』文春文庫、二〇〇六年、など）。経済財政諮問会議もそうだし、道路関係の四公団もそうなんですね。皆、小泉首相から一種の授権をされて改革をこんなにやったと、そういうふうに説明するわけで、政策を立案し、いわば成果を出したということが強調されています。もちろん、それ自体、検証は必要なんですが、政策という単位で内閣を説明する。しかも、合理的に自分たちは施策を決定したんだと。そういうものが多い。やはりこれは、情報公開とも相まってですね、内部情報が出てきたということが言えるのではないかと思います。

◆自民党政権の崩壊

牧原　郵政解散の後、郵政民営化を実現して、小泉内閣は退陣します。その後の三代の自民党内閣は、急速に影響力を低下させていきます。こちらの年表（表14-3）を見てください。まず第一次安倍内閣ですね。年金問題が発覚し、二〇〇七年の参議院選挙で自民党が大敗北すると。以後、民主党との大連立構想もうまくいかず、結局、麻生内閣のもとで行われた衆議院総選挙で自民党が敗北して、下野することになります。この一連の過程を、御厨先生は、どうご覧になりますか。

表14-3　2000年代後半

年	首相（内閣）	事　項
2006	9月　安倍晋三	10月　中国・韓国と首脳会談
		12月　郵政民営化造反議員，自民党に復党
2007		5月　国民投票法成立 年金問題発覚
		7月　第21回参議院選挙
	9月　福田康夫	11月　民主党との大連立構想の失敗
2008		1月　新テロ対策特別措置法，衆議院で再可決・成立
	9月　麻生太郎	9月　リーマン・ブラザーズ経営破綻
2009		8月　第45回衆議院総選挙

御厨　これは、やっぱり、小泉の後継というのはありえなかったということだと思います。安倍も、引き継いだときに若干不安そうではありました。あのパフォーマンスはまねできないよと。しかし周りはそれを強制しようとしたし、最終的にはイデオロギー的なことを多少言おうとしたんです。しかし、それもできないまま、年金問題などで敗れてしまいました。それから福田は一種の箸休めで、それまでのあまりに激しい対立の中で、こういうほっこりした人がいいということでなった人です。福田は、大連立で失敗して、それっきりと。つまり、参議院で逆転して以来、それを元に戻せないという状況になってしまった。麻生に至っては、これは、総選挙が約束された内閣だったのに、そ

れを一年間の任期いっぱいに延ばしたということであって、要は、そこに何か完結するモデルが、全くなくなってしまった。だから一年ごとに、首相を消費していかない限り、政治が続かないという、そういう状況になったんじゃないでしょうかね。

牧原　先に出てきたような竹下の長老としての調整が過去のものになり、小泉のようなパフォーマンスをやりながら、政策決定をいわば次々に行っていくという政治も続かなくなると。この二つの大きなリーダーシップのモデルっていうものが、見えなくなってきたというのが、この三代の内閣なのではないかと思いますね。

◆テレポリティクスの限界とインターネットの普及

牧原　それと、やはりメディアですね。これについてはいかがでしょうか。

御厨　メディアは、やはり賢くなったんだと思います。一九九〇年代はやはり、政治家に使われるようなところもあったし、政治家と結託する大物のキャスターがいました。それがなくなった。政治家のほうも小粒になると同時に、実はテレビの世界で影響力のある人たちも小粒になっていきました。そうすると、そこに現れるのは何かと言うと、これはもう国民の、要するにテレビに対する「なんかもっとおもしろくあってほしい」という要求だけですね。ところが、政治はやはりそんなにおもしろくないんですよ。どんなにおもしろくしようとしても、せいぜい小泉がやった程度です。あの程度のことでも、またやろうと思うと、無理っていう状況ですから、テレポリティクスの限界というものがやっぱりあります。それと同時に、政治の劣化というのがあわせて進んでいったという感じがします。

牧原　そうですね。テレビもそうですし、ちょうどこの安倍内閣あたりから、ブロードバンドが非常に普及して、インターネットによって動画で、政治家のパフォーマンスを繰り返し見られるようになる。今では当たり前のことになりましたが、昼の国会で、何か発言したことを、そのまま夜にインターネットで再生してふりかえることができる時代に入る。政治家がすべてをさらされてしまう時代に入ったというのは、私は大きいのではないかと思いますね。そうすると、強いリーダーというのは、こういうすべてをウェブでさらされている時代に勝ち抜くだけの、パフォーマンスができ、さらにテレビでもきちんと応対ができ、できうるならば書き物もあると。こういうことになってくる。しかも、長期にわたって、そういうメディア・パフォーマンスを維持して人気を持続することは、本当に難しい。そういう時代に入っていったのかもしれないと思いますね。

こういうふうに考えると、やはり小泉内閣の時代から、日本の政治はどうも新しい大きな転換に入り始めたということが、言えるのかもしれないと思います。

御厨 確かに、そういうことであってね、小泉内閣以来の政治が、一つ、ステップアップしたか、あるいはステップダウンしたか、わかりませんけれども、一つの時代の画期になったということは、今回の講義の主たる課題でした。

これで、今回の講義を終わります。

第15章 第一の政権交代と民主党政権

目標&ポイント

一九九六年に誕生した民主党は、次第に自民党に対抗する党としての影響力を高め、二〇〇九年の総選挙で大勝し、政権を組織した。衆議院における小選挙区選挙の積み重ね、デフレ経済、IT化による新しい政治的コミュニケーションの登場の中で、伝統的な自民党政治とは異なる政治が登場する。

キーワード

政権交代　マニフェスト　政治主導　東日本大震災

一　二〇〇九年の「政権交代」

二〇〇九年八月の総選挙で、民主党は三〇八議席を獲得して圧勝し、鳩山由紀夫内閣を組織した。衆議院総選挙で野党が単独過半数を獲得して与党となり、政権を組織したのは、日本の政治史上初めての現象であった。大日本帝国憲法の下では天皇の大命の降下によって政権が移動し、太平洋戦争後の日本国憲法の下でさえ選挙後の政権の交代は、一九四七年の片山内閣であれ、九三年の細川内閣であれ、少数政党の連立によって起こったからである。九六年に発足した民主党は、着実に議席を伸ばしながらも二〇〇五年の郵政解散後の総選挙で惨敗し、〇七年の参議院選挙の前まで、政権担当の可能性があると考えられてはいなかった。だが、〇七年の参議院選挙によって参議院第一党となった民主党は、安倍、福田、麻生の各内閣に対して、法案審議や日本銀行総裁など国会同意人事で拒否を表明して、政権を徹底的に揺さぶった。アフガニスタンでの対テロ戦争支援の給油を行う補給艦の派遣継続、年金問題などで、丹念に政策情報を調べ、国会審議で政府をたびたび苦境に追いやった。さらに〇三年以降、選挙のたびにマニフェストをつくり直すことで、徐々に実現可能性の高い政策を編み出した。民主党には一定範囲で政権担当能力があるだろうという見通しが生まれつつあった。〇九年のマニフェストに掲げた「政権交代」はかくして実現したのである。

だが、鳩山内閣は、沖縄の普天間基地問題について、首相が何の成算もなく県外への基地移転を唱えたことで、沖縄とアメリカ双方の合意を見出せず、二〇一〇年六月に首相自身が辞任やむなきに至る。続く菅直人(かんなおと)内閣は、突如首相が消費税増税を公約に掲げて参議院選挙に入り、惨敗した。これにより、菅内閣は野党の協力なくして、法案を国会で成立させることが不可能となった。参議院で少数与党となりながら、菅首相は野党とりわけ自民党と案件に応じて提携することに繰り返し失敗し、予算関連法の国会通過の見通しが立たなくなったところで、一一年三月十一日に東日本大震災に見舞われた。地震による鉄道・幹線道路などインフラの深刻な被害・家屋の被害もさることながら、巨大な津波が北海道から関東の太平洋沿岸を襲い、平地部を徹底的に破壊した。さらに震災によって通電を停止した福島第一原子力発電所では、核燃料が溶融し、三つの原子炉で水素爆発を起こして、東北・関東地方に深刻な放射能汚染をもたらした。

菅内閣は、震災復興と「脱原発」を掲げることで政権の維持を図ったが、辞任を求める民主党幹部との対立の末、八月に退陣を表明した。後継首相は、菅と同様に財務相を経験した野田佳彦であった。

民主党が政権担当能力を備えるにあたって重要な転機となったのは、二〇〇三年の自由党との合併による小沢一郎の入党である。小沢は、〇六年に、前原誠司代表が、自民党の武部勤(たけべつとむ)幹事長の金銭疑惑について偽の電子メールを誤って証拠とした問題で辞任すると、代表選挙で菅を破って後任の代表となった。小沢は、一人区を中心に全国を回り、農協(農業協同組合)・中小企業団体など自民党の支持基盤であった層と意見交換を図るなど、選挙対策を徹底するとともに、大規模な補助金を交付するようマニフェストを方向づけた。民主党に自民党型の選挙対策と公約作成を根づかせたことによって、その政権担当能力を印象づけたと言えるであろう。だが、〇九年三月に秘書が西松建設からの献金問題で逮捕されたために、五月に小沢は代表を辞任した。そして、〇九年の総選挙後、幹事長に就任し、国民新党・社民党との連立を強化し、一〇年度予算案の決定にあたっては、閣僚間対立が紛糾するのを党で調整して、ガソリン税の廃止といったマニフェストの一部を撤回しつつも、子ども手当、農家戸別所得補償制度を維持する案を決定に至らしめた。しかし、一〇年四月に、政治資金規正法違反事件で検察審査会が起訴相当と議決し、十月には起訴議決をしたため、強制起訴されたことにより刑事被告人に追い込まれた。結局、小沢は一二年七月に支持グループとともに離党したのである。

他方、自民党は、政権喪失直後、茫然自失の状況であった。麻生が総裁を辞任すると、後任には小泉内閣以降、主要閣僚を歴任した谷垣禎一が就任した。谷垣は、閣僚経験をもとに民主党との融和を図る一方で、闘う野党の総裁として人差し指を突き上げるパフォーマンスを打ち出した。政権に対する融和と対決の間を揺れ続けたと言えるであろう。だが特筆すべきは、谷垣時代の自民党は、二〇一〇年の参議院選挙で初めて「マニフェスト」と銘打った文書を作成したことである。〇九年の総選挙における自民党の公約は、選挙直前に作成された杜撰なものであったのに対して、このときのマニフェストは項目も多く、野党が政権をめざすために必須の文書をようやく自民党も作成し始めたのである。選挙は、民主党政権発足後一年間の審判でもあり、民主党が掲げたマニフェストの推進と新しく菅直人首相が打ち出した消費税増税に対する批判が強く、自民党が勝利した。ここに本格的な「マニフェスト選挙」が始まったと言えるであろう。ふりかえれば、〇三年の民主党マニフェストは、国政選挙で初めて登場したマニフェストであったが、その中で、当時の菅直人代表は「自民党も、全員が合意したマニフェストをきちんと掲げて、正々堂々『マニフェスト選挙』を戦ってほしいと思います」と呼びかけた。首相としての実績に乏しかった政治家菅直人の最大の功績は、首相時代に野党自民党に「マニフェスト」を採用させたことにあったとさえ言いうる。

二〇〇九年の政権交代は、同時代の誰の目から見ても、日本の政治史を画する一大事件であった。そして、当初からある程度は予想されていたが、民主党がマニフェストに掲げた大胆な政策転換は、構想自体の実現可能性に問題があり、また参議院で与党が過半数を失ってからは重要法案を国会で通過させるために自民党・公明党から妥協を強いられたことで大幅な修正を余儀なくされた。もちろんマニフェストに掲げた項目の中で実現したものもあったにせよ、マニフェストが破綻したかのように見えるにつれて、〇九年の政権交代の意義が疑問視されていった。

二　鳩山由紀夫内閣の「大臣政治」と菅直人内閣の微修正

国民新党・社民党との連立政権として発足した鳩山内閣の特徴は、以下の五点に要約できるであろう。

第一に、政権交代により、鳩山政権は、自民党政権なかんずくその官僚主導の体制を否定しようとした。内閣は発足直後に、「基本方針」と「政・官の在り方」という二文書を決定した。前者により、閣議前に各省事務次官等が出席することで閣議提出法案を確認するための事務次官等会議を廃して政治主導を宣言し、首相を補佐する機関として国家戦略室・行政刷新会議を設けた。後者により大臣・副大臣・大臣政務官の政務三役が各省における意思決定を主導することを定めたのである。そして大臣ら政務三役は、就任後官僚の政策の説明をまずは遮断し、何を「中止」するかを大臣が宣言した。これをメディアが次々に報道した。その結果、いつの間にか、「中止」が既成事実となり始めた。

第二に、大臣ら政務三役の多くは、閣僚経験がなかった。細川内閣の内閣官房副長官しか経験のない鳩山首相もほぼ同様であった。また、国家戦略室や内閣官房といった首相を補佐する機構は、十分に機能しなかった。そのため首相の権力が弱く、内閣としての政策的一体性も不十分であるが、決して官僚の助言に服さない大臣が省務を仕切った。いわば「大臣政治」となったのである。その結果、閣僚は官僚を排除して実施不能な思いつきにとびつき、無惨な失敗をさらけ出した。

第三に、野党時代から民主党は、公開・平場の議論で決定するという透明性が、事実上の党是であった。清濁併せ呑み腹芸で一本にまとめるという日本社会の伝統的手法にはそもそも馴染(なじ)まなかった。それは政権入りした閣僚たちも同様であった。その場限りの発言に伴うべき水面下の交渉は不在であり、成案をまとめきれない政権という性格は最後まで払拭できなかった。

にもかかわらず、第四に、成立直後の鳩山内閣は、衆議院総選挙のマニフェストをもとにした予算をまとめる必要があった。翌年に参議院選挙を控えていたから、なおさらであった。閣僚間の対立は、小沢一郎幹事長が各界からの陳情をとりまとめたとする要望を政府に提出し、これが了承されることで、突然終息した。予算編成が何よりも重要だったから不透明な幕切れも不問に付されたのである。さらに予算には関連法案の国会通過が必要である。いかに連立相手の社民党・国民新党に振り回されようと、政権は連立を維持するためには譲歩する必要に迫られた。そして、最低限必要な法案の成立後、民主党は連立解消に向けて舵を切っていったのである。

第五に、鳩山内閣以後の民主党内閣の成果は、外交文書の開示や事業仕分けを通じて、政府情報を国民に開放したことにあった。とりわけ二〇〇九年に行われた最初の事業仕分けの状況は、傍聴した市民がウェブのツイッターのサービスを用いて随時状況を公表することで国民の関心を集めた。かくして政府に関する情報を定期的に国民が入手できるようになったのである。

だが、鳩山首相自身が、沖縄の普天間基地の県外移転を何の準備もなく表明し、引き受ける県もなく、沖縄県は県外移転からの譲歩を一切拒否し、沖縄県内の辺野古（へのこ）移転を譲らないアメリカとの間で、収集不能の事態に立ち至った。

この問題で社民党の連立離脱を契機に退陣した鳩山内閣のあとを受けて、菅直人財務相が政権を担った。第一に着手したのは、迷走の原因であった「政治主導」の修正である。就任後の記者会見で、菅首相は「官僚を排除して政治家だけで決定すればいいということでは全くない」と語った。また首相官邸のトップページから、鳩山内閣の「基本方針」・「政・官の在り方」の二文書が削除された。鳩山内閣の「政治主導」を正面から継承しないという方針が示されたのである。さらに、九月の改造で副大臣・大臣政務官に比較的省務に通じた政治家をあて、新しい「基本方針」で官僚と密接に意思疎通を行うよう指示した。

第二に、官邸の再構築である。第一次安倍晋三内閣以後官邸の人事は大きく乱れ、それ以前の官邸が保持していた調整能力は大きくそがれた。鳩山内閣も同様であったが、発足当初の菅首相は官房長官に仙谷由人行政刷新会議担当相を抜擢し、官房副長官には菅財務相を支えた古川元久内閣府副大臣を据えた。また、枝野幸男幹事長は官邸に机を置き、玄葉光一郎政策調査会長は入閣した。党を首相のコントロールの下に置く体制が構築されつつあった。

第三に、菅首相は、就任時の記者会見で、経済・財政・社会保障を強化し「最小不幸社会」をめざすことを宣言した。鳩山首相は「友愛」という祖父鳩山一郎の政治理念を掲げたが、菅首相は、そうした歴史的過去との断絶を示し、未来志向の政策目標を設定することで、ひとまず政権交代の意義を再生させた。

だが、菅首相は、次々と新しい政策課題を内閣の課題に取り込み続けた。とりわけギリシャの債務危機が明らかになるにおよんで、財政再建のために突如消費税増税を掲げて参議院選挙に臨み、民主党は過半数を遠く割り込む惨敗を喫した。以後、政権は低迷を続け、外国人献金問題で前原外相が辞任し、菅首相自身にも政治献金を外国人から受けていたことが判明し、国会で追及されるかと思われたときに東日本大震災が勃発したのである。

三　東日本大震災と財政危機

破壊は前ぶれもなくやってきた。平成23年（２０１１年）３月11日午後２時46分のこと。大地はゆれ、海はうねり、人々は逃げまどった。地震と津波との二段階にわたる波状攻撃の前に、この国の形状と景観は大きくゆがんだ。そして続けて第三の崩落がこの国を襲う。言うまでもない、原発事故だ。一瞬の恐怖が去った後に、収束の機をもたぬ恐怖が訪れる。かつてない事態の発生だ。かくてこの国の「戦後」をずっと支えていた〝何か〟が、音をたてて崩れ落ちた。

震源は三陸沖、牡鹿半島の東南東130㎞付近、深さ24㎞、マグニチュード9・0。規模は国内観測史上最大、世界でも20世紀初頭からの110年で4番目の規模という。宮城県北部での震度7、東北・関東8県で震度6以上の強い揺れ、東日本を中心に北海道から九州にかけて、日本列島全体が揺れた。

太平洋プレートと陸のプレートの境界で発生した海溝型地震で、大規模な津波が発生。最高潮位9・3m、津波の遡上高は国内観測史上最大の40・5m。

人的被害は、死者行方不明者合わせて2万3千名をこえる。そして被災地におけるストックへの直接的被害額は、約16・9兆円（内閣府）にのぼる。さらに原発事故、それに伴う風評被害は止まるところを知らない。

東日本大震災後の国の復興構想を検討した東日本大震災復興構想会議が二〇一一年六月に提出した『復興への提言』は、こう記す。この原案を作成した議長代理の御厨貴は、「音をたてて崩れ落ちた」ものを、一九四五年の敗戦以後の「戦後」の社会であり、ここから「災後」という新時代へと転換したととらえた（御厨貴『「戦後」が終わり、「災後」が始まる。』千倉書房、二〇一一年、二〇～二二頁）。

震災直後、インフラの被害、原子力発電所（原発）事故への恐怖、前例のない計画停電の実施といった混乱し騒然とした状況の中で、メディアでは過去の事例がさまざまに引用された。関東大震災時の後藤新平が主導した帝都復興計画の例や、津波に襲われたがれきの光景が太平洋戦争の敗戦後の焼け跡のようであったという指摘や、阪神・淡路大震災後に設置された阪神・淡路復興委員会が官僚を中心に委員を選任し、迅速に復興計画を作成したことから学ぶべきであるといった意見が、多方面から幾度となく出された。

菅内閣は四月に東日本大震災復興構想会議を設置し、検討を重ねた結果、六月にはこのような提言を得た。

並行して被災自治体でも復興のための検討会議が設置され、おおむね二〇一一年度内に復興計画が策定された。

他方で、官邸は原発事故への対応に追われた。「想定外」の自然災害であると見ていた東京電力に責任を負わせるとともに、官邸との情報共有を徹底化して事故への対処を図った。この政府の原発事故への対応については、徹底検証のため、政府のみならず国会も初めて検証委員会を設置し、それぞれ独自に調査を進め、政府の対応を批判的に分析し、将来への政策的対応のリストを示した。東京電力や、民間の財団による福島原発事故独立検証委員会なども事故への対応を検証して報告書をまとめており、深刻な事故を将来への政策転換へと進めるための作業が継続した。こうした一連の「検証」の政治過程から、原子力発電をどのように将来の電力政策に結び付けるかで、活発な政策論争が戦わされた。

未曾有の災害にともなうさまざまな社会現象と政策転換を受け止めて、御厨はより根本的な歴史の転換をここに見ようとした。敗戦のときと同様「打ちのめされた」体験の共有が新時代の出発点となり、一層の国際化が迫られて日本から飛び出す人々が現れるであろうし、かつ日本の地域社会に根を下ろす動きも見られ、国民総生産（GNP）は右肩下がりであろうが、高齢社会を受け入れ共存する社会基盤がつくられるというのである。

あるいは未曾有の大震災後に、東海・東南海・南海地震に代表される大規模な地震が起こらないとも限らず、「災後」ならぬ「災中」が数年かそれ以上にわたって持続するという見方もありえよう。一九三七年、哲学者・批評家であり時局への関心を深めつつあった三木清は日中戦争下で、「戦争と文化」という一文の中で、戦争によって文化が「現象的」となった、すなわち「本質的なものが」隠され、失われたと批判する（三木清「戦争と文化」『三木清全集』第十三巻、岩波書店、一九六七年、四七五〜四八一頁）。だからこそ「毎日の新聞を見ても、今日ほど新聞が現象的になつたことはないであらう。そのセンセイショナリズムは頂点に立つてゐる。しかし、我々の最も知りたいこと、事件の最も本質的なものについては殆ど伝へてくれないのである。新聞はその本来の機能から逸脱して現象的になつてゐる」と三木は、マスメディアを批判する。そして「注目すべきは戦後文化であり、文化人はこれに対して用意しなければならぬ」という。

戦争の初めには戦前からの文化が或る程度継承される。むろん現象的には戦争の影響が大きく現れて来るけれども本質的なものにおける変化はそれほど顕はではない。戦争の本質的な影響が見られるやうになるのは戦後文化といふべきものにおいてである。戦争文学などにしても、すぐれたものが出来るとすれば、戦後のことである。それは戦争の全体の経過を見通しそれについて反省し得るやうになつた時において、とりわけ戦争に直接参加して深い体験をした人々の手によつて作られるであらう。

三木のこのような認識は直接的には第一次世界大戦後のヨーロッパで得た体験にもとづいている。災害は戦争とは決して同一ではないが、災害が長期にわたって起こりうるという状況は戦争の継続と類似する。そうした「災中」で生じたもろもろの混乱から「本質的なもの」をつかみとるためには、「全体の経過を見通」す歴史の視座が一層人々に求められる。それは「戦中」と同様であろう。

しかも、危機の持続は、グローバル経済からももたらされていた。二〇〇八年のリーマン・ショックによって傷ついた金融システムと実体経済を支えるために、諸国は公共支出を大幅に増やして事態を乗り切ろうとした。当面経済は恐慌へと落ち込まなかったものの、長期にわたって成長を望めない事態に立ち至った。そこで起こったのは、ソブリン債務危機すなわち国家財政の破綻の危機であった。二〇一〇年に発覚したギリシャの財政破綻の危機は、一二年に、不動産バブルが大規模に破綻したスペイン、その後経済改革を長らく怠ったイタリアに波及した。短期で国債を償還するヨーロッパ諸国では、国債の償還と発行のたびに波状的に危機が到来する。そのたびに世界経済への深刻な影響があるのではないかという恐怖が世界を駆け抜けた。

当初期待されたのは、新興国と言われたロシア、インド、ブラジルそして中国であった。特に中国は、二〇一一年に国内総生産（GDP）で日本を抜き世界第二位の経済大国になったと発表し、多極化する世界の主要プレイヤーに躍り出たかに見えた。しかし、一二年には経済成長が鈍化し始めた中国には、もはや単独で世界の経済成長を牽引する力はなかった。

日本でも、政府総債務残高がGDPの二〇〇パーセントを超え、当初予算段階で二〇一〇年度から一二年度まで三年続けて国債発行高が税収を上回った。財政破綻を回避するための増税へと本腰を入れて舵を切ったのは、一一年九月に成立した野田佳彦内閣であった。野田は、鳩山・菅とは異なり、民主党が政権を得た後、初めて野党時代の代表経験を持たずに首相となった。財務副大臣・財務相として閣僚を歴任し、政権を与党内からじっくりと見渡して組閣したのである。野田内閣は、鳩山内閣時代に民主党が掲げたように内閣・党の一体性の下で閣僚が党の意向を介さずに法案を作成するのではなく、党三役による法案事前審査制を導入して、自民党政務調査会の法案作成手続きを模倣（もほう）した。また鳩山・菅首相のように官僚を敵視せず、協力関係を構築しようとした。すでに官僚は、震災復興の過程で、政策形成のイニシアティブを取り戻し、省の枠を越えて活動し始めていた。ねじれ国会で民主党と自民党との間が膠着（こうちゃく）する中、官僚は次第に両党の間で調整を図るようにもなっていた。野田内閣は、社会保障と税の一体改革を打ち出して、消費税を段階的に一〇パーセントまで上げる法案を国会へ提出した。波状的に経済危機が叫ばれる中で、自民党・公明党は増税後に両党の構想を予算に含めること、解散を「近いうちに」実施することを条件にして、法案賛成に回った。民主党では、小沢グループが離党し、党勢は弱まっていたが、一二年八月に法案は成立したのである。

四　新しい時代の政治指導

短期政権による首相と閣僚の交代は、危機の表れと見るのが、小泉内閣後のマスメディアの論調である。だがそれは新しい世代の政治家が抜擢される機会が増えたことでもある。とりわけ自民党ではない政党から政務三役の経験者が量産され、執務経験を積んだ政治家たちが、公開情報によって理論武装した市民たちと政策論議を交わす。本格的な政治指導の型が登場するとすれば、ここからであった。二〇一一年八月に『中央公論』誌上で御厨・牧原は対談の中で、次のように新時代を見通そうとした（御厨貴・牧原出「〝強いリーダー待望論〟の不毛」『中央公論』二〇一一年九月号）。

御厨　昔は、あるべきリーダーシップというものが厳然としていました。政治の世界で言えば、党を運営できる人とか派閥の長とかにならなければ、国のリーダーとしての資格が認められないといった共通認識があって、みんながそれに付き従ったわけです。

牧原　リーダーに求められるのは危機管理能力、長期構想、政治理念、説得力。これが古典的というか西欧近代的な考え方なわけですが、どうもそうしたものを特定の人間に求める時代でなくなっているのは確か。「リーダー不在」と言うけれど、実はリーダーのあり方自体が変わっていて、その背景にはフォロワーの変身もあります。

御厨　それに薄々気づきながらも、リーダーのほうは、じゃあどのように変わったらいいのか、迷っている。それが現状ではないですか。付け加えれば、フォロワーだって揺らいでる。普段は「国民のみなさん」などと言われると引くのに、尖閣みたいな問題が起こると、多くの人はやっぱり強力なリーダーシップを求めるわけです。

御厨　派閥や業界だったら、親分が顔で演技したり、咳ひとつで仕切ったりすることができたけれど、異業種交流が進んだ世界では、そんなものは通用しません。最終的には、そこで語られる言葉が意味を持つことになる。

一つ、わがゼミOBから聞いたフラットなコミュニケーションの例を挙げておきましょう。例の福島第一原発事故が起こった際、当初、放射線量などの発表の遅さが指摘されました。発表が早く正確になった裏に、事故によりドクター論文が書けなくなった、理工系の大学院生たちの貢献があったというのです。

専門家ですから、データを「出し惜しみ」していることが、彼らにはすぐに分かった。そこで顔を知らない同士ネット上に集まり、論文を書くはずだった時間をデータ収集と分析などにあてて、その結果を協力して当局に送り続けた。われわれには分かっているぞ――と、プレッシャーをかけたわけですね。

牧原　リーダーはいたのですか?

御厨　初めはいなかった。ただ、彼らの取り組みの連続のなかで東大のある先生が、最終的には責任を引き受ける結節点になったのです。そのネームバリューもあって、対応を改めざるをえなくなったわけ。このケースでは、自然発生的な仕組みがまずあって、そこにリーダーが「あと乗り」した。

牧原　フラット化すると、そんな例がそこかしこに生まれることになるのでしょうね。

御厨　彼らみたいな人間たちが、政治の世界に入ってくるとおもしろいのだけど。問題は、まだ政治がそことの接点を持てていないところです。

牧原　いずれにしても、旧来型のリーダーシップではもたなくなっていることだけは事実。ただそれは、日本に限った現象ではありません。オバマもキャメロンも、少し前の豪州のラッドも、弁が立って、若くリーダーシップに溢れているというタイプですが、そろって四苦八苦している。転換の世紀にあって、リーダーシップそのものの「危機」が、グローバルに進行しているのかもしれません。

名望家支配ではなく、ある種の横のつながりをベースに、小集団がついたり離れたり。その世界を引っ張るのが、フラット化社会の感覚を身につけたリーダーということになるのでしょう。

当時のこのようなリーダーシップは、次の政権交代で長期政権が誕生することで、これへのオルターナティブとなる新しいリーダーシップを生み出したのである。

▼参考文献

飯尾潤『日本の統治構造——官僚内閣制から議院内閣制へ』中公新書、二〇〇七年。

飯尾潤・苅部直・牧原出編『政治を生きる——歴史と現代の透視図』中公叢書、二〇一二年。

菅直人『大臣〔増補版〕』岩波新書、二〇〇九年。

御厨貴編『「政治主導」の教訓——政権交代は何をもたらしたのか』勁草書房、二〇一二年。

御厨貴『「戦後」が終わり、「災後」が始まる。』千倉書房、二〇一一年。

湯浅誠『ヒーローを待っていても世界は変わらない』朝日文庫、二〇一五年。

対話編

牧原　今回は、第一の「政権交代」です。

御厨　政権交代は、二〇〇九年と二〇一二年に、二回、ありました。このうち二〇〇九年について、今回は詳しく見ていきたいと思います。

◆民主党の変容と政権交代

牧原　まず、二〇〇九年の政権交代について、考えてみたいと思います。一九九六年、政治改革後初めての小選挙区制の下での衆議院総選挙を前にして、小政党の合同の動きが進んでいきます。その中で、鳩山由紀夫、菅直人の主導によって、社民党、新党さきがけの議員を中心にして、民主党が結成されました。このとき、鳩山は、社民党の村山、さきがけの武村といった長老クラスの議員の参加を拒否し、個人によるネットワーク型の政党というものを唱えました。そして、一九九八年には、新進党の解党により小沢グループと別れた議員たちを吸収した民主党は、自民党に対抗する勢力となり、自民党が惨敗して橋本首相が退陣した後のいわゆる金融国会で、不良債権処理など、金融再生関連法案について、与党自民党に対して対抗法案を出して、これを受け入れさせると、それによって存在感を高めていきます。

しかしながら、二〇〇一年に、小泉純一郎内閣が成立すると、民主党の党勢拡大は順調には進まず、とりわけ〇五年の郵政選挙で大敗します。この間、代表は菅直人、鳩山由紀夫、菅、岡田克也と交代し、こ

⬆ 衆議院で首相に指名され，一礼する鳩山由紀夫・民主党代表（2009年9月16日。写真提供：時事）。

の選挙後に、若手の有望政治家として、前原誠司が新しく代表に就任します。しかし、この前原代表は、与党を揺さぶろうとした電子メールが逆に偽のメールだったということが明らかになり、辞任します。

ここまで見ると、ネットワーク型の緩い組織、議員による政策形成へのこだわり、そして情報管理の甘さといった性格が、後々までやはりこの民主党に付きまとうということが言えると思います。しかし、この前原の後任の代表に、二〇〇三年に民主党入りしていた小沢一郎が就任することで党が変わっていきます。参議院一人区を行脚し、自民党の支持層であった農協や中小企業団体へ接近し、さらに補助金を撒くというような公約を作ります。こうして、自民党型の選挙手法を民主党がとるようになることで、地方にその支持層を広げていきます。

そして、二〇〇七年の参議院選挙で、小泉首相のあとを継いだ安倍晋三首相が、年金問題や閣僚の不祥事に対処できず惨敗すると、民主党はますます存在感を強めていきます。特に国会で、民主党は政策に強い議員が国会審議で政権の不備を突き、日本銀行総裁などの国会同意人事とか、予算関連法案などの法案審議とかで、政権を揺さぶり、自民党政権を追い詰めていきます。その結果、〇九年の総選挙で、民主党は圧勝し、政権を獲得しました。このとき、民主党は大胆な政策転換を図ることを有権者にアピールしたマニフェストを掲げました。その表題が「政権交代」でした。

民主党、社民党、国民新党の連立内閣がここに成立しました。このように発足時は非常に高揚した瞬間でしたが、政権交代後の民主党政権は、ほぼ一年で首相が交代するという混乱を示していくことにもなりました。この選挙前に献金問題で小沢代表が辞任した後、鳩山が再度代表に就任して、首相となります。そこでは、政治主導の下、大臣、副大臣、大臣政務官の政務三役が、各省の政策を主導することが掲げられて、官僚による政策形成のイニシアティブは大きく制限されました。大臣たちは、相互に協議することなくメディアに向けて政策転換を表明することになったのですが、このマニフェストに基づいた新しい政策形成を行うという能力には、やはり欠けていたと言わざるをえないと思います。その結果、新しい政策の立案が停滞していきます。しかも鳩山首相は、成算なく、沖縄の普天間基地について、最低でも県外に移転すると宣言し、日米関係を損ない、沖縄との信頼関係も傷つき、普天間基地の移転問題が停滞するという事態を招き、結果として、その責任をとって辞任をします。

その後任は、国家戦略担当相であった菅直人です。菅内閣は、政治主導の修正を部分的に図り、政務三役と官僚との間の調整の重要性を宣言しましたが、参議院選挙を前に、財政再建のための消費税増税を菅首相は突然唱えました。鳩山内閣の失政への不信がそこでさらに高まり、選挙で民主党は大敗し、参議院では少数与党政権となります。その結果、今度は菅内閣が法律の国会審議でつまずきます。菅内閣は予算関連法案の国会審議が停滞し、菅首相自身も外国人からの献金問題で非常に追い詰められたところに、東日本大震災が発生しました。

◆なぜ民主党政権は失敗したのか

御厨　この一連の動きを、どう解釈するかという問題があります。政権交代、これはもう合言葉のように、この二一世紀になって、特に小泉政権から後は、それが現実になるかのように言われてきました。しかし、現実になったときに、じゃあ、その三〇〇の議席をとった、いわゆる民主党が、本当に国民の間に「民主党政権になったらこういうふうによくなるだろう」ということを背景にして国民が投票したかと言えば、実はどうもそうではなかったと。つまり、国民はむしろ、それまでの自民党政権に飽き飽きした。とりわけ、小泉政権の後、三年間に三人の首相を出すという異例の事態です。これを見て、もう自民党政権には飽きたねと、これはもう嫌だねと、その雰囲気が逆に民主党を勝たせる結果になった。民主党については政権に就く前から、本当に政権担当能力があるのだろうかなど、いろいろな議論が交わされました。しかし、それはさておき国民は、人心の刷新、すなわち、これまでずっと同じ内閣、つまり同じ基盤の内閣であったのを、その基盤を変えようという、思い切った選択をした。これが二〇〇九年のときの政権交代の非常に大きな意味だったという気がします。

その続き、つまり、その後、じゃあ現実に民主党政権がどうなったのかと言うと、それは今、牧原先生が言われたように、つまずきの連続である。とりわけ、この内閣の、つまり民主党政権の失敗の一番大きいところは、外交にすぐに手を出した。これは誰も考えなかった。すなわち、外交というのは、ただでさえも危ういものである。ですから、どの政権でも、よっぽどのことが外交上に起こって、右にするか左にするかという外交上の選択肢を、総選挙で問うということがない限り、普通は前政権の外交政策をそのまま引き継ぎます。そして、自分たちの政権が力をつけてきたら、そこで方向転換をする。こういうことが普通だったんですが、鳩山首相はあまりにも早く、自分の理想というものを喋りすぎてしまった。しかも、それに全く根拠がないことがわかってしまった。これが、その後の民主党を自ら追い込んでいく。ですから、民主党が鳩山政権で主として自分から倒れてしまったのは、自損事故と言われました。自らが自らを傷つけて、ひっくりかえってしまった。やっぱり他者のせいではないと。民主党が、その後、牧原先生が言われたように、菅内閣で突然、消費税増税を言ったのも、もともとマニフェストには書いてなかったことですから、それがまたものすごい引っ掛かりになっていく。そういう展開になっていきます。

そこで、牧原先生に、うかがいたいんです。やっぱり、皆の期待にこれほどまでに沿わなかったというのは、そもそも民主党には統治能力がなかったということになるのでしょうか。この点については、いかがでしょうかね。

牧原　まずやはり、衆議院の選挙で少数だった野党が多数となって、特に過半数を超えて、そこで与党となって組閣するということが、実は日本の憲政史ではこれが初めてだったということがあります。そして、民主党は、自民党の長期の政権の後に、初めて、いわば自民党を野党に追いやって与党になるという政党でした。二つの意味で、民主党が政権交代で政権を獲得するということは画期的だったのです。しかし、そのことが意味するのは、やはり民主党にとっては、あるいは民主党でなくても、こういう自民党に代わる新しい党が与党になるということの非常に大きな壁というものがあったと思います。

◆民主党政権の意義と教訓

牧原　民主党政権は、いろいろな問題がありましたが、おそらく最大の利点と言いますか、政治に対して果たした貢献というのは、やはり自民党政権下で秘匿(ひとく)されていた情報を次々に明らかにしたことだったと思うんですね。特に行政刷新会議の事業仕分けや、あるいは外交文書をはじめとする公文書の公開といったものを通じて、自民党政権時代によく実態の知られなかったものを出そうとした。その結果、何がわかったかと言うと、例えば、財政の無駄を排しても、多くの財源は簡単には確保できないということが明らかになりました。しかも、そういったことをやったとしても、簡単に政策転換、とりわけ民主党が考えるような大胆な政策転換を生み出すようなところまでの情報というのは、到底得られていなかったということです。

つまり、政権交代とは、ただ単に二つの政党があって野党が選挙に勝つということだけではなく、野党が一定の政策情報、とりわけ実現可能な政策についての政策情報を得るという仕組みも同時にないと、機能しません。それが民主党政権の失敗によって明らかになったことではないかと思います。

御厨 ということは、よく言われるように、イギリスなんかでは、与野党が交代することが明らかになったときに、すでに、本当はいけないんだけれども、現実には官僚層が新しい政権に、いわば政権移行の仕事を始めるというようなことが言われています。その点は、どうなんでしょうか。

牧原 これについては、日本の場合はそもそも、野党でも官僚と接触することが禁じられていない、むしろ官僚のほうは接触しています。ただ、官僚と野党が接触するときに、官僚から既存の政策を説明するだけではなくて、とりわけ政権に就きそうな段階、選挙のある程度前の段階で、野党が新しい政策を公約として作るときに、その公約の実現可能性について、官僚からアドバイスなり、あるいは、どこを直したほうがよいといった、きつい批評も含めて、一定の意見をもらうという仕組みというのは必要だと思います。それが今回の場合、官僚機構も、やはりそこまでの準備はなかったということだと思います。

◆東日本大震災の発生と復興構想会議

牧原　二〇一一年三月十一日午後二時四十六分に、東日本大震災が発生しました。震源は三陸沖であり、マグニチュード九・〇、国内観測史上最大規模でした。さらに、大規模な津波が発生し、最高潮位は九メートル、津波の遡上高は、これも国内観測史上最大の四〇メートルを超えるというものでした。加えて、福島第一原子力発電所で、送電停止に伴う原子炉の水素爆発という原発事故が発生し、東日本の広範囲に放射性物質が飛来すると。そういう事態に立ち至りました。

この突然の大災害に対して、国、地方自治体では懸命の対応がなされます。まず被災地で、人命救助、そして交通、通信、インフラの復旧が進められました。特に津波で徹底的に破壊された沿岸部では、通信設備の回復が非常に遅れるということがあり、乏しい情報の中で、手探りの救助と物資の輸送が行われます。ここでは、大規模な自衛隊による救助と、米軍による支援も行われました。しかしながら、原子力発電所の事故の収束が見通せない、特に初期の段階で、菅内閣は大きく混乱しました。例えば、菅首相が福島の原発に直接出かけて現地を視察することであるとか、東京電力の本社に現れて直接指揮しようとするとかといったことです。いずれも首相自らが行うべきか、後々まで議論されるような事態となりました。また、民主党政権が行おうとしてきた政務三役による政治主導では到底対応しきれず、官僚がどの程度イニシアティブをとるのかという問題を含めて、冷静かつ迅速な対応とはほど遠い状況が続きました。

その中でも、四月に東日本大震災復興構想会議が設置され、有識者による復興計画の方針についての審議が始まりました。六月に復興への提言が出され、ほぼ同時に東日本大震災復興基本法が制定されます。そして、二〇一二年二月には、復興政策全般を所掌する復興庁が発足し、先の復興構想会議に代わり、東日本大震災復興推進委員会が始動することになりました。また、こういった過程と並行して、被災した地方自治体でも、復興計画が次々に策定されていき、復興が進んでいきました。

さて、このプロセスで、東日本大震災復興構想会議で議長代理としてさまざまな審議、調整に当たられた御厨先生に当時の状況をおうかがいしてみたいと思います。

御厨 はい。とにかく、どうしたらいいか全くわからないっていう状況の中で、私、それから五百旗頭真。五百旗頭さんが議長、私が議長代理、あと、建築家の安藤忠雄さんも議長代理になりました。そういう状況の中で、一五人ほどの委員によって、審議が進められていく。ただ、菅内閣は、よくあるこういう諮問会議のように、何を優先順位にしてどういう順番でやってくれということも含めて、我々に、要するに諮問されてしまったがゆえに、我々はそういう意味ではゼロからの出発というか、何を審議したらいいのかというところからスタートしたという点が、たぶん、すごくもどかしいという印象を周囲に与えたんだろうという気がするんですね。

牧原 その中で、六月に復興への提言が出されます。これは、いかがでしょうか。

御厨 かなり大変だったんです。しかも、復興委員のメンバー、まあ専門家もいましたけれど、多くは、いわゆる有識者であっても、そもそも復興の専門家はいるかどうかっていう問題があります。いわゆる普通の人たちでした。彼らの、何かしら復興に貢献したいという参加意欲を、そして東北への思いを、どうやって文章化していくか。しかも、それを単に文章にするだけではなくて、現実にそれをやってくれる官僚層と、どうやって、官僚ができるような文章を作っていくかという、二重の戦いがあったということになりますかね。

牧原 構想会議の下に、検討部会という会議体があったと思います。官僚層との調整であるとか文章化とかがそこで行われたのではないかと思いますが、いかがでしょうか。

御厨 そうですね。検討部会というのがあり、これの部会長が飯尾潤さんでした。この飯尾部会長と、それから検討部会が中心になって、官僚層との間のいろんな打ち合わせ、さらに実行可能な政策を文章化していくということをやりました。全体としては復興構想会議のほうが、それをどういうふうに受け止めていくかということで、これも、やっぱり文章化していくということがありました。これはなかなか普通の政治家ではできないし、といっても官僚だけでも、いわゆる行政用語の文体を使ってはいかんということになっていましたので、できないだろうと。そこのあたりの調整というのが、五百旗頭議長とか私とかが相当苦労したところだろうと思います。

◆いまだ「災後」は始まらず?

牧原　そのようなプロセスで、復興への提言が作られたのですね。これは御厨先生もいろいろと直接お書きになった部分もあると思います。今、それを読み返してみると、どのようなご感想をお持ちですか。

御厨　そうですね。一番最初に前文というのを入れて、その前文は私が全部書きましたけれども、ちょっとその前文のところを、一部だけ読んでみます。こういう書き出しから始まります。

破壊は、前ぶれもなくやってきた。平成23年(2011年)3月11日午後2時46分のこと。大地はゆれ、海はうねり、人々は逃げまどった。地震と津波との二段階にわたる波状攻撃の前に、この国の形状と景観は大きくゆがんだ。そして続けて、第三の崩落がこの国を襲う。言うまでもない。原発事故だ。一瞬の恐怖が去った後に、収束の機をもたぬ恐怖が訪れる。かつてない事態の発生だ。かつてこの国の「戦後」をずっと支えていた〝何か〟が、音をたてて崩れ落ちた。

こういう、やや詩的なリズムを持った文章を、やはり入れなければいけなかったというのは、そういう想いを、やっぱりこの提言の中ではある程度実現しなければいけなかったということです。これがあって非常に今度はきちんとした散文的な、それこそ復興への提言があるという二重構造にしたというところが、一つのポイントだったような気がしますね。

牧原　今、その文章の中に、戦後のある部分が崩れたというところで、御厨先生は戦後から「災後」、震災の「災」の「後」と、この災後論をいろいろなところでご発言されています。この戦後と災後という問題を、どのように考えればよろしいんでしょうか。

御厨　そうなんですね。これは、戦後がとにかくなかなか終わらないということは、ずっと言われていて、我々歴史を研究している者にとっても、「なんでこんなに戦後が長いんだろう。戦後に切れ目がない」と。これは一つには、自民党政権がずっと続いているということもあるんだろうと思います。しかし、なかなか、高度成長期以来の国民の発想も、転換を迫られているのに転換しえていない。そこで、ずっと戦後が続いていたのが、私は今回のこの震災の後、「災後」、大きく価値観も統治のあり方も変わるのではないかという、ある種の期待も込めて、こういう議論を展開したわけですね。

そこで一番大きいのは、やっぱり「災後」の時代というのは、これまでは国が国民の面倒をすべてみていましたが、どうもそうではないぞと。国ができることには限界があり、その限界の下で今度は国民がどんどん自分たちでいろんなことをやっていかないとダメだという、ある種の国家観の転換というのが、これを機に起こるのではないかという、そんな気がしたということですね。

牧原　それはやはり、今、震災から一定の年数が経っていますが、どうでしょう。やはり転換は起こりつつあるというような受け止めでしょうか。

御厨　震災から三、四年経つ間は、復興もまだ途中でしたし、人口減少へ向けての「災後」のサイズにあった縮小モデルは国民に浸透しないかに思えることばかりでした。それが明らかに変わったのは震災から五年、熊本地震が起こり、自然災害がその後毎年のように日本のどこかに起きるようになってからです。「災後」はある意味で常態化されました。震災や災害の経験者が増え、それらが「つながる」ことになってきたのです。それと同時に、あれだけ一挙に大量の人たちが亡くなる。これはもう戦争以外ではありえない。自然災害でも、こんなことが起きるんだということは、やはり皆の意識の中に植え付けられました。同時に、防災ではなく減災、つまり、すべての自然災害から国は守ってくれない、やっぱり被害を減らすという減災くらいしかできないんだよ、あとは自分たちで、というような、そういう発想に徐々に変わりつつあると思います。

牧原　その意味で、災後の前に災中というか、まだやはりある種の変化が起こっているプロセスという時代なのかもしれません。私に関して言えば、ちょうどその時期、仙台市におりましたので、やはり震災の被災地における復旧、それから復興のプロセスを、深刻な被害を受けた地域ではないにしても、その近くで日々感じていました。そこで非常に印象的なのは、災害直後に、一方で死者への追悼あるいは被災者への労り（いたわり）というような報道が強いということです。他方で、そういう雰囲気は残るんですけれども、その中で、日々生きていかなければいけないと。食料を買い出したり、さまざまな工夫をして、お互い助け合わなければいけない意識があります。やはり最初は、震災時を顧みて、過去を振り返る。いつまでも震災からなかなか新しく踏み出せないという人の気持ちに寄り添うというものがあります。他方で、生き残るためにはどこかで未来へと区切りをつける必要があるような気がするんですね。

そういう意味で、過去へ向かう視線と未来を切り開くというせめぎ合いのポイントに、復興という言葉があります。かつて後藤新平が関東大震災のときにあえて「復興」ということを強調したのは、後藤のようなプロジェクトを推進するタイプの政治家から見ると、やはり未来志向のものを一本ここで出したいということがあったのではないでしょうか。そういう意味で、復興構想会議であるとか各自治体の復興計画のためのさまざまな仕組みというものが始まっていくということなのかなというふうにも思います。

◆二〇一二年の政権交代

牧原　二〇一一年五月に国会に提出された内閣不信任案への対応をめぐって、民主党内の小沢グループがこれに同調するという動きを見せると、菅首相は、一定の役割を果たした時点で退陣することを表明して、民主党内で不信任案への同調者をなくします。その結果菅は延命を果たします。そして、八月になると、退陣の三条件としていた第二次補正予算、特例公債法案、再生可能エネルギー特別措置法案が成立した段階で、民主党内で代表選挙が行われます。野田佳彦財務相が、海江田万里経産相を破って代表に就任し、国会での首相指名を経て、組閣に臨みます。

野田内閣は、鳩山、菅内閣とは異なり、内閣と党政策調査会の二元化、廃止した事務次官等会議を各府省連絡会議として活用すること、そして、経済財政諮問会議に代わる国家戦略会議を始動させること、といったかたちで自民党政権をモデルにした、新しい政策形成のあり方を模索しました。また、野田首相が掲げた最重要の政策課題は財政再建であり、税と社会保障の一体改革でした。消費税率の段階的引き上げ、将来世代への負担削減をめざした社会保障制度改革がその柱でした。

しかし、民主党内での議論はまとまらず、多くの離党者を出すことになりました。二〇一二年八月には、民主党、自民党、公明党の三党会談が行われ、法案の成立後に解散をするということで、合意を得ました。解散の時期を明言しなかった野田首相ですが、十一月に突然、解散を表明します。

この間、政党構成にも変化が起きていました。二〇一一年十一月には、大阪府知事・市長のダブル選挙があり、大阪維新の会という新しい党の候補がここで当選し、さらにこのとき府知事から市長へと転身した橋下徹市長は、来る衆議院総選挙への準備を進めていきます。こうして、自民、民主以外の第三極の政党の役割というか、重要性が非常に高くなっていきます。また、一二年九月には、自民党総裁選挙が行われ、大方の予想に反して、安倍晋三が再び総裁に就任しました。

◆同時代史と政治史

牧原　東日本大震災があり、そしてそのあと、また自民党が政権に返り咲いて、かつて首相であった安倍晋三が再度首相になると。このときに一連の流れの中で、非常に感じられることは、かつてどこかであったことが、また起こっているという感覚ではないかと思います。つまり、例えば、東日本大震災の前は関東大震災であるとか、あるいは阪神・淡路大震災であるとかといった、過去の震災の記憶。さらには、戦後の廃墟のような都市の風景といったものがやはり思い出され、そのときに何をしたかというかたちで、復興という物語、あるいは政策が語られてきました。あるいは自民党政権の復権、これは政権交代の結果でもありますが、かつていったんは政界の表舞台から退いたかに見えた政治家が、やはりそこで復権して、過去の経験を活かしてまた次の新しい課題に立ち向かう。やはり今生きていることが、歴史の中のどこかに似たような現象があるという。既視感の中で動いている。そういう時代であったんだと思います。

その中で、特に二〇一〇年代前後以降、見られたことというのは、一つはやはり政治改革の結果、政権交代として新しい政党が政権を担っていくという、政党の改革、あるいは新しい政党を作るという動きがあったと思います。つまり民主化。よりいっそう、より多くの民主主義の実現と言いますか、そういうものがあったと思います。それと同時にやはり、統治の改革があって、これは日本国憲法という大きな枠組みがあります。これを実効的にどう統治するかということで、さまざまな試みがなされる。これはかつて、日本国憲法の制定と逆コースという時代、占領が終わった時代も、やはり実効的な統治の仕組みをどう作るかというものでしたが、一九九〇年代以降進んだ行政改革、規制緩和、地方分権改革、省庁再編、そして司法制度改革。もちろんここには政治改革もありました。こういう一連の改革も、統治の改革である。さらに憲法改正という問題も、実は人権部分ではなくて、天皇、再軍備、国会、内閣、地方自治といった、統治機構の分野で提唱されているということも、これを裏づけていると思います。こういう統治と政党の新しい改革という二つの大きな改革というものが、今後どのようになっていくかということは、やはり歴史を見ながら考えていくしかないのかなと思います。

御厨　そうなんですね。同時に、このとき、我々に突き付けられていたのは、二大政党制は本当にこの国に根づくんだろうかという問いでした。つまり三〇〇議席を有していた与党が、分裂もしましたけど、選挙結果で五〇議席の後半しか持ちえなかったということです。二大政党制はやっぱり蜃気楼だったのかという話も一方で出てきています。しかも、二大政党制というものを実現させるためにこそ、小選挙区制が導入されました。小選挙区制ならば二大政党制になると言われたことが、現実には、論理的に言うと、小選挙区制にしたにもかかわらず二大政党制はあるいは脆くも崩壊してしまったのか、という議論に実はなっています。しかし、この先どうなるかはわかりません。

ただ、今のところはまだ、そういう、次へつながっていく話が出ていないものですから、やっぱりこれは幻だったのかなとか、蜃気楼だったのかなという話になります。しかし、日本国民がずっとこの改革の時代に考えていたのは、やはり政権交代ができる政党を作り、そしてその政党同士によって政権をいわば次々に担っていくということです。まあ理論的に言えば、そういう体制です。それがなかなか現実にはできないのです。

今、牧原先生は、デジャブ、つまり既視感のある時代であったと言いました。それは逆に、我々にとって、困難ではあるけれど、今後の行く末というものを、実はピッタリと、つまり追っていくことができる。どこかであった。これを何となく私は「追憶」と言いたいんですが、その「追憶」の中に、どうやって「希望」というものを見出していくかということが、今後の課題だろうと思います。

第16章　第二の政権交代と第二の安倍晋三政権

目標&ポイント
民主党政権の混乱の後、第二次以降の安倍政権はなぜ歴代最長の政権となったのか。その歴史的位置づけはどこにあるかを探る。

キーワード
アベノミクス　集団的自衛権　憲法改正　菅義偉　天皇退位

一　再登場する安倍晋三

今回の総選挙の中において、全国を遊説で回りながら、国民からの期待として、この政治の混乱と停滞に一日も早く終止符を打ってもらいたい、そういうひしひしとした期待を感じました。一方、まだまだ我が党に対して、完全に信頼が戻ってきているわけではない、政治全般に対する国民の厳しい目が続いていることを実感いたしました。

二〇一二年十二月二十六日、首相に就任した安倍晋三の記者会見冒頭の発言である。民主党政権が迷走する中で、自民党の政権復帰が確実と思われた一二年九月、現職総裁の谷垣禎一が総裁選挙への立候補を辞退したのち、他候補を引き離して安倍は総裁に選任された。もっとも、当初の安倍は、かつての政権運営がきわめて拙劣であったため、覚束ないリーダーではないかと不安視されていた。例えば、党首討論で野田佳彦首相が、衆議院議員定数の削減を確約すれば解散を約束すると安倍総裁に迫ると、安倍は議場でうろたえた表情を見せるといった具合であった。のちに安倍は、国会答弁ですぐに不快な感情を面に表したり、野次を飛ばして謝罪したりするなど不手際を繰り返すことになる。結果として七年八カ月という、明治以降の歴代内閣で最長政権を担いながらも、それに似つかわしいとは言えない政治指導が、安倍とその政権の特徴であった。

政権喪失後、失意の中で徐々に体調を回復させた安倍は、民主党政権の経済政策の混迷と、沖縄の辺野古への基地移設問題をめぐる迷走による日米関係の冷却化・尖閣諸島の国有化による日中関係の悪化といった外交上の失態を見て、この二つについては入念に準備を重ねていた。特に経済政策では、金融の大規模緩和によるデフレからの脱却を掲げ、『文藝春秋』二〇一三年一月号に経済政策構想として「新しい国へ」を発表し、それを総選挙における安倍自身の政治構想としたのである。これを支えたのは、政府では第一次政権の秘書官であった経済産業省の今井尚哉(いまいたかや)であり、党では盟友の甘利明であった。

二〇一二年十二月の総選挙で自民党は二九四議席を獲得して大勝し、選挙後に公明党との連立合意を締結して政権を組織した。公示前二三〇議席であった民主党は五七議席にとどまる文字通りの惨敗であった。発足時の安倍政権は、盟友のみならず自民党の総裁経験者・総裁選立候補者を糾合し、党を総動員する態勢を作り上げた。財務相は元首相の麻生太郎、法相に前総裁の谷垣、経済財政相に甘利、総裁選挙に立候補した石原伸晃、林芳正も入閣させ、決選投票にまで至った石破茂は幹事長留任であった。政権発足時には、党全体に野党に政権を渡さないという意思がみなぎっていた。

そして何よりも経済政策での安倍内閣の対応は素早かった。すでに安倍の総裁就任時に、党に日本経済再生本部が設立されていたが、政権奪取後、民主党政権が凍結していた経済財政諮問会議の議員を任命して、これを再始動させた。あわせて日本経済再生本部を内閣の組織として発足させた。その下部組織としての産業競争力会議は、成長戦略の方針を策定する機関となった。しかも二〇一三年三月には、日本銀行総裁に元財務省財務官・前アジア開発銀行総裁の黒田東彦を起用した。黒田はすぐに、従来の日本銀行の金融政策を転換し、量的・質的金融緩和の方針を公表した。続いて機動的な財政政策をとることが明らかとなり、さらに六月の「骨太の方針」で、法人税引き下げ・規制緩和などの「成長戦略」が示された。これら金融政策、財政政策、成長戦略はあわせて「アベノミクス　第一、第二、第三の矢」と呼ばれた。並行して、民主党政権下で検討されたものの実現していなかった環太平洋パートナーシップ（TPP）交渉への参加が三月に表明され、甘利経済財政相が総合調整を担当した。中途参加という日本にとっては厳しい条件の中での粘り強い交渉の結果、一五年に大筋合意に達し、翌年には日本も批准を終えたのである。

自民党の主要政治家が結集した態勢のもとで、安倍内閣は、首相を支える官邸スタッフの組織化にも力を尽くした。第一次政権では官邸スタッフが反目し合い「官邸崩壊」と揶揄されたような分裂状態を引き起こしたが、これを是が非でも避けることがめざされた。ただし、その前提となったのは、民主党の政治主導の政策決定であった。官僚主導の象徴とされた内閣提出法案のチェックを行う事務次官等会議の復活はもはやありえなかった。内閣官房副長官・内閣情報官に公安系統の警察官僚を登用して治安政策を固め、今井は秘書官に就任して経済産業省の有力官僚を官邸に登用し、このグループが経済政策の司令塔となって、甘利経済財政相を支えた。その結果、かつての自民党政権下で官僚集団の中核を占めた財務省の影響力がそがれた。やや遅れて二〇一四年に入ると、一月に安全保障政策の閣僚会議である国家安全保障会議の事務局として、国家安全保障局が設置され、その局長に元外務事務次官の谷内正太郎が就任し、安全保障政策の司令塔となった。そして、五月には国家公務員法改正に伴い、内閣人事局が設置され、各省幹部人事に内閣が深くかかわるようになった。これ自体は民主党政権以来の国家公務員制度改革の終着点であり、政治主導の官僚人事がめざされたが、菅義偉官房長官を中心に各省を徹底して掌握する態勢が作られたのである。

また安倍首相は党に総裁直属機関を設置して、その意向を貫徹させ、従来の党政務調査会による政権へのコントロールを形骸化することに成功した。従来政権に対して独自の主張を貫いた党税制調査会には、二〇一五年にアベノミクスに協力する宮沢洋一を、一九年に甘利を会長とし、政権を補佐する機関へと変貌させた。これらの結果として、民主党政権時代に見られた大臣を中心として各省を掌握する政治主導は、官邸主導へと転換していった。各省の事務次官中心の仕組みはこれに従属し、官邸の意向が大臣を飛び越えて直接官邸官僚から各省官僚へと受け渡されるようになったのである。民主党政権の政治家たちは弁舌によって身を立てたが、そうした大臣は安倍政権下ではごく少数にとどまった。野党の弱体化とあいまって、「安倍一強」と呼ばれる体制を作り上げたのである。

二　集団的自衛権の憲法解釈の変更と安保法制の制定

こうした「安倍一強」と評される体制を作り上げる傍ら、安倍首相が当初ことあるごとに繰り返したのは「国民の支持は一瞬にして失われる」という自戒の言葉であった。これを最初にはっきりと安倍首相が表明したのは、二〇一四年十二月の総選挙で大勝した後であった。一二年に政権を奪取した安倍内閣であったが、一三年の参議院選挙は衆参両院で過半数議席を確保するためには決定的に重要と位置づけられ、選挙前の政権最初の通常国会では提出法案を絞り、手堅い運営ののちに勝利を確実なものとした。だが、安倍内閣はこれに飽き足らず、政権発足二年も満たない一四年に「アベノミクス」への信任を問うことを名目に衆議院を解散し、総選挙で再度圧勝した。野党が低迷する中で勝利は確実視されたが、一二年の総選挙直前に総裁に就任した安倍にとっては、一二年の政権奪取の段階では体制整備は手探りであり、特に「官邸主導」の制度が整備された一四年に総選挙で再度勝利を得ることで、初めて安定政権の基盤を作ることができたのである（牧原出『「安倍一強」の謎』朝日新書、二〇一六年）。

この政権基盤の構築は、安倍首相にとり政権最大の課題を実現するためにはやはり必要であった。それは第一次政権で着手しながらも果たせなかった集団的自衛権の行使を可能とする安全保障政策の転換であった。政権発足後の二〇一三年二月に安倍内閣は、第一次政権時に設置されたものと同名で、かつほぼ同じ委員から構成される「安全保障の法的基盤の再構築に関する懇談会」を設置し、この問題に対する検討作業を再開させた。この答申を受けて、一四年七月に安倍首相は閣議決定によって、集団的自衛権の行使を認めるという憲法解釈の変更を実現したのである。同年十二月の総選挙は、翌年十月に実施予定の消費税率引き上げを見送るという首相の決定の是非を問うことを直接の理由とした解散によるものであったが、ここまでの安倍政権の施策全般の是非を問うことをも意味していた。その選挙での二九一議席の獲得という勝利によって、安倍政権はいよいよ集団的自衛権の行使に関連する法律を通常国会に提出した。前年の憲法解釈変更に際して、安倍政権は、内閣法制局長官に従来選任されることのなかった外務省から、第一次政権の懇談会を国際法局長として支えた小松一郎を抜擢した。元来、内閣法制局こそが、集団的自衛権の憲法解釈を固めていた組織であったが、小松のもとで、これを認める方向へと転換したのである。

政権は「平和安全法制」と、メディアは「安全保障（安保）関連法制」と呼んだ一連の法案が国会に提出されるに及んで、これを支持する安全保障を専門とする国際政治学者の発言と、これを徹底的に批判する憲法学者の発言が際立つ中で、内閣法制局長官経験者もまた反対の論陣を積極的に張った。国会周辺は大規模な反対デモが続き、これまで政治に無関心とされてきた若い世代がその一翼を担い、SEALDsと銘打った学生団体の活動も脚光を浴びた。こうなるとメディアも、安保法制賛成派の『産経新聞』『読売新聞』と、反対派の『朝日新聞』『毎日新聞』に二分され、それぞれ熾烈な報道合戦を繰り広げた。法案そのものは、国会で圧倒的多数を占める与党の支持で可決・成立したが、与党内でも公明党はこの政策転換に対してきわめて慎重であり、内閣法制局による新解釈においても、集団的自衛権を行使する要件は厳格であった。この過程が示すように、安倍政権のもとで、支持者の間に平和主義が色濃い公明党は、独自色を出そうと苦しみ続けた。

この安保法制の前後に制定された二〇一三年の特定秘密保護法（特定秘密の保護に関する法律）による政府の機密情報の管理強化、一七年のテロリズム対策強化のための「共謀罪」法（改正組織犯罪処罰法）といった一連の法制には、安倍政権から見て、安全保障政策でのアメリカとの強固な協力関係への期待と台頭する中国への警戒とが明確に意識されていた。政権の外交方針は、「地球儀を俯瞰する外交」というキャッチフレーズで、地球規模の外交関係の強化をめざすとされたが、安全保障政策では、一六年に安倍首相の提唱した「自由で開かれたインド太平洋」戦略がその基調となった。これはアメリカ、欧州連合（EU）といった諸国にも採用されていった。政権終焉後、首相を引退した安倍はこう述べ、安全保障政策が外交の基軸であったことを力説している（安倍晋三「日本復活の礎となった日米同盟再強化」〈安倍外交七年八カ月を語る・上〉『外交』第六四号、二〇二〇年、九頁）。

安倍政権に課せられた外交上の使命は何かといえば、北東アジアの厳しい国際情勢のなかで、いかに日本の安全を確保し、同時に国際的なプレゼンスを向上させていくか――そのための具体的な政策を展開することです。

七年八カ月の政権の中でも、一連の安全保障政策こそ政権が次代に残した遺産であった。もっとも、安保法制に対しては、各種の世論調査でも反対意見が強く、国会閉会後の安倍政権の支持率は大きく落ち込んだ。ここから回復するために、政権は経済政策に力点を置いた。金融緩和を継続して円高基調を定着させて製造業の競争力を高めるとともに、株高によって世界からの投資の呼び込みを促し、海外の経済メディアへの情報発信を積極的に続けた。二〇一九年一月には戦後最長の景気拡大となったと政権は発表した。だが、賃金上昇がなく、地域経済は疲弊（ひへい）し、景気拡大の実感が広く共有されることはなかった。そして、デフレ脱却の目標とされた物価の二パーセント上昇を果たすことができず、一六年六月に、安倍首相は消費税率引き上げ時期を翌一七年四月から一九年十月へと再び延期すると表明し、十一月の臨時国会で法改正を終えた。

この十一月、安倍首相は大きな外交上の冒険をなしとげた。アメリカの大統領選挙で世論調査の予想を大きく裏切って、共和党のドナルド・トランプが当選したのをとらえて、各国首脳の中で初めて安倍首相はトランプを訪問したのである。大統領就任前の異例な訪問の中で、安倍首相は、在日米軍への日本の協力実績を説明するとともに、中国の軍事的台頭に警戒する必要を説いた。トランプは大統領就任後、他の同盟国とは厳しく対立したにもかかわらず、対日関係では安倍首相との個人的信頼関係を尊重する姿勢をとり続けた。発言の振幅が大きく、「アメリカ・ファースト」のもと孤立主義を辞さないトランプ大統領を相手に日米関係を安定化させたことは、安倍政権の特筆すべき成果であり、首相独特の外交手腕に対しては、国民からの支持も大きかった。

そして二〇一七年九月、安倍首相は「国難突破」を銘打って衆議院を解散した。このとき野党は、民主党が日本維新の会の議員の一部を吸収して民進党となっていたが、政権時の失敗が尾を引き、いまだ混迷を続けていた。安倍首相は与党にとって勝利のための絶好のタイミングととらえたのである、すでに参議院では一六年の選挙で日本維新の会を含めた改憲勢力が三分の二以上の議席を確保しており、憲法改正の発議に必要な議席を得ることをも狙ったものであった。経済政策としては、消費増税分の予算を幼稚園・保育園無償化や低所得者の高等教育無償化、企業の設備投資・人材投資支援などに充てることとし、外交面では北朝鮮の核実験・ミサイル発射に即応することを訴えた。選挙の結果、自民党は二八四議席を獲得し、改憲勢力は衆議院でも全議席の三分の二以上を確保した。野党では、自民党を離党して東京都知事に当選した小池百合子が組織した希望の党に民進党が合流を図ったが、反対派は立憲民主党を結成した。選挙結果は、立憲民主党五五議席、希望の党五〇議席という野党の分裂状態であった。弱小野党を前に、憲法改正の発議を可能とする条件が、衆参両院で整ったかに見えた。

三　憲法改正・首相スキャンダル・天皇退位

安倍首相は、第一次政権で「戦後レジームからの脱却」を唱えた年来の改憲論者であった。しかし、すでに集団的自衛権の解釈を変更していた中で、どの条文を対象にして改正をめざすかを定めることができなかった。二〇一八年三月、自民党憲法改正案は、九条への自衛隊の明記、緊急事態条項、参議院選挙における合区解消、教育の充実という四項目の条文素案をまとめたが、いずれも世論調査では多くの支持を得られなかった。政治日程としても、国民投票法自体が、報道規制の条項が不十分であると野党から問題視されており、その改正なしに発議することは難しかった。仮に現行法の下で発議したとしても発議から国民投票まで六〇日以上一八〇日以内の期間を置くことが定められており、国会審議と国民投票をどう政治日程として組み合わせるかは、相当困難であった。

さらに二〇一七年以後、安倍首相個人に関する政治スキャンダルが、たびたび浮上した。まず、森友学園に近畿財務局が国有地を売却する際に、不当に安価な価格が設定されたのではないかという疑惑であった。学園に対して安倍首相と首相夫人が強く支援をしていた経緯から、首相案件として担当部署で処理されたのではないかというのである。財務省の当時の担当局長が規則に沿って売買に関する関係文書を処分したと証言し、事態の収拾を図った。ところが、翌一八年に決裁文書の改竄(かいざん)が露見したことで、安倍首相と学園との不透明な関係への疑念がさらに強まった。

また同じ時期に、国家戦略特区の指定を受けた愛媛県今治市に加計学園が獣医学部を設置する手続きが進んでいたところ、学園理事長が安倍首相と年来の友人であり、「総理のご意向」と記された文部科学省の文書の存在がリークされ、ここでも安倍首相による便宜が図られたのではないかという疑惑が浮上したのである。アベノミクスでのイノベーション振興の眼目であった国家戦略特区制度では、諮問委員会の議長が安倍首相自身であり、そこに関係の深い学校法人が不透明な形で選定されていると野党は批判した。

攻め込まれた政権と与党には、この時期から、分裂した野党に対して、国会運営への配慮を欠いた振る舞いが目につくようになった。二〇一七年秋の臨時国会に際して、自民党は、従来与野党の質問時間が二対八であったのを、議席数に応じて配分するよう求め、結果として一対二として、野党の国会攻勢の勢いを削ごうとした。また審議時間を稼ぐだけの首相や大臣の国会答弁も目立つようになった。さらに、安保法制の国会審議でたびたびヤジを飛ばした安倍首相は、一八年になると首相のヤジで陳謝したのみならず秘書官のヤジでも国会で糾弾され、菅官房長官が陳謝するに至ったのである。

次第に政権の限界は内政面に現れた。二〇一三年の地方創生、一四年に発表された女性活躍推進、一五年に着手された一億総活躍社会の実現、一七年の働き方改革、一九年の全世代型社会保障改革など、ほぼ一年ごとに通常国会の目玉法案を華々しく打ち上げる手法がとられた。だが、人口減・東京一極集中・ジェンダー不平等という構造を転換する施策は、時間を要する困難なプロジェクトであった。「やってる感」を演出し、とりあえずの支持を政権は得ていたが（御厨貴『平成風雲録——政治学者の時間旅行』文藝春秋、二〇一八年）、アベノミクスでの好景気にもかかわらず地方経済は疲弊し、ジェンダー・ギャップ指数では、一九年に調査国一五三カ国中一二一位となるなど、一五年以降低下し続けた。

また、安全保障政策の矛盾を体現した沖縄の基地問題では、二〇一四年から普天間基地の辺野古への移転を掲げて、政権は埋め立て事業を強行し、沖縄県と激しく対立した。一四年・一八年の知事選挙で、「オール沖縄」を掲げた保守・左派の連合に、政権が擁立した候補は敗北し続けたのである。国政選挙では圧勝し続けた安倍政権ではあったが、一四年の滋賀県、一五年の佐賀県、一六年の鹿児島県、東京都、新潟県、一九年の埼玉県といった都府県の知事選挙で、自公推薦候補が野党候補に敗れた。国対地方という構図は、経済格差や原発問題・基地問題など、内政に苦闘する政権の象徴となったのである。

好調な経済、対米協調と能動的な外交政策の一方で、内政では成果が上がらないうちに別の政策を打ち出す手法で国民の支持をつなぎ止めようとした政権に対して、最も大きな内からの衝撃は、二〇一六年八月の天皇による退位の意思を表明したメッセージであった。

天皇の高齢化に伴う対処の仕方が、国事行為や、その象徴としての行為を限りなく縮小していくことには、無理があろうと思われます。また、天皇が未成年であったり、重病などによりその機能を果たし得なくなった場合には、天皇の行為を代行する摂政を置くことも考えられます。しかし、この場合も、天皇が十分にその立場に求められる務めを果たせぬまま、生涯の終わりに至るまで天皇であり続けることに変わりはありません。

国事行為に支障があるならば摂政を立てるというのが、これまでの手法であった。しかし、天皇は象徴としての行為を縮小できないことを理由に、即位後三十年となる二〇一八年をもって退位する意思を表明し、摂政を立てることを事実上拒否したのである。そして、各種の世論調査では、八割を超える支持が次々と表明された。崩御を前提とした近代以降の天皇制に対する大きな修正が必要な情勢となったのである。一八年の終わりという期限までの時間が切迫する中で、この問題を検討する「天皇の公務の負担軽減等に関する有識者会議」は一七年一月に論点整理を公表した。当代の天皇に限り退位を認める特例法で対処し、以後について、事実上の前例となることを狙うという方向性が打ち出されたのである。その後、改元の時期は一九年五月一日を以て行うこととなり、退位から即位の儀式が二〇一九年から二〇年にかけて執り行われるスケジュールが発表された。

時代に即した象徴天皇制のあり方を探る検討作業を通じて、安倍政権は天皇制を現行の憲法に適合させるよう腐心し、安定的な制度とすることに努めざるをえなかった。それは、政権と与党の憲法改正を声高に掲げようとする勢いを削いだと言える。退位から即位をめぐる皇室行事が続く中で行われた二〇一九年七月の参議院選挙では、与党は敗北こそしなかったものの、改憲勢力が三分の二の議席数を割り込み、憲法改正の発議は事実上不可能となった。

そして、十月には再延期した消費増税が実行に移された。財政再建を後回しにしてデフレからの脱却を掲げた政権は、脱却を果たさないまま、消費税率を一〇%という二桁に乗せた。安倍首相は、政権発足時から、できるだけ前政権と前自民党総裁が参画した「社会保障と税の一体改革」にとらわれない経済政策をめざしたが、この時期に掲げた全世代型社会保障改革とあわせて、結局はこれを継承したのである。

四 グローバル・パンデミックと長期政権の終焉

消費増税は景気の冷え込みを招き、政権は二〇一九年後半から景気対策に注力した。二〇年夏には、待望の東京オリンピックが開催される予定であり、これによって支持を回復し、翌二一年九月の総裁任期満了までは政権を担うという展望を確固として保持していたのである。

だが、さらなる不安定要因は、二〇一九年十一月から次第に問題が根深いことが明らかになった「桜を見る会」をめぐる首相スキャンダルであった。多数の支持者を地元から招き、ホテルで安倍事務所主催の前夜祭を開催し続けていたことが発覚し、公金による支持者の接待であるという批判に始まり、そこでの費用を事務所が補塡していたのではないかという疑惑も浮上したのである。

そして二〇一九年十二月、中国の武漢で公式に発見された新型コロナウイルス感染症は、翌年一月に入ると武漢を中心に中国全土に広がった。二月には、安倍政権は、この感染症が多数の乗客・乗員に広まったクルーズ船ダイヤモンド・プリンセス号を横浜港で受け入れたが、患者の収容先が見つからないまま船内での待機を求めるなど、混乱ぶりが内外から批判された。そうした中で、ヨーロッパ、アメリカで急速に感染が拡大した三月十一日、世界保健機関（ＷＨＯ）は世界的流行に入ったことを宣言した。

この時期、安倍政権は、もはや「一強」の基盤を失っていた。政権発足時は自民党総動員で臨んだ体制であったが、二〇一六年一月には盟友の甘利経済財政相が金銭スキャンダルで閣僚を辞任し、七月には前総裁で幹事長を務めていた谷垣が自転車事故で負傷し、ほどなく政界を引退した。また八月には一二年の総裁選挙で安倍と一騎打ちとなった石破が閣僚就任を固辞して地方創生担当相を退任し、以後閣僚・党役員に登用されることなく反主流派に甘んじた。政権中枢では、谷内国家安全保障局長が、日ロ領土交渉で二島返還を容認しようとする今井秘書官と対立し、一九年九月に退任した。後任は外務省・防衛省から起用せず、内閣情報官であった官邸スタッフの北村滋となった。こうして政権は次第に支えを失う一方で、新しい人材を取り込んで補充・強化を図れなくなっていた。安倍自身、党内に後継人材を育成せず、ライバル不在の状況を作ることで政権の維持を図るようになっていた。官邸も党も疲弊し、かつての自民党のように個性あふれる多様な人材が集まる場ではなくなっていたのである。

新型コロナウイルス感染症が国内に広がる中で、安倍首相と今井秘書官を中心とする側近は、二月末に首相の主導で全国の小中学校に対して突如一斉休校を要請した。これに賛同しなかった菅官房長官は、以後新型コロナ対策からはずされていく。さらに感染者数が増える中で、首相とその周辺は、感染防止に限界のある布マスクの全国一斉配布を指示して、かえって嘲笑（ちょうしょう）と反発を買った。いずれも、感染症専門家による科学的根拠とは無縁の思いつきに基づく政策であった。首相を支えるスタッフが、感染症に詳しくないきわめて少数の側近に限られてしまったことが露呈したのである。

四月七日、感染拡大をもはや抑えきれず、政権は全国に対して緊急事態宣言を発出し、不要不急の外出自粛、店舗の営業自粛などを働きかけた。だが、首相の記者会見は、原稿の棒読みと感染症専門家に応答を丸投げするなど、精彩を欠くものであり、いらだつ国民の怒りをますます強めたのである（竹中治堅『コロナ危機の政治――安倍政権vs.知事』中公新書、二〇二〇年）。この間、安倍首相の「桜を見る会」をめぐるスキャンダルでは、不透明な経緯で国会から提出を求められた招待者名簿が急遽廃棄されるといった疑惑隠しとも見られる措置がとられた。さらに、政権と近い黒川弘務東京高等検察庁検事長の任期延長とこれを制度化する検察官の定年延長法案もまた、首相の疑惑隠しと受け取られた。一女性のツイッター上での「#検察庁法改正案に抗議します」が、芸能人をはじめ多くの賛同を集め、政権は法案を廃案とせざるをえなかった。そのうえ、黒川検事長は緊急事態宣言下で賭けマージャンに興じていたことが発覚して、辞任を余儀なくされた。安倍政権はツイッターを含めたインターネットによる情報発信によって、既存のメディアを超えて国民の支持を集めようとしてきたが、結果として不支持も集めたのである。

五月下旬に緊急事態宣言は解除されたが、六月には第一次政権での辞職の原因であった安倍首相の持病である潰瘍性（かいようせい）大腸炎が悪化し始めていた。七月には、内閣府がかつて戦後最長と認定していた景気が二〇一八年には終了していたことを公表し、アベノミクスも実際は停滞していたことが明らかとなった。感染者数を完全に抑え込む前に緊急事態宣言を解除したため、感染者数が再び増加傾向にある中、もはや手詰まりの首相は、連続在職日数が佐藤栄作を超えた後の八月末、退任を表明した。総裁選挙の結果、官房長官であった菅が総裁に選出され、政権を継承したのである。

民主党政権は政権交代によって政治を不安定化させたが、第二次安倍政権は、政権交代後、与党が結束し、層の厚い官邸スタッフが首相を強固に支えることで、長期政権が可能になることを内外に示した。だが、七年八カ月の最長政権でありながら、その発足時から終焉までを見渡すと、吉田・佐藤・中曽根・小泉といった過去の長期政権と比べて、政治も社会も激変したとは言い難い。ところがこの間、世界は激動の中で大きくうねり続けた。アベノミクスによる株高のもと、安保法制以外は改革らしい改革を行うことなく終えた政権の安定と停滞をどう清算するか。そこから二一世紀の政治史が始まるだろう。

▼参考文献

安倍寛信『安倍家の素顔——安倍家長男が語る家族の日常』ワニブックス、二〇二一年。

上西充子『国会をみよう——国会パブリックビューイングの試み』集英社クリエイティブ、二〇二〇年。

御厨貴『政治の眼力——永田町「快人・怪物」列伝』文春新書、二〇一五年。

対話編

御厨 今回は、第二次安倍政権について、自由闊達に牧原先生と語っていきたいと思います。

◆憲政史上、最長の政権

御厨 安倍政権がスタートしたのが二〇一二年十二月です。それから二〇二〇年九月まで、つまりおよそ七年八カ月（二八二二日）続きました。第一次もあわせると通算在任日数は三一八八日となります。これは、戦後の吉田茂（通算在任日数二六一六日）も超え、それから戦前の桂太郎（同二八八六日）も超えています。また、連続在任日数においても、佐藤栄作の二七九八日を超え、大長期政権と言っていいと思います。こういうふうになると思ってましたか。

牧原 私は、実は、案外六、七年はいくんじゃないかと思っていました。ただ予想が外れたのは単純な理由です。総選挙で二度もあれだけ大勝したことです。しかし二〇一二年の総選挙での最初の勝利の後、ギリギリ延ばして四年、もう一回解散して勝利すると四年で、合計八年になります。実は、ギリギリまで任期を延ばして一回総選挙で勝てば、仮にその選挙結果で与野党が伯仲しても八年いくんですよね。

イギリスでは、だいたいそういうふうに考えます。つまり、総選挙を一回大勝すると、衆議院議員の任期が二期は続くと考えます。日本では、八年は続く計算になるんですね。ところが、あれほど解散を多用するとは逆に思わなくて、それをどう見るかが一つ考えどころだと思うんです。民主党政権ですら内閣は替わったけど三年三カ月は続きました。衆議院議員の任期は四年ですから、衆議院議員総選挙で大勝して、政権に就くことは大きいなと感じていました。

御厨　私は到底八年近くも続くとは思っていなかった。それ以前の政権が三年くらいは続いていましたから、一、二年で倒れることはないだろうけど、せいぜい三、四年というふうに見ていました。

そう見ていた理由の一つ目は、安倍晋三が日本国憲法下では最初のカムバック総理であったということ。つまり第一次政権であれだけみっともない退陣をしたという経緯があったので、彼はそれをふまえて十分に用意して出てくるだろうから、ベテランになって帰ってくる。要するに、官邸を二度踏んだ男ということで、たぶんそれなりにマニューバリング（権力操縦）もやるし、それで残るであろうという気がしたんですね。

それから二つ目の理由は、二〇一二年の総選挙で当選した衆議院議員たち、特に重鎮たちに話を聞いたときに、「なんかやろうと思っても、無理だ。安倍は恩人だからな」と言っていたことです。安倍恩人説というのがあって、三年三カ月の民主党政権から政権を奪還したのは、何と言っても安倍だと。安倍にはいろいろイデオロギー的に問題があったりなんかしても、だからと言って彼を引きずり下ろしたり、替えたりすることはできない。そういう意味では、自民党内ではしばらく異論・反論は出ない。つまり、それまでの自民党では、すぐに事があればみんながやっさもっさして時の首相を引きずり下ろすということをやっていたんだけど、今回はそれができない、ということを全員が口を揃えて言っていた。でもその次はいずれにせよ恩人ではない人が首相になるわけだから、次からは可能だけど、安倍政権にだけは何もできないというのがあった。そうすると、今までよりは長期になるなと思いました。

それと、三つ目の理由として、二〇一二年の総選挙のときに思ったのは、戦後すぐの一九四九年に行われた中道左派の連立政権が崩れたときの総選挙のことです。あのときに社会党は選挙前の一四三から四八議席に、民主党は選挙前の一二四議席から六九議席に激減してしまった（第7章参照）。今回の民主党も二〇一二年の選挙前は二三〇議席あったのが、五七議席しかとれませんでした。その程度しかとっていないので、これで次をめざすとしても、一回で元に戻ることはないなと思いました。

歴史を見てもそう。先ほどふれた一九四九年の選挙の後、吉田茂が長期政権になりました。そこまではいかないだろうと思っていたら、今回の安倍政権はそれ以上長く続きました。ああ、歴史は繰り返したなと思いました。初めて政権交代をしてみたら、政権運営に失敗して、また自民党がずっとという感じになっちゃったな。

牧原　あえて、逆にちょっと不安要因に感じていたことを言いますと、彼は『新しい国へ――美しい国へ完全版』（文春新書、二〇一三年）という本を出したんです。この本は、第一次政権のときに出した『美しい国へ』（文春新書、二〇〇六年）という本に、アベノミクスの章を加えたものです。第一次政権で、安倍は見事にこけていましたから、またあの看板でいくのは大丈夫かなと思いました。アベノミクスという彼があそこで掲げた経済政策もそんなにうまくいくかどうかは、実はよくわからない。そうすると、自公連立の枠組みは五年、八年続くにしても、安倍内閣が権力操縦を本当にうまくやれるのかという不安がありました。

◆長期政権となった理由

御厨　その話に一応乗りますと、結果、約八年も安倍内閣が続いたわけですね。なぜ安倍政権は長期政権になったんだろうか。つまり、結果としてここまで長く続いた理由は、どういう点だと思いますか。

牧原　一つは、安倍首相は、菅義偉官房長官に内政をほぼ任せて、自分は外交とマクロ経済（アベノミクス）に注力したというのは、当時から言われていました。やっぱり、この二つに注力したことで、この二つを成功させれば政権は続く、という方程式を持っていて、それを貫いたということが大きいと思います。内政のほうは当時から、やっていたか、やっていないかはよくわからない。この「やってる感」は特に内政で強く、やはり内政は結局、そういうものかもしれません。安倍首相自身は外交とマクロ経済政策をしっかりやるというところに焦点を絞って、これが成功しましたよね。

いろいろ聞いていても、甘利明経済財政相が、ＴＰＰを進め、イノベーション政策全般をリードしてお

表 16-1　第 2～4 次安倍政権

年	事　　項
2012	12 月　第 46 回衆議院総選挙 第 2 次安倍政権成立
2013	7 月　第 23 回参議院選挙 12 月　特定秘密保護法成立 安倍首相，靖国神社参拝
2014	4 月　消費税率引き上げ（5%→8%） 5 月　内閣人事局発足 7 月　集団的自衛権の行使容認を閣議決定 12 月　第 47 回衆議院総選挙
2015	9 月　安全保障関連法成立
2016	7 月　第 24 回参議院選挙 8 月　今上天皇，生前退位に関するビデオメッセージを公表 11 月　安倍首相，トランプ米次期大統領と初会談
2017	2 月　森友学園問題が表面化 6 月　「共謀罪」法成立 10 月　第 48 回衆議院総選挙
2018	3 月　森友問題に関して財務省による決裁文書の改竄が発覚
2019	5 月　「平成」から「令和」に改元 7 月　第 25 回参議院選挙 10 月　消費税率引き上げ（8%→10%）
2020	4 月　新型コロナウイルス感染拡大に伴う緊急事態宣言（～5 月 25 日） 8 月　安倍首相，辞意を表明

り、それらがうまく作動しました。他方、安倍首相は、外交の中でも特に安全保障に中心を置いて、国家安全保障会議をつくって、谷内正太郎を局長に据え、体制の安定感が出てきました。

それに、先ほど御厨先生が言われたように、自民党がとにかく結束しました。総裁選挙に出なかった谷垣禎一も結局、法相になるとか、あとになって石破茂も幹事長から閣僚に入るとか、安倍首相に必ずしも協力的でないかもしれない人を取り込むことができた。官邸の布陣も万全であった。そこは、総選挙で大勝し、政権交代を果たしたところが大きかったと思いますね。

もう一つは、やっぱりトランプ大統領に安倍首相が抱きついて、これが見事に成功したことです。この賭けに勝ったのも大きい。二〇一六年はアメリカで大統領選挙が行われている頃から徐々に不祥事が出てきていますが、政権後半の不祥事は全部トランプ・安倍関係の良好さで撥（は）ね飛ばしたところがありますからね。やっぱりあれがなかったら、失速したような気がするんです。トランプとの関係を築けたのは安倍の力ですよ。

御厨　そうだね。あの時期にはもう安保法制は成立していたし、首脳外交も一通り回って、外交は満杯というところに突然トランプ大統領が現れてどうしようとなったとき、捨て身だったよね。安倍首相は、極端にこれは危ないとかは思わずに、とにかくそこに飛び込んでいきました。そういうのが見事に成功して、最初に井戸を掘った人ということで、トランプ大統領と安倍首相の関係は他の国の首脳との関係に比べれば、私もうまくいったと思います。だから、後半の四年は、それが大きかったと思います。

牧原先生が言われたみたいに、今この忙しい時代に、次から次へと問題が起こってくるところに内政を自分でやらないで、財務に関しては麻生太郎財務相に任せたし、より細かい内政上の問題は官邸に投げて、官邸にはもちろん安倍首相がいるんだけど、菅官房長官に任せて、外交と安全保障というでかい話に集中しました。これらは、細かいことをやらないですむから、安倍首相向きなんですよ。

◆平成政治改革のラストランナーか

御厨　では、次に平成の政治改革について議論したいと思います。日本政治では、竹下内閣の頃から、すなわち平成が始まってから、ずっとさまざまな政治改革が行われてきました。その平成政治改革のラストランナーとして、安倍政権が約八年続いて、何か新しい安定した統治の体制（レジーム）というものを生み出したんでしょうか。

牧原　いわゆる「平成政治改革」論と最近言われている議論は、選挙制度改革、司法制度改革など、いろいろな改革を平成時代にやってきたということだと思うんです。私は、民主党政権が最終的にそれを成し遂げたんだと思っています。民主党政権が行った改革が大きくて、安倍政権はその上に乗っかったということじゃないかと思うんですね。政治主導というのは結局、民主党政権による転換で、今のかたちの基本形が完成しました。

やはり小泉純一郎首相の後、安倍、福田、麻生内閣は改革をしていなかったと思うんですよね。例えば、事務次官との連絡会議を民主党政権が廃止し、各府省連絡会議にしてから、そのまま受け継ぎました。結局、事務次官等会議へは戻せなかったわけです。その他、諸々の改革は、民主党政権がやろうとしてできなかったことを第二次安倍政権が拾った。これは落穂拾い。特に内閣人事局による各省の幹部人事の掌握は、民主党政権がやろうとしていたことですからね。

しかし、安倍政権は、安全保障政策に対して、ものすごく強い関心を持っていました。その延長線上で、憲法九条の解釈変更とか憲法改正とかを考えた。ここを、どう見るかだと思います。ここは、いろいろな意味で、民主党政権までとは質的に違う改革じゃないかと思います。これを、平成政治改革の最後の仕上げと考えるか、あるいは、安倍政権が新しいものを出そうとしたと見るか。私は、安倍政権ならではの新しいものなんじゃないかと思っています。

安倍首相は最後、八月のほぼ辞めると決めていた時期に行われた全国戦没者追悼式の挨拶で、「積極的平和主義」に言及しているんですね。その後、九月には、ミサイル防衛に関する談話を発表し、敵基地攻撃能力の問題を最後まで手がけようとしました。結局、次の菅政権がそれを取り上げませんでしたけど、この問題を次の政権に残す形で政権を閉じている。

つまり、安倍政権は安全保障には最後までこだわりがあり、まず最初に集団的自衛権の第一次政権の積み残しを課題としたことを想い起こせば、安全保障問題を最初と最後の核にしてできあがった政権になっている。内閣法制局の掌握とか国家安全保障会議の創設とか、安全保障政策として安保法制を整備し、集団的自衛権の解釈を変更した。これにかかわる特定秘密保護法などを含めると、私は、安倍政権が二一世紀の新しい改革を始めようとしたと考えるべきだと思っています。

だから、私は、安倍政権は平成政治改革のラストランナーではなくて、むしろこれからの改革のスターターと考えたほうがいいんじゃないかと思っています。

◆保守勢力との距離感

御厨　若干それに触発されて言うと、安倍政権というよりも安倍自身がいわゆる括弧付きの、「右」のイメージの強い集団＝(イコール)保守的イデオロギー勢力と、かなり親和的である。ただ、安倍以外に自民党内にその勢力とつながる人はいないんですよ。その保守的イデオロギー勢力というものを、やっぱり安倍首相はうまく使った。あたかもこの勢力の脅威のようなものをうまく使いながら、結局は彼らの言うことは何一つ実現しませんでした。

ただ、二〇一五年のいわゆる戦後七〇年談話で、安倍は、保守的イデオロギー勢力への配慮だったと思うんだけれども、最後の最後まで「あのときの戦争は日本ばかりが悪いんじゃない、日本は謝罪ばかりしているけれども、要は日本があの戦争を侵略戦争だったと自分自身で言うのはおかしい」と主張していました。歴史修正主義ですよね。この考え方をふまえて、言い方を変えようとした。この点は、保守的イデオロギー勢力も相当突っ張りましたからね。だから、これをどうするかギリギリのところまでいきました。

そこで安倍首相がすごかったのは、やっぱりこの人はリアリズムで動いているんですね。というのも、これをやったら東南アジア諸国との関係がガタガタになると思った。そこで、最後のところで引いた。というか最初から、最後はそうするつもりでいたんじゃないかと、今では思います。ずっと演技をし続けて、最後のところで引いたんだと思います。「俺はここまで頑張ったけど」というところを保守的イデオロギー勢力に見せて、それで引っ込んだところはやっぱり見事で、保守的イデオロギー勢力をうまく手なずけながら使った。これは今までの首相にはいなかったし、今後も出ないですよ。保守的イデオロギー勢力の側も、安倍のように付き合ってくれる人が自民党の中にはいないというのがおそらくわかっているから、安倍はそういう意味では保守的イデオロギー勢力の助けを得ながらリアリズムを貫くことができた。

これは牧原先生がさっき言った話とつながってくる。そうすると、保守的イデオロギー勢力は何か言うだろうけど、ここで一応終わりで、新しい体制に入っていくんじゃないかなという気がするんですよ。それは翻ってみると、佐藤栄作も、長期政権となりながら、保守寄りだと言われた。佐藤政権期には、二月十一日を建国記念日にするとか、右バネの問題がいろいろありました。いわゆる戦前派の生き残りの政治家たち、例えば賀屋興宣、鈴木貞一とかそういう連中は政権を戦前的な方向に戻そうとするために、頻繁に佐藤邸に来ていました。しかし、佐藤の日記には「この人たちとは自分は合わない。戦前戦前と言っている人たちとは自分は合わない」ということを日記に書いて、彼らに言わせるだけ言わせながら結局は抑え込んでいった（第10章参照）。この点は、安倍も似ているような気がします。

牧原　安倍は退任後すぐに靖国神社に参拝しました。でも、中国はそれに反発しなかった。やっぱり安倍は、「桜を見る会」の問題を当面引きずるので、すぐには動けませんけど、かつての岸信介が首相退任後の改憲運動に利用したように、保守的イデオロギー勢力を利用しようとはしています。ただ、政権に就いていたときは靖国神社に参拝しなかった。そういう意味でのリアリズムをしぶとく持っていました。

◆野党の役割とは

御厨　ここから野党の話をしたいんですけど、なぜ民主党は崩壊したのでしょうか。民主党政権が崩壊しただけではなくて、その後、民主党はとにかく分裂してしまって、野党がないような状態になりました。今は元に戻りつつあるとも言えますが、では今後、野党の政治的意味はどうなるのだろうか。この点を含めて、どうでしょうね。

牧原　平成政治改革論につながるんですけど、私はやはり改革政党が役割を終えたということじゃないかと思うんですよね。民主党は一九九〇年代の統治機構改革と、ある種の新保守主義というか、ある種の経済合理性を同時に持つような改革を掲げ続けていました。自民党はそうした改革を不徹底のままにしているところを突いて、最終的に選挙で勝ちました。こういうことが今の野党にできるか。九〇年代の改革は四、五年かけて統治機構改革を行ってきたわけですが、政権交代後の内閣は一度の選挙で四年しか最長でもたないわけで、そういう時間のかかる改革には及び腰となります。民主党が改革政党としての役割を終えて、ポスト民主党政権として第二次安倍政権が官邸主導を確立しました。かつては本当に官僚主導でしたが、これに対して今はもう政治の側が決めるんだというのが確立された段階であり、改革のオルタナティブ（代案）はもうない。

加えて、公明党が下駄の雪と言われながらも、ややリベラルな側の、政策的には政権のオルタナティブを提示していきます。そうなると、新しく別次元でオルタナティブをつくり直さないと与党に代わりうる野党にならないのです。

御厨　そうすると、野党の役割や政治的意味は大きく変わっているにもかかわらず、今の野党の諸君はそれがわかってないということなんでしょうね。

牧原　イギリスの戦後の政権交代では、野党になると議員はすることがない。特に一期目はすることがないと言って、みんな政治から急に関心を失うんですけど、そういうものなんじゃないでしょうかね。第二次以降の安倍政権が非常に盤石な体制をつくって、政治を進めているとなると、付け入る隙がない。政権の限界が露わになったところで、もう一回組み直していく。野党はそのタイミングを待っていましたが、結局新型コロナウイルス感染症問題が起こるまではなかった。それは仕方がないと思います。

◆官邸への権力集中

御厨　もう一つ、今までの流れから大事なのは、どうして官邸への権力集中が起こったのか、ということです。起こったのかというよりは、だいたい権力集中が進んできている中で、第二次安倍政権で、ある種の完成形を見せたと言ったほうがいいかもしれません。この点については、どうでしょう。

牧原　官邸主導の仕組みを、小泉政権が省庁再編と既得権益の打破によって、定着させたかに見えたのを、第一次安倍政権が結局壊しました。ただ、そうは言っても、その後の民主党政権は官邸主導というよりはむしろ大臣主導でした。それも党がまとまっていなかった。第二次安倍政権では党がまとまっていました。これが実は官邸主導の大きな条件だったんじゃないかと思います。

党がまとまっているので、官邸の人事を立てやすいと同時に、主要なアクターが、たとえば今井秘書官であるとか谷内国家安全保障局長であるとか、治安系統の杉田和博、北村滋という二枚看板であるとか、こういった人たちが機能した。第一次政権で昔の大蔵官僚を官房副長官に持ってきたのとは違って、手練のスタッフをきっちり揃えていた。これに例の菅官房長官による各省の幹部人事の掌握が加わる。そうなると官邸で全部回せるようになる。逆に言うと、大臣はものすごく役割が薄くなって、官邸官僚と各省の官僚が直結して全体のスキーム（枠組み）をつくっていく。そういう仕組みが機能した。それでも不満が出なかったのは党がまとまっていたのが大きいと思います。

◆国会論戦の形骸化

御厨　そうすると、もう一つ、これも議論しておかなければならないのが国会の問題です。国会は与野党論戦活性化へと向かうはずだった。それから、首相が野党第一党の党首と党首討論を行うことも決まっていたのに、一切そういうことがなくなって、いわば国会の実体がだんだん失われました。そして、「説明をする／しない」「説明が十分できたか／できなかったか」というように、とにかく「説明」というのが国会の重要な用語として出てきて、結局は言いっ放しになる。与党も野党も言いっ放しで、国会での論戦が実体ではなくて空体になってしまったような気がするんです。こういうことが、なぜ第二次安倍政権の時代にどんどん進んでいったのでしょうか。

牧原　国会での論戦の実体が失われた理由として、まず大きいのは、安倍政権のもとで問題が起こった閣僚に限って、おおむね地方議員出身で論戦ができなかったということがあると思います。首相を含めて、論戦にならないことが多かった。民主党政権と比べると違いが際立ちます。民主党政権というのは、議員が論戦好きで、逃げないから、すごい論戦になって、参議院で過半数を失ってからは論戦の行き着く先が問責決議になってきていた。

次に、昔よりもSNS（ソーシャル・ネットワーキング・サービス）を使えているんですよね。安倍首相がインスタグラムを使い始めたのは二〇一八年です。それまではフェイスブックとツイッターです。こういうものを使った国民への情報発信ルートがある。もちろん、受け手はおおむね嫌中や嫌韓というような人たちも多いわけですけど、こうしたルートがあるので、国会の論戦を通じて自己表現をするモチベーションが低いということですね。

加えて、与党がまとまるのはいいんですけど、安倍首相という看板に依存するかたちでまとまっていましたから、与党が物申すことにもならない。

この三つが重なると、国会の論戦が形骸化せざるをえないし、したほうが合理的だとすら言える。

御厨　そうですね。さっき言った通り、安倍は恩人ですからね。その恩人がやっていることに対して、裏で言うならいいけど、国会で何か言うのははばかられるというのは、この間ずっと続いてきたことだと思います。野党は野党で、とにかく言い立てる。かつての社会党は右派じゃなくて左派に相当クセの強い議員がいて、この左派のクセの強い議員が爆弾発言をして、与党を揺さぶる。そういうことに、結構意味がありましたが、それが完全になくなっちゃった。つまり、今の野党はみんないい人ばっかりなんですよ。

それで、「なぜ我々は政権をとれないのか」と地団駄を踏んでいるならまだいいんだけど、「政権とれなくてもいいかな」というくらいに、いい人になっているから、論戦は絶対起こらないんです。

ただ、言葉尻をとらえて何か言おうというところだけは残っていますから、それが一気に大きくなって、それをまた新聞あるいは他の活字メディア、放送メディアを通じてもそうだけど、昔よりもこういう問題をしつこく追うようになった。他を追うよりも、これのほうがドラマとしておもしろいからです。それを追うと、さらにそれをSNSが広げるという。与党のやっていること、言っていることをひっくり返すことはできないけど、物申すということが、一つのスタイルになっていきました。

これは、小泉政権のときが陽画だとすると、こっちは陰画でね。小泉政権のときは小泉首相が何を言うかをみんな楽しみにして、三カ月に一回くらい小泉首相が何か言うと、みんなが一気にそれに飛びつく。しかし、今度はそうじゃなくて、主演の俳優である閣僚はどんどん替わるんだけど、それに嚙み付くというかたちになっている。でも陽画と陰画の違いによって案外国民にもたらす効果も違ってきてシニシズム的雰囲気が広がってくるんですよね。

牧原　法案自体は、働き方改革関連法の高度プロフェッショナル制度をめぐる問題もそうですけど、結構、杜撰（ずさん）だったり、データがおかしかったりしていました。こうした法案の審議が論戦にならないので、どうなるかと言うと、二つ方法があります。一つは、野党ヒアリングというかたちで担当官僚を呼んで、野党が吊るし上げる。これは、印象が悪い。もう一つは、上西充子先生が行っていた「国会パブリックビューイング」というかたちで、やり取りがどれほど不整合かということを見える化しようとする。これ自体は街角での放映なのですが、インターネットで関心を広く集めました。大手メディアと国会論戦の循環が機能しなくなっているので、別のところで問題があぶりだされているのです。しかし、そこでも論戦は回っていない。与野党双方が言いっ放しで終わっています。

◆天皇退位の問題

御厨　さて、天皇退位の問題にいきたいと思います（さまざまな視座から天皇の近代を論じたものとして、御厨貴編『天皇の近代――明治150年・平成30年』千倉書房、二〇一八年がある）。この問題については、有識者会議の座長代理を務めるなど私は随分かかわりましたけれど、はっきり言えば、「天皇メッセージ」（二〇一六年八月八日に発表された天皇自身による生前退位に関するビデオメッセージ）に、すべてが出ていると思うんです。

⬆ 天皇陛下のビデオメッセージが映し出された大型ビジョンを見る人たち（東京都新宿区。2016年８月８日。写真提供：時事）。

最初に陛下がつくられた文章はもっと過激だったと言います。しかし、出されたものを読んでみると、どこかで話を抜いたなと思うところもあるんだけれども、それでもかなり強烈なメッセージであったのは、「誰もが考えたことがなかった象徴としてのお務めを実は私はやってきたんですよ」ということを、国民に対して迫ったというところです。あんなに能動的な天皇っていないですよ。国民の側は、「天皇は何をやってきたのかな」「天皇がやっていることはこんなことかな」という感じだったのに、あの天皇メッセージで、今の上皇ははっきりと、「国民に寄り添うために自分は祈りの天皇として、これだけのことをやってきた」ということを言い放ったわけです。だから、宮中祭祀の話なんか一切出てこないし、国事行為として憲法に書かれていることも言わない。要するに、天皇が政治的な行為をするのはおかしいじゃないかという議論を、まずそこで取り除いた。

もう一つは、高齢化です。「私も年をとるので、永久公務員のようにずっとお務めはできませんよ」と言われたときに、やっぱりこの国の社会は天皇に同情したんですよ。そうだ、天皇も年をとるんだと。

この二点です。これであっという間に流れができた。どこの世論調査でも八〜九割が、「陛下はお休みください」という結果が出ていました。流れは決まったんで、あとはそれをどう進めるかという話になっていったわけです。

もちろん、先ほども言及した保守的イデオロギー勢力はそれでは気がすまない。安倍首相はそれにも対応しようとしました。だから当初思ったより、ヒアリングに際して保守的イデオロギー勢力を代表する人たちが多かったのです。彼らは、結構受け狙いと覚しき発言をしました。保守的イデオロギー勢力の人たちを数多くヒアリングの場に呼んでおいて、彼らの言うことは何一つ聞かなかったわけです。これが安倍方式です。ただ、彼らはそこで言いたい放題言ったし、新聞にも大きく出たから、非常に満足なわけです。これが安倍さんの保守的イデオロギー勢力の扱い方です。やっぱり見事だったと思いますよ。

そうしたこともありながら、最終的には天皇は粛々と退位していかれた。

牧原　ヨーロッパの立憲君主制もそうですが、日本の象徴天皇制は、崩御よりも退位のほうがおそらくいいんですよね。何か実体的な任務をめぐって動くと、退位を通じて継承に時間をかけることができます。象徴天皇制というのは何を継承するかが必ずしも明確ではありませんでした。それが、今回の退位をめぐる議論の中で、何を継承するかがある程度明確になったということでしょうね。そこを御厨先生たちは整理されたのだと思います。

この保守的イデオロギー勢力の男系血統主義のようなものはさまざまな意味で、安倍首相以来の自民党政権、自公政権が抱え込んだものです。今、令和の時代に入ってみると、ものすごく女性の社会進出が遅れている国になってしまった。安倍首相は、およそ七年八カ月にもわたる長期政権でしたが、女性の社会進出や天皇退位をめぐるさまざまな積み残しの問題については、解かないというか、むしろそれを解かないことを信念のように持っていたという感じがします。

◆新型コロナウイルスと日本政治

御厨　最後に、このコロナの時代をどう見るかということを議論して、本書を締めくくりたいと思います。新型コロナウイルス感染症への安倍政権の対応については、いかがですか。

牧原　それまで、内政については菅官房長官に任せていたけど、コロナ対策では外しました。それからこの問題ほど、各国の首脳が国民に直接語りかけることが大事な問題はありません。つまり日本のリーダー、特に国政のリーダーで求められてこなかった雄弁ですよね。それがないことによって、感染者が増えればとにかく支持率が下がって、そこで官僚の作文を読み上げるので、ますます支持率が下がることになりました。こう考えると、逆に、首相が雄弁で指導力を発揮したというのは、やっぱり東日本大震災直後の菅直人だったんじゃないかなと思いますね。浜岡原子力発電所（静岡県）を止めるときには、とうとうと語っていました。今回のコロナ対応では、そうしたことがないですよね。組織で政権を運営する自公政権では、組織の上のリーダーはフォロワーに支えられている。この組み合わせでは、なかなか対応できないということなんですよね。

首相をレコードプレーヤーに例えると、官房長官はレコードプレーヤーから流れる音楽を増幅するステレオのアンプであると言えると思います。レコードプレーヤーは常にレコードをかけていないと、音楽が流れない。安倍首相はレコードプレーヤーとしては結局、官僚の作文の棒読みですからダメである。しかも、安倍首相は最後の最後で使い慣れたアンプを外してしまって、別のアンプに取り替えちゃったわけです。壊れたレコードプレーヤーに、この政権の矛盾が噴き出たように見えたことは言えると思います。

御厨　今、牧原先生が言われたことを受けると、このコロナの時代に各国の首脳に求められたのは雄弁とレトリックですよ。やっぱり言語でもってはじめて、政治を国民にわからせる。これはドイツをはじめどこの国を見たって、どこも「論争」の国ですから、それを見事にやる。日本はさっきも言いましたように「説明」の国ですから、説明がうまくできなければならないんだけど、結局、官僚の作文をいくら足しても、満足のいくような答弁にはならなかった。

それについて、私は、安倍首相自身が、これは自分が一番不得意な領域だと苛ついたんだと思います。しかも、感染症（新型コロナウイルス）なんて、政治家にとって最も苦手な、先行きが見えないものに対してどう決着をつけるかという問題でした。

昔の政治家、例えば明治維新の時代の政治家というのは、先行きが見えないことをむしろ喜んで、当たろうが当たるまいが「先がこうなる」と言ったわけです。先がこうなると言ったら、少しでもそれに近づけるように努力はしますが、なるかならないかはそのときによっていろいろです。他方、戦後の、特にこの安倍政権は、そんなことはやったことがない。つまり、どんな問題でも菅官房長官がすごく元気がよかったから、全部だいたいいつ頃までにはどうするかという、終点を決めといて、そこにみんなでいっせいに走る。だから、どこでもただただ走って解決していったんですよ。コロナの問題では、それを示せなかった。それは、菅官房長官もそうでしたけど、「いつ終わるんだ」「いつ終わらせるんだ」というようなことを言えないわけです。もし言って外れたらそれこそ責任を問われると思っているから。

それが、この国の悲しいところで、明治維新の頃を思い出してもらうといいんですけど、その頃は、そういう事態にみんな武者震いして、「いいじゃないの、いざとなったら御破算でいけばいい」ということで乗り切ってしまう。こうした明治維新の時代の話と対比してみると、今の時代はそういうことが全くできなくなっています。目標が決まらないと手段も決まらないし、だったら今日、明日をしのぐことで済ませていこうという視野の狭い政治になっちゃって、それに行き詰まって安倍は辞めたんだと思いますね。

牧原　安倍政権が登場したときは、民主党政権の欠陥を克服する、政治を再構築するというのが自明の前提に見えた。民主党政権は壊すほうだったから、逆にそこは明治維新と似ています。明治も、幕藩体制を壊した世代から見ると似ている部分があると思うんです。壊れちゃったところからもう一回構築するということは、コロナ問題については安倍政権には手が余ったということなんだと思います。

御厨　難しいのは明治維新のときには黒船来たるということで、外国人がやってきて、日本人はみんな彼らにやられてしまうかもしれないという恐怖がありました。これは、感染症の恐怖とやや似たところがあると思います。明治維新のときには異人が来るという恐怖があったんだけど、結局、それを乗り越えることができた。それはすごいですよ。異人たちと同じことをやれば勝てるんだと思って、近代化を進めたんです。しかし、今回のコロナ問題は、ウイルスですから、日本以外の国にお手本があるとも思えず、したがって同じことをやるというわけにもいかないし、どうするか。この医療問題を政治が解決できたら、人類史上初めてのことだと思います。

それでは、これで今回の講義を終わります。

読書案内

▼より深く学びたい人のために、主として、最近十年以内に刊行されたものに絞って、各章ごとに三〜五冊、お薦めの書籍を紹介する。

◆第1章に関するもの

五百旗頭薫『〈嘘〉の政治史——生真面目な社会の不真面目な政治』中公選書、二〇二〇年。

＊ 著者の見立てでは、「政治の循環」という論は、議会制民主主義に不可欠な虚構に別の虚構を重ねて、虚構ならざるものを導こうとした、となる。近代の政治史をどう見渡すかと言えば、謎かけの政治史であると解く。全編ミステリアスな書である。

塩出浩之『越境者の政治史——アジア太平洋における日本人の移民と植民』名古屋大学出版会、二〇一五年。

＊ 近代日本における日本人の移民・植民が、その地でいかなる政治行動を引き起こしたかを跡づけながら、国家と民族それぞれのアイデンティティを問い直す。この教科書が十分に拾えなかった問題群をとらえた好著。

三谷太一郎『日本の近代とは何であったか——問題史的考察』岩波新書、二〇一七年。

＊ 一九世紀イギリスの政治を丁寧に観察したウォルター・バジョットの憲政論・中央銀行論を軸に、王室・政党・金融システムから、近代日本政治を問い直す。政治史の基本書として味読した

い。

御厨貴編『オーラル・ヒストリーに何ができるか――作り方から使い方まで』岩波書店、二〇一九年。

＊　冷戦後に本格的に着手されたオーラル・ヒストリーも今や立派なオトナである。オーラル・ヒストリーから何をどこまで見透せるかを多角的に論じている本書を通じて、その現在の姿を見届けてほしい。

◆第2章に関するもの

苅部直『「維新革命」への道――「文明」を求めた十九世紀日本』新潮選書、二〇一七年。

＊　一九世紀の長きにわたる深層の社会変化の帰結として明治維新を位置づける。近代政治史のイントロダクションとして、思想史から見透せる社会の動きを探ってほしい。

清水唯一朗『近代日本の官僚――維新官僚から学歴エリートへ』中公新書、二〇一三年。

＊　明治から昭和初期にかけて、全国の青年が「官僚」になろうと「想い」をたぎらせる。そうした若者群像が、いかにして官僚の群像になり、近代の大学制度や高等文官試験制度は、どうフィルターの役割を果たしたのか。近代日本における統治の専門性とは何かを考えさせる好著である。

内藤一成『三条実美――維新政権の「有徳の為政者」』中公新書、二〇一九年。

＊　維新前、信念の攘夷派であった三条実美は、維新後も調整型のリーダーシップを発揮したことを説得的に論証する。藩閥の権力政治とは異なる公卿の政治史である。

長谷川香『近代天皇制と東京――儀礼空間からみた都市・建築史』東京大学出版会、二〇二〇年。

＊　建築史に都市史を重ね、近代の天皇の「儀礼」空間を鮮やかに視覚化する。一時の儀式の場が「土地の記憶」に刻まれる不思議さ。西洋化の象徴の上野、練兵場のある青山など儀礼の質も場によって変わる軍都東京とは何かなど問いは尽きない。

◆第3章に関するもの

伊藤之雄『元老――近代日本の真の指導者たち』中公新書、二〇一六年。

＊ 大命降下による首相選定の前に、候補を実質的に決定した元老たちの近代史。インフォーマルかつ状況的に選任された集団でありながら、全体に適切な首相選定を続けたことがいかにして可能であったのかという問いを、じっくり考えながら読んでみたい。

佐々木雄一『陸奥宗光――「日本外交の祖」の生涯』中公新書、二〇一八年。

＊ 陸奥の評伝は意外に少なく、現在信頼に足る唯一の書。反政府運動に加担して投獄された後、政界に復帰してから外交の前線に立つまでを、流れるように叙述しているのが秀逸。

前田亮介『全国政治の始動――帝国議会開設後の明治国家』東京大学出版会、二〇一六年。

＊ 帝国議会開設後、政党が統治するに足りる能力を身につけるまで、まず誕生間もない議会が制度化され、さらにその議会を通じて、政党が地方利益に介入し、それを糾合しようとした。一筋縄ではいかないプロセスを念入りかつ明快に描き切る力作。

◆第4章に関するもの

北岡伸一『門戸開放政策と日本』東京大学出版会、二〇一五年。

＊ 広く日米関係を扱った論文集だが、その軸となるアメリカの門戸開放政策の標的は、中国に対する領土的・行政的進出を強めつつあった日本である。その一つの頂点が対華二十一カ条要求である。本書の広い国際的視野のもとで、日本のアジア外交を考え直してみたい。

奈良岡聰智『対華二十一ヵ条要求とは何だったのか――第一次世界大戦と日中対立の原点』名古屋大学出版会、二〇一五年。

＊ 第二次大隈重信内閣の悪名高い「対華二十一ヵ条要求」を「情報戦」という視点から、英米メ

ディアの作り出す反日世論に追い詰められた日本外交の実像を描く。メディアに翻弄された第二次大隈内閣の姿がここにある。

坂野潤治『明治憲法史』ちくま新書、二〇二〇年。

＊明治憲法の歴史というよりは、それがどう政治を動かしたかを描く。美濃部達吉の天皇機関説の登場がいかなる論理構成で政党政治を支えたかを、具体的な政治状況の中から振り返る。

◆第5章に関するもの

井上寿一『政友会と民政党――戦前の二大政党制に何を学ぶか』中公新書、二〇一二年。

＊「憲政の常道」の時代の二大政党、政友会と民政党各々の主張する政策大綱をとらえつつ、対案が次々と出されるが、次第に困難となる外交課題の前に行き詰まる両党を描く。政党内閣の耐久力とは何かを、考えてほしい。

原口大輔『貴族院議長・徳川家達と明治立憲制』吉田書店、二〇一八年。

＊一九〇三年から三三年まで貴族院議長を務めた徳川家達の評伝。有能なリーダーと言うよりは、貴族院という「場」を安定的に主宰した人物として、そこから政党政治を眺望してみたい。

若月剛史『戦前日本の政党内閣と官僚制』東京大学出版会、二〇一四年。

＊二大政党はそれぞれ独自の官僚制を統合する統治のスタイルを掲げていたが、それに失敗したという見取り図のもと、官僚制の側では、一方で内務省型ジェネラリスト・牧民官の伝統があり、他方で技術官僚の台頭が対置される。政党内閣崩壊後を見据えつつ読み進めたい。

◆第6章に関するもの

小山俊樹『五・一五事件――海軍青年将校たちの「昭和維新」』中公新書、二〇二〇年。

＊　冒頭の手に汗握る首相襲撃のシーンから読ませる。なぜ国民は暗殺者たちを支持したのかを問いかけて終わる本書は、十五年戦争の時代のドラマ・シリーズとするなら、まさにシーズン1がである。

佐藤信『近代日本の統治と空間――私邸・別荘・庁舎』東京大学出版会、二〇二〇年。

＊　建築と空間が政治を規定するという視角を武器に、おびただしい史料から、中央への求心力の形成が、逆に別邸を首都の遠方に置いてそこから中心を動かすというダイナミズムをえぐり出す。戦前の最終形態は一九三〇年代だとする空間政治史を堪能したい。

萩原淳『平沼騏一郎と近代日本――官僚の国家主義と太平洋戦争への道』京都大学学術出版会、二〇一六年。

＊　政党を嫌い、国家イデオロギーを唱えた司法官僚平沼騏一郎は、一歩一歩政権に近づき、終戦時には重臣の一角を占める。大衆の登場する時代の官僚政治とは何かを考えさせられる評伝。

◆第7章に関するもの

天川晃『占領下の議会と官僚』現代史料出版、二〇一四年。

＊　占領期研究を開拓した著者の論文集。帝国議会と国会、内閣法制局、GHQ民政局、そして官僚制の残存と変容が照射される。戦後の出発点が戦後史研究の出発点であったことをかみしめたい。

中路啓太『ゴー・ホーム・クイックリー』文春文庫、二〇二〇年。

＊　日本国憲法制定の際に占領軍と激しく折衝を重ねた法制官僚・佐藤達夫の評伝。占領期の体制を、本来の意思とは別にして支えざるをえなかった政治家・官僚から眺めることで、陰影のある時代像をつかみたい。

原武史『皇后考』講談社学術文庫、二〇一七年。

＊ 近代天皇制において、神道への信仰を深めた貞明皇后は、母として昭和天皇に対して、殊の外大きな影響を与えた。本書が描く、生まれながら皇后になることはできない女性たちの思考と行動は、のちの象徴天皇制にも十分に投影可能である。

◆第8章に関するもの

河西秀哉編『戦後史のなかの象徴天皇制』吉田書店、二〇一三年。

＊ 平成の時代、象徴天皇として即位した天皇をめぐって象徴天皇制研究が進んだ。多角的に論じられた各章から、「大衆天皇制」が主張された一九五〇年代が画期をなしていることに気づかされるだろう。

原彬久『戦後政治の証言者たち――オーラル・ヒストリーを往く』岩波書店、二〇一五年。

＊ 岸信介への単独・連続インタビューを『岸信介証言録』にまとめた著者のオーラル・ヒストリーをめぐるエッセイ。岸と同時代の政治家たちによる「問わず語り」をどう読み解くかについて、考えさせられる。

山本章子『米国と日米安保条約改定――沖縄・基地・同盟』吉田書店、二〇一七年。

＊ 日米安保条約改定交渉を、アメリカの陸・海・空軍の基地再編戦略の中に置き、国防総省の調整過程にダレス、アイゼンハワーが加わったアメリカに、岸信介内閣が対峙したととらえる。複雑な過程を明快な論旨で説く、この時代の必読書。

◆第9章に関するもの

奥健太郎・河野康子編『自民党政治の源流――事前審査制の史的検証』吉田書店、二〇一五年。

＊　政と官をつなぐ政府提出法案を事前に自民党の機関が了承するという仕組みは、どのようにして形成されたか。戦前も視野に入れつつ、政党の制度化の政治史をめざす本書は、制度化へと向かう象徴天皇制に対する諸研究とも比較可能だろう。

金恩貞『日韓国交正常化交渉の政治史』千倉書房、二〇一八年。

＊　池田勇人内閣が実質合意まで持ち込んだ日韓国交正常化交渉を跡づける力作。韓国が請求権を放棄した「大平・金合意」を大平正芳外相がいかに首相にのませるか。韓国の焦慮の向こうで、池田内閣の実像が立ち現れる。

御厨貴『戦後をつくる――追憶から希望への透視図』吉田書店、二〇一六年。

＊　いまだ戦後史が政治史の対象とはみなされていなかった時期から御厨が書き綴った論文集だが、特に高度経済成長期の国土計画と田中角栄の列島改造が核をなしている。オーラル・ヒストリーのみで書き上げた前者（第三章）と、人間像に肉薄する後者（第四章）。そこから前後の時代へと流れ出す戦後史がここにある。

◆第10章に関するもの

白鳥潤一郎『「経済大国」日本の外交――エネルギー資源外交の形成 1967～1974年』千倉書房、二〇一五年。

＊　石油危機に対して動揺を続けた日本外交という従来のイメージを塗り替えて、「担当官会議」で省庁の枠を超えた官僚たちが戦略を練り、これを受け止めた後に大臣たちが多国間外交に立ち向かった。大臣と各省課長たちの合作で新時代に向けて舵を切ったという自民党長期政権の特性を描き尽くす。

村井良太『佐藤栄作――戦後日本の政治指導者』中公新書、二〇一九年。

＊　補佐役に恵まれた佐藤栄作首相には、秘書官楠田実の残した膨大な資料がある。それを徹底的に活用して、佐藤の政治指導を探求する本書は、一九六〇年代の政治史を考えるうえでの基本書である。

山崎正和／御厨貴・阿川尚之・苅部直・牧原出編『舞台をまわす、舞台がまわる――山崎正和オーラルヒストリー』中央公論新社、二〇一七年。

＊　佐藤栄作内閣が進めた知識人の登用を内側から説き起こす劇作家・文芸評論家の山崎正和。明快な語り口から「同志的結合」としての政権と知識人集団の姿が浮かび上がる。

◆第11章に関するもの

井出一太郎／井出亜夫・竹内桂・吉田龍太郎編『井出一太郎回顧録――保守リベラル政治家の歩み』吉田書店、二〇一八年。

＊　三木武夫内閣の官房長官を務めた井出の回顧の中では、占領期の国民協同党を結成した時期と、三木内閣とが重なって見えてくる。自民党左派の雰囲気の一端を垣間見ることができる。

岩野美代治／竹内桂編『三木武夫秘書回顧録――三角大福中時代を語る』吉田書店、二〇一七年。

＊　少数派閥を率いた三木武夫は資金不足に悩みながらも、知識人を集めたりするなど幅のある政治家であった。人はどう三木を担いだか。一つのキーワードが「見返り」である。自民党政権時代の秘書という仕事についても多くの頁が割かれており、読みどころ満載である。

武田悠『「経済大国」日本の対米協調――安保・経済・原子力をめぐる試行錯誤、1975～1981年』ミネルヴァ書房、二〇一五年。

＊　一九七〇年代後半の日本外交を日米関係を軸にしつつ一九八〇年代以後もにらみながら読み解く。特に原子力供給国間協調への参加により、「原子力先進国」としての地位を確立したたと

する解釈は、現代の国際・国内双方の政治に大きな政策的問題を投げかけている。

◆第12章に関するもの

長谷川和年／瀬川高央・服部龍二・若月秀和・加藤博章編『首相秘書官が語る中曽根外交の舞台裏——米・中・韓との相互信頼はいかに構築されたか』朝日新聞出版、二〇一四年。

＊ 内閣発足時から四年間、外務省出身の首相秘書官を務めた著者は、まさに中曽根外交の生き字引である。戦後の自民党政権の中で、そして現在まで視野を広げても、最も成熟した官邸外交を生き生きと描く書である。

福永文夫『大平正芳——「戦後保守」とは何か』中公新書、二〇〇八年。

＊ 自民党政治家としてはめずらしく、多数の著書のある大平正芳の評伝。著書からその政治哲学を掘り抜き、戦後日本の良質な保守主義を見出そうとする。

若月秀和『冷戦の終焉と日本外交——鈴木・中曽根・竹下政権の外政 1980～1989年』千倉書房、二〇一七年。

＊ 一九七〇年代中葉の外交ドクトリンであった「全方位平和外交」をかなぐり捨てて、「西側陣営の一員」となった一九八〇年代の日本外交に対して、公開された外交史料と綿密な外交官オーラル・ヒストリーから迫る。冷戦にこだわりすぎた外交の蹉跌を追う本書は、大著だが論旨は明快で、読みやすい。

◆第13章に関するもの

後藤謙次『ドキュメント 平成政治史』一（崩壊する55年体制）・二（小泉劇場の時代）・三（幻滅の政権交代）、岩波書店、二〇一四年。

＊ジャーナリストとして事実を掘り抜き、取材対象であった政治家たちの彩る平成政治を振り返る。資料の少ない竹下派の政治家たちを活写し、大著ながら読ませる。第三巻の民主党政権期まで手を伸ばしてほしいところである。

寺田輝介／服部龍二・若月秀和・庄司貴由編『外交回想録――竹下外交・ペルー日本大使公邸占拠事件・朝鮮半島問題』吉田書店、二〇二〇年。

＊竹下登首相は官邸から情報が漏れるのを極度に嫌った。口の堅いスタッフに囲まれた政権内部を、竹下の不得意であった外交分野を通して明快に語る良書。

宮城大蔵『現代日本外交史――冷戦後の模索、首相たちの決断』中公新書、二〇一六年。

＊冷戦終結後の日本外交を、「海のアジア」に着目してきた著者ならではの「地域主義」を柱に据え、これと安全保障を結び付けながら全体をとらえていく。また、メディアに流れた各国首脳の日本へのコメントが、躍動する国際関係を生き生きと伝えている。

◆第14章に関するもの

大森政輔／牧原出編『法の番人として生きる――大森政輔元内閣法制局長官回顧録』岩波書店、二〇一八年。

＊政府の憲法解釈を実質的に決める内閣法制局の実像を解き明かす裁判官出身長官のオーラル・ヒストリー。局内で伝承される法制の解釈が戦後政治の骨格を作ってきた歴史を、精細な証言から読み取りたい。

千々和泰明『変わりゆく内閣安全保障機構――日本版ＮＳＣ成立への道』原書房、二〇一五年。

＊国家安全保障会議と国家安全保障局の設置に至る内閣の安全保障機構は、常に行政改革とのかかわりで揺れ動いた。改革史と安全保障政策とを切り結ばせつつ論じた好著である。

東郷和彦『北方領土交渉秘録――失われた五度の機会』新潮文庫、二〇一一年。

＊ 小渕恵三内閣から森喜朗内閣にかけての外交政策と官邸の意思決定を、対露外交の文脈で回想する。外務省不祥事の渦中にいた著者の弁明の書でもある。

◆第15章に関するもの

岡田克也『外交をひらく――核軍縮・密約問題の現場で』岩波書店、二〇一四年。

＊ 民主党政権の数少ない重要な功績が、自民党長期政権が隠蔽してきた外交文書を徹底的に公開したことである。その立役者岡田克也のまさに生真面目な記録。

御厨貴・牧原出・佐藤信編『政権交代を超えて――政治改革の20年』岩波書店、二〇一三年。

＊ 二〇〇九年、二〇一二年の政権交代は何を意味したのかという問いをめぐり、民主党・自民党政治家や有識者へインタビューを重ね、世代に応じた見た政権交代への読み取り方を、鼎談を通じて解きほぐす。

リチャード・J・サミュエルズ／プレシ南日子・廣内かおり・藤井良江訳『3・11 震災は日本を変えたのか』英治出版、二〇一六年。

＊ 東日本大震災後の政治について、著者年来の分析対象であった、安全保障、エネルギー政策、国・地方関係について歴史を踏まえつつ論じている。押さえどころのバランスが適切であり、読ませる一冊。

◆第16章に関するもの

五百旗頭真『大災害の時代――未来の国難に備えて』毎日新聞出版、二〇一六年。

＊ 東日本大震災復興構想会議議長を務めた著者が、神戸大学時代に自ら被災した阪神・淡路大震

災、さらには関東大震災を振り返り、近代日本を政治と政策の観点から見渡す。政治史と災害史が交錯する書である。

牧原出『「安倍一強」の謎』朝日新書、二〇一六年。

＊「安倍一強」の核は、自民党と官邸とが強固に結び付いたチーム組織であることを説く。他方、この時代のメディア報道を追い、憲法解釈の変更と安保関連法制の制定にまつわる「分断」の政治を描く。

牧原出『崩れる政治を立て直す——21世紀の日本行政改革論』講談社現代新書、二〇一八年。

＊第二次以降の安倍晋三政権末期の混乱を、政権交代の時代に必然的に生ずる産物とみる。デジタル時代の処方箋は、十分に作動する改革案であり、大胆な制度改革よりは、デジタル技術を使いこなした政治家集団による小刻みの制度修正だと展望する。

御厨貴編『天皇退位　何が論じられたのか——おことばから大嘗祭まで』中公選書、二〇二〇年。

＊平成の天皇退位は、国民の支持を得つつも、さまざまな異論と波紋を投げかけた。その全体像をつかみとるには、まずこの一冊から入ってほしい。

参議院選挙で民主党大敗（2010/7） 東日本大震災（2011/3/11）	
社会保障と税の一体改革関連法成立（2012/8）	
衆議院選挙で自民党大勝（2012/12）	
安全保障関連法成立（2015/9） 生前退位に関する天皇メッセージ公表（2016/8）	イギリス，国民投票でEU離脱を決定（2016/6） アメリカ大統領選挙でトランプが勝利（2016/11）
全国に緊急事態宣言（2020/4）	新型コロナウイルスに関して，WHOが「国際的な緊急事態」を宣言（2020/1）

94	2010/6-11/9	菅直人	1946-	山口
95	2011/9-12/12	野田佳彦	1957-	千葉
96	2012/12-14/12	安倍晋三②		
97	2014/12-17/11	安倍晋三③		
98	2017/11-20/9	安倍晋三④		
99	2020/10-	菅義偉	1948-	秋田

参議院選挙で「マドンナ旋風」(1989/7)	
	ベルリンの壁取り壊し (1989/11)
自衛隊掃海部隊ペルシャ湾派遣 (1991/4)	湾岸戦争勃発 (1991/1)
PKO 協力法成立 (1992/6) 小沢一郎らが改革フォーラム 21 を発足 (1992/10)	ソ連崩壊 (1991/12)
小選挙区比例代表並立制導入(1994/3)	NATO, ボスニア空爆 (1994/4)
松本サリン事件 (1994/6)	
阪神・淡路大震災 (1995/1) 地下鉄サリン事件 (1995/3)	村山首相談話 (1995/8)
民主党結成 (1996/9)	
消費税 5% に引き上げ (1997/4) 山一證券経営破綻 (1997/11)	
周辺事態法公布 (1999/5) 地方分権一括法成立 (1999/7) 自民・自由・公明連立に合意 (1999/10)	
	沖縄サミット (2000/7)
加藤の乱 (2000/11)	えひめ丸ハワイ沖で沈没事故 (2001/2)
新省庁発足 (2001/1) サッカー W 杯日韓同時開催 (2002/5)	9.11 同時多発テロ (2001/9) 日朝共同宣言 (2002/9) イラク戦争開始 (2003/3)
自衛隊イラク派遣 (2004/2) 郵政解散 (2005/9)	
参議院選挙で自民党大敗 (2007/7)	
自民党・民主党の大連立構想失敗 (2007/11)	北京オリンピック (2008/8) リーマンショック (2008/9)
衆議院選挙で民主党大勝 (2009/8)	
	ギリシャ債務危機表面化 (2010/1)

75	1989/6-89/8	宇野宗佑	1922-98	滋賀
76	1989/8-90/2	海部俊樹①	1931-	愛知
77	1990/2-91/11	海部俊樹②		
78	1991/11-93/8	宮沢喜一	1919-2007	広島
79	1993/8-94/4	細川護熙	1938-	東京
80	1994/4-94/6	羽田孜	1935-2017	東京
81	1994/6-96/1	村山富市	1924-	大分
82	1996/1-96/11	橋本龍太郎①	1937-2006	岡山
83	1996/11-98/7	橋本龍太郎②		
84	1998/7-2000/4	小渕恵三	1937-2000	群馬
85	2000/4-00/7	森喜朗①	1937-	石川
86	2000/7-01/4	森喜朗②		
87	2001/4-03/11	小泉純一郎①	1942-	神奈川
88	2003/11-05/9	小泉純一郎②		
89	2005/9-06/9	小泉純一郎③		
90	2006/9-07/9	安倍晋三①	1954-	東京
91	2007/9-08/9	福田康夫	1936-	東京
92	2008/9-09/9	麻生太郎	1940-	福岡
93	2009/9-10/6	鳩山由紀夫	1947-	東京

社会党西尾派，再建同志会結成（1959/9）	新日米安保条約調印（1960/1）
所得倍増計画発表（1960/9）	
新産業都市建設促進法公布（1962/5）	米ソ，キューバ危機（1962/10）
東京オリンピック（1964/10）	OECD に加盟（1964/4）
閣議，国債発行を決定（1965/11） 公明党，衆議院進出（1967/1）	米軍，北爆開始（1965/2） 日韓基本条約調印（1965/6）
公害対策基本法公布（1967/8） 大学紛争激化（1968） 新全国総合開発計画決定（1969/8）	訪米・沖縄返還条約（1969/11）
大阪万博（1970/3-） 浅間山荘事件（1972/2）	沖縄返還（1972/5）
日本列島改造問題懇談会第 1 回会合（1972/8）	日中国交正常化（1972/9）
石油危機（1973/10-） 立花隆「田中角栄研究　その金脈と人脈」発表（1974/10）	ベトナム戦争終結（1973/1） 金大中事件（1973/8） 米，ニクソン大統領辞任（1974/8）
ロッキード事件発覚（1976/2） 新自由クラブ結成（1976/6） 田中前首相逮捕（1976/7）	第 1 回先進国首脳会議（サミット）開催（1975/11）
「地方の時代」シンポジウム（1978/7）	首相，福田ドクトリンを発表（1977/8） 日中平和友好条約調印（1978/8）
	東京サミット（1979/6）
自由党 40 日抗争（1979/10-）	
臨時行政調査会初会合（1981/3）	
	大韓航空機撃墜（1983/9）
防衛費 GNP 1% 枠見直し着手（1984/5） NTT，日本たばこ発足（1985/4）	G5，プラザ合意（1985/9）
国鉄分割民営化（1987/4）	
リクルート事件（1988/7） 平成に改元（1989/1） 消費税導入（1989/4）	中国，天安門事件（1989/6）

58	1960/7-60/12	池田勇人①	1899-1965	広島
59	1960/12-63/12	池田勇人②		
60	1963/12-64/11	池田勇人③		
61	1964/11-67/2	佐藤栄作①	1901-75	山口
62	1967/2-70/1	佐藤栄作②		
63	1970/1-72/7	佐藤栄作③		
64	1972/7-72/12	田中角栄①	1918-93	新潟
65	1972/12-74/12	田中角栄②		
66	1974/12-76/12	三木武夫	1907-88	徳島
67	1976/12-78/12	福田赳夫	1905-95	群馬
68	1978/12-79/11	大平正芳①	1910-80	香川
69	1979/11-80/6	大平正芳②		
70	1980/7-82/11	鈴木善幸	1911-2004	岩手
71	1982/11-83/12	中曽根康弘①	1918-2019	群馬
72	1983/12-86/7	中曽根康弘②		
73	1986/7-87/11	中曽根康弘③		
74	1987/11-89/6	竹下登	1924-2000	島根

帝国国策遂行要領を決定（1941/9）	大西洋憲章発表（1941/8）
	真珠湾攻撃（1941/12）
東京大空襲（1945/3） 米軍，沖縄本島に上陸（1945/4）	ヤルタ会談（1945/2）
ポツダム宣言受諾，終戦（1945/8）	ポツダム宣言（1945/7）
天皇，マッカーサーを訪問（1945/9）	降伏文書に調印（1945/9）
GHQ による 5 大改革指令（1945/10） 日本自由党結成（1945/11）	極東委員会発足（1945/12）
二・一ゼネスト中止（1947/1） 日本国憲法施行（1947/5）	米，トルーマン・ドクトリン（1947/3）
最高裁判所発足（1947/8）	
昭和電工疑獄事件（1948/9）	大韓民国発足（1948/8）
東京裁判，25 被告に有罪判決（1948/11）	
警察予備隊発足（1950/8） 社会党，左右に分裂（1951/10）	中華人民共和国成立（1949/10） 朝鮮戦争勃発（1950/6） 対日平和条約 / 日米安保条約調印（1951/9）
バカヤロー解散（1953/3）	
昭和の町村合併（1954-） 防衛庁，自衛隊発足（1954/7） 日本民主党結成（1954/11）	
社会党結成（1955/10），自由民主党結成（1955/11）	米英仏ソ 4 国首脳，ジュネーブで会議（1955/7） 重光 / ダレス会談（1955/8）
	日ソ共同宣言（1956/10） 日本，国連に加盟（1956/12）
憲法調査会第 1 回会合（1957/8）	ソ連，スプートニク打ち上げ（1957/10）
皇太子結婚式（1959/4） 松川事件最高裁判決（1959/8）	

39	1941/7-41/10	近衛文麿③		
40	1941/10-44/7	東条英機	1884-1948	東京
41	1944/7-45/4	小磯国昭	1880-1950	栃木
42	1945/4-45/8	鈴木貫太郎	1867-1948	大阪
43	1945/8-45/10	東久邇宮稔彦	1887-1990	京都
44	1945/10-46/5	幣原喜重郎	1872-1951	大阪
45	1946/5-47/5	吉田茂①	1878-1967	東京
46	1947/5-48/3	片山哲	1887-1978	和歌山
47	1948/3-48/10	芦田均	1887-1959	京都
48	1948/10-49/2	吉田茂②		
49	1949/2-52/10	吉田茂③		
50	1952/10-53/5	吉田茂④		
51	1953/5-54/12	吉田茂⑤		
52	1954/12-55/3	鳩山一郎①	1883-1959	東京
53	1955/3-55/11	鳩山一郎②		
54	1955/11-56/12	鳩山一郎③		
55	1956/12-57/2	石橋湛山	1884-1973	東京
56	1957/2-58/6	岸信介①	1896-1987	山口
57	1958/6-60/7	岸信介②		

金輸出解禁，株価大暴落（1917/9） 米騒動始まる（1918/8）	露，十月革命（1917/11） シベリア出兵（1918/8）
衆議院選挙法改正（1919/3）	パリ講和会議開催（1919/1-6）
皇太子裕仁，摂政となる（1921/11）	ワシントン会議開催（1921/11）
日本共産党結成（1922/7） 陪審法公布（1923/4）	
関東大震災起こる（1923/9） 虎ノ門事件（1923/12）	
第 2 次護憲運動（1924/1）	
治安維持法成立（1925/3） 男子普通選挙実現（1925/5）	
昭和に改元（1926/12） 金融恐慌（1927/3-）	中国，蒋介石，北伐を開始（1926/7）
立憲民政党結成（1927/6）	関東軍による張作霖爆殺事件（1928/6） 不戦条約調印（1928/8）
金解禁（1929/11）	米，NY 株式市場大暴落（1929/10） ロンドン海軍軍縮会議開催（1930/1）
	満州事変（1931/9）
金輸出再禁止（1931/12） 五・一五事件（1932/5）	満州国建国宣言（1931/9）
帝人事件（1934/4）	独，ヒトラー首相に就任（1933/1） 国際連盟脱退（1933/3）
衆議院，国体明徴決議（1935/3） 二・二六事件（1936/2）	
国策の基準を決定（1936/8）	日独防共協定調印（1936/11）
ヘレン・ケラー来日（1937/4）	
国家総動員法公布（1938/4）	日中戦争開始（1937/7）
	ノモンハン事件（1939/5） 独ソ不可侵条約調印（1939/8）
	第二次世界大戦勃発（1939/9）
斎藤隆夫，反軍演説事件（1940/2）	
大政翼賛会結成（1940/10）	日独伊三国同盟調印（1940/9）

19	1819/9-21/11	原敬	1856-1921	岩手
20	1921/11-22/6	高橋是清	1854-1936	東京
21	1922/6-23/8	加藤友三郎	1861-1923	広島
22	1923/9-24/1	山本権兵衛②		
23	1924/1-24/6	清浦奎吾	1850-1942	熊本
24	1924/6-26/1	加藤高明	1860-1926	愛知
25	1926/1-27/4	若槻礼次郎①	1866-1949	島根
26	1927/4-29/7	田中義一	1864-1929	山口
27	1929/7-31/4	浜口雄幸	1870-1931	高知
28	1931/4-31/12	若槻礼次郎②		
29	1931/12-32/5	犬養毅	1855-1932	岡山
30	1932/5-34/7	斎藤実	1858-1936	岩手
31	1934/7-36/3	岡田啓介	1868-1952	福井
32	1936/3-37/2	広田弘毅	1878-1948	福岡
33	1937/2-37/6	林銑十郎	1876-1943	石川
34	1937/6-39/1	近衛文麿①	1891-1945	東京
35	1939/1-39/8	平沼騏一郎	1867-1952	岡山
36	1939/8-40/1	阿部信行	1875-1953	石川
37	1940/1-40/7	米内光政	1880-1948	岩手
38	1940/7-41/7	近衛文麿②		

国内事件（年/月）	国際関係（年/月）
内閣制度発足（1885/12） 市制・町村制発足（1888/4）	第1回条約改正会議開催（1886/5）
大日本帝国憲法発布（1889/2）	
府県制・郡制公布（1890/5） 教育勅語発布（1890/10） 第1回帝国議会召集（1890/11）	
大津事件（1891/5）	露，シベリア鉄道に着工（1891/5）
	日英通商航海条約調印（1894/7） 日清戦争始まる（1894/8） 下関講和条約（1895/4）
金本位制施行（1897/10）	
	中国，変法自強宣言（1898/6）
共和演説事件（1898/8）	中国，戊戌の政変（1898/9）
治安警察法発布（1900/3） 軍部大臣現役武官制確立（1900/5） 立憲政友会発足（1900/9）	中国，義和団事件（1899/3） 米，中国の門戸開放宣言（1899/9）
八幡製鉄所操業開始（1901/2）	
田中正造，足尾鉱毒事件で衆議院議員を辞職（1901/10）	日英同盟締結（1902/1） 日露戦争勃発（1904/2） ポーツマス条約（1905/9）
日本社会党結成（1906/2） 鉄道国有法（1906/3）	南満州鉄道株式会社設立（1906/11）
大逆事件（1910/6）	韓国併合（1910/8） 日米新通商航海条約締結（関税自主権）（1911/2）
大正に改元（1912/7）	中国，辛亥革命勃発（1911/10）
第1次護憲運動（1912/12-）	
シーメンス事件（1914/1）	
	第一次世界大戦参戦（1914/8） 対華21カ条要求（1915/1）
憲政会結成（1916/10）	

表　歴代首相年表

代	在任期間（年/月）	氏　名	生没年	出生地
1	1885/12-88/4	伊藤博文①	1841-1909	山口
2	1888/4-89/10	黒田清隆	1840-1900	鹿児島
3	1889/12-91/5	山県有朋①	1838-1922	山口
4	1891/5-92/8	松方正義①	1835-1924	鹿児島
5	1892/8-96/8	伊藤博文②		
6	1896/9-98/1	松方正義②		
7	1898/1-98/6	伊藤博文③		
8	1898/6-98/11	大隈重信①	1838-1922	佐賀
9	1898/11-1900/10	山県有朋②		
10	1900/10-01/5	伊藤博文④		
11	1901/6-06/1	桂太郎①	1847-1913	山口
12	1906/1-08/7	西園寺公望①	1849-1940	京都
13	1908/7-11/8	桂太郎②		
14	1911/8-12/12	西園寺公望②		
15	1912/12-13/2	桂太郎③		
16	1913/2-14/4	山本権兵衛①	1852-1933	鹿児島
17	1914/4-16/10	大隈重信②		
18	1916/10-18/9	寺内正毅	1852-1919	山口

●や　行

●ら　行

●わ　行

●ま　行

● た 行

● な 行

● は 行

●さ　行

●か　行

人名索引

●あ 行

●や　行

●ら　行

●わ　行

●アルファベット

●ま　行

●な　行

●は　行

●た　行

●さ 行

事項索引

日本政治史講義——通史と対話

Japanese Political History: Lectures and Dialogues

2021 年 5 月 20 日　初版第 1 刷発行

著　者　御　厨　　貴
　　　　牧　原　　出

発行者　江 草 貞 治

発行所　株式会社　有　斐　閣

〒101-0051 東京都千代田区神田神保町 2-17
電話　(03)3264-1315〔編集〕
　　　(03)3265-6811〔営業〕
http://www.yuhikaku.co.jp/

印刷・株式会社精興社/製本・牧製本印刷株式会社

ISBN 978-4-641-14937-3